Direito, Urbanismo e Política Pública

Direito, Urbanismo e Política Pública

2022

Fábio Scopel Vanin

ALMEDINA

DIREITO, URBANISMO E POLÍTICA PÚBLICA

AUTOR: Fábio Scopel Vanin

DIRETOR ALMEDINA BRASIL: Rodrigo Mentz
EDITORA JURÍDICA: Manuella Santos de Castro
EDITOR DE DESENVOLVIMENTO: Aurélio Cesar Nogueira
ASSISTENTES EDITORIAIS: Isabela Leite e Larissa Nogueira
ESTAGIÁRIA DE PRODUÇÃO: Laura Roberti

DIAGRAMAÇÃO: Almedina
DESIGN DE CAPA: FBA

ISBN: 9786556275963
Agosto, 2022

Dados Internacionais de Catalogação na Publicação (CIP)
(Câmara Brasileira do Livro, SP, Brasil)

Vanin, Fábio Scopel
Direito, urbanismo e política pública / Fábio Scopel Vanin. -- São Paulo : Almedina, 2022.

Bibliografia.
ISBN 978-65-5627-596-3

1. Direito urbanístico 2. Direito urbanístico - Brasil 3. Políticas públicas 4. Projetos urbanos - Brasil I. Título.

22-112481 CDU-34:71(81)

Índices para catálogo sistemático:

1. Estatuto da Cidade : Direito urbanístico : Brasil 34:71(81)

Eliete Marques da Silva - Bibliotecária - CRB-8/9380

Este livro segue as regras do novo Acordo Ortográfico da Língua Portuguesa (1990).

EDITORA: Almedina Brasil
Rua José Maria Lisboa, 860, Conj.131 e 132, Jardim Paulista | 01423-001 São Paulo | Brasil
www.almedina.com.br

"O tempo somente é porque algo acontece, e onde algo acontece o tempo está".

"Esse é o grande mistério das cidades: elas crescem e se modificam, guardando porém sua alma profunda apesar das transformações do seu conteúdo demográfico, econômico e da diversificação de suas pedras".

Milton Santos

AGRADECIMENTOS

Gerusa, pelo amor, companheirismo e compreensão.

Família, pelo exemplo.

Ao Prof. Dr. Janriê Rodrigues Reck, por todo incentivo, ensinamentos e apoio no desenvolvimento da tese de doutorado, que é a base deste livro.

A Almedina, na pessoa da Manuella Santos de Castro, por confiar no trabalho que resultou na publicação deste livro.

E a vida, por tudo o que ela proporciona.

SUMÁRIO

1. INTRODUÇÃO

Um dos mais relevantes desafios contemporâneos é lidar com os problemas e as potencialidades do dinâmico processo de urbanização. Nas últimas décadas, foi intensificada a concentração de pessoas em centros urbanos, locais que prospectam uma imagem paradoxal de simultânea prosperidade e deterioração. Nestes espaços, ao mesmo tempo que emergem oportunidades para melhorias nas condições socioeconômicas, são multiplicadas e escancaradas as inúmeras necessidades e mazelas. Tal cenário exige uma postura proativa do Estado, tanto para o aproveitamento das potencialidades, quanto para o enfrentamento dos problemas.

É justamente no âmbito urbano que os desafios na atuação do poder público ganham expressiva escala e são postos mediante diferentes formas de pressão social e nos diversos setores da sociedade: saúde, educação, segurança, transporte, habitação, saneamento, lixo, entre outros, os quais são temas sensíveis no cotidiano das cidades. A superação dos diferentes obstáculos setoriais urbanos passa por pensar a cidade, sua estrutura, planejamento, formas de torná-la mais humana, ambientalmente equilibrada, economicamente viável, socialmente inclusiva, entre outros aspectos essenciais.

Nesse contexto, ganha relevância a observação da Política Pública Urbanística. Tendo como objetivo central previsto na Constituição "ordenar o pleno desenvolvimento das funções sociais da cidade e garantir o bem-estar de seus habitantes", a ação concreta desta política visa ordenar a localização dos mais diversos equipamentos públicos; de áreas prioritárias de regularização fundiária, de habitação social, de proteção ambiental, e ainda; formas de conformação do exercício do direito de propriedade e de arrecadação e aplicação de recursos públicos relativos ao processo de urbanização. Sendo assim, a atuação urbanística constituiria uma importante ferramenta ao avanço de diversas dimensões e contribuiria na melhoria das condições urbanas na contemporaneidade.

Muitos são os mecanismos previstos no Direito para a promoção dessa política pública urbanística. Observando-se somente o Estatuto da Cidade, norma geral que trata do tema no país, pode ser verificado um rol meramente exemplificativo com mais de trinta instrumentos típicos para sua implementação. Ao mesmo tempo em que existe um farto aparato instrumental, percebe-se que ele não tem sido tão bem aproveitado pelo poder público. Muitas de suas alternativas não têm sido escolhidas quando observadas as decisões governamentais.

Um destes temas são os grandes projetos urbanos. Tal alternativa envolve uma ação governamental interventiva, tipicamente utilizada pela esfera local, cujo objetivo é possibilitar a implementação de infraestrutura, a partir de cooperação público e privada e utilização de recursos públicos alheios a tributação tradicional, que alcance uma área específica do território e garanta qualidade de vida aos cidadãos. Sua utilização tradicional envolve o aumento do potencial construtivo de uma dada localidade, com a otimização do território e promoção de melhorias atrativas, a partir da criação de um cenário de oportunidade para a lucratividade dos investidores e parceiros privados, mediante o qual o poder público objetiva um possível autofinanciamento do projeto.

Além disso, os grandes projetos urbanos são inciativas que acentuam exponencialmente as características do cenário multifacetado, dinâmico e complexo da cidade contemporânea: os problemas e as potencialidades do processo de urbanização são ainda mais evidentes quando se observa tais iniciativas. Há expressiva contingência na sua formatação, na qual emergem inúmeras possibilidades de inovação. Tudo isso em um espaço que ainda carece de contornos jurídicos mais claros, em especial no Brasil. Nota-se que a escolha por implementar intervenções urbanas por meio de grandes projetos tende a provocar ruídos na Economia, na Política e no Direito, sendo motivo de grandes controvérsias nas mais diversas frentes.

A utilização dos grandes projetos, como forma de intervenção urbana, é altamente disseminada na Europa, onde existe há mais de 40 anos, com destaque para as iniciativas da Espanha. No Brasil, o Município de São Paulo vale-se de iniciativas similares desde a década de 1980. Os grandes projetos urbanos tem sido alvo de críticas e de aplausos. Por um lado, estudos apontam que sua utilização pode resultar em um agravamento das desigualdades sociais, por concentrar recursos em uma área específica, que na maioria dos casos, já tem um investimento público significativo, comparado com outras áreas das cidades. E com o grande projeto urbano irá receber ainda mais aportes. Por outro, o modelo é uma alternativa de arrecadação de recursos públicos para além dos modelos tradicionais de tributação, em um momento em que os governos, em especial os locais, encontram-se em demasiada dificuldade fiscal.

Com a entrada em vigor do Estatuto da Cidade em 2001, o tema foi regulamentado, de maneira sucinta por meio de um instrumento específico, denominado operação urbana consorciada. No entanto, uma política pública mais abrangente, que amparasse outros instrumentos para promoção grandes projetos urbanos, não foi programada pelo sistema do direito. Ao mesmo tempo que o Estatuto da Cidade apontou um instrumento referencial, não vedou que o exercício da competência municipal em face da competência federal ocorresse com inovação, na criação de outros instrumentos para intervir através de grandes projetos urbanos.

O contexto de possiblidades na inovação municipal, com a criação de novos mecanismos, somada a uma clara ausência de limites quanto aos contornos jurídicos dados pela regulamentação federal, guarda relevância na presente abordagem. São vários os problemas jurídicos que surgem quando se decide implementar um grande projeto urbano. Ao que tudo indica, não haveria um regime jurídico claro que permitisse identificar um contorno mínimo do que é permitido e o que é proibido pelo Direito quando se opta por tais iniciativas. Assim, haveria uma lacuna jurídica nesse sentido, que a tese pretende preencher.

Destacados tais elementos, o tema central da tese de doutorado, base do texto deste livro, consiste nos limites e possibilidades de inovação no exercício da competência municipal para realização de Política Pública de Intervenção Urbanística no regime jurídico dos grandes projetos urbanos. Para tanto, ao longo do trabalho muitos conceitos serão detalhados, em especial, para esclarecer questões quanto à competência municipal e ao regime jurídico dos grandes projetos urbanos, tendo, como fio condutor teórico que delimita as observações, a teoria dos sistemas.

A eleição da matriz teórica se deu pela contemporaneidade e pela complexidade do tema, inserido em um cenário de contingência, que remete a repercussões a serem observadas em diversas perspectivas, em especial, jurídica, política e econômica. Niklas Luhmann, principal teórico sistêmico, observa em obras específicas[1] o sistema do direito e o sistema da economia, dando ênfase nas suas interações com o sistema da política. Sendo assim, a teoria dos sistemas é fonte básica no desenvolvimento de reflexões no trabalho, já que conta com um aparato conceitual apto a observar com rigor científico o tema, especialmente a partir do Direito, mas atento as dinâmicas interdisciplinares, em decorrência da singular operatividade de cada um dos sistemas sociais e formas recursivas de interação entre eles.

A matriz teórica sistêmica permite que se observe o contexto multidisciplinar sem perder de vista a recursividade do sistema do direito. A teoria dispõe que a sociedade é formada por comunicações, que se reproduzem por inúmeras operações. Apesar dessa intensa comunicação, os sistemas como o Direito, Política e Economia mantém sua estrutura, código e função, operando de forma especializada, guiados por uma comunicação específica, que orienta o fluxo de interno de informações. Aliado a isso, a teoria permite observar como as decisões repercutem nos outros sistemas, como da política e da economia, relevantes nesta tese.

Ao longo de todo o texto, as reflexões serão realizadas observando-se os conceitos de: sistema, entorno, código, função, evolução, acoplamento, decisão, alternativa, organização, estrutura, programação, redundância, variação, autorreferência e heterorreferência, observação, dentre outros. Além de Luhmann, outros teóricos sistêmicos referenciados ao longo do trabalho são Teubner, Nafarrate, Neves, Guibentif, Robles e, em especial, Reck, que trabalha a teoria na perspectiva do direito público e da política pública no Brasil.

[1] Entre as principais normas do autor, no contexto desta tese, destacam-se: O Direito da Sociedade (2017); *Organización y Decisión. Autopoiesis, Acción y Entendimiento Comunicativo* (1983); *La Economía de la sociedad* (2017); *La Ciencia de La Sociedad* (1996); *La sociedad de la sociedad* (2006).

O tema descrito, já delimitado no aspecto teórico, pode ainda ser especificado em termos jurídico-disciplinares, espaciais e temporais. Quanto ao primeiro, trata-se de tese que enfrentará um problema jurídico, com enfoque em estudos de direito público, especialmente que tratam de temas urbanísticos, onde podem ser destacados alguns autores como referência.

Como teóricos gerais de direito público, valeu-se, em especial, de Nohara, Sunfeld, Carvalho Filho, Bucci, Grau, Mello, Bitencourt, Hachem e Muños. Em se tratando de temas jurídico-urbanísticos gerais, as principais fontes são Silva, Meirelles, Pinto, Fernandes, Leal, Prestes, Libório, Alfonsin, Rech, Levy, Custódio, Baño León e Diéz e Rodrígues. Já em relação aos instrumentos jurídicos-urbanísticos que dão base aos grandes projetos urbanos, as principais referências foram Levin, Lomar, Olbertz, Costa, Furquim, Novis, Sotto e Apparecido Junior.

Além dos estudos em Direito, o livro observa as reflexões de outras áreas, como sociologia, economia e urbanismo, como forma compreender, de forma mais precisa, os fenômenos que envolvem os grandes projetos urbanos e as políticas públicas. Neste ponto, valeu-se das ideias de Borja, Smolka, Lungo, Morales, Maleronka, Cuenya, Vainer, Abramo, Sandroni e Ultramari.

A utilização dos estudos oriundos de outras disciplinas, além de proporcionar o aprofundamento de observações conceituais, tem como função garantir uma fonte confiável de pesquisa empírica, que se propõe a levantar dados, apresentar os resultados, e expor estudos de caso, indicando aspectos positivos e limitações na aplicação dos grandes projetos urbanos, como forma de aprimorar e qualificar decisões jurídicas.

A delimitação do tema, no aspecto espacial, observa, prioritariamente, as experiências nacionais, com breves enfoques dos grandes projetos urbanos de outros países. Em sentido temporal, trata-se de tema contemporânco, visto que os grandes projetos urbanos são uma alternativa de gestão do espaço urbano utilizada pelos munícipios do mundo desde o final da década de 1970, com potencial futuro.

A abordagem do tema tem como finalidade central responder ao seguinte problema de pesquisa: Quais são os limites e as possibilidades de inovação no exercício da competência municipal perante a competência federal, na promoção de uma Política Pública de Intervenção Urbanística no regime jurídico dos grandes projetos urbanos, com as contribuições da teoria dos sistemas?

Parte-se da hipótese de que a programação dada pela legislação federal elenca um rol exemplificativo de instrumentos jurídicos urbanísticos, o que permitiria inúmeras alternativas para que os municípios desenvolvam uma Política Pública de Intervenção Urbanística voltada à implementação de grandes projetos urbanos, pois existem, para além das operações urbanas consorciadas, amplas possibilidades na construção de instrumentos inovadores com este fim, tais como, a Concessão Urbanística em São Paulo e a Operação Urbana Simplificada de Belo Horizonte.

Ainda em sede de hipótese, sugere-se que não existe um regime jurídico claro que incida sobre um instrumento atípico a ser criado por um Município, sendo que a competência somente encontra limites nas diretrizes e nos objetivos fundamentais da Política Urbana, que são normas de conteúdo aberto e passíveis de múltiplas interpretações, possuindo um sentido em evolução, longe de ser estabilizado pelo sistema do direito.

Para responder ao problema, confirmando ou refutando a hipótese, o livro é apresentado em quatro capítulos, aptos ao alcance de objetivos específicos e ao enfrentamento de inúmeros questionamentos intermediários. O desenvolvimento decorre de pesquisa bibliográfica e documental. A pesquisa bibliográfica tem enfoque em livros, trabalhos publicados em artigos de periódicos, teses e dissertações, cuja maioria enquadra-se na doutrina do Direito nacional, com aporte estrangeiro de origem ibérica. Os documentos estão limitados ao conjunto de leis, jurisprudência, sentenças, anais, relatórios legislativos e projetos de lei em tramitação de origem brasileira.

O método de abordagem é indutivo e hipotético-dedutivo, pois, ao longo dos capítulos, buscou-se observar a matéria a partir da problematização de pontos chaves e indicação de hipóteses. O texto apresenta-se sempre em movimento de diálogo, com argumentos contrários e favoráveis, de modo a identificar com clareza os limites de divergência, dando respostas coerentes as indagações propostas, de forma a confirmar ou refutar a afirmação inicialmente proposta ao longo dos tópicos.

Como método de procedimento adota-se o estruturalista, no qual os significados surgem a partir de suas várias práticas, fenômenos e atividades, pois partem da análise de um fenômeno concreto para, em seguida, transpô-lo ao nível abstrato e vice-versa, percebendo-se a realidade concreta do ponto de vista interno dos diversos fenômenos. Assim, o trabalho não busca a indicação de um "tipo ideal", inexistente na realidade. Neste procedimento, a partir das fontes indicadas, estuda-se a realidade fática dos grandes projetos urbanos e as normas jurídicas que regem estes instrumentos para, posteriormente, observá-los a partir dos conceitos da teoria dos sistemas, e, ao final retoma-se ao concreto, propondo-se conclusões possíveis, que apontem para um regime jurídico em consonância com o sistema do direito.

Destacada a metodologia utilizada, importa ressaltar algumas indagações intermediárias fundamentais, que precisam ser enfrentadas na construção das considerações finais frente ao problema central de pesquisa, bem como para alcance do seu objetivo geral que é o de apontar, com as contribuições da teoria dos sistemas, os limites e possiblidades do exercício inovador da competência municipal em face da competência federal, que tem por finalidade promover uma Política Pública de Intervenção Urbanística no regime jurídico dos grandes projetos urbanos.

O primeiro objetivo específico é enfrentado no Capítulo dois e visa observar sistemicamente o Direito e Urbanismo para propor um sentido para a Política Pública Urbanística. O capítulo é desenvolvido descrevendo-se as múltiplas observações sistêmicas do Direito e do Urbanismo para explicar de que forma o sistema do Direito evolui e opera internamente em temas urbanísticos.

Entende-se necessária a observação interna do sistema do Direito como elemento básico na compreensão da programação da Política Pública Urbanística, fundamentalmente com os seguintes esclarecimentos: Haveria uma aproximação ou um distanciamento entre a programação do direito legislado e do direito aplicado pelos tribunais em temas urbanísticos? Ainda, toda comunicação existente no sistema do direito, que trata de Urbanismo, deve ser considerada como parte do Direito Urbanístico? Uma possibilidade é que o sistema não evoluiria somente em termos de programação, mas, também, adquiriria uma complexidade operacional, que poderia ser ilustrada na formação de pelo menos três unidades internas com funções próprias no sistema do direito: o Direito Urbanístico, a Política Urbana e o Direito à Cidade.

No capítulo de abertura, tem-se a hipótese de que a compreensão da programação legislada e julgada do Direito, assim como da existência do complexo recursivo que envolve os temas de um Direito do Urbanismo, contribuiria na construção de um sentido para a Política Pública Urbanística no Brasil.

Tal esclarecimento é fundamental para que se avance na compreensão mais precisa outro significado, mais específico, que é dar sentido à Política Pública de Intervenção Urbanística e aos grandes projetos urbanos.

O capítulo 3 tem os seguintes objetivos: Dar sentido a Política Pública de Intervenção Urbanística; proceder observações do ambiente para apresentar as características dos grandes projetos urbanos; descrever como o tema dos grandes projetos urbanos é observado pela sistema do direito, seja como operações urbanas consorciadas ou como possibilidade de inovação pela competência municipal na promoção de tais iniciativas.

Para isso, divide-se o Capítulo em três tópicos, sendo que o primeiro tem enfoque em delimitar um sentido para a Política Pública de Intervenção Urbanística e é guiado pelo seguinte questionamento: De que forma a observação de questões relacionadas a intervenção da administração púbica na propriedade e na economia pode contribuir à construção de um sentido para Política Pública de Intervenção Urbanística? A hipótese proposta aduz que a Política Pública de Intervenção Urbanística deveria ser vista como uma unidade que articula diversos instrumentos e decide com o objetivo de intervir concretamente, de forma a mudar o território.

O segundo tópico observa as informações disponíveis no ambiente acerca dos grandes projetos urbanos, sendo subdividido em cinco itens, que abordam: conceito; a relação do tema com a globalização; os desdobramentos concretos da sua utilização; a sua relação com uma visão de planejamento urbano estratégico; e ainda, as possíveis contribuições da teoria dos sistemas para sua conceituação. O enfoque visa responder em que medida os debates sobre grandes projetos urbanos, desenvolvidos por outros campos da ciência, em especial, sociologia e urbanismo, podem contribuir na sua observação no sistema do direito?

No terceiro tópico, a abordagem é feita a partir do próprio sistema do direito especificando-se a programação do regime jurídico das operações urbanas consorciadas, as possiblidades de inovação e a observação operacional do grande projeto urbano como um sistema organizacional. É proposta a seguinte interrogação: De que modo o estudo do regime jurídico das operações urbanas contribui na construção de elementos que sirvam de base para definição de limites e possibilidades para a atividade inovadora dos governos locais em matéria de grandes projetos urbanos? A hipótese é de que a programação prevista no Estatuto da Cidade, para regular as operações urbanas consorciadas, poderia indicar elementos indutivos que contribuíssem no delineamento do regime jurídico geral para os grandes projetos urbanos.

No capítulo quatro, aborda-se a questão da competência com enfoque nos limites e nas possibilidades de seu exercício com inovação. Assim, torna-se importante tratar das regras de competência propriamente ditas e demonstrar possíveis irritações do sistema da economia ao observar o ambiente e, ainda, trazer exemplos concretos em que haveria uma promoção inovadora dos Municípios no exercício de sua competência, com a criação de instrumentos ditos inominados e implementação de grandes projetos urbanos a partir novas formatações jurídicas.

O objetivo do Capítulo quatro é o de detalhar as regras de competência do município na política pública observada nesta tese; trazer elementos sobre as finanças municipais e acerca do funcionamento do mercado imobiliário, que tenham relação direta com tal política pública; e refletir sobre alguns instrumentos de formato inovador já existentes, criados pelos municípios, com objetivo de promover uma política Pública de Intervenção Urbanística na alternativa dos grandes projetos urbanos.

Neste capítulo quarto um dos problemas enfrentados para o avanço das reflexões é o seguinte: Observando-se a programação do sistema do direito no Brasil, em especial as normas constitucionais, em que extensão se torna possível definir parâmetros da competência municipal para promoção de uma Política Pública de Intervenção Urbanística, que utilize a alternativa dos grandes projetos urbanos? A hipótese é que tal observação remeteria muito mais a possibilidades do que a limites, tendo em vista tratar-se de atividade tipicamente local, que não possuiria um regime jurídico claro estipulado nas normas gerais.

Outro ponto chave neste ponto da tese é esclarecer o que motiva o interesse do Município em exercer tal competência, promovendo uma política pública de tamanha complexidade? Uma possível resposta pode advir da observação do sistema da economia. Questões de ordem econômica parecem essenciais à concretização da Política Pública de Intervenção Urbanística, que se vale da alternativa dos grandes projetos urbanos. Assim, indaga-se: Em que medida a política pública está ligada com prestações do sistema da economia? E ainda: como o sistema da economia pode contribuir com a diminuição de pontos cegos desta política pública, permitindo o aprimoramento da tomada de decisão?

Para tais esclarecimentos, entende-se como fundamental descrever as características do mercado de imobiliário, a questão das *plusvalias* fundiárias e os instrumentos jurídicos relacionados ao solo criado. A hipótese é de que a promoção da Política Pública de Intervenção Urbanística por meio dos grandes projetos urbanos somente se concretizaria, para além de uma mera programação jurídica, quando houvesse prestações do sistema da economia, bem como seria possível construir decisões mais qualificadas quando houvesse compreensão das dinâmicas do mercado.

Com efeito, tais dinâmicas podem ser observadas concretamente na verificação de instrumentos jurídicos específicos, criados pelos próprios municípios para promover grandes projetos urbanos, sem seguir os padrões legais da operação urbana consorciada prevista no Estatuto da Cidade. A abordagem é fundamental para que se avance ao capítulo final da tese.

No capítulo final, pretende-se observar a programação do sistema do direito, para indicar, em definitivo, os limites e as possibilidades na inovação decorrente do exercício inovador da competência municipal, indicando-se elementos para a construção de um regime jurídico de grandes projetos urbanos, que definam de maneira mais precisa quais os contornos devem ser observados na promoção da Política Pública de Intervenção Urbanística que se vale de tal alternativa. O Capítulo tem o seguinte problema central: Em que medida uma observação mais complexa da programação do sistema do direito brasileiro contribui na definição de parâmetros gerais para o regime jurídico dos grandes projetos urbanos?

A hipótese é que o sistema do direito possuiria, na sua programação, algumas respostas às principais controvérsias jurídicas que envolvessem tal atividade inovadora municipal, podendo oferecer parâmetros que qualificassem tais decisões e possibilitassem a descrição de um regime jurídico para os grandes projetos urbanos a serem promovidos no país. Para isso, são descritos temas que tratam de questões como: a lei e o plano urbanístico; regras de cooperação público-privada; identificação das finalidades jurídicas; formas de arrecadação e aplicação dos recursos públicos provenientes do grande projeto; e sua gestão democrática.

O primeiro questionamento a ser respondido no capítulo cinco é: Faz-se necessário lei e o plano urbanístico específicos, que observem o Plano Diretor, para que um grande projeto urbano seja compatível com a programação brasileira do sistema do direito? A hipótese é que a aferição da compatibilidade dependeria da observação da política pública municipal em específico, embora existissem padrões mínimos a serem observados para instrumentos isolados, consoante programação do sistema do direito.

Ao tratar de cooperação público-privada a dúvida central é entender em que medida o sistema do direito brasileiro possibilita a atuação da iniciativa privada na Política Pública de Intervenção Urbanística dos grandes projetos urbanos. A hipótese a ser confirmada é de que a atuação da iniciativa privada não só seria possível, mas essencial. Assim, torna-se fator chave definir critérios claros na programação da política pública em âmbito municipal, aptos à garantir proteção na recursividade do sistema, frente as possibilidades de corrupção.

Outro ponto a ser enfrentado para descrever o regime jurídico dos grandes projetos urbanos é se existiriam parâmetros substanciais do sistema do direito que permitissem dar um sentido para as finalidades do regime jurídico dos grandes projetos urbanos? A hipótese é que o sentido das finalidades pudesse ser buscado na observação geral da Política Pública Urbanística, mais especificamente, objetivos e diretrizes fundamentais.

A possibilidade de financiamento diferenciado dos grandes projetos urbanos, que é considerada como uma das suas principais atratividades, também necessita de uma observação especial. Entre os temas que merecem destaque, estão: dar precisão conceitual aos princípios da justa distribuição dos ônus e benefícios e da recuperação dos investimentos do Poder Público; descrever os instrumentos fiscais de natureza não tributária e não fiscais, apontando peculiaridades da arrecadação e aplicação de recursos; fazer apontamentos finais sobre os limites e possibilidades de inovação que a competência municipal encontra na arrecadação e aplicação dos recursos financeiros para um grande projeto urbano. Para isso, parte-se do seguinte questionamento: Que limites e possibilidades o exercício inovador da competência municipal encontra na arrecadação e aplicação dos recursos financeiros em um grande projeto urbano?

O último tema trabalhado trata da questão da participação e do controle social nos grandes projetos urbanos, a partir da seguinte problemática: Em que extensão tende a se operar o exercício da gestão democrática no regime jurídico dos grandes projetos urbanos? A hipótese é que as imposições do sistema do direito dariam margem a amplas possiblidades na sua formatação institucional e que existiriam diferentes meios para a participação e controle social, ambos com a finalidade de contribuir e qualificar a formação da decisão.

A partir dessas reflexões e com base na metodologia indicada, entende-se possível enfrentar o tema e sua delimitação, alcançar cada um dos objetivos específicos e geral, em especial, obter parâmetros suficientes para responder ao problema de pesquisa apresentado, na forma como passa-se a expor nos capítulos a seguir.

O texto base do livro é a tese de doutorado e optou-se em manter a estrutura do trabalho, com indicação de problema e hipótese para articulação dos capítulos. Assim, foi mantida a denominação "tese" ao invés de "livro" nas descrições, como forma de preservar o caráter acadêmico da edição.

2. DIREITO, URBANISMO E POLÍTICA PÚBLICA

O primeiro capítulo é desenvolvido com o objetivo de observar as ligações entre Direito e Urbanismo. Ao final, com as contribuições da teoria dos sistemas, será proposto um sentido para a Política Pública Urbanística. Nessa construção, será descrito de que forma tais ligações auxiliam com a evolução do sistema do direito, observada a perspectiva centro e periferia, a comunicação do sistema do direito com o ambiente e suas operações evolutivas internas. Tal enfoque possibilita a formação de um Direito do Urbanismo, com unidades próprias, como a Política Urbana, o Direito Urbanístico e o Direito à Cidade, os quais mantém um dinamismo e uma comunicação permanente e que podem ser unificadas pela perspectiva descensional da Política Pública Urbanística.

2.1 O Direito e o Urbanismo

Nesta tese, que tem como objetivo apontar, com as contribuições da teoria dos sistemas, aspectos relativos ao regime jurídico da Política Pública de Intervenção Urbanística em grandes projetos urbanos, optou-se, como ponto de partida, observar sistemicamente o Direito e o Urbanismo. Para a teoria dos sistemas, a comunicação é o elemento básico da sociedade[2]. É a partir dela que há aumento da complexidade, com a formação de sistemas funcionais,

[2] Luhmann (2017, p. 2017, p. 125) destaca que "*La sociedad es un sistema autopoiético sobre la base de comunicación significativa. Consiste en comunicaciones, solo en comunicaciones, en todas las comunicaciones. Reproduce comunicación por medio de comunicación. Todo lo que acontece como comunicación es a la vez realización y reproducción de sociedad*". Guibentif (2005, p. 225) explica que "Luhmann

como o sistema do direito. O conceito de comunicação é relevante, mas neste momento ainda não será tratado em específico, mas será abordado outro fenômeno também importante na teoria: a observação. Serão apresentadas algumas descrições iniciais de como o Direito observa o Urbanismo, e como o Urbanismo observa o Direito, e se isso produz algum tipo de referência entre eles.

Para isso, o tópico parte da observação do conceito de Urbanismo de três maneiras: com base na doutrina jurídica; na perspectiva do próprio urbanismo e, a partir de abordagens sistêmicas. Objetiva-se, com as descrições, responder a seguinte indagação: há referências que podem ser descritas a partir a observação sistêmica do Direito e do Urbanismo? A hipótese é que tais observações produzem referências tanto para o Direito quanto para o Urbanismo, o que possibilita uma evolução do sistema do direito, quando se trata de temas urbanísticos.

Antes de enfrentar as peculiaridades da observação em específico, são necessários alguns esclarecimentos com o objetivo de situar o Direito e o Urbanismo no contexto da teoria dos sistemas. Tomando-se como base os conceitos a serem aprofundados ao longo da tese, o Direito é um sistema parcial, que se organiza em torno de uma função e de um código, ambos estáveis, e que possui programação e estrutura próprios, em constante mutabilidade. Já o Urbanismo, para a teoria dos sistemas, não possui tamanha complexidade específica a ponto de ser observado como um sistema funcional. Neste trabalho, o Urbanismo será observado como um subsistema[3] do sistema da ciência;

define a sociedade como composta por comunicações. Isto é, quer distinguir claramente os factos sociais, comunicacionais, dos factos de consciência, do foro individual e psicológico."

[3] Para Reck e Bittencourt (2018a, p. 32) há três tipos de sistemas comunicativos: os sistemas sociais, "os quais se organizam em torno de funções, como o Direito, a Economia e a Política"; os sistemas organizacionais, que se "organizam em forma de uma rede de tomada de decisões"; e os sistemas de interação "que são sistemas comunicativos com menos estabilidade que os sociais". Guibentif (2005, p. 226-227) explica que "na sociedade, isto é, no universo das comunicações, fazem-se e desfazem-se em permanência agrupamentos de comunicação dotados de unidade, uns mais efêmeros, outros mais estáveis". Entre eles "Luhmann distingue três categorias": os sistemas sociais funcionalmente diferenciados (política, economia, ciência, religião, direito, arte, educação, tratamento de doenças), que são "universos de comunicação que têm em particular duas características: evoluíram no sentido de cumprirem uma função muito específica; e estendem-se a toda sociedade-mundo"; as organizações, que possuem "limitações espaciais, materiais e pessoais"; e as interações, que são sistemas sociais efêmeros.

este sim, com complexidade funcional e estrutural semelhante ao sistema do direito[4]. Assim, a observação sistêmica do Direito e do Urbanismo se dará com o sistema do direito e o sistema da ciência como sistemas observadores.

Trata-se do que Luhmann (2016, p. 20) denomina de "observação num plano se segunda ordem", no qual o sistema do direito e o sistema da ciência "tem de observar seu objeto como um observador" e devem fazê-lo "pela distinção entre sistema e ambiente". Não há uma observação bilateral mútua, onde um sistema observa exclusivamente o outro. Na perspectiva da teoria dos sistemas, tudo que não é sistema é ambiente (ou entorno). Para o sistema do direito, o sistema da ciência é parte do ambiente, e vice-versa, sendo o Direito parte do entorno da Ciência.

Na observação sistêmica, que envolve Direito e Ciência, os conceitos têm papel fundamental e são os elementos chave do tópico, visto que seu objeto gira em torno de uma problemática tipicamente conceitual: O que é Urbanismo para o Direito? O que é Urbanismo para o Urbanismo (sistema da ciência)? O que é Urbanismo quando observado em uma perspectiva sistêmica? As perguntas serão respondidas com base em auto-observações dos próprios sistemas e de observações dos seus ambientes.

Sobre o tema Reck (2009, p. 16) esclarece que algumas semelhanças entre Direito e Ciência são naturais vez que "os conceitos estão vinculados ao sistema da ciência", entretanto, "a doutrina jurídica tem uma estrutura de apresentação cientificaliforme", o que aproxima as duas áreas, mas não as torna idênticas. A doutrina jurídica "utiliza-se de conceitos, teorias e métodos" sendo "muito semelhante a ciência, que opera a partir de verdades, cuja construção preenche com referibilidade a métodos empíricos". Apesar disso, a observação por cada um dos sistemas leva a resultados diferentes: a) a partir

[4] O motivo pelo qual a ciência é considerada um sistema funcional, pode ser dada pelo próprio Luhmann (1996, p. 203), a partir da obra em que específica toda recursividade da ciência a partir da teoria dos sistemas, ligando-a com a busca da verdade e a exclusão da falsidade, nos seguintes termos "*Podemos dar una respuesta positiva a esta pregunta, con tal que veamos la comunicación científica como un elemento que afirma la verdad y excluye la falsedad (o viceversa, que excluye aquélla y afirma ésta). Tan pronto como el carácter simbólico de la verdad como medio da origen a una cualidad especial dentro de la comunicación social general – que solamente puede ser obtenida en una conexión recursiva con otras comunicaciones anteriores y futuras del mismo sistema – surge como un sistema autopoiético que genera estos elementos por medio de estos elementos mismos, delimitándose con ello de entorno de otra comunicación*".

do sistema da ciência, a operação toma como base o código binário da verdade/não verdade; b) no sistema do direito, o código de observação é direito/não direito, o que possibilita conclusões distintas, dependendo do sistema onde se observa.[5] Ainda, segundo o autor, "a doutrina é uma dogmática que tem a forma da ciência, mas está entrelaçada ao sistema jurídico", e logicamente, ao seu código, função, programas e estrutura.

Consoante expõe Luhmann (2016, p. 103) a observação do sistema tem como base sua capacidade de distinguir o que é entorno de si próprio, e isso se opera, no caso do Direito e da Ciência, a partir dos códigos acima referidos (direito/não direito; verdade/não verdade). A distinção não vai impedir que um sistema observe o seu ambiente, nem mesmo impossibilitar que informações do ambiente sejam utilizadas como referência de operações internas, mas irá manter sua autonomia. Assim, são apresentados os conceitos de autorreferência e heterorreferência; o primeiro, ocorre nos casos em que o sistema busca referências na sua comunicação interna, e o segundo, quando o sistema vale-se de informações no ambiente para realizar suas operações internas.

Luhmann (2016, p. 100) destaca que a autorreferência e heterorreferência decorem, respectivamente, da auto-observação e da observação externa de cada sistema. O que deve ficar claro é que a observação externa poderá acessar informações como heterorreferência, mas tal fenômeno se presta para a operação interna, com base na recursividade de cada sistema, o que deve manter intacta sua autonomia. Guibentif (2005, p. 228-229) contribui para tal compreensão ao aduzir que:

> Os sistemas sociais, assim entendidos, são universos de comunicações formados pelo facto de certas comunicações identificarem outras como pertencendo ao mesmo universo por mobilizarem a mesma distinção, isto é, propondo uma mensagem que faz sentido. O que não se baseia nesta distinção não faz sentido.

[5] Nafarrate (2000, p. 147) explica que "os códigos dos sistemas sociais é que permitem as posições iniciais da comunicação" e visam "reduzir os conceitos a operações". Isso decorre da "comunicação ser um fenômeno radicalmente binário, visto que sua estrutura ultra elementar é perpassada pelos símbolos sim/não; aceitação/recusa; consenso/dissenso". Assim, todos os sistemas funcionais terão um código binário, que inclui/exclui comunicações daquele ado sistema.

No contexto desta pesquisa, importante deixar claro que a observação de referências pelo Direito e pelo Urbanismo são resultados de uma operação promovida quando o sistema está em uma posição de observador, mas não quando for ambiente. Para Luhmann (2016, p. 103) a heterorreferência "não vale como limitação da autonomia do sistema, já que a ação de referir se mantém como operação própria ao sistema e se torna possível quando o sistema integra uma rede interna, ou seja, uma rede visível de normas"[6].

Feitas as ponderações conceituais, ressalta-se que uma justificativa para o Urbanismo integrar o sistema da ciência decorre de reflexões que podem ser observadas em estudos da própria área. Choay (1992, p. 2), explica que o campo tem relação com "o surgimento de uma realidade nova pelos fins do século XIX"[7], e que se diferencia das artes urbanas que eram estudadas até então "por seu caráter reflexivo e crítico, e por sua pretensão cientifica". Citando Le Corbusier, o autor destaca que o urbanismo reivindica um ponto de vista verdadeiro, embora "as críticas dirigidas às criações do urbanismo são feitas também em nome da verdade". Observar o Urbanismo como parte do sistema da ciência fica evidente nas pretensões de um urbanismo modernista, onde, como afirma Ultramari (2009, p. 170), se entendia possível indicar um caminho verdadeiro "de como proceder para chegar a cidade ideal". Sua condição de ciência, portanto, comprometido com o código verdade/não verdade, consoante dispõe Martins (2000, p. 41), tem relação direta com os motivos de seu surgimento, que visava "a instrumentalização do conhecimento científico para o reparo das falhas da clássica cidade industrial", tido como um fenômeno espontâneo, sem a observância de critérios racionais e por conseguinte, repleta de problemas que a ciência teria condições de resolver[8].

[6] O autor Guibetif (2005, p. 228-229) acrescenta: "Admite-se que, embora os acontecimentos de um determinado sistema não sejam diretamente relevantes para um outro sistema, este vai desenvolver, no processo de evolução da sociedade, mecanismos facilitando uma atenção focalizada para determinados aspectos do outro sistema e, por assim dizer, uma tradução entre os dois sistemas".

[7] O autor Choay (1992, p. 3) destaca que a expansão urbana no século XIX e XX pode ser evidenciada pela realidade inglesa, onde entre 1800 e 1891, a população de Londres pulou de 864.845 habitantes para 4.232.118, tendo praticamente aumento cinco vezes em um século. Em paralelo, o número de cidades da Inglaterra com mais de 100.000 habitantes, pula de duas para 30 em período semelhante.

[8] Aprofundando tais percepções, alguns autores referem que a observação sistêmica entre Direito e Urbanismo remete as origens do Urbanismo. Choay (1992, p. 3) destaca que o

Com ressalvas frente às pretensões científicas da doutrina jurídica na perspectiva sistêmica, visto que considerada como dogmática para recursividade do sistema do direito, é partir dela que se inicia a observação do conceito de Urbanismo, por tratar-se de trabalho que objetiva, ao final, apresentar construir reflexões jurídicas. Observando-se alguns teóricos do direito, verifica-se que os juristas espanhóis Diez e Rodriguez (2012, p. 55), partem da etimologia para conceituar o termo e apontam que a palavra "*procede de la latina urbs-urbis (ciudad)*". Para os autores, o Urbanismo é o "*conjunto de conocimientos relativos a la creación, desarrollo, reforma e progreso de las poblaciones según conviene a las necesidades de la vida humana*". Carmona (2014, p. 37-38) e Figueiredo (2005, p. 32) também se valem da origem do termo e apontam que a palavra "urbanismo" vem do latim *urbs*, que significa cidade. Para Carmona (2014, p. 37-38) "o conceito de urbanismo é, portanto, estritamente ligado a cidade e, mais que isso, às necessidades do ser humano nas cidades".

Quem também trata urbanismo na doutrina jurídica, considerado um dos precursores no estudo brasileiro da matéria, é Meirelles (2017, p. 546-547), segundo o qual "urbanismo é o conjunto de medidas estatais destinadas a organizar os espaços habitáveis, de modo a propiciar melhores condições de vida ao homem na comunidade". Em sentido semelhante, Silva (2018, p. 28-30) apresenta o Urbanismo como "técnica e ciência interdisciplinar", um instrumento para a "correção dos desequilíbrios urbanos", que evoluiu de uma perspectiva exclusiva de "arte de embelezar a cidade" para um sentido em que esta caraterística é somada e passa a abranger os desafios de ordem social.

Assim, os juristas observam o Urbanismo como arte, técnica e ciência, o que alia aspectos de estética dos espaços urbanos a diretrizes que objetivam melhoria nas condições sociais com a finalidade de garantir o bem estar da coletividade no âmbito do território das cidades[9]. Para o Direito, o conceito de

urbanismo surge com o propósito de "resolver um problema", que eram as mazelas da cidade moderna. Ultramari (2009, p. 179-180) explica que esta ideia de "corrigir o errado e evitar o mal" persiste até hoje, buscando-se uma "cidade funcional, do modelo ideal de cidade da intervenção física como fonte transformadora". Para Martins (2000, p. 44), em uma visão mais crítica, o urbanismo modernista, embora possua uma aparente neutralidade técnica e cientifica, "surge comprometido até os ossos com a reprodução da sociedade que o produziu". Desta forma, assim como o direito, objetiva garantir a reprodução do capital.

[9] Embora o objeto da tese não exija uma conceituação de cidade, algumas percepções estão alinhadas a abordagem do trabalho. Uma delas é de Sujic (2019, p. 41) onde aponta que "*las*

Urbanismo poderia envolver a organização do espaço da cidade para garantir o bem estar das pessoas.

A auto-observação do termo pelos próprios urbanistas desenvolve-se com maior complexidade. Choay (1992, p. 2) destaca que o termo "está carregado de ambiguidades" e, valendo-se da simplificação do dicionário Larousse, afirma que trata-se da "ciência e teoria da localização humana". Ultramari (2009, p. 169) define urbanismo como algo "ligado a ideia de intervenção física no espaço das cidades, alterando-as ou construindo-as com propostas e obras de embelezamento, saneamento, sistema viário, espaços públicos e privados". Com uma visão para além das questões de "necessidade social de organização do espaço" Martins (2000, p. 54) destaca que não há como desvincular o pensamento urbanístico de interesses políticos e ideológicos, que são apresentados nas mais diferentes representações cientificas do urbanismo.

É nesse contexto que a obra de Choay (1992, p. 3) descreve os mais diferentes movimentos ligados ao urbanismo ao longo do tempo, como base para "uma tentativa de interpretação", que sirva na "construção de um quadro de referências" apto a captar "o sentido real do urbanismo propriamente dito sob suas diversas formulações e fórmulas e situar os problemas atuais do planejamento urbano". O resultado não é a apresentação de um conceito definitivo, mas a percepção de que o conceito tende a modificar-se e tornar-se mais complexo ao longo do tempo. Cabe transcrever a percepção de Ultramari (2009, p. 182):

> Em algum momento, sobretudo no urbanismo moderno, buscou-se a cidadc ideal por meio de regulações e separações de funções; em outro momento valorizou-se a simples regulação do uso do solo; em outro momento, ainda, o urbanismo buscou a cidade sustentável, valorizando

ciudades no son creaciones estáticas, sino que cambian y se desarrollan" e assim *"para conocer una ciudad hay que saber algo de la gente que vive en ella, y de aquellos que la construyeron. Tienes que preguntarte cómo lo hicieron, y por qué"*. Outra é de Leite (2012, p. 50) que afirma: "a metrópole contemporânea apresenta imensas áreas desarticuladas e dispersas pelo território. São áreas dotadas de fluxos variados, em trânsito permanente, com fraturas que esgaçam o tecido urbano, estabelecendo aparente semelhança entre partes dispersas". Sánchez (2017, p. 24) conclui a percepção: *"Se debe considerar la ciudad como un concepto dinámico que responde a la cultura de las sociedades: nace, evoluciona, desaparece, se aglomera, se reúne, entre otras cosas. De esta manera, la ciudad responde a cambios dinámicos o contextuales"*.

o estudo, a proteção do ambiente natural; por último, pode também ter buscado a cidade democrática que atenda aos interesses de todos ou minimamente da maioria, valorizando a participação comunitária.

Assim, o Urbanismo, a partir de uma auto-observação, pode ser visto como os estudos que tratam das intervenções necessárias para a organização do espaço, com o objetivo de garantir melhores condições para a vida em sociedade. Suas técnicas abarcam os mais diversos interesses e visões sociais, econômicas e políticas.

Uma abordagem que interessa para este estudo é apresentada pelo arquiteto Amaro (2012), que observa o Urbanismo a partir da teoria dos sistemas e faz isso para ressaltar seus riscos, o que contribui com a discussão sobre o futuro e as consequências de suas prescrições. Em estudo que toma como base tal teoria, indica que não cabe eleger um bom ou mal urbanismo, mas, sim, criar formas de observação sobre a utilização de técnicas, destacando-se suas reais consequências. Para Amaro (2012, p. 79-80) "o urbanismo risca e arrisca", pois exerce a arriscada atividade de tentar "antecipar o futuro". Em outras palavras, o autor explica que o urbanismo significa "ter que riscar agora o chão que vão morar não se sabe ainda quantos", vez que as gerações futuras acabarão por ter que arcar com o ônus "dos delírios aos quais, levemente, nos entregamos". Assim, para Amaro (2012, p. 83), o exercício do urbanismo é uma atividade de risco, vez que comporta decisões inevitáveis (que obrigatoriamente devem ser tomadas) e que, ao mesmo tempo, ocorrem no presente, mas "condicionam aquilo que acontecerá no futuro sem que se saiba ao certo como isso vai acontecer".

Tais percepções convergem com o que Luhmann (2016, p.118-119) entende por risco: uma decisão obrigatória presente, que pode gerar um arrependimento futuro, contestando uma decisão, que agora já estará no passado, mas gera efeito a quem não tomou a decisão, causando uma espécie de "vinculação temporal com custos sociais". Nas palavras do autor "o risco faz referência a decisões que aceitam a possibilidade de que haja consequências desvantajosas", culminando em "danos mais ou menos improváveis que, se materializados, deixariam a decisão estigmatizada como causa propulsora, expondo-a ao efeito de arrependimento retrospectivo". Nesse contexto, o problema o risco decorre, pois "os danos causados não afetam somente os que tomam uma decisão de risco ou somente aqueles que haurem efeitos positivos de sua decisão". Tudo isso ocorre em um contexto no qual "não se pode evitar de assumir riscos", pois tais decisões são necessidades da sociedade contemporânea.

A abordagem da ideia de risco, a partir da teoria de Luhmann, tem sido observada através da distinção com o conceito de perigo, sendo que a diferença demonstra-se relevante para entender o alcance de cada um. Reck e Bitencourt (2016, p. 142) explicam que risco relaciona-se com "a existência consciente de consequências não previstas"; enquanto perigo trata-se de um evento que incide "sem que se tenha provocado e sem que exista um mínimo de previsibilidade". O que se verifica, a partir destes conceitos, é que o Urbanismo acaba por ser uma atividade tipicamente de risco, visto que há uma espécie de consciência de que não há como as prescrições evidenciarem todas as consequências possíveis de uma escolha urbanística.

As reflexões de Martins (200, p. 44-45) acerca da origem do Urbanismo reforçam este cenário de risco, visto que a matéria está "inequívoca e umbilicalmente ligada ao Estado moderno e sua racionalidade". Tal ligação originária, segundo Ultramari (2009, p. 177-179), faz com que persista até hoje a "crença de solução do problema urbano por meio de sua técnica e sua pretensão a propor um modelo de cidade ideal". A arquiteta Berdague (2004, p.89), a partir da teoria dos sistemas, aponta que "muitos riscos que hoje lidamos dentro do urbano provêm da ilusão da certeza dos tomadores de decisão e também da confiança depositada nestes agentes" e destaca que a confiança na capacidade de controle acaba por ser uma geradora de riscos.

> Vista de uma perspectiva racionalista e positivista, a cidade é um sistema passível de ser ordenado, corrigido e mantido da forma como fora idealizado. A partir dessa premissa dada ao urbanismo, seu profissional se propõe a formular projetos (ideias representadas graficamente e não apenas em palavras) que sintetizam um desejo de cidade ideal. Façamos um projeto, respeitamos esse projeto e, assim, a cidade ideal se fará: esse parece ser, pois, a máxima racionalista outorgada ao profissional urbanista. (ULTRAMARI, 2009, p. 177-179)

Convergindo com as reflexões dos arquitetos, Pinto (2005, p. 75), para fundamentar sua abordagem jurídica, também aponta que "em geral, os resultados alcançados pelo urbanismo estão muito aquém da expectativa criada pelos urbanistas", pois não há como "prever como as pessoas realmente utilizarão os espaços físicos projetados" visto que, no dinamismo da sociedade contemporânea, "torna-se cada vez mais difícil controlar o uso que as pessoas fazem" com o uso do solo e das edificações.

As reflexões retomam um dos questionamentos apresentados no início do tópico: há referências que podem ser descritas a partir a observação sistêmica do Direito e do Urbanismo? O urbanismo, pelas reflexões feitas até aqui, apresenta-se como uma atividade de risco, que ocorre no presente, mas gerará consequências incertas e/ou imprevistas no futuro. Uma hipótese é que o Urbanismo opera uma observação externa e percebe no ambiente que o Direito é uma possível heterorreferência de mitigação ou exclusão dos riscos de sua operação.

Ao relacionar Direito, mais especificamente sua programação, e uma possível mitigação do risco, Luhmann (2016, p. 188-189) faz importante reflexão explicando que tratam-se de operações distintas: enquanto a normatização "produz uma bifurcação segundo o esquema conforme/desviante", o risco apresenta a bifurcação entre "tomadores de decisão e partes afetadas". Assim, o autor explica que "quanto mais a percepção do futuro da sociedade moderna adentra o horizonte da dependência da tomada de decisão" mais nítida "se torna a lacuna entre tomadores de decisão e partes envolvidas".

Para minimizar tal lacuna entre os tomadores de decisão e as partes afetadas, Berdague (2004, p. 89), observando a perspectiva urbanística, afirma a necessidade que se "reconheça os domínios da interação do urbano", pois não é tarefa fácil "que o urbanismo dê conta da enormidade de informações que a cada dia se torna disponível e se atualiza". Dessa forma, se lançaria "luz sobre os pontos-cegos" e geraria "comprometimento quanto as decisões tomadas". Em outras palavras, a autora quer dizer que a cidade deve ser observada em mais amplo contexto, evitando-se o pensamento exclusivamente setorial e as exclusões que diminuem o alcance do Urbanismo. Em termos jurídicos, Reck e Bitencourt (2016, p.142) destacam que tal distanciamento remete a necessidade "na flexibilidade e na existência de tomadas de decisão que enfrentem o risco", tanto "fazendo pequenos ajustes nos programas, como também reestruturando a rede que compõe" as decisões.

Por tais questões, a hipótese de observação do Direito como referência de mitigação ou exclusão dos riscos da operação do Urbanismo precisa ser vista de maneira muito cautelosa. Todavia, Amaro (2012, p. 88) destaca o Direito como fator determinante para a operatividade do Urbanismo. As decisões tomadas tendo como base a ciência do Urbanismo somente se tornarão vinculantes se previstas na programação do direito, vez que o futuro da cidade é decorrência de uma decisão descrita em um plano. Tal plano contém um "conjunto de códigos reguladores de construções, repartição do solo para várias funções, definição de público e privado, etc", que terão uma força vinculante diferenciada, se programando como norma de direito. Para Meirelles (2017, p. 548) há uma "relação íntima" entre Direito e Urbanismo e "não há, nem pode haver, atuação urbanística sem imposição legal". No mesmo sentido que apontam os autores Diez e Rodriguez (2012, p. 53-54):

> *[...] los estándares urbanísticos son establecidos por las normas jurídicas y condicionan al planificador en el diseño de su planeamiento urbanístico, de forma que, necesariamente, ha de respectar un mínimo de calidad de vida pe que ara los ciudadanos que habiten en el futuro un determinado sector de la ciudad en conformación. Por lo tanto, Urbanismo y Derecho urbanístico son en la actualidad dos elementos imprescindibles, sin prejuicio de que coyunturalmente este último sea más intervencionista o más abstencionista.*

Ultramari (2009, p.180) explica que essa referência torna-se evidente nas universidades brasileiras de urbanismo, vez que se prioriza muito mais a abordagem "da lei e do desejo expresso em palavras", do que a intervenção física propriamente dita. Segundo o autor, a década de 2000 ficou marcada por "uma crença exacerbada" nos Planos Diretores, numa percepção de eles que "seriam suficientes para se construir uma política urbana". Para Ultramari, com essa visão, discutiram-se os problemas, abriu-se o debate democrático sobre os desejos das cidades, mas foram adiadas as "transformações necessárias e há muito requeridas".

De qualquer forma, entende-se que o Urbanismo, ao observar o ambiente, busca referência no Direito com base no pressuposto de que a imperatividade jurídica garantiria a execução e materialização futura de um plano urbanístico, que seria programado em linguagem jurídica, evitando-se um hipotético risco de não implementação. Todavia, é importante ressaltar que, na perspectiva da teoria dos sistemas, não é o Direito que tem a função de produzir decisões vinculantes para toda a sociedade. Tal função cabe ao sistema da política. O sistema do direito tem como função estabilizar expectativas normativas e não há como garantir que estas expectativas de fato aconteçam. Sendo assim, não basta a referência do Direito para a vinculação das programações do Urbanismo. Embora uma programação jurídica possa de alguma forma produzir estabilidade, não elimina por completo os riscos de um plano não ser implementado, ou ainda, de que as pessoas vão respeitar tal plano, frustrando no futuro as expectativas presentes.

As reflexões encontram respaldo nas ideias de Luhmann (p. 189-190), ao afirmar que os instrumentos jurídicos já não são suficientes para decidir no presente o que vai redundar consequências no futuro: "assume-se agora que se está na licitude ou na ilicitude". Diferente da lógica tradicional do direito onde "todos os direitos adquiridos são respeitados por ocasião de quaisquer mudanças legais", na perspectiva do risco "o futuro aparece como bem outro – por um lado, em razão de sua incerteza; por outro lado, em forma de drásticas catástrofes, que em seu depois deixam tudo irreconhecível." Desta forma, o Direito, por suas características, embora seja observado como um elemento estabilizador das de expectativas decorrentes das normas urbanísticas, não pode, de fato, garantir que elas vinculem toda sociedade, porque para isso, depende da Política.

Importante observar com base em fatos: no Brasil, por exemplo, a reprodução de ilegalidades urbanísticas é regra, quando deveria ser exceção[10]. Irregularidades decorrentes da inobservância dos planos diretores (edificações extrapolando os parâmetros urbanísticos ou em desacordo com o zoneamento); das leis de parcelamento de solo (loteamentos irregulares); dos código de obras (reformas em edificações sem aprovação); ou dos códigos de posturas (utilização do irregular espaço público) são exemplos genéricos de que a

[10] Para o autor Martins (2000, p. 53-54), no caso brasileiro, a urbanização "sempre aparece para o Estado como algo errático, caótico, desordenado, no limite, como irracional". Nesse sentido, o direito seria um instrumento necessário para "sustentar a fixação de normas e regulamentos de toda a espécie devotados a controlar e combater os males da industrialização, por exemplo a segregação espacial". No entanto, com a criação dos instrumentos jurídicos, não ocorre a realização dos ideais urbanísticos, mas uma ação do Estado que se amplia para além da vigilância e controle e abarca "tramas reprodutivas do capital".

existência de uma programação e uma operação do Direito não é suficiente para garantir a materialização concreta do Urbanismo. O risco é mantido, mesmo com uma programação jurídica. Uma possibilidade para afastar os riscos na materialização do urbanismo, ao que tudo indica, deveria envolver também a operação do sistema da política, se é que isso seria suficiente.

Tal possibilidade pode ser constatada naquilo que a doutrina jurídica chama de atividade e/ou atuação urbanística, e que relaciona o Direito e o Urbanismo com uma necessária atuação do Poder Público. Autores como Silva (2018, p. 34) apontam que "a atividade urbanística é função pública" exercida pelo Poder Público "mediante intervenção na propriedade privada e na vida econômica e social das aglomerações urbanas". Di Sarno (2004, p. 7) reforça a necessidade de uma presença governamental ao dispor que o Urbanismo será realizado "por legislação, planejamento e execução de obras púbicas". Tais percepções reforçam a necessidade de observar a questão na perspectiva da política pública, acoplando-se direito e política em decisões, consoante será apresentado ao longo do trabalho.

As reflexões de Amaro (2012, p. 88-89) demonstram que a busca por uma vinculação da comunidade e uma estabilização de expectativas dos planos urbanísticos, como forma mitigar ou excluir os riscos do Urbanismo precisa ser observada de maneira ainda mais complexa. O Urbanismo, segundo o autor, é "prática residual no intrínsecos de outros sistemas". Amaro (2012, p. 88-89) vê o Urbanismo esvaziado pelas "técnicas de engenharia de tráfego, coleta e destinação do lixo, abastecimento, etc", entre outras, fato que tira dele a potencialidade de ciência indicada para "responder pelo futuro da cidade", uma vez que "as decisões sobre o urbano são localizadas em outros sistemas".

O caráter interdisciplinar do Urbanismo, segundo autores como Berdague (2004, p.89), diminui a sua pretensão de, como um subsistema da ciência, indicar uma verdade de como a cidade deve ser no futuro para que as pessoas vivam bem. A complexidade no envolvimento de várias áreas tende a redundar em uma visão setorial e fragmentada, que faz com que o Urbanismo entre em descrédito, uma vez que gera "intervenções mal sucedidas" e "planos completamente ignorados".[11]

[11] A autora destaca que "ao tentar intervir em uma cidade, sem considerá-la como integrante de um sistema mais abrangente, perde-se a real dimensão dos processos envolvidos.

Choay (1992, p. 52-55) observa tal questão de outra maneira, ao registrar que "a cidade não é apenas um objeto ou um instrumento", mas também "um quadro de relações interconscienciais" que precisa ser observado pelo Urbanismo. A situação reforça o caráter interdisciplinar da matéria, onde "o urbanista deve deixar de conceber a aglomeração urbana exclusivamente" e "definir sistemas de relações, criar estruturas flexíveis, uma pré-sintaxe aberta para significados ainda não constituídos". Os fatores parecem aumentar ainda mais a complexidade e o risco da matéria, ao evidenciar a falta de clareza nos limites de autonomia deste subsistema, assim como na sua operatividade.

Contudo, foge do objeto deste trabalho o debate aprofundado sobre os contornos definitivos de um subsistema do urbanismo, integrante do sistema da ciência, que seja operativamente mais fechado ou mais aberto, assim como, suas diversas observações internas e externas. O foco aqui é como ele observa e é observado pelo Direito. Para delimitação da presente tese, esse enfoque pode se tornar claro se reduzido na distinção entre Urbanismo e planejamento urbano. Com base nas ideias de Ultramari (2009, p. 170) arrisca-se dizer que, quanto maior a inserção "de questões relativas às relações da sociedade ao desenho da proposta para a cidade", maior a aproximação dos dois conceitos. O Urbanismo, segundo o autor, seria algo mais amplo e mais próximo da arte, enquanto o planejamento urbano, seria um campo mais restrito e ligados a pretensões sociais ou econômicas.

Nesse contexto, a abertura cognitiva do Urbanismo ao Direito e a Política se daria de forma muito mais intensa em temas de planejamento urbano, do que em questões técnicas e artísticas. É neste aspecto que o Urbanismo busca referência no ambiente e encontra as informações do Direito e da Política, que possibilitem a estabilização das expectativas e vinculação da sua programação, dirimindo riscos de descumprimento dos seus preceitos. Tomando-se como base conceitos que serão aprofundados ao longo do trabalho, são as definições de planejamento urbano que geram maiores ruídos e irritações e possibilitam acoplamentos entre o sistema da ciência, o sistema do direito e o sistema da política, neste tema em específico.

A complexidade envolvida nos acoplamentos entre os sistemas físicos, psíquicos e sociais, exige uma visão contextual e que contemple tanto regularidades quanto discrepâncias, ou seja, os modos não estabelecidos de comportamento".

Isso ocorre, dentre outros motivos, em decorrência de inúmeras técnicas cientificas na programação do Urbanismo. O Direito e a Política não vão operar na identificação de quais dessas técnicas são belas ou hediondas, boas ou ruins, funcionais ou precárias. Conforme descrito por Leal[12] (2003, p. 35-39) nem sempre essas técnicas são convergentes, pelo contrário: remetem a diferentes modelos de concepção de cidade. Com base na operação do Urbanismo, a identificação com uma delas como indicada não têm caráter vinculante. Do contrário, se escolhida uma, duas ou um misto entre elas, em decisões operadas nos sistemas do direito e da política, seu formato tende a estabilizar expectativas e vincular a sociedade.

É o que propõe Humbert (2009, p. 20) ao destacar o caráter coativo do direito por um lado, e meramente estruturante do urbanismo por outro, e afirmar que: "por esta razão é acertado falar que o qualificativo urbanístico apenas indica – e não mais que isso – a realidade sobre a qual esse Direito incide: o Urbanismo". O mesmo pode ser observado na distinção entre Urbanismo e a Política Urbana, proposta por Pinto (2005, p. 45), que explica que o Urbanismo é "um conjunto de técnicas que podem ou não ser aplicadas na prática", enquanto Política Urbana é "o conjunto de ações que pode ser descrito e compreendido" sendo um "instrumento do urbanismo", mas que pode "contrariar, na prática, seus mais elementares princípios".

Em uma perspectiva sistêmica, o Urbanismo trata de prescrições espaciais que pretendem criar expectativas cognitivas acerca do futuro da cidade, servindo o Direito como instrumento para transformar estas expectativas cognitivas em expectativas normativas[13], e a Política, para vincular tais decisões a toda comunidade, reforçando a relação do tema com a ideia de Política Pública. Observa-se assim, que de fato há decisões sobre o Urbanismo

[12] Leal (2003, p. 35-39) apresenta como técnicas do urbanismo o técnico-setorial, que demonstrava-se despreocupado com a estética; estético-viário, atento a monumentalidade, como forma de expressão da elite; urbanismo globalizante e político, que visualizava a sociedade como um todo; urbanismo culturalista, que tem como foco a eficiência, possibilitando a derrubada de bairros inteiros, quando considerados não funcionais, entre outras possibilidades.

[13] O significado de expectativas normativas e cognitivas será tema de aprofundamento ao longo do trabalho. De maneira objetiva, com base nas ideias de Guibentif (2005, p. 198) as expectativas cognitivas são "expectativas que estaríamos dispostos a rever em função das nossas experiências", enquanto, as normativas, tratam-se "expectativas que queremos manter". O Direito tem como função estabilizar o que seriam as expectativas normativas da sociedade.

que serão operadas no sistema do direito e pelo sistema da política. Tal fato, embora reforce a importância do Direito para o Urbanismo, não pode servir para confundir suas funções, vez que Urbanismo e o Direito operam a partir de premissas próprias.

Valendo-se ainda das reflexões de Luhmann (2016, p. 204) pode-se dizer que a observação sistêmica do Direito e do Urbanismo visa "possibilitar a segurança da expectativa" onde há uma seleção pelo sistema do direito de uma dentre as inúmeras possibilidades criadas pelo urbanismo. Nada impede, porém, que a decisão jurídica seja tomada de maneira errática, considerando como sua programação uma técnica urbanística com absoluta divergência com questões elementares de determinada escola do Urbanismo. Pode ainda integrar visões urbanísticas contraditórias. E mesmo assim tal decisão será exigida juridicamente, o que não significa que se materializará, vez que o Direito não tem como garantir tal pretensão e afastar em definitivo os riscos de não implementação, que, como já dito, operam-se muito mais no sistema da política, que tem como função decidir vinculando toda a sociedade. [14]

Assim, parece correta parte da hipótese, vez que fica claro que o Urbanismo busca referência no Direito para estabilizar as expectativas, tanto da escolha de uma determinada técnica, quanto para dirimir o risco de não implementação de suas prescrições. Todavia, uma observação bilateral exclusiva entre os dois é algo parcial e incompleto. Para que tais referências sejam prósperas e contributivas na sua operação, não basta somente a heterorreferência do Direito, mas com outros espaços do ambiente, como a Política, que é o sistema capaz de produzir decisões vinculantes. Além disso, se faz necessária uma comunicação interna no sistema da ciência com outros campos do conhecimento, também fundamentais para as definições sobre o futuro das cidades.

Por outro lado, a outra parte da hipótese que propõe que o Direito observa o Urbanismo como heterorreferência ainda carece de maior atenção, em especial, quanto a possibilidade de tal referência possibilitar uma evolução do sistema do direito em temas urbanísticos. O tópico a seguir visa esclarecer este ponto em aberto. Como já visto na distinção entre Urbanismo e planejamento

[14] Luhmann (2016, p. 204) destaca que "a segurança de expectativas é posta em risco também quando a conduta de conformidade à expectativa não pode ser alcançada, não havendo a menor possibilidade de cumprimento da expectativa, por mais que ela seja coberta pelo Direito".

urbano, parte-se do pressuposto que o sistema do direito também evolui e se estrutura com a criação de unidades, algumas mais abertas, com possibilidade de maiores prestações entre sistemas, e outras mais fechadas, impossibilitando tais acoplamentos.

A questão demanda um aprofundamento da matéria, onde parte-se da hipótese que a observação sistêmica do Direito e do Urbanismo aumentou de maneira significativa a complexidade do sistema do direito, possibilitando sua evolução. E a compreensão desta evolução é fundamental na construção de sentido para a Política Pública Urbanística, como passa-se a dispor.

2.2 A observação sistêmica do Urbanismo e a evolução do sistema do Direito

Pelo caminho traçado até aqui, fica constatada a existência de uma observação sistêmica do Direito e do Urbanismo, onde o sistema do direito é visto pelo Urbanismo como uma informação de heterorreferência, que pode contribuir com sua operacionalidade, dando certa estabilidade na mitigação ou eliminação de riscos de não materialização das suas prescrições. Como visto, tal observação do ambiente deve ser mais complexa, buscando-se uma comunicação dentro do sistema da ciência e a prestação de outros sistemas, como o da política, em especial através de decisões vinculantes, remetendo a ideia da Política Pública Urbanística, como será abordado ao longo da tese.

Com o objetivo de introduzir necessárias explicações, o tópico anterior priorizou reflexões na observação que um sistema faz ao ambiente, não tratando de outras repercussões decorrentes desta observação externa. Para isso apresentou-se os conceitos de observação, auto-observação, observação externa, referência, autorreferência e heterorreferência. É importante destacar que tal observação externa abre espaço para fenômenos sistêmicos mais complexos, como por exemplo, a "irritação" ou "ruído".

Para o avanço do estudo será necessário traçar de maneira mais precisa tais distinções e conceitos. Nesse momento, importa descrever de forma mais detalhada, que uma auto-observação na busca de autorreferência e uma observação externa na formação de heterorreferências, trata-se de operações distintas: a primeira denomina-se comunicação, e ocorre pela operação interna do próprio sistema funcional; a segunda é chamada de irritação ou ruído, e decorre da relação do sistema funcional com o seu ambiente (ou entorno).

Desta forma, quando descrevemos que o Direito e o Urbanismo se observam e produzem heterorreferência, em linguagem sistêmica, não quer dizer, *a priopri*, que eles se comunicaram, mas que a operação de um serve como como ruído ou irritação operado pelo próprio sistema funcional observador, seja a Ciência, no seu subsistema Urbanismo, seja o Direito, o que poderá ou não ser aceito ou selecionado.

Como já dito, a Ciência (onde está inserido o Urbanismo) é parte do ambiente do sistema do direito, assim como o Direito integra o ambiente do sistema da ciência. Como regra geral, suas observações externas podem redundar em "ruídos" ou "irritações" e não de "comunicações", que são operações internas dos sistemas. O fato de tais informações externas serem vistas como ruídos ou irritações, não quer dizer que elas não possam ser selecionadas pelo sistema funcional, mas isso se dará a partir de sua recursividade, e não em decorrência de uma pressão do entrono. Luhmann (2017, p. 409) destaca que "*las operaciones del sistema se orientan en la diferencia de sistema y entorno, se reproducen autopoieticamente en el mismo sistema y emplean la referencia al entorno conforme a sus propios códigos e programas*".

No tópico anterior observamos, em especial, como o sistema da ciência, para a operacionalidade do subsistema Urbanismo, observa o ambiente e vê possíveis heterorreferências no sistema do direito e da política, em especial. A heterorreferência pode ser observada como ruído, cabendo ao sistema observador, com base na sua recursividade (a ser estudada de forma mais detalhada, ponto ao ponto, ao longo do trabalho) decidir internamente se aceita/não aceita determinada irritação. Sendo aceita, poderá ser selecionada/não selecionada pela autopoiese do próprio sistema funcional, com base no seu código de operação, função e outros recursos sistêmicos.

Tal explicação teórica é fundamental pelo seguinte motivo: da mesma forma que tópico anterior prestou-se a descrever as observações que um sistema faz do ambiente na busca de heterorreferência, o presente tópico se presta a demonstrar o que o sistema faz com a informação que recebe, evoluindo internamente. O foco aqui é observar o que acontece com o Direito a partir da observação do ambiente em temas urbanísticos. Há ruídos? Eles são aceitos? São selecionados? O que acontece quando a informação do ambiente sobre a ciência Urbanismo passa a ser operacionalizada dentro do sistema do Direito? Isso provoca uma evolução interna ou não há qualquer mudança?

Da mesma forma que o tópico anterior observou possíveis ruídos, este tópico visa detalhar quais deles foram aceitos, selecionados e reproduzidos autopoieticamente dentro do sistema do direito, gerando comunicação e contribuindo com a evolução do próprio sistema jurídico. De maneira mais específica, objetiva-se responder a seguinte indagação: a programação do sistema do direito tem evoluído em decorrência da heterorreferência Urbanismo?

A observação tomará como base tanto a evolução do centro do sistema (as decisões dos tribunais), quanto a periferia, que inclui os demais centros decisórios, em especial, o processo legislativo. Isso para responder a um segundo problema: há uma aproximação ou um distanciamento entre a programação do centro e da periferia do sistema do direito, no que se refere aos ruídos do ambiente relacionados ao Urbanismo? Para tanto, primeiramente serão definidos outros conceitos chave da teoria dos sistemas, tais como sistema, ambiente, autopoiese, evolução, operação e programação para, após, apontar como a legislação e a jurisprudência tem mudado no que se refere ao Direito do Urbanismo no Brasil.

Luhmann (2016, p. 319-321) destaca que "o conceito de evolução é posto de maneira bastante vaga" pelas mais diversas literaturas especializadas, incluindo-se o Direito, sendo que a utilização do termo tem acontecido "sem nenhum tipo de precisão teórica". Para o autor, a evolução diz respeito "as condições de possibilidade das mudanças estruturais não planejadas e a explicação da diversificação" e somente se realiza quando "tanto a diferença quanto a adaptação entre sistema e ambiente se mantiverem, caso contrário desaparece o objeto da evolução".

Essa ideia tem relação direta com um ponto chave da teoria: a distinção entre sistema e ambiente. A evolução de um determinado sistema decorre, dentre outras formas, da sua relação com o ambiente e, a partir desta relação, são criadas alternativas que poderão ser selecionadas ou não pela rede de recursos daquele sistema. Ou seja, se for tomada como base as reflexões do tópico anterior, quando o Urbanismo, como parte do sistema da ciência, observa o sistema do direito, da política, ou qualquer outro, ele está se relacionando com o ambiente, com algo que não faz parte dele e que opera partir de um código e de uma função distintos. E o mesmo vale para o Direito em relação ao Urbanismo: ele está observando o ambiente e não um sistema em específico. Mesmo assim, a informação do ambiente poderá ser algo relevante e motivar sua evolução.

Luhmann (2016, p. 337) relaciona a evolução do direito com o avanço da escrita, caracterizando-a como "um meio criado, pelo qual os textos legais podem se diferenciar de outros tipos de texto". Para o autor é através dessa distinção que "o direito se torna autônomo no sentido de que não apenas faz uso da escrita, como passa a se assentar em um gênero de textos que se delimita de outro tipo de textos" sendo relevante observar "o que se conseguiu com a escrituração do direito".

O presente tópico pretende descrever como o ruído Urbanismo (ambiente) contribuiu com a evolução destes "gêneros de textos" no sistema do direito, quais sejam, a legislação e a jurisprudência que trata do tema Urbanismo, uma vez que é "com a escrita que o direito se fecha e se diferencia como forma". Para Luhmann a existência de textos legais e jurisprudência não podem ser vistos como algo estático cujo conteúdo é tirado diretamente de sua literalidade, mas é dinâmico e pendente de interpretação: "todo o direito assegurado por meio da escrita é um direito que requer interpretação" e toda a evolução do direito "só foi possível pela diferença entre texto e interpretação, o que exerceu um efeito decisivo sobe a forma de seus resultados". (LUHMANN, 2016, p. 338-342)

Visto a importância da escrita, seu gênero próprio no sistema do direito, assim como sua relação como a interpretação no contexto da evolução, passa-se a destacar os mecanismos que, segundo a teoria dos sistemas, permitem a sua evolução. Neste sentido, as reflexões de Reck e Bitencourt (2016, p.141) contribuem nessa compreensão ao dispor que o fenômeno da evolução decorre dos mecanismos de "variação, seleção, estabilização e memória" mediante os quais "os sistemas produzem as alternativas, as estabilizam e elas passam a servir como repositório possível de soluções".

De acordo com Luhmann (2016, p. 323), a variação refere-se a elementos que o próprio sistema cria para manter sua comunicação com o ambiente; a seleção trata das suas estruturas, que atuam em um processo de escolha, ao definir quais comunicações serão observadas pelo sistema; já o mecanismo de estabilização objetiva a sua unidade.

Luhmann (2016, p. 350) dá atenção especial para a diferenciação entre as funções evolutivas de variação e seleção, ao dispor que a primeira "assume a mutação do direito", algumas vezes exitosa e outras não, enquanto a segunda é quem definirá "qual concepção pertence ao direito". Quanto a estabilização, o autor (2016, p. 362) destaca que, apesar da existência de impulsos externos, "a evolução do Direito se orienta no âmbito de suas próprias redes de comunicação" e mantém a estabilidade "em virtude das regras existentes, que sempre novamente podem ser aplicadas". A memória refere-se a todo repositório de informações alocados no sistema, que eventualmente poderá ser selecionada, mas que corre o risco de permanecer existindo de forma dispersa, que nunca será usada, mas nem por isso deixa de integrar o sistema e ser uma alternativa de variação para decisões futuras.

A evolução e seus mecanismos de variação, seleção, estabilização e memória, têm como fio condutor a ideia de que o sistema do direito é autopoiético, ou seja, que se reproduz a partir de seus próprios meios, seja comunicando internamente ou tomando como referência irritações. Luhmann (2006, p. 69-70) explica que "*autopoiesis significa: producción del sistema por sí mismo*". O conceito toma como base os a produção e reprodução onde se "*exige distinguir entre condiciones internas y externas, con ello el sistema también efectúa la permanente reproducción de sus límites, es decir, la reproducción de su unidad*"[15]

Luhmann (2016, p. 322-323) aponta que "a conservação desta autopoiese apresenta-se como "condição *sine qua non* de toda a evolução" visto que o sistema somente evoluirá mediante mudanças que possam ser compatíveis com a sua estrutura: "a evolução se dá quando diferentes condições são satisfeitas e quando elas se acoplam entre si de maneira condicional", o que decorre dos mecanismos de variação, seleção, estabilização e memória já referidos.

[15] Ainda sobre autopoiese, de acordo com Luhmann (2017, p. 150) "*Para el sistema, autopoiesis implica una continuidad interminable de la producción de elementos del sistema. Todos los complejos operativos finitos son solo episodios y desembocan nuevamente en una auto continuidad abierta del sistema que sirve a otros fines. La unidad del sistema no puede ser dirigida a un fin, pues se entiende como reproducción de si misma y como condición de que, en general algo sucede. No obstante, cuando la autopoiesis está asegurada (o cuando se le puede suponer asegurada), se hace posible una gran arbitrariedad en la definición de fines en las constelaciones de medio/fin – incluso si el 'fin' no representa la 'unidad interna' del sistema, sino que solo culmina un episodio que transcurre hacia lo abierto*".

Assim, na abordagem sistêmica proposta por Luhmann (2016, p. 324-325), não se pode observar evolução como "uma gradação paulatina, contínua e ininterrupta da complexidade", mas sim como "um modo de mudanças estruturais", que tendem a ser compatíveis tanto quando expostas a "convulsões bruscas", quanto em casos de "períodos de estancamento". Além disso, segundo o autor (2016, p. 357-358) a evolução do direito "não decorre de atividades orientadas para fins", não sendo "resultado de um processo que se dirige para uma meta". A evolução deve ser observada como "um produto colateral não intencionado" que "resulta da diferença entre variação e seleção, que incessantemente se reproduz, constituindo um resíduo da entrada em vigor da diferença evolutiva".

Nesse contexto, pode-se afirmar que o ambiente, que é composto por tudo aquilo que não faz parte do sistema, inclusive o Urbanismo e suas prescrições, poderá ser utilizado pelo próprio sistema jurídico como referência para produzir variação, que poderá ou não ser selecionada pelo mesmo sistema do direito, criando um processo evolutivo, que mantém uma estabilidade pela recursividade do próprio sistema.

Exemplificando de maneira mais precisa, as mudanças na legislação, mesmo que tenham como referência os ruídos advindos do ambiente – como protestos de movimentos pela reforma urbana ou pressões de entidades ligadas ao mercado imobiliário, ou ainda, teorias e visões urbanísticas – somente poderão ser ou não selecionadas com base na própria recursividade do sistema do direito, que de acordo com seu código e função, poderá evoluir na sua estrutura e programação, seja com a modificação de normas; por uma decisão a ser emitida pelos tribunais; pela criação de novas doutrinas ou, ainda, por outras decisões internas.

Tal processo de evolução não ocorre de maneira permanente nem tem um ritmo específico: embora o mecanismo de variação possa ser considerado constante, nem sempre a informação por ele produzida será selecionada. Ao mesmo tempo, não há um objetivo do próprio direito em seguir direção A ou B. Os interesses originam-se do ambiente, sendo observados como base na recursividade do próprio sistema, que poderá selecionar ou não possíveis variações.

Os apontamentos de Luhmann podem ser observados na descrição da evolução da programação do direito que regula as questões urbanísticas no

Brasil: verifica-se que as alterações nas normas e as decisões jurídicas com este viés têm ocorrido somente em oportunidades específicas, marcadas por longos lapsos temporais, apesar de existir um debate permanente na sociedade neste tema. Ou seja: a variação gerada na relação sistema e ambiente, mais especificamente, de ruídos relacionados ao Urbanismo, somente tem sido selecionada de maneira eventual pelo sistema do direito, provocando sua evolução.

Assim, não há nem haverá, na perspectiva sistêmica, um modelo urbanístico em específico, uma escola de pensamento do urbanismo, que seja adaptada ao Direito por natureza. O conteúdo material que se forma e evolui na programação e que parametrizará a tomada de decisão no sistema jurídico decorre de um processo interno que respeita a recursividade do próprio sistema, ainda que tais motivações sejam convergentes ou divergentes a outras existentes no ambiente. E tudo isso ocorre sem afetar a estabilidade do sistema do direito, que sempre deve operar a partir do seu código direito/não direito e da sua função de estabilizar expectativas normativas, que garantem o seu fechamento operativo, sua manutenção e distinção de outros sistemas.

Feitas tais ponderações iniciais, que visam delimitar o que se entende por evolução, passa-se a descrever como as irritações em temas de Urbanismo contribuem com a evolução do sistema do direito, que com a seleção de parte de tal variação, modifica sua programação ao longo do tempo, tornando-a cada vez mais complexa. No contexto do trabalho, com atenção as ponderações feitas por Luhmann de que a evolução é algo caótico e não linear, a descrição das mudanças na programação das normas de direito relacionadas ao urbanismo se dará a partir da perspectiva evolutiva temporal. Tal opção justifica-se na reflexão de Leal (2003, p. 77), que aponta para a importância de um resgate histórico, vez que somente "o conhecimento do passado e sua projeção para o futuro podem fornecer os dados que permitam um bom equacionamento jurídico da questão urbana que tanto desafia o tema da Administração Pública Contemporânea".

A construção do texto se dividirá em duas partes, uma com enfoque na periferia e outro no centro do sistema do direito. Segundo Luhmann (2016, p. 427-429) a distinção centro/periferia tem relação com a "obrigatoriedade de decidir", na qual "somente os tribunais vivem uma situação de exceção" na qual "devem decidir sobre qualquer demanda que neles se apresente". Para o autor, somente os tribunais "estão coagidos a uma decisão" e "nenhum outro órgão da administração da justiça tem posição semelhante" constituindo-se como um "sistema parcial no qual o sistema do direito tem seu centro".[16]

Luhmann (2016, p. 429-430) entende que "todos os demais campos de trabalho (não judiciais) do sistema do direito pertencem a periferia", nela estão abrangidas, entre outras atividades, o processo legislativo. Na periferia do sistema do Direito "não existe nenhuma obrigatoriedade de se decidir" e "podem se apresentar interesses de qualquer índole e se impor com todos os meios disponíveis, sem que venha ao caso a distinção de interesses conformes/não conformes com o direito" configurando-se como uma "zona de contato com outros sistemas de funções da sociedade". Ao tratar da legislação, o autor destaca que "ao ceder à pressão política, é como se vazasse e se infiltrasse cada vez em maior escala, em espaço que antes se encontravam livres de direito"[17], mais ou menos nos termos em que são descritas as distinções entre os conceitos de planejamento urbano e de Urbanismo no tópico anterior, onde o primeiro é mais aberto que o segundo na relação com outros temas.

Aprofundando a distinção, Luhmann (2016, p. 430) destaca que, ao caracterizar a tomada de decisão judicial como centro, e outros espaços como a legislação, como periferia, não pretende considerar os tribunais mais importantes que os legisladores, segundo o autor "é justamente isto que se quer evitar". A classificação centro/periferia tem como finalidade o fechamento da operação e o desempenho de uma função específica pelo sistema do Direito, como principal efeito a "paralelização" e "rearticulação da produção de validade do legislativo", que possui elevada sensibilidade para o ambiente, não trazendo consigo o caráter obrigatório.

Neste contexto a evolução aqui descrita terá com base duas dinâmicas. A da periferia, marcada pela modificação da legislação, mais sensível aos

[16] Luhmann (1990, p. 152) reforça a operacionalização com os seguintes argumentos: "a jurisdição é neutralizada politicamente como função nuclear do sistema jurídico" e, sendo assim, "justamente por não poderem ser responsabilizados politicamente pelas consequências das suas decisões, os tribunais ficam excluídos da participação na ação política, mas são favorecidos na sua participação na transformação do Direito, sobretudo em áreas nas quais o legislador demonstra ser relativamente inativo"

[17] Como complemento a tal ideia Luhmann (1990, p. 164-165) destaca que a "legislação desempenha mais uma função de um órgão periférico, de um ponto de fronteiriço entre o sistema jurídico e o sistema político".

ruídos, sem obrigatoriedade de tomar decisão, o que tende a se refletir na formação de uma variação muito elevada. E a dinâmica do centro, materializada na jurisprudência, que possui uma operação mais fechada frente as irritações, obrigando-se a decidir sempre nos casos em que for provocada, e que, ao que tudo indica, possuirá uma variação menos significativa.

Uma descrição da evolução histórica da legislação urbanística brasileira, desde o período Brasil colônia, pode ser verificada na obra de Silva (2018, p. 50-56), que inicia sua abordagem com informações sobre as ordenações lusitanas, que regraram o período de domínio de Portugal; abrange disposições do período imperial; e chega as normatizações do período republicano. Apesar destas referências históricas, para Sunfeld (2010, p. 46-48), o período de "infância" das normas urbanísticas, inicia-se anos de 1930 e conclui-se com a Constituição Federal de 1988. Nessa fase, onde o direito positivo começa a acenar para a ideia de função social da propriedade, as normas urbanísticas começam a conquistar uma identidade, em especial por três questões: "leis nacionais instituirão mecanismos urbanísticos"; "serão publicados os primeiros tratados sobre o novo ramo do Direito"; e os entes públicos passarão a editar planos e normas "intervindo de modo concreto na organização das cidades".[18]

Para Sunfeld (2010, p. 46) "seria um anacronismo pensar um direito urbanístico anterior ao século XX", visto que a área é "o reflexo, no mundo jurídico, dos desafios e problemas derivados da urbanização moderna e da ciência do urbanismo". No mesmo sentido, Silva (2018, p. 36-37) destaca a relação com o urbanismo, como uma "nova função do direito" relacionada a "oferecer instrumentos normativos ao Poder Público a fim de que se possa, com respeito ao princípio da legalidade, atuar no meio social e no domínio privado para ordenar a realidade no interesse da coletividade".

A seleção pelo sistema do direito de referências baseadas nas irritações do Urbanismo apresenta-se como contraponto ao direito civil clássico, como destacado por Sunfeld (2010, p. 46). O autor explica que tal situação gera um deslocamento "do âmbito puramente individual para o estatal" nas decisões básicas quanto ao destino das propriedades urbanas e ao incorporar, além

[18] Ainda neste sentido, o autor Carvalho Filho (2013, p. 15) destaca que o histórico legislativo deste período é marcado pela edição de "várias leis sobre matéria urbanística" que tratavam "isoladamente temas específicos relacionados aos problemas das cidades", como por exemplo, a Lei de Parcelamento do Solo, n. 6.766, de 19 de dezembro de 1979.

das já consagradas medidas administrativas decorrentes do poder de polícia, "medidas positivas de intervenção na propriedade". Essa distinção em relação ao civilismo clássico também é destacada por Fernandes (2006, p. 7) que afirma que "ao longo do século XX, havia um descompasso enorme entre a ordem jurídica em vigor e os processos socioeconômicos e territoriais" fazendo com que "todo o processo de crescimento das cidades brasileira" ocorresse tendo como base um paradigma do civilista clássico "que não correspondia as necessidades de enfrentamento desse fenômeno multidimensional, complexo e com tantas implicações profundas" decorrentes da migração rural-urbana e da concentração das pessoas em grandes centros.

Não há dúvida que a entrada em vigor da Constituição Federal de 1988 é um marco jurídico de grande relevância na evolução do sistema do Direito a partir da comunicação com o Urbanismo, tornando-se elemento central de sua programação. Apesar dos textos constitucionais anteriores fazerem referência, de forma isolada, a determinadas normas urbanísticas, como pode ser observado, por exemplo, nos estudos de Domingues (2010, p. 39-41) e Rech e Rech (2016, p. 139-142), foi o atual texto constitucional que colocou a perspectiva jurídica do urbanismo em uma nova condição de complexidade.

Sunfeld (2010, p. 48) considera a promulgação da Constituição Federal como "o grande marco na adolescência do direito urbanístico brasileiro". Na concepção de Fernandes (2006, p. 7) as disposições contidas nos arts. 182 e 183 "revolucionaram a ordem jurídica brasileira ao reconhecer que o Brasil já se encontrava plenamente urbanizado" e ainda que "as formas de organização socioeconômica e política territorial eram de outra ordem que não aquelas reconhecidas pelo Código Civil de 1916.[19]

A evolução do sistema do direito, a partir das referências do entorno urbanismo, ganha complexidade significativa com a publicação do Estatuto da Cidade, que surge a partir de um longo processo, detalhado por Moreira (2010, p. 31-32). A função central do projeto de lei inicial, datado de 1983, já

[19] Reforçando a relevância do texto constitucional, Carvalho Filho (2013, p. 14) aduz que os dispositivos constitucionais apontam para "duas mensagens que o constituinte procurou transmitir": no art. 182, "uma série de normas diretamente ligadas ao desenvolvimento urbano, como plano diretor, desapropriação urbanística, parcelamento e edificação compulsórios, entre outros"; o art. 183 visou definir uma forma específica de usucapião, que permite "aquisição de propriedade mediante determinadas condições".

era "explicitar o preceito da função social da propriedade", assim como, "dotar os administradores públicos, locais e regionais, de condições mais efetivas de atuação no meio urbano". A tramitação do projeto de lei foi marcada por um intenso debate e sofreu a necessidade de modificações pela entrada em vigor do texto Constitucional, em 1988.[20]

O Estatuto da Cidade, que entrou em vigor em 2001, segundo Sunfeld (2010, p. 52), surge "com a pretensão de pôr fim à prolongada adolescência em que ainda vive o direito urbanístico brasileiro" e de aproximá-lo da fase adulta, com a consolidação de conceitos, regulamentação de instrumentos e proporcionando uma articulação interna e externa, que viabilize sua operação sistemática. Para Saule Junior (2007, p. 61) a lei federal se apresenta como "a base-mestra do conjunto das normas jurídicas que se traduz nas normas de direito urbanístico". Silva (2018, p. 67) aponta que o Estatuto da Cidade tem "as características de uma lei geral de direito urbanístico" uma vez que indica princípios e institutos; e fornece "um instrumental a ser utilizado na ordenação dos espaços urbanos" com o estabelecimento de diretrizes gerais e indicação de instrumentos da política urbana.[21]

[20] Segundo Moreira (2010. p. 31-32) o debate acerca do Estatuto da Cidade fora iniciado com a apresentação do projeto de lei n. 775/1983 pelo Poder Executivo, ainda tendo como base a Constituição de Federal de 1967. O referido projeto de lei tinha como base as seguintes diretrizes "iguais oportunidades de acesso a propriedade urbana e à moradia; distribuição equitativa dos benefícios e ônus decorrentes da urbanização; correção das distorções de valorização da propriedade urbana; regularização fundiária das áreas ocupadas por população de baixa renda; devida adequação às normas urbanísticas do direito de construir.". Além disso já indicava instrumentos e procedimentos de participação popular, como detalhado na referida obra. O autor conclui que o texto inicialmente previsto "foi amplamente reproduzido nos substitutivos que o seguiram" sendo um projeto "pioneiro que pretendeu inovar a ordem jurídica, apresentado novos institutos" sendo aprimorado por propostas apresentadas após a Constituição de 1988, adequando os dispositivos a nova conjuntura constitucional, com "intensa participação da sociedade civil" visto que "contempla vários pleitos que partiram de todos os segmentos da sociedade que foram chamados a participar", sendo resultado de discussões ocorridas tanto no âmbito acadêmico, quanto social.

[21] Ao lado dos festejos e do reconhecimento do Estatuto da Cidade como marco significativo na programação do direito brasileiro, a teoria jurídica ressalva seu caráter intermediário, visto que ele precisará ser complementado por leis locais para garantir a sua efetividade. Sunfeld (2010, p. 52) destaca que "convém não superestimar os efeitos imediatos do Estatuto, pois ele, em larga medida, é ainda um conjunto normativo intermediário" sendo necessário que o Município formule o planejamento. No mesmo sentido Silva (2018, p. 68) destaca que "os municípios têm campo próprio em matéria urbanística", apesar da existência de competência

O Estatuto da Cidade demonstra-se como um marco definitivo no processo de evolução normativa geral da matéria. Não há dúvida sobre a necessidade de sua complementação, em especial através de legislações de âmbito local, assim como, de normatizações de matérias específicas, como a regularização fundiária, parcelamento de solo, questões metropolitanas, e por que não, dos grandes projetos urbanos, que é o enfoque central desta tese.

No contexto de mudanças, importante destacar recente alteração promovida através da Lei 13.784/2019[22], adotada com o propósito de instituir uma "declaração de direitos de liberdade econômica" e onde o Direito Urbanístico é referido, no art. 1º, §1º[23] e art. 3º, V, e XI[24], em uma lógica de assegurar garantias individuais, distinto dos sentidos enfatizados no capítulo que trata

comum e concorrente com os âmbitos federal e estadual, mantendo certa complexidade no tema. Trazendo uma reflexão de ordem prática, Leal (2003, p. 83) destaca que a existência do Estatuto da Cidade, por si só, não garante o alcance de suas previsões legais, sendo necessário a criação de "um conjunto de mecanismos jurídicos a serem operacionalizados em nível municipal".

22 A Lei decorre da proposta inicial contida na Medida Provisória nº 881, de 30 de abril de 2019.

23 "Art. 1º Fica instituída a Declaração de Direitos de Liberdade Econômica, que estabelece normas de proteção à livre iniciativa e ao livre exercício de atividade econômica e disposições sobre a atuação do Estado como agente normativo e regulador, nos termos do inciso IV do caput do art. 1º, do parágrafo único do art. 170 e do caput do art. 174 da Constituição Federal. § 1º O disposto nesta Lei será observado na aplicação e na interpretação do direito civil, empresarial, econômico, urbanístico e do trabalho nas relações jurídicas que se encontrem no seu âmbito de aplicação e na ordenação pública, inclusive sobre exercício das profissões, comércio, juntas comerciais, registros públicos, trânsito, transporte e proteção ao meio ambiente.".

24 "Art. 3º São direitos de toda pessoa, natural ou jurídica, essenciais para o desenvolvimento e o crescimento econômicos do País, observado o disposto no parágrafo único do art. 170 da Constituição Federal: V – gozar de presunção de boa-fé nos atos praticados no exercício da atividade econômica, para os quais as dúvidas de interpretação do direito civil, empresarial, econômico e urbanístico serão resolvidas de forma a preservar a autonomia privada, exceto se houver expressa disposição legal em contrário; XI – não ser exigida medida ou prestação compensatória ou mitigatória abusiva, em sede de estudos de impacto ou outras liberações de atividade econômica no direito urbanístico, entendida como aquela que: a) (VETADO); b) requeira medida que já era planejada para execução antes da solicitação pelo particular, sem que a atividade econômica altere a demanda para execução da referida medida; c) utilize-se do particular para realizar execuções que compensem impactos que existiriam independentemente do empreendimento ou da atividade econômica solicitada; d) requeira a execução ou prestação de qualquer tipo para áreas ou situação além daquelas diretamente impactadas pela atividade econômica; ou e) mostre-se sem razoabilidade ou desproporcional, inclusive utilizada como meio de coação ou intimidação;".

da Política Urbana na Constituição Federal de 1988 e do teor do Estatuto da Cidade, que possuem uma lógica de assegurar meios de intervenção estatal para viabilizar direitos sociais.[25]

Outra questão em debate, que vai em sentido contrário ao contexto evolutivo do Direito do Urbanismo de até então, é a Proposta de Emenda à Constituição n. 80/2019, que altera os artigos 182 e 186 da Constituição Federal para dispor sobre a função social urbana e rural da propriedade, reduzindo e, porque não dizer, esgotando o conceito estabilizado até então.

A possível mudança de paradigma ressalta o caráter não linear e sem objetivo específico que distingue a evolução do direito, como destacado no conceito de evolução da matriz sistêmica. Percebe-se que a periferia do sistema do direito, através de sua comunicação mais constante com o ambiente, vinha desde 1988 selecionando temas e enfoques urbanísticos com caráter mais intervencionista, que passaram a compor a programação do sistema do direito. E, agora, com a Lei de Liberdade Econômica e proposta de emenda constitucional que rediscute o conceito de função social da propriedade, a periferia do sistema do direito passa a selecionar matrizes com enfoque na proteção de garantias individuais e afasta-se de preceitos sociais e intervencionistas. Trata-se de um processo recente, de certa forma incompleto, mas constante, que precisa ser observado de forma atenta, visto que muda os conceitos elementares de até então da matéria.

Cabe agora descrever o conteúdo da programação a partir de decisões tomadas no centro do sistema do direito, que é a jurisdição[26]. Incialmente,

[25] Na exposição de motivos da proposta, o governo reforça o caráter da proposta, com alcance ao direito urbanístico "Ao mesmo tempo, esse rol também foi selecionado para alterar situações consideradas paradigmáticas, que repercutirão sobre todo o sistema jurídico por inverterem o pressuposto vigente de anti-liberdade e anti-desenvolvimento. Para isso, esse texto será considerado uma norma a ser seguida no direito civil, empresarial, econômico, urbanístico e do trabalho."

[26] Cabe destacar que Luhman (1990, p. 157-158) diferencia, na lógica centro e periferia, a posição dos tribunais constitucionais do restante da jurisdição. Nas palavras do autor "a simples existência das Cortes Constitucionais suscita dúvidas sobre se a descrição hierárquica da relação entre legislação e jurisprudência faz justiça ao problema ou se ela representa apenas uma solução de emergência, à qual recorremos por ela nos parecer, num primeiro momento, apropriada para dissolver a circularidade autorreferencial do sistema jurídico diferenciado, que é a sua própria fonte de direito". Nesse sentido, a vigência de uma constituição no direito positivo faz com que a lógica legislação e jurisprudência se torne questionável, vez que

cabe destacar que o tema não é recorrente na apreciação dos tribunais superiores. No Supremo Tribunal Federal, uma pesquisa que toma como base a expressão "Direito Urbanístico" apresenta apenas 22 acórdãos e 2 decisões da presidência. Uma busca feita com a expressão "Política Urbana", resulta em 14 acórdãos e 4 decisões da presidência. Já a pesquisa do verbete "Direito à Cidade" não traz como resultado nenhum acórdão, indicando somente 16 decisões monocráticas. No STJ, pesquisa idêntica aponta 17 acórdãos para "Direito Urbanístico", 11 para o termo "Política Urbana" e 9 para "Direito à Cidade". [27]

Em todos os casos do STF, somente há duas situações de repercussão geral: o RE 607940/DF, decisão que será estudada de maneira mais detalhada quando da abordagem dos grandes projetos urbanos, e o RE 422349/RS, que traz controvérsia sobre o tamanho do lote em usucapião constitucional. Na maioria dos casos o tribunal tem negado a apreciação por força das suas súmulas 279 e 280[28]. No STJ as questões versam prioritariamente sobre operações interligadas e parcelamento do solo, com somente uma situação de acórdãos de repetitivos ou informativos de jurisprudência, que tratam da responsabilidade do Poder Público em regularizar parcelamentos ilegais. Em suma, na percepção sistêmica, existe pouca estabilidade das decisões jurídicas que

evidencia um problema de que todo o direito pode estar de acordo ou contrário a constituição, pois é ela que restringe as competências de legislação, e ainda, de quem deve tomar decisões em cada caso concreto.

[27] A pesquisa foi realizada em 25.03.2020, valendo-se da opção "adj" entre as palavras, para uma visualização mais precisa. A utilização destes três vocábulos na busca, se justifica pelos argumentos apresentados desenvolvidos do próximo tópico da tese, onde ser específica as distinções entre Direito Urbanístico, Política Urbana e Direito à Cidade.

[28] Um dos motivos desta quantidade pequena de decisões está no fato de os temas urbanísticos dependem, na quase totalidade das vezes, de uma normatização local, o que afasta o STF da apreciação de boa parte das controvérsias concretas, por força do disposto nas sumulas 279 e 280 do próprio tribunal, conforme pode ser constado na decisão exarada no recurso RE 927439 AgR/SC em 2016: AGRAVO REGIMENTAL NO RECURSO EXTRAORDINÁRIO. ADMINISTRATIVO. LOTEAMENTO. OBSERVÂNCIA DO PLANO DIRETOR. IMPOSSIBILIDADE DE ANÁLISE DE LEGISLAÇÃO LOCAL E DE REEXAME DO CONJUNTO FÁTICO-PROBATÓRIO: SÚMULAS NS. 279 E 280 DO SUPREMO TRIBUNAL FEDERAL. AUSÊNCIA DE OFENSA CONSTITUCIONAL DIRETA. AGRAVO REGIMENTAL AO QUAL SE NEGA PROVIMENTO. (RE 927439 AgR, Relator(a): Min. CÁRMEN LÚCIA, Segunda Turma, julgado em 29/03/2016, PROCESSO ELETRÔNICO DJe-078 DIVULG 22-04-2016 PUBLIC 25-04-2016)

envolvem o Direito do Urbanismo no Brasil, pois há pouca parametrização do que possa advir de decisões dos tribunais superiores.

Para apreciação do tema nos tribunais de justiça dos Estados o presente estudo vale-se, de maneira exemplificativa, de duas pesquisas referenciais: uma realizada por Libório (2016), que toma como base o Tribunal de Justiça do Estado de São Pulo, e outra por Alfonsin (2016), que avalia o Tribunal de Justiça do Estado do Rio Grande do Sul. O estudo realizado por Libório (2016, p. 15; 29-30; 61) se deu a partir da análise de 193 acórdãos[29], datados de 15/12/2009 até 09/08/2014, e utilizou como palavras-chave as expressões "Direito Urbanístico"; "Política Urbana"; "art. 182 da CF/1988"; e "Lei 10.257/2001". Na divisão entre as palavras-chave constatou-se que 103 acórdãos referem-se ao Estatuto da Cidade ("Lei 10.257/2001"); 73 a expressão "Direito Urbanístico"; 10 à "Política Urbana"; e 7 ao "art. 182 da CF/1988".

Na pesquisa de Alfonsin (2016, p. 422; 434), que teve como enfoque a "receptividade da nova ordem jurídico-urbanística brasileira em demandas julgadas entre 2011 e 2015" foram feitas buscas com as palavras-chave: "função social da propriedade urbana"; "funções sociais da cidade"; "direito à cidade"; "direito à moradia"; "plano diretor"; e "usucapião urbana especial".

A pesquisa de Libório (2016, p. 87-88) visou, entre outras finalidades, observar se a evolução da legislação já descrita neste trabalho, em especial pelo teor dos arts. 182 e 183 da Constituição Federal e do Estatuto da Cidade, tem redundado nas decisões prolatadas pelo TJ/SP. Nas palavras da autora, a análise visou identificar "a presença de argumentação jurídica relacionada a natureza do Direito Urbanístico e as diretrizes da Política Nacional de desenvolvimento urbano". Dentre as conclusões apresentadas, há elementos que demonstram que os tribunais ainda não estabilizaram os regramentos advindos dos textos legais gerais referenciais, observando-se uma predominância na "utilização de leis municipais sobre normas e padrões urbanísticos", sendo que, em muitas vezes, esta análise ocorre de forma isolada "sem dialogar com o capítulo de Política Urbana da Constituição e o Estatuto da Cidade". Neste

[29] A pesquisa se guiou pelos seguintes problemas: "Como o tribunal está aplicando o marco jurídico-urbanístico (Constituição Federal e Estatuto da Cidade)? Como o Judiciário Paulista está utilizando o Direito Urbanístico para a solução de litígios que envolvam a função social da propriedade urbana e funções sociais da cidade? Qual o papel do Poder Público na execução das políticas públicas urbanas segundo o tribunal?" (LIBORIO, 2016. p. 15).

sentido, a autora aponta que em quase 67% dos acórdãos pesquisados não há menção aos princípios indicados na constituição e na lei geral. Reforça este entendimento a constatação de que, por muitas vezes, quando Constituição Federal é citada, serve para fundamentar e reafirmar a competência local, até porque "os Municípios foram os principais réus das ações que culminaram nos acórdãos estudados".

A verificação dos Municípios como réus e a relevância da normatização local para as decisões judiciais também aparece no trabalho realizado por Alfonsin (2016, p. 422). Uma das constatações apresentadas é de que a aplicação do Estatuto da Cidade se dá com maior efetividade "quando o Poder Público se encontra no polo passivo das ações". Por outro lado, as normas de Constituição Federal e do Estatuto da Cidade não são aplicadas com a mesma intensidade quando o réu é um particular, o que configura "uma maneira seletiva de aplicar a lei"; um "desconhecimento da nova ordem jurídico-urbanística por parte tanto dos litigantes quanto dos magistrados" e uma "baixa efetividade do Estatuto da Cidade nas trincheiras do Poder Judiciário" no Tribunal de Justiça do Estado Rio Grande do Sul.

Retomando o estudo de Libório (2016, p. 89-94) verifica-se, também, que a programação das normas urbanísticas no Brasil – baseadas nos preceitos da Constituição Federal no capítulo da Política Urbana e do Estatuto da Cidade – não tem sido o fundamento principal utilizado nas decisões do Tribunal de Justiça do Estado de São Paulo: "nota-se que a principal fundamentação dos acórdãos não se dá pelos princípios ou dispositivos constitucionais", visto que 82% dos acórdãos não fazem referência a qualquer princípio e, ainda, que as diretrizes previstas no Estatuto da Cidade foram citadas em apenas três das 193 decisões estudadas. A natureza do direito urbanístico somente foi citada em 31 dos acórdãos, o que confirma um notório "desconhecimento do marco legal jurídico-urbanístico e dos instrumentos de política urbana". As conclusões apresentas por Alfonsin (2016, p. 448) vão no mesmo sentido: "a nova ordem jurídico-urbanística-brasileira ainda tem um largo caminho a percorrer até vir a ser reconhecida, judicializada e efetivamente aplicada nas trincheiras do Poder Judiciário".

Outra questão também reforça que a evolução ocorrida na periferia ainda não pode ser observada no centro do sistema do direito refere-se à organização formal na pesquisa de jurisprudência. As duas autoras constatam que os temas urbanísticos ainda não possuem a atenção devida do Poder Judiciário, vez que, tanto no tribunal paulista quanto no gaúcho, não há precisão dos temas desta espécie nas opções de pesquisa de jurisprudência. Liborio (2016, p. 72) destaca que "há assuntos de Direito Urbanístico já existentes na lista de assunto do TJ/SP que são pouco utilizados ou compreendidos pelos servidores" responsáveis em classificar os recursos. No mesmo sentido, Alfonsin (2016, p. 448) aponta como "reflexo da lentidão com que o paradigma da nova ordem jurídico-urbanística difunde-se no seio do Poder Judiciário" os problemas de catalogação, visto que os temas urbanísticos estão incluídos como "direito público não especificado" ou "direito administrativo" revelando-se como uma "marginalização e inviabilização" destas matérias na jurisprudência do TJRS, distorcendo resultados e dificultando a realização de investigações cientificas".

As constatações de que a evolução do direito interpretado e aplicado pelos tribunais pode não acompanhar necessariamente o direito legislado encontra respaldo nas reflexões de Luhmann (2016, p. 340-341), que aponta a existência de uma "distinção entre texto e interpretação, entre texto e contexto, entre verbal e sentido pensado" e são estas distinções que "expõem o direito, fixado pela escrita, à evolução". Desta forma, o autor afirma que "o texto fixado pela escrita é motivo de continua reobservação por meio de novas distinções" sendo "a interpretação soberana quanto à sua autodelimitação".

A evolução da programação caracteriza-se como aumento de complexidade que interfere, mas não resolve suficientemente o problema da adaptação[30], visto que a recursividade do sistema não garantiu, até então, que decisões judiciais fossem influenciadas em definitivo por conceitos previstos no capítulo constitucional da Política Urbana ou pelo conteúdo do Estatuto da Cidade, o que demostra um distanciamento entre o centro e a periferia do sistema do direito, quando se trata de temas urbanísticos.

[30] Segundo Luhman (2016, p. 384) "em nossos dias já difícil sustentar que a complexidade possa melhorar as oportunidades de adaptação de um sistema. Para tal hipótese, seria o caso de encontrar argumentos adicionais que também levem em conta as dificuldades atuoinflingidas acarretadas pela complexidade. Conformamo-nos com o fato indiscutível segundo o qual a evolução possibilita mais complexidade, sendo indubitável que o direito da sociedade moderna, mesmo considerando todas as abstrações, generalizações e simplificações desenvolvidas nos últimos tempos, é muito mais complexo do que o direto das antigas formações sociais".

Além desse certo distanciamento entre decisões do centro e da periferia do sistema do direito a partir das comunicações com o Urbanismo, observa-se outra consequência na sua evolução: a criação de um ramo denominado as vezes como "Direito Urbanístico", as vezes "Política Urbana" ou ainda "Direito à Cidade". É inegável existir uma aproximação entre ambos. Sunfeld (2010, p. 49) destaca uma "a ligação constitucional entre as noções de Direito Urbanístico e Política Urbana". Mas questiona-se: é certo usar os termos como sinônimos? O que distinguiria Direito Urbanístico, Política Urbana e Direito à Cidade? O tópico a seguir parte da hipótese de que os ruídos causados pela observação sistêmica do Direito e do Urbanismo criou unidades com funções próprias no sistema direito, que visam dar uma recursividade jurídica na comunicação de temas urbanísticos, e que, em conjunto, formariam um Direito do Urbanismo.

2.3 Unidade e diferenciação no Direito do Urbanismo: o Direito Urbanístico, a Política Urbana e o Direito à Cidade

A observação que o sistema do direto faz do Urbanismo provoca ruídos, gera variação e possibilita a seleção de heterorreferências, possibilitando um aumento de complexidade na programação do próprio sistema do direito. Uma auto-observação na perspectiva centro e periferia do sistema revela a produção de decisões nem sempre correlatas, vez que não há uma identidade absoluta entre o direito legislado e o direito julgado em matéria de Direito Urbanístico.

Tal constatação remete a uma dúvida conceitual: Toda comunicação existente no sistema do direito, que trata de Urbanismo, deve ser considerada como parte do Direito Urbanístico? O tópico parte da hipótese de que o sistema do Direito, ao observar o Urbanismo, evoluiu não só sua programação, como apresentado até aqui, com a descrição da legislação e da jurisprudência. Cogita-se que o sistema adquiriu uma também uma complexidade operacional, que pode ser ilustrada na formação de pelo menos três unidades internas com funções próprias, qual sejam, o Direito Urbanístico, a Política Urbana e o Direito à Cidade.

Ocorre que, ao reduzir a complexidade das indeterminações do entorno com a criação de conceituações urbanísticas a partir do seu código direito/

não direito, o sistema também produz um aumento de complexidade[31] com a formação de unidades internas. Com isso, verifica-se que tais unidades não possuem contornos claros de distinção, o que se evidencia na forma como são confundidas e tratadas de maneira semelhante, quando não idêntica, pelo sistema.

Luhmann (2016, p. 35) destaca a importância da distinção na construção científica. Para o autor, "toda a observação e descrição deve se apoiar em uma diferença". Sendo assim, "para poder delinear alguma coisa, é preciso primeiramente distinguir", e isso inclui conceitos, vez que "só se chega à formação de um conceito quando se podem distinguir distinções".

Reitera-se a percepção hipotética de que a observação que o sistema do direito faz do Urbanismo produz uma evolução operacional interna, com a formação de unidades específicas no sistema jurídico. Entretanto, tais unidades não possuem uma distinção clara, o que prejudica sua recursividade e sua identidade. Assim, a complexidade necessita ser reduzida também no interior do sistema, dando-se maior precisão aos conceitos, o que tende a contribuir com a identificação de contornos mais precisos para estas unidades.

As reflexões de Teubner (1993, p. 57) contribuem na visão de que, em uma abordagem sistêmica, o processo evolutivo dessas unidades ainda não avançou o suficiente e que elas carecem de maior autonomia. Divergindo da conceituação tradicional de Luhmann – que entende não existir uma autopoiese relativa – o autor esclarece que "autonomia e autopoiese deveriam antes ser entendidas como conceitos gradativos". Segundo Teubner (1993, p. 57-58), "quer se analise a evolução histórica do direito ou de um particular sistema jurídico-positivo, é sempre possível identificar graus de autonomia".

[31] O autor Nafarrate (2000, p. 151-153) explica os fenômenos da redução e do aumento de complexidade, que são correlatos. O primeiro decorre do fato que "a comunicação tenta reduzir a quantidade ingente de indeterminação no mundo, visando mantê-la em patamar que permita o constante aumento de determinação", por outro lado, ao realizar este processo e o sistema "criar pra si um nicho de autonomia" ele acaba por produzir "seu próprio tempo e todas as indeterminações criadas no seu interior irão solucionando na sucessão de operações" decorrentes do fenômeno. Assim "a comunicação constrói sua própria complexidade" sendo consequência da redução, o aumento da complexidade. Em outras palavras, o aumento da complexidade é a cadeia de comunicação que surge a partir das reduções realizadas pelo sistema, ao traduzir no seu código, indeterminações do entorno.

É nesse contexto que Teubner (1993, p. 58) indica que somente haverá uma autonomia autopoiética na medida que se consiga constituir elementos como "ações, normas, processos, identidade – em ciclos autoreferenciais", o que não parece ser a realidade das unidades em questão, em especial, pelos elementos destacados no tópico anterior, onde observou-se um afastamento entre o direito produzido em decisões de processo legislativo e processo judicial, entre outras questões que serão aqui destacadas.

Uma hipótese que parece ser reforçada é que a pretensa interdisciplinaridade dos temas jurídicos-urbanísticos poderia não ser uma característica natural da matéria, mas decorrência de uma evolução ainda incipiente, que remente a uma autonomia sistêmica relativa, evidenciada, entre outros motivos, na confusão conceitual entre Direito Urbanístico, Política Urbana e Direito à Cidade. Distingui-los é fundamental para que se avance em pretensões cientificas e para que se tenha clareza na definição dos alcances da Política Pública Urbanística. Levy (2020, p. 93) traz importantes reflexões sobre a dificuldades no enfrentamento deste desafio:

> Discorrer sobre os conceitos de direito à cidade e de direito urbanístico representa um desafio intelectual de gigantesca dimensão. Essa tarefa ganha decisivo incremento de dificuldade diante do peculiar descompasso que há entre sua crescente associação a contextos situacionais cada vez mais variados e complexos e o insipiente repertório teórico disponível a respeito do tema.

Destacados os desafios que envolvem tal pretensão, entende-se que com o reforço da distinção entre os termos Direito Urbanístico, Política Urbana e Direito à Cidade é que se conseguirá apresentar elementos que contribuam na autopoiese do sistema, na sua evolução conceitual e na sua autonomia operacional. Tais fatores também serão base para a construção de um sentido para a Política Pública Urbanística, objetivo central do capítulo. Inicia-se a abordagem, destacando o que unifica tais unidades, para após, enfrentar suas distinções.

O elemento que enlaça todos os três hipotéticos ramos é a relação com o urbano, objeto de estudo do Urbanismo, como integrante do sistema da ciência. O rural somente seria observado por essas unidades hipotéticas quando interessasse ao urbano. O que é rural e o que é urbano no sistema do direito acaba por ser uma decisão em âmbito municipal a partir de uma ação coordenada de atos, que culmina com a entrada em vigor de uma norma: o Plano Diretor. Ou seja, o próprio direito define o que é urbano para o direito e este parece ser um possível enlace, que aproxima muito as percepções sobre o Direito Urbanístico, Política Urbana ou Direito à Cidade. A dúvida que permanece é se essas unidades, que inegavelmente possuem certa identidade, possuem alguma diferenciação. Para avançar nas reflexões é necessário observar como a doutrina jurídica conceitua os três temas.

Observando-se a teoria jurídica brasileira em temas urbanísticos, pode-se afirmar que há dois autores que se destacam na indicação de um sentido para o Direito Urbanístico, os quais são frequentemente citados e reproduzidos pelos demais estudos deste campo: Hely Lopes Meirelles e José Afonso da Silva[32]. Para Meirelles (2017, p. 549), o Direito Urbanístico apresenta-se como "ramo do Direito Público destinado ao estudo e formulação dos princípios e normas que devem reger os espaços habitáveis, no seu conjunto cidade-campo". Silva (2018, p. 49), que também constrói suas conceituações a partir das ideias Meirelles, define Direito Urbanístico de duas formas: uma na qual considera o ramo como um "conjunto de normas que tem por objeto organizar os espaços habitáveis de modo a propiciar melhores condições de vida ao homem na comunidade"; e a outra na qual define o campo como ciência, considerando-o como "ramo do direito público que tem por objeto expor, interpretar e sistematizar as normas e princípios disciplinadores dos espaços habitáveis".

O segundo conceito a ser descrito é o de Política Urbana, que não é trabalhado por Meirelles e Silva, mas encontra respaldo em outros autores. Importante indagação acerca deste ramo é se ele faz parte do sistema do direito ou do sistema da política ou, ainda, se acopla os dois, vez que se encontra disciplinado na Constituição Federal de 1988. O aprofundamento desse assunto ficará para mais adiante, pois o foco aqui é descrever os conceitos com base na doutrina. Para Carvalho Filho (2013, p. 17) a Política Urbana consiste no "conjunto de estratégias e ações do poder público", que poderão ocorrer tanto

[32] Entre os autores consultados, os seguintes valem-se das ideias de Meirelles ou Silva para propor alguma espécie de conceituação para Direito Urbanístico: Domingues (2010); Humbert (2009); Rech e Rech (2010); Rech e Rech (2016); Dallari e Ferraz (2009); Vichi (2009); Carvalho Filho (2013); Sotto (2020); Figueiredo (2005).

"isoladamente ou em cooperação com o setor privado" sendo "necessárias à constituição, preservação, melhoria e restauração da ordem urbanística em prol do bem estar das comunidades". Pinto (2005, p. 45-46) descreve a política urbana como "o setor da atuação do Estado que trata da ordenação do território das cidades, mediante alocação do recurso "espaço" entre os diversos usos que o disputam".

O Direito à Cidade, ao contrário da Política Urbana (art. 182) e do Direito Urbanístico (art. 24, I), não tem previsão expressa na Constituição Federal de 1988, porém a doutrina que trabalha o assunto entende que pode ser depreendido da ideia de "funções sociais da cidade", previsto no art. 182 da Constituição Federal e do contexto normativo do Estatuto da Cidade. Seu conceito é amplo, sendo apresentado por Osório (2006, p. 195) como algo "interdependente a todos os direitos humanos internacionalmente reconhecidos" incluindo-se os "civis, políticos, econômicos, sociais, culturais e ambientais". A autora explica, ainda, que ele inclui a liberdade de reunião, participação, respeito a minorias, pluralidades étnicas, raciais e sociais, respeito a imigrantes, dentre outros. Sua delimitação está em destacar que "as cidades têm como fim principal atender uma função social". Saule Jr. (2007, p. 38), contribui com o entendimento ao dispor que o Direito à Cidade visa reconhecer "um direito emergente das pessoas que vivem nas cidades".

Observados os conceitos, verifica-se que o conteúdo da Política Urbana é mais amplo do que o de Direito Urbanístico, mas demonstra-se absolutamente exíguo se comparado com o conteúdo de Direito à Cidade, que praticamente inclui tudo o que diz respeito aos Direitos Humanos e ao que ocorre na cidade. Quando trata-se de Política Urbana e Direito Urbanístico, vislumbra-se a atuação do estado e a ordenação do território, assim como, um regime jurídico de direito público, voltado a organização dos espaços habitáveis. Ao observar a descrição do conceito de Direito à Cidade o leque de opções se abre significativamente, abarcando-se os mais diversos direitos humanos e observando-se a cidade como local onde devem materializar-se tais direitos, ao exigir que a atuação jurídica e política em matéria urbanística esteja atenta as prescrições humanitárias.

Descritos os conceitos, passa-se a observar qual é o objeto de cada uma das unidades. O objeto Direito Urbanístico pode ser delimitado com base nos dois conceitos de Silva (2018, p. 38). Se verificado com base no sentido objetivo, o objeto seria "regular a atividade urbanística" e "disciplinar a ordenação do território". Se na perspectiva científica, o objeto consistiria em "expor, interpretar e sistematizar" normas e princípios que regulem a atividade urbanística. Em uma observação a partir da teoria dos sistemas, o primeiro conceito tem preocupação com a operação, e o outro observa a programação do sistema. Sendo assim, enquanto o primeiro remete a uma ideia que diferenciaria o Direito Urbanístico, excluindo-se a Política Urbana e Direito à Cidade de sua abrangência, o segundo incluiria ambos no seu conceito por levar em conta toda a normatização jurídica vigente.

O objeto da Política Urbana também se apresenta de mais de uma maneira na doutrina jurídica brasileira. Pinto (2005, p. 45-46) explica que há abordagens que o delimitam na atuação do poder público em relação a ordenação territorial[33] e há entendimentos que ampliam o objeto ao "conjunto das políticas setoriais de habitação, saneamento, trânsito e transportes urbanos", dentre outras. Verifica-se que o primeiro conceito é mais específico, enquanto o segundo tem um enfoque mais ampliado, possivelmente mais próximo do conteúdo do Direito à Cidade.

O Direito à Cidade tem um objeto mais amplo, praticamente impossível de ser delimitado. No conceito apresentado por Osório (2006, p. 196) tal constatação fica clara, uma vez que "o direito da cidade é interdependente de todos os direitos humanos internacionalmente reconhecidos, concebidos de forma integral e indivisível", o que abarcaria a quase totalidade das políticas públicas setoriais. Pires (2020, p. 190) explica que o Direito à Cidade "abarca e classifica os direitos fundamentais em um território e os vincula a um espaço chamado cidade e diz respeito à dignidade das pessoas que vivem e se utilizam da cidade". O autor complementa afirmando que o tema "constitui um direito

[33] O autor Pinto (2005. p. 45-46) adota a primeira opção e conceitua como desenvolvimento urbano, ao invés de política urbana, o conceito mais aberto, que vai além da ação do poder público no ordenamento territorial, e inclui no conceito algumas política setoriais. Pinto explica ainda que a localização dos equipamentos públicos inclui "tanto as edificações necessárias aos serviços públicos – como hospitais, praças e escolas – quanto as redes de infraestrutura utilizadas para o abastecimento de água, esgotamento sanitário, energia elétrica, telecomunicações e sistema viário", não sendo função da política urbana, definir o que cada política setorial fará com cada espaço, sendo assim, toma demanda por espaço e indica a localização dos equipamentos.

mais amplo e não se restringe a um direito definido e estabelecido, mas vários direitos", entre os quais, moradia, infraestrutura, mobilidade, cidadania etc.

Saule Jr. (2007, p. 53), ao tratar do objeto do Direito à Cidade, faz uma ponderação interessante, que aproxima o conceito de Direito à Cidade ao conceito mais aberto de Política Urbana, ao afirmar que ele efetiva-se quando políticas públicas forem aptas para "assegurar, às pessoas que vivem na cidade, o acesso à terra urbana, à moradia, ao saneamento, à infraestrutura urbana, ao transporte e aos serviços públicos, ao trabalho e ao lazer para as presentes e futuras gerações". A afirmação de Saule Jr. (2007), comparada ao objeto mais amplo de Política Urbana, evidencia o problema da confusão de sentido entre as unidades que, dependendo da forma como são observados, podem ser considerados como um mesmo objeto.[34]

Ao observar o objeto do Direito Urbanístico, da Política Urbana e do Direito à Cidade, exclusivamente a partir de seu conjunto de normas (programação), poderá não existir distinção. Para o autor Vichi (2007, p. 117) há uma convergência entre o Direito Urbanístico e a Política Urbana, já que "todas as normas que disserem respeito" ao "pleno desenvolvimento das funções sociais da cidade e a garantia do bem estar dos habitantes", que é o conteúdo previsto no art. 182 *caput* da Constituição Federal e que versa sobre Política Urbana "deverão integrar o regime jurídico de direito urbanístico". Tal entendimento também é destacado por Sotto (2020, p. 21) que, ao definir Direito Urbanístico, destaca que sua dita autonomia decorre do capítulo da Constituição Federal que trata da Política Urbana e das diretrizes traçadas no Estatuto da Cidade.

[34] Neste contexto, Sotto (2020, p. 24) ao explicar Política Urbana e desenvolvimento sustentável, inicia descrevendo os preceitos constitucionais e do Estatuto da Cidade que retratam a matéria, para em seguida, buscar subsídios em documentos da ONU e destaca que sua pais prescrições almejam "tornar as cidade e assentamentos humanos inclusivos, seguros, resilientes e sustentáveis; por meio da concretização de metas relativas a à habitação adequada; mobilidade acessível; planejamento e gestão participativos, integrados e sustentáveis; redução das perdas por desastres e catástrofes, inclusive os decorrentes das mudanças climáticas; redução do impacto ambiental negativo das cidades e acesso universal a espaços público seguros, inclusivos, verdes e acessíveis". Ou seja, frequentemente todo a gama de direitos humanos que integram o conceito de Direito à Cidade, são transplantados pela doutrina para o conceito de Política Urbana, sem maiores preocupações.

Por outro lado, Sundfeld (2010, p. 49-50) afirma que existem objetos distintos entre Direito Urbanístico e Política Urbana. Embora exista uma "ligação constitucional entre as noções" há um objeto de regulação do Direito Urbanístico que "é o solo (espaço) da cidade" aduzindo, ainda, que ele "é o direito da política espacial da cidade". Já a Política Urbana, por ser uma "política espacial", precisa necessariamente "coordenar-se com as políticas de transportes, saneamento, energia, agrária, etc." sendo um dos seus aspectos a necessidade de uma "coordenação externa", qual seja, "dos modos pelos quais se compatibilizará com as demais políticas".

A dúvida sobre compreender ou não o mesmo objeto também decorre da observação das relações entre Direito Urbanístico e Direito à Cidade, ocasião na qual autores, ao mesmo tempo em que retratam distinções, reforçam a existência de um conteúdo uníssono. Pires (2020, p. 190) destaca que "direito urbanístico e direito à cidade são direitos com dimensões diferentes, mas que se complementam e se conformam na busca de cidades mais humanas". Guimarães (2020, p. 225) dispõe que "a autonomia do direito urbanístico advém justamente da necessidade de consolidar um conjunto de normas jurídicas que prescreva a proteção e concretização do direito à cidade".

As ideias dos autores possibilitam algumas reflexões parciais para uma abordagem que toma como fio condutor a teoria dos sistemas: as conceituações e objetos apresentados até aqui, que têm o conteúdo dos textos normativos (programação) como o elemento base para dar sentido, acabam por tornar objetos diferentes o mesmo objeto. Se observamos o conceito e o objeto a partir do conteúdo da programação, o Direito Urbanístico, a Política Urbana e o Direito à Cidade, possivelmente se apresentam como uma mesma coisa. Se a observação tomar como base a operação, o resultado pode ser diferente, sendo possível estabelecer distinções.

É por isso que a separação por ramos, na forma tradicionalmente observada pela doutrina, deve ser utilizada com cautela. Nas palavras de Reck (2009, p. 44) é difícil "perceber distinções do tipo sistema/entorno nas subdivisões das disciplinas", ainda mais tomando-se como base a observação da programação. Sendo assim, demonstra-se necessário apontar o que distingue um ramo "em relação aos demais ramos do direito" com o objetivo de "dar a ele um tratamento mais complexo", ou seja, para diferenciar as três unidades, é necessário confirmar a existência de identidades que as diferenciem, e isto se faz observando qual função cada um cumpre, que tende a ser algo perene, e não o conteúdo da programação, que é mutável. (BITENCOURT; RECK, 2018b, p. 8).

Luhmann (2016, p. 397-399) denomina tal processo como diferenciação interna, que visa entender "a forma pelas quais as relações entre os sistemas parciais (subsistemas) expressam o ordenamento do sistema total, como ordenamento das classes hierarquizadas", neste contexto, a observação feita por diferenciação interna, na perspectiva de um sistema parcial "tudo o que pertence ao sistema é ambiente". Ao apresentar esse modelo, o autor critica as divisões em campos jurídicos quando realizadas meramente por questões semânticas, vez que "elas não chegam a explicar as formações operativas do direito". E esse é o problema que a presente análise visa superar.

Para evidenciar a questão, a resposta para a seguinte pergunta pode ser esclarecedora: a aprovação da Proposta de emenda constitucional que altera o conteúdo jurídico da função social da propriedade somada a entrada em vigor da Lei de Liberdade Econômica e outros debates existentes no congresso ou decisões judiciais a serem proferidas são suficientes para acabar com a autonomia de uma unidade ou ramo do direito? A resposta depende da forma como observa-se o fato. Se a autonomia está atrelada a programação, a resposta pode ser positiva, decretando-se o fim de um ramo do direito, pela revogação de parte de suas normas ou pela mudança de entendimento acerca de determinado assunto pelos tribunais. Por outro lado, um entendimento de que tal autonomia não vem exclusivamente de conteúdo, mas especialmente da função de cada unidade, leva a compreensão de que o ramo segue a existir, mesmo com mudanças na sua programação.

A diferenciação aqui desenvolvida, como já dito, não pode tomar como ponto chave, de forma única, determinadas características da programação de cada unidade, mas sim, evidenciar a operação delas. Não se objetiva dizer, a partir de mera observação da legislação ou jurisprudência correlata, se um ramo é autônomo ou não, como é tradicionalmente feito. Pretende-se observar a existência de diferenciações na funcionalidade do Direito Urbanístico, da Política Urbana e do Direito à Cidade.

Luhmann (2016, p. 54-56) tem posição diferente dos juristas que consideram como sistemas "uma interconexão de determinadas regras". O autor, ao explicar o que é ou não é direito, não toma como ponto de partida "nem na norma, nem na tipologia dos valores" e ressalta que "as teorias do direito costumam remeter as estruturas (regras, normas textos) que são classificados como direito". Sua proposta é distinta: ele visa observar o que é direito a partir de distinções e operações, que "produzem e reproduzem o sentido específico do direito".

Nesse contexto, a existência ou não de normas sobre determinado assunto, no caso Urbanismo, assim como a qualidade ou quantidade do seu conteúdo, que selecionou técnica A ou B, mais liberal ou mais social, não são os elementos aptos para diferenciar sozinhos, as três hipotéticas unidades. O que precisa ser definido para diferenciar é como cada uma opera. Se possuem uma identidade funcional, independentemente da quantidade ou qualidade de suas normas. Assim, Luhmann (2016, p. 73) esclarece que "uma teoria de corte operativo pode dar conta da unidade do direito não como unidade de texto ou consistência de um conjunto de textos, mas como um sistema social", que opera pela comunicação através de um código, de uma função que são perenes, para dar conta de uma programação, que é mutável.

O sistema do direito sempre irá operar pelo código direito/não direito, tendo como função a estabilização das expectativas normativas, entretanto, a programação, nela contida leis e jurisprudência, assim como a estrutura, da qual a doutrina faz parte, é mutável. Para Luhmann (2016, p. 257) "o sistema só é invariante e sempre adaptado na forma estrutural de seu código" podendo admitir mudanças na programação, "sem precisar temer uma perda de identidade". E por esse motivo entende-se que a diferenciação interna entre Direito Urbanístico, Política Urbana e Direito à Cidade não deve tomar como base o caráter o conteúdo substancial de seus regramentos, mas sim buscar uma distinção na operação e função de cada um.

Dizer que a lei de parcelamento do solo, código de obras e código de posturas são Direito Urbanístico; que Política Urbana é o disposto no art. 182 e 183 da Constituição Federal e nos planos diretores municipais; e que o Direito à Cidade é o conteúdo material do Estatuto da Cidade, pouco contribui para a abordagem sistêmica. Ademais, não há como garantir que exista ou não um pouco de cada um dos três ramos em todos os regramentos citados, o que por si só descartaria a observação da legislação como possibilidade de distinção. Outro problema gerado nesse formato de observação seria considerar que a possibilidade de revogação ou mutação destas normas geraria uma extinção ou mudança de sentido para o hipotético ramo, o que também não pode ser aceito. Esse é um dos problemas de classificar as unidades a partir da programação: sua mutabilidade. Uma diferenciação interna precisa ser feita observando a operação e distinguindo a sua identidade funcional[35].

Para Bittencourt e Reck (2018b, p. 10), "a identidade é formada por um consenso linguístico acerca de diferenças", não se podendo considerar a hipótese de uma "distinção natural". A construção da identidade decorrerá de um processo construtivo que aponte as "diferenças que compõe esse ramo em relação aos demais". Sendo assim, "ramo é um conjunto de operações que provoca outras operações dentro do direito" e para que exista um ramo é necessária "uma unidade operativa de programas de observação" que permita "significações diferenciadas" até "enunciados normativos a espera de significação". Um ramo será "uma estrutura operativa do direito" ou ainda "um conjunto de programas" que tem como função "unificar as diferentes perspectivas" sobre determinado assunto e conterá "programas de observação peculiares" que o caracterizam como tal.

Assim, para que se responda ao questionamento se o Direito Urbanístico, a Política Urbana e o Direito à Cidade podem ser considerados unidades com identidades próprias, proceder-se-á sua observação a partir de duas características: a um, se apresentam uma estrutura operativa; a dois, se contém um conjunto de programas peculiares que unificam diferentes perspectivas. Existindo distinções nas constatações, eles poderão ser considerados ramos com identidade própria, a partir dessa perspectiva; do contrário, poderão ser tratados como um único objeto.

A primeira observação diz respeito à existência de uma estrutura operativa que diferencia uma unidade das demais. Neste aspecto, a reflexão pode partir de uma análise sobre a capacidade de autorreferência das operações. Autorreferência e heterorreferência estão relacionadas a abertura cognitiva

[35] Bruno Filho (2015, p. 49-52) apresenta uma proposta de "enquadramento funcional do direito urbanístico", no entanto de maneira distinta da que segue apresentada nesta tese, vez que, mantém a observação no campo da programação do direito. O autor faz o delineamento de um campo mais mediato, visto como um núcleo, onde estão incluídas normas de parcelamento do solo, uso e ocupação; um segundo "círculo" mais largo, onde estão temas como resíduos sólidos, mobilidade, patrimônio histórico; e ainda, de maneira mais distante, um terceiro espaços, ligado as questões de finanças públicas, entre outras.

do sistema, e dizem respeito, segundo Luhmann (2016, p. 104) "ao manejo que o sistema faz de sua própria autonomia". O Direito Urbanístico opera com mais autorreferencia do que a Política Urbana e o Direito à Cidade, pois o faz a partir de argumentos formais e conceitos, construídos no próprio sistema do direito, a fim de dar respostas direito/não direito, características do sistema do direito. Seria uma espécie de centro operacional do código do sistema, quando observados temas urbanísticos.

Por outro lado, a Política Urbana exerce uma estrutura operativa de acoplamento entre o sistema do direito e o sistema da política. Ela se opera via (e a partir da) Constituição, que nas palavras Luhmannn (2016, p. 641) "provê soluções políticas para o problema autorreferência do direito e soluções jurídicas da autorreferência política". A operação para o direito é apresentar-se como "uma lei suprema, uma lei fundamental" enquanto para a política, tem um funcionamento simbólico e instrumental, que contribui com a produção de decisões vinculantes para toda a sociedade. A Política Urbana, neste contexto, no sistema do direito, funciona para promover acoplamentos com a política em temas urbanísticos, operação que é necessária ao código direito/não direito.

O Direito à Cidade opera de outra maneira, como uma espécie de catalisador ou filtro, que observa a Política Urbana e o Direito urbanístico, produzindo ruídos quando suas decisões se distanciam do conteúdo dos direitos humanos. Seria um ambiente dentro do sistema[36], com uma abertura cognitiva significativa, que se mal operada, confunde-se com o próprio entono. Com maior sensibilidade ao ambiente, tende a produzir ruído para garantir que recursividade do direito observe preceitos humanitários.[37]

[36] A ideia de um ambiente interno é destacada por Luhmann (2017, p. 173) na perspectiva da diferenciação sistêmica e neste contexto, quer dizer "*la reiteración de la diferenciación sistema/entono dentro de los sistemas. Con ello surge un 'entorno interno' – un entorno sistémico interno general de los sistemas parciales del sistema. Las delimitaciones del sistema general posibilitan ya una especificación y domesticación de ese entorno interno. Al interior de ellos existen condiciones especiales que no se encuentran en todas partes. Este efecto de filtro, esta reducción de complejidad, esta diferenciación relativamente improbable de órdenes, solo puede ser reiterada consecutivamente en el sistema y con ello incrementada.*"

[37] Neste sentido os autores Mota, Moura e Andrade (2019, p. 64) destacam que "os princípios e diretrizes fundamentais básicos do Direito da Cidade, que atuam como vetores axiológicos para autuação legislativa e administrativa dos entes federativo, mas também, conforma o exercício das liberdades do cidadão".

Assim, verifica-se que há uma estrutura operativa própria para cada uma das unidades dentro do sistema do direito. Neste contexto, observação do Urbanismo pelo Direito reflete na existência de uma ampla programação e operação, que estabiliza expectativas normativas em relação a ordenação do espaço urbano, mas se opera parcialmente de maneiras distintas, garantindo o cumprimento do seu código funcional: o Direito à Cidade é um recurso que busca convergir as decisões internas do sistema ao conteúdo dos direitos humanos; Política Urbana opera acoplando as decisões com a Política; e o Direito Urbanístico, como espaço típico, decide pelo código direito/não direito.

Nesta perspectiva, o Direito Urbanístico opera pelo código do sistema do direito, a Política Urbana acopla as funcionalidades do sistema da política e do direito, e o Direito à Cidade atua como um filtro/catalizador de comunicações convergindo-as a preceitos humanitários, mas todos em último grau, são regidos e servem ao código direito/não direito. Pode-se dizer que a escala de abertura cognitiva é maior no Direito à Cidade, menor no Direito Urbanístico e intermediária na Política Urbana. Observando-se a partir do sistema do direito, a Política Urbana e o Direito à Cidade podem ser considerados ora como ambiente, ora como sistema, o primeiro para indicar o grau e poder de intervenção estatal e o segundo para aproximar a programação de diretrizes humanitárias. Mesmo assim definições de maior/menor intervenção estatal, ou ainda, maior/menor humanidade do conteúdo, não alteram o código operacional e a função. Somente contribuem com mudanças na sua programação, que pode ser mais ou menos intervencionista e mais ou menos humanitária.

Neste contexto, fatos idênticos poderão ser observados de maneiras distintas por tais unidades, como por exemplo, uma norma que institui um grande projeto urbano em um determinado ponto da cidade e que remeterá ao despejo de moradores em situação de vulnerabilidade. Em linhas gerais, a observação do Direito Urbanístico será pela análise direito/não direito, observando, por exemplo, se é lícito intervir naquele local, tendo como base as normas de zoneamento, ou ainda, se o despejo se deu com respeito a dogmática jurídica vigente; a Política Urbana tende a acoplar a decisão as definições políticas, e assim, observará a intervenção urbana e o despejo ao lado de outras políticas setoriais, com objetivo de vincular a toda comunidade com a decisão;

no Direito à Cidade a observação ocorre pelo filtro do respeito ao direitos humanos, criando ruído ao analisar as possibilidades de gentrificação ou de medidas excessivas adotadas no despejo. O que deve ficar claro é que existirão casos de convergência na operação das unidades, assim como situações em que cada um observará a situação de maneira distinta. Mesmo nos casos de observação distinta, cada um continuará operando dentro de sua funcionalidade operativa intermediária, e ao final, a decisão, observada a partir do direito, tomará como base o código direito e não direito.

O Direito Urbanístico, a Política Urbana e o Direito à Cidade e suas operações peculiares no sistema do direito decorrem do aumento da complexidade interna em decorrência da observação que ele faz do Urbanismo. Tal complexidade cria uma retroalimentação permanente e não linear entre os três espaços, o que possibilita a constante evolução dos seus conteúdos, ora reforçando o caráter de direito público e finalidade mais humana, ora seguindo caminhos liberais e despreocupado com os direitos sociais.

Através dessa observação também pode depreender-se que o Direito Urbanístico é observado pelo sistema do direito, sempre em um processo de auto-observação, enquanto a Política Urbana e o Direito da Cidade, poderão ser observados tanto como parte do sistema, como parte do ambiente, por suas comunicações com a política e outros sistemas sociais. Conclui-se assim, que apesar da intensa comunicação entre Direito Urbanístico, Política Urbana e Direito à cidade, fator que pode confundir seus sentidos, a partir de uma observação com base na teoria dos sistemas, os três podem ser considerados ramos com identidade própria, visto que são passíveis de diferenciação.

Como o desenvolvimento de um trabalho científico envolve conceituações, visando reduzir a complexidade, a forma de observação aqui descrita será denominada como Direito do Urbanismo. Assim, a proposta de um Direito do Urbanismo origina-se da observação que o sistema do direito faz do ambiente em temas relacionados ao Urbanismo, aceita e seleciona informação como heterorreferência e a partir de sua autopoiese, evolui sua operação e desenvolve uma recursividade peculiar para aplicação do código direito/não direito: a interação das unidades Direito Urbanístico, Política Urbana e Direito à Cidade, que possuem programações semelhantes, quando não idênticas, mas funcionalidades distintas, que devem ser observadas de maneira complementar e não linear, na produção de decisões jurídicas em temas urbanísticos.

Para o avanço das reflexões, se faz necessário aprofundar tal diferenciação, confrontando-a com a lógica centro-periferia apresentada no tópico anterior e indicando que contribuição ela traz na perspectiva da política pública, como será apresentado no tópico a seguir.

2.4 A observação do Direito do Urbanismo: bases para construção de um sentido de política pública

Pelo caminho traçado até aqui constatou-se que a observação sistêmica do Direito e Urbanismo é um fenômeno permanente. Ela possibilita, entre outros aspectos, heterorreferências na escolha de um determinado modelo urbanístico, como base para programação do Direito, ou ainda, a produção de instrumentos jurídicos para mitigar ou eliminar os riscos inerentes da atividade urbanística. Tal observação redunda em uma constante evolução no sistema do direito. Tratando especificamente do direito brasileiro, percebe-se que tal comunicação evolui de maneira distinta no centro e na periferia do sistema, vez que, o direito legislado (periferia) e o julgado (centro), em âmbito urbanístico, nem sempre convergem em seus significados. Além disso, forma-se um complexo recursivo, aqui denominado como Direito do Urbanismo, que integra as funcionalidades das unidades Direito Urbanístico, a Política Urbana e o Direito à Cidade, qualificando a tomada de decisões com base no código direito/não direito em assuntos desta natureza.

O desafio desta tese é tratar do regime jurídico da Política Pública de Intervenção Urbanística dos grandes projetos urbanos, e por este motivo, as discussões até aqui apresentadas, embora possam servir de base para inúmeras outras repercussões, precisam ser direcionadas para esta problemática. Neste contexto, este tópico objetiva refletir sobre o seguinte problema: em que medida as observações acerca do distanciamento da programação legislada (periferia) e julgada (centro), assim como, a existência do complexo recursivo do Direito do Urbanismo, contribuem na construção de um sentido para a Política Pública Urbanística no Brasil?

Em uma proposta construtivista, parte-se da hipótese que a potencialidade da Política Pública Urbanística é influenciada pela complexidade que envolve tais perspectivas, sendo necessário ter clareza na compreensão de todos os aspectos que envolvem o direito legislado (periferia) e o julgado (centro), assim como, da recursividade do Direito do Urbanismo. Tudo isso é necessário para possibilitar o alcance do objetivo fundamental desta política pública, consoante previsto na constituição. Em outras palavras, a política pública tende a ser uma decisão que acopla e organiza todos estes elementos. Através desta sistemática, a política pública tende a ser capaz de articular e aproximar as decisões do centro e da periferia do sistema do direito, por isso se faz necessário a criação de critérios de observação deste cenário complexo.

Para responder ao questionamento, confirmando ou não a hipótese, aprofundar-se-á, na perspectiva sistêmica, a inter-relação das três unidades do Direito do Urbanismo e sua relação com a perspectiva centro-periferia, demostrando como o Direito à Cidade como espécie de ambiente interno produz ruído na programação do Direito Urbanístico e da Política Urbana no Brasil, assim como, observar o acoplamento dessas duas últimas unidades. Ao final será introduzida a temática da política pública, tendo como base as reflexões desenvolvidas no tópico.

Quando se tratou de Direito à Cidade no tópico anterior, observou-se que ele teria maior abertura cognitiva ao ambiente, se comparado com as outras duas unidades. Afirmou-se, que seu conceito observa a cidade como o lugar onde devam ser efetivados os direitos humanos[38], o que torna seu objeto muito amplo, confundindo-se com o próprio ambiente. E não é por acaso. A origem do termo "Direito à Cidade" é atribuída aos estudos de Henri Lefebvre, em uma perspectiva filosófica e sociológica[39] e não jurídica.

[38] No mesmo sentido que os autores Saule (2007) e Osório (2006) citados no tópico anterior, Fernandes (2012) explica que *"El "derecho a la ciudad" basicamente consiste en el derecho de los todos residentes de las ciudades a disfrutar completamente de la vida urbana, con todos sus servicios y ventajas – el derecho a habitar – y también a tomar parte en la gestión de las ciudades – el derecho a participar"*

[39] Segundo Fernandes (p. 2012, p. 499) Lefebvre difundiu o Direito à Cidade tendo como base sua tradicional obra, que leva o mesmo nome, originariamente em francês, *Le Droit à la Ville* (1968). Fernandes destaca ainda que para um melhor aprofundamento, embora *Le Droit à la Ville* seja a referência mais tradicional para tratar do Direito à Cidade na perspectiva sociológica e política, outras duas obras do autor são fundamentais para compreender a extensão do termo e atualizá-lo, aproximando-o da realidade contemporânea: *Espace et Politique* (1973) e *Du Contrat de Citoyenneté* (1990).

Desta forma, embora neste trabalho o Direito à Cidade seja observado a partir do sistema do direito, a origem do termo, embora contenha o vocábulo "Direito", se dá no ambiente, mais especificamente no sistema da ciência. Tal informação é importante neste ponto pesquisa, uma vez que a irritação que o sistema do direito produziu em decorrência dos estudos e movimentos sociais baseados na ideia de "Direito à Cidade", que multiplicaram-se a partir das obras Lefebvre, provocaram acoplamentos, inclusões e exclusões e produziram evolução no sistema do direito brasileiro, influenciando a formação de uma unidade própria com o mesmo nome, que se comunica intensamente com as unidades Direito Urbanístico e da Política Urbana, na perspectiva de um Direito do Urbanismo.

A visão sociológica/filosófica do Direito à Cidade contribui com a percepção de que o urbano tornou-se um espaço de reprodução de desigualdade, onde o bem estar e a qualidade de vida não são benefícios que alcança a todos, como apontam diferentes estatísticas, em especial no Brasil.[40] Tal realidade, tem como causa não só aspectos econômicos, sociais, políticos, culturais, mas também jurídicos. Daí a necessidade de incluir o debate no sistema do direito. Neste ponto, Fernandes (2012, p. 497) reforça que o conteúdo da programação do direito sempre foi um dos fatores que contribuiu no distanciamento entre a realidade urbana e os preceitos filosóficos/sociológicos do Direito à Cidade. Segundo o autor, as questões jurídicas são um fator relevante e que agrava o cenário de crise urbana e que por muitas vezes é esquecido nas abordagens que descrevem tal situação.

A constatação, de que questões jurídicas também contribuíam com os problemas urbanos, redundou em movimentos na sociedade, onde foi ampliada a

[40] Fernandes (2006, p. 04) ilustra a realidade negativa com os seguintes dados: "De acordo com dados de diversas fontes, 26 milhões dos brasileiros que vivem em áreas urbanas não tem água em casa; 14 milhões não são atendidos por sistema de coleta de lixo; 83 milhões não estão conectados a sistema de saneamento; e 70% do esgoto coletado não é tratado, mas jogado em estado bruto na natureza. Mais de 50 milhões de brasileiros têm andado de casa para o trabalho, por não poderem arcar com os custos do deslocamento por transporte coletivo; um percentual crescente de pessoas tem dormido na rua, mesmo tendo casas, para não terem que arcar com os custos de transporte, seja com o longo tempo de deslocamento até o trabalho e o risco de demissão no caso de atraso. O déficit habitacional em áreas urbanas foi recentemente estimado em 7,2 milhões de unidades no país, sendo que o número de imóveis vazios nessas áreas foi calculado de 5 milhões de unidades. Em suma, o país está enfrentando uma profunda, e crescente, crise urbana".

visão de que o algo que era do ambiente, do sistema da ciência, deveria passar a integrar também o sistema no direito. De acordo com Fernandes (2012, p. 497-498), foi este contexto que motivou os movimentos sociais, ONGs, políticos, acadêmicos e até mesmo setores do mercado imobiliário produtivo, em especial do Brasil e América Latina, a entender e defender, que as premissas sociológicas e filosóficas do Direito à Cidade, deveriam culminar em reformas políticos-legais.

Ferreira (2020, p. 162-163) destaca que "os movimentos sociais, ao longo da reestruturação democrática do Brasil, a partir da década de 1980, buscaram construir um espaço de mediação entre as relações do Estado e sociedade civil" o que ocorreu com "voz e participação ativa no processo de concreção de normas jurídicas que pudessem influenciar a transformação de nossas cidades" e tendo como finalidade "mitigar as desigualdades sociais, tão fortemente presentes".

A atuação destes movimentos é descrita como detalhes por autores como Saule Junior (2006, p. 14-18) que demonstra que a construção do texto da Constituição Federal e do Estatuto da Cidade, decorreram da ação dos movimentos sociais. No primeiro caso, com a apresentação da emenda popular da reforma urbana, e no segundo, a partir dos debates do fórum nacional de reforma urbana.[41] Na perspectiva sistêmica, este tipo de atuação da sociedade frente ao direito pode ser denominada como movimento de desintegração, consoante classificação proposta por Campilongo (2012, p. 107-108)[42]. Neste processo, as ações "introduzem temas que promovem instabilidades

[41] Tal processo fora detalhado no tópico 2.2, quanto descrita a evolução da programação do sistema do direito, em especial, nas notas de rodapé que descrevem os projetos que balizaram a formatação do capítulo que trata da Política Urbana na Constituição, assim como, que culminaram na publicação do Estatuto da Cidade.

[42] A atuação dos movimentos sociais frente ao Direito pode ser observada, na perspectiva sistêmica, de duas maneiras, conforme descreve o Campilongo (2012, p. 103-107) movimentos de integração ou de protesto e movimentos de desintegração. Quanto aos primeiros, o autor aponta sua postura de dizer não aos sistemas parciais, contestar suas operações, não se submeter aos seus códigos e buscar o idealismo e a utopia de "uma sociedade igualitária e equilibrada" negando a diferenciação funcional. Em relação ao sistema do direito, os movimentos sociais com estes perfis, exigem que ele seja não só o guardião do direito, mas da sociedade como um todo e fazem isso ao sobrepor direito, economia e política com apelos imensos a uma integração que força conexões transversais entre os sistemas sociais. O tema é retomado de maneira detalhada no último capítulo da tese.

necessárias e processáveis pelo código binário do direito", valendo-se do próprio sistema jurídico, para confirmar se suas pretensões, convertendo os conflitos em procedimentos, no caso, através do processo legislativo. Este tipo de movimento respeita os limites e as margens de escolha de cada sistema funcional e não questiona ou tenta deturpar a sua funcionalidade. De maneira mais objetiva, pode ser considerada uma mudança do sistema, respeitando a operacionalidade do próprio sistema e não tentando integrá-lo, de maneira corruptiva, com outro.

Valendo-se das ideias de Luhmann, o processo de tonar as prescrições filosóficas/sociológicas, programações do sistema jurídico, está relacionado com os mecanismos irritação e o acoplamento do sistema. Luhmann (2016, p. 593) explica que "o sistema é capaz de desenvolver sua capacidade de ser irritado", a partir de interações com o ambiente, mas isso não significa que a informação será selecionada. A escolha de incluir ou não incluir algo do ambiente no sistema, se dá pelo processo de acoplamento, que é desenvolvido com base nas características do próprio sistema. Desta forma, o fato do sistema direito perceber que existe o Direito à Cidade no sistema da ciência, não significa sua observância seja obrigatória, somente demonstra que os sistemas parciais possuem mecanismos comunicação que produzem irritação e que podem gerar acoplamentos, que serão ou não selecionados.

Ainda de acordo com Luhmann (2016, p. 594) "os acoplamentos estruturais garantem somente sincronicidade entre o sistema e o ambiente no evento em questão", mas não o afetam de forma definitiva. O que há é uma surpresa recíproca dos sistemas, o que não significa adaptabilidade completa, vez que cada um tem seus métodos de seleção, seu tempo e suas operações específicas. "Os acoplamentos estruturais, com seu duplo efeito de inclusão e exclusão, facilitam a concentração da irritabilidade e mesmo preparam-se, no âmbito de suas possibilidades, para eventualidades".

O Direito à Cidade filosófico/sociológico, em especial pela atuação dos movimentos sociais de desintegração, fora percebido sistema do direito através dos seus mecanismos de irritação, acoplamento e seleção, e assim, o sistema incluiu tais perspectivas desenvolvendo, por sua evolução operativa, uma unidade própria denominada Direito à Cidade, que passou a integrá-lo. Essa unidade, funciona como um filtro, um mecanismo de irritação, que opera a abertura cognitiva do sistema do direito para tais premissas filosóficas/

sociológicas intrinsicamente ligadas aos direitos humanos, possibilitando eventuais acoplamentos nas unidades Direito Urbanístico e Política Urbana, na forma de um catalisador, como já especificado de maneira inicial no tópico anterior.[43]

No Brasil, toda a construção do texto da Constituição Federal e do Estatuto da Cidade foi promovida nesta perspectiva de tornar direito e vincular a política com as premissas filosóficas e sociológicas do Direito à Cidade, que tem sua origem nos estudos de Lefebvre. Tal realidade cria uma dinâmica própria para a operação e programação da Política Urbana e do Direito Urbanístico no Brasil. No entanto, tal comunicação não é automática, permanente ou de aplicação instantânea. Ela deve observar a recursividade do sistema do direito, como visto quando se explicou o que se entende por evolução, que envolve os mecanismos de variação, seleção, estabilização e memória.

Na exposição, retratada no tópico 2.2 verificou-se distinções na perspectiva jurisprudencial (centro) e legislativa (periferia), onde uma teria uma abertura maior ao ambiente que a outra. Aqui, já se pode complementar tal ideia e dizer que o Direito à Cidade gravita muito mais na periferia do sistema do direito do que no centro. Pode-se arriscar dizer que o Direito Urbanístico pode ser observado como uma unidade de centro e a Política Urbana como uma unidade localizada prioritariamente na periferia do sistema do direito, onde também estaria inserido o Direito à Cidade, o que poderia ser uma justificativa na existência de uma maior comunicação entre ambos.

[43] Tal visão pode ser referenciada nas ideias de Fernandes (2012, p. 503), que explica a necessidade de incluir-se a visão político-jurídica, nas premissas filosóficas e sociológicas do Direito à Cidade, tornando este assunto, um tema jurídico: "*Sin embargo, a pesar de lo revelador y emocionante de estas ideas, el hecho es que el concepto en sí del "derecho a la ciudad" de LEFEBVRE era más una plataforma político-filosófica y no exploró directamente cómo, o en qué medida, el orden legal había determinado el patrón exclusivista del desarrollo urbano. A los argumentos sociopolíticos de LEFEBVRE debe agregarse otra línea argumental, esto es, argumentos legales tendentes a criticar el orden legal, no solo desde los valores sociopolíticos o humanitarios, sino también desde dentro del orden legal. El trabajo de LEFEBVRE nos ha brindado elementos fundamentales para comprender los aspectos socioeconómicos, políticos, ideológicos y culturales del proceso de urbanización. Sin embargo, no puede encontrarse en su trabajo una discusión articulada sobre el papel fundamental de la ley en el proceso de urbanización. Ese tipo de comprensión completa del papel fundamental que corresponde al orden legal es la verdadera condición para promover una profunda reforma legal, que a su vez es la condición para promover una reforma urbana que lleve a la inclusión social y al desarrollo sostenible*".

O Direito à Cidade está relacionado ainda, com o que Fernandes (2006, p. 11) denomina de "nova ordem jurídico-urbanística" do Brasil. Segundo o autor, este paradigma tem como baliza principal a previsão constitucional da função social da cidade. Tal ordem inovadora tem como premissas a superação do paradigma civilista individual, reconhecendo-se direitos coletivos e ações intervencionistas do Estado, em especial no direito de propriedade, assim como, com a competência dos governos locais para tratar do tema e a ampliação dos espaços democráticos de tomada de decisão.

A "nova ordem jurídico-urbanística" representaria a seleção pelo sistema do direito dos ditames sociológicos/filosóficos do Direito à Cidade, vez que, eles já se encontrariam incluídos na sua programação, ao menos na perspectiva legislativa, passando a servir de base para motivar ações governamentais, em um acoplamento funcional da Política Urbana, assim como, em eventuais decisões de tribunais, estabilizando expectativas normativas, a partir do código direito/não direito, o que redundaria em mudanças concretas definitivas na realidade dos cidadãos nas cidades.

Como já demonstrado, o sistema do direito possui ditames próprios em sua operação, e desta forma, embora os preceitos do Direito à Cidade, ou ainda, da "nova ordem jurídico-urbanística" tenham passado a integrar a programação legislativa do sistema do direito, na forma de princípios constitucionais e diretrizes do Estatuto da Cidade, tais normas não tem sido observadas em grande escala nas decisões dos tribunais.

Por outro lado, verifica-se, ainda que em escala mais reduzida, que já há decisões do STF, onde percebe-se a presença destes elementos característicos da "nova ordem jurídico-urbanística". Decisões como a proferida no ARE 791237/SP[44], datado de 2014, confirma a conotação individual-coletiva da matéria, assim como, os julgamentos prolatados nos recursos AI 769177

[44] Agravo regimental em recurso extraordinário com agravo. 2. Direito Civil. Execução de termo de ajustamento de conduta descumprido. Danos urbanísticos e imobiliários. 3. Direitos individuais homogêneos imbuídos de relevante interesse social. Legitimidade ativa do Ministério Público. 4. Ausência de argumentos suficientes para infirmar a decisão recorrida. 5. Agravo regimental a que se nega provimento. (ARE 791237 AgR, Relator(a): Min. GILMAR MENDES, Segunda Turma, julgado em 09/09/2014, PROCESSO ELETRÔNICO DJe-189 DIVULG 26-09-2014 PUBLIC 29-09-2014)

AgR/SP, em 2014[45] e ARE 780070 ED/RS[46], em 2016, confirmam o caráter local e interventivo no direito de propriedade como características da matéria, reconhecida em decisões proferidas no cento do sistema[47].

[45] Agravo regimental no agravo de instrumento. Prequestionamento. Ausência. Direito Constitucional, Administrativo e Urbanístico. Ordenamento urbano. Competência municipal. Legislação infraconstitucional. Ofensa reflexa. Reexame de fatos e provas. Impossibilidade. Precedentes. 1. Os dispositivos constitucionais tidos como violados não foram examinados pelo Tribunal de origem. Incidência das Súmulas nºs 282 e 356 desta Corte. 2. O Supremo Tribunal Federal assentou que a Constituição da República confere aos municípios competência para legislar sobre o ordenamento de seu território e que essa prerrogativa constitucional não viola o direito de propriedade ou os princípios que regulam o mercado, como a livre concorrência e a livre iniciativa. 3. Submissão de concessionárias da União às posturas municipais: constitucionalidade. 4. Inadmissível, em recurso extraordinário, a análise da legislação infraconstitucional e o reexame dos fatos e das provas dos autos (Súmula nº 279/STF). 5. Agravo regimental não provido. (AI 769177 AgR, Relator(a): Min. DIAS TOFFOLI, Primeira Turma, julgado em 18/02/2014, PROCESSO ELETRÔNICO DJe-049 DIVULG 12-03-2014 PUBLIC 13-03-2014)

[46] Embargos de Declaração recebidos como Agravo Regimental. Direito Administrativo e Urbanístico. Direito de construir. Limitação administrativa. Torre de telefonia móvel. Uso e ocupação do solo urbano. Competência municipal. Precedentes. Competência. Mera alegação de interesse da união. Ausência de justificativa para deslocar a causa para a justiça federal. Consonância da decisão recorrida com a jurisprudência cristalizada no supremo tribunal federal. Recurso extraordinário que não merece trânsito. Acórdão recorrido publicado em 29.10.2010. O entendimento adotado pela Corte de origem, nos moldes do que assinalado na decisão agravada, não diverge da jurisprudência firmada no âmbito deste Supremo Tribunal Federal. A Constituição da República confere aos municípios competência para legislar sobre assuntos de interesse local, nele compreendidos o uso e a ocupação do solo urbano no seu território. Mera alegação de existência de interesse da União é insuficiente para justificar o deslocamento do feito para a Justiça Federal. As razões do agravo regimental não são aptas a infirmar os fundamentos que lastrearam a decisão agravada, mormente no que se refere à ausência de ofensa direta e literal a preceito da Constituição da República. Embargos de declaração recebidos como agravo regimental, ao qual se nega provimento. (ARE 780070 ED, Relator(a): Min. ROSA WEBER, Primeira Turma, julgado em 01/03/2016, PROCESSO ELETRÔNICO DJe-082 DIVULG 27-04-2016 PUBLIC 28-04-2016)

[47] No direito europeu, em especial, espanhol, tal perspectiva também é reconhecida. Muños e Carballal (2018, p. 33) destacam que "*ha sido reconocido por el Tribunal Europeo de Derechos Humanos, el Tribunal de justicia Europeo, e el Tribunal de la Corte Europea de Derechos Humanos, como es el derecho a la Ciudad, omnicomprensivo de otros derechos fundamentales sociales constitucionales con son la calidad de vida, la vivienda digna, la propiedad o un habitar adecuado para el desarrollo de la dignidad de la persona.*"

Assim, o Direito à Cidade, observado a partir do sistema do direito, confunde-se com "nova ordem jurídico-urbanística" que ainda vige no direito brasileiro. Com o aprofundamento aqui desenvolvido, denominado de Direito do Urbanismo, verifica-se que o Direito à Cidade trata-se de uma unidade criada pelo próprio sistema do direito e que tem duas funções básicas: a) criar irritação no próprio sistema, ao captar comunicações deste tipo (humanitárias) no ambiente e que interessem ao sistema do direito; b) repercutir tais irritações nas demais unidades do Direito do Urbanismo, promovendo acoplamentos, com inclusão ou exclusão de novos sentidos na programação de Direito Urbanístico (centro) e Política Urbana (periferia). No exercício desta função, o Direito à Cidade não tem a capacidade de alterar a operação das outras duas, que continuarão atuando de acordo com suas funções, mas pode modificar a programação de cada uma delas.

Ponto chave agora é aprofundar as reflexões na relação Direito Urbanístico e Política Urbana, para uma melhor compreensão de suas funções, como fora feito até aqui com o Direito à Cidade em relação as outras duas unidades. É inegável que há uma relação muito próxima entre direito e política isto fica evidente quando se trata de questões urbanísticas. Os próprios ditames da "nova ordem jurídico-urbanística" advogam por esta aproximação/integração, como pode depreender-se das ideias de Fernandes (2012, p. 507), que afirma que "*el otro principio de este nuevo ordem urbano-legal es la indivisibilidad del derecho urbano y la gestión urbana*".

Em uma perspectiva sistêmica esta confusão entre os sistemas parciais não pode existir, a não ser que siga determinados critérios, definidos pelos próprios sistemas, como o acoplamento. No tópico anterior já foi apresentado tal debate, onde fora descrito a opinião de alguns autores, que defendiam uma integração plena entre Direito Urbanístico e Política Urbana, posição não acatada por este trabalho, que entende que uma observação mais complexa é fortalecida com uma distinção, que esteja baseada na funcionalidade de cada sistema. Todavia, é inegável a existência de uma aproximação e contribuição mútua entre Política e Direito, no caso, Política Urbana e Direito Urbanístico.

Luhmann (2016, p. 546) reconhece a relação muito próxima entre Direito e Política e aponta a existência de uma tradição que vê um "sistema político-jurídico unificado", em especial, pela existência de um "conceito de Estado, que é a um só tempo jurídico e político"[48]. Apesar da proximidade, Luhmann (2016, p. 559) reforça que na perspectiva sistêmica "não se trata de um sistema único e passível de ser caracterizado com o conceito de Estado, mas de dois sistemas diversos, cada qual fechado com sua operação, com suas respectivas formas, codificações e programas". O direito opera a partir de um código binário direito/não direito, ao contrário da política, que tem como código governar/não governar[49]. Da mesma forma, eles têm funções próprias, sendo o direito, estabilizar expectativas normativas e a política, vincular toda a sociedade a partir de suas decisões.

Neste sentido, Luhmann (2016, p. 569) destaca ser "completamente possível pensar que o sistema político decida de maneira involuntária contra o direito – ou que – isso ocorre com frequência – algo seja posto em risco juridicamente" quando ocorre uma decisão política. Tal situação ocorre, pois, cada um dos sistemas funciona a partir de uma lógica – código e funções – próprias. Tais reflexões tornam fundamental esclarecer uma dúvida já levantada no tópico anterior: pode a Política Urbana ser considerada uma unidade integrante do sistema do direito ou ela pertenceria exclusivamente ao sistema da política?

Na proposta deste trabalho, a Política Urbana é observada na perspectiva do sistema do direito, com a função de acoplamento dele com o sistema da política. Assim, a Política Urbana não é tratada exclusivamente como algo que visa produzir decisões vinculantes para toda comunidade, mas sim, como algo que vincule tais decisões a programação do sistema do direito, acoplando-o com a política, com a função de mitigar o risco de afastamento entre elas, dirimindo o problema do risco já descrito.

[48] Tomado por base as reflexões do autor em termos contemporâneos, pode-se dizer que "a positivação do direito e a democratização da política apoiam-se reciprocamente, tornando-se difícil perceber aí dois sistemas diferentes, e, mais ainda, dois sistemas livres de coincidências em sua operação". Complementando este entendimento, Luhmann (2016, p. 558) aponta que "na realidade, a tese da unidade (entre política e direito) jamais foi levada até o ponto em que se dissesse que o que é permitido juridicamente na política determina-se exclusivamente do ponto de vista da política; tampouco se pode dizer que o direito não é mais do que um momento da inércia própria da política, que serve para que a política não ceda a caprichos demasiados passageiros". Tais reflexões já foram apresentadas, de maneira mais detalhada, no artigo de Vanin e Reck (2019).

[49] Para o autor "no sistema jurídico não há equivalente à codificação democrática de poder no esquema governo e oposição", mas sim, uma codificação que vai dizer o que é direito e o que não é direito. (LUHMANN, 2016, p. 564).

A posição da Política Urbana, como norma constitucional no direito brasileiro, reforça esta opção, visto que para Luhmann (2016, p. 641) é neste espaço que se acoplam estruturalmente estes os sistema do direito e da política: "a Constituição provê soluções políticas para o problema da autorreferência do direito", sendo para o direito trata-se de "uma lei suprema, uma lei fundamental", e para a política "um instrumento político no duplo sentido de política instrumental (modificadora de decisões) e de política simbólica (não modificadora de situações)".

Assim, quando se observa a unidade Política Urbana, deve se ter em conta que se trata de um espaço que se desenvolve e pode ser observado separadamente em cada um dos sistemas, produzindo sentidos jurídicos e sentidos políticos e que permite "um incremento de irritação recíproca". Embora tal situação possa remeter a contradições semânticas, ambas serão "compatíveis graças ao fechamento operativo dos sistemas". (LUHMANN; 2016, p. 642)

Neste ponto é importante retomar alguns avanços na reflexão que já foram apresentados neste estudo e podem servir de parâmetros para aprofundamento da construção em se tratando de comunicações de conteúdo urbanístico que circulam no sistema do direito: a Política Urbana, no direito, tem uma função de acoplamento e entre o direito e política e tende a situar-se especialmente na periferia do sistema do direito, conformando as decisões com programação constitucional do direito.

Verificada que a Constituição é o espaço, por excelência, de acoplamento da Política e do Direito, o que é delimitado neste estudo, pela previsão constitucional que trata da Política Urbana, se faz necessário uma observação sobre o processo legislativo. A criação do direito legislado decorre de um processo típico do sistema da política, que culmina na criação de normas, que passarão a integrar a programação do sistema do direito. Nestes termos Luhmann (2016, p. 582) destaca:

> A promulgação de uma lei no parlamento pode ser registrada como êxito político. Nesse ato resultam amplos esforços para chegar a um sólido consenso, e ao mesmo essa nova lei muda a situação da vigência do direito, servindo como instrução para os tribunais e, além disso, para todo aquele que quiser saber, no contexto apropriado o que é lítico e o que é ilícito. No entanto, o fato de um observador poder

> aqui identificar o êxito da unidade nada significa para a unidade do sistema. À medida que se leva em conta a rede recursiva da operação em questão com outras de seu mesmo tipo, novamente se dissolve a unidade do ato particular.

Tais questões reforçam definitivamente características da comunicação entre Política Urbana e Direito Urbanístico: o êxito político do sistema da política, em chegar a um consenso de qual seria o "melhor" conteúdo constitucional e o teor "mais indicado" para o Estatuo da Cidade, embora sirvam de base na atuação da jurisdição, não significam necessariamente, sua observação na análise de todas as decisões proferidas pelo sistema do direito. Tal condição dependerá da análise conjunta de outros recursos que integram o sistema jurídico. Luhmann (2016, p. 583) destaca que "politicamente o assunto chega ao seu termo no ato simbólico da legislação", podendo ser registrado como um êxito daquele partido ou governo, entretanto, não há como garantir que a mesma decisão política gere efeitos jurídicos idênticos no centro do sistema, vez que sua análise dependerá de outros elementos que compõe a recursividade do sistema do direito e não a lei aprovada de forma isolada e absoluta.

Desta forma, a Política Urbana pode fazer com que sejam incluídos na programação do direito determinados conteúdos, que ficarão alocados em sua memória. Entretanto, há possibilidade que tais regulamentações nunca sejam selecionados, ou deixem de ser observadas por influência de outros motivos, que decorrem da dogmática jurídica decisória, como fora observado quanto tratou-se das distinções no conteúdo do centro e da periferia do sistema do direito, demonstrando-se existir um afastamento do conteúdo do direito legislado e julgado.

Vinculando-se aqui tais temas do tópico 2.2, com as unidades do Direito do Urbanismo descritas no tópico 2.3, pode-se dizer que a Política Urbana e o Direito à Cidade integram prioritariamente a periferia do sistema do direito, o primeiro, com função de acoplamento com a política, em especial através da constituição, e o segundo, como forma de irritar e catalisar as operações internas do sistema, em especial quanto as comunicações relativas aos direitos humanos. Já o Direito Urbanístico, comunica-se internamente com as outras duas unidades e opera prioritariamente no centro do sistema, com a função de estabilizar expectativas normativas. Toda essa operação, resulta, ao final, como base de recursividade para decisões com base no código binário direito e não direito.

A observação centro-periferia operada na dinâmica de unidades independentes do Direito do Urbanismo reflete uma realidade operacional complexa, descrita a partir de uma perspectiva sistêmica, que serve de base para formatar um sentido mais concreto da Política Pública Urbanística. Em uma perspectiva sistêmica, dar sentido a política pública envolve compreender sua complexidade, contingência e realidade não linear, com contribuições que sejam perenes e atentas ao caráter operativo e que não sejam afetadas em definitivo por modificações eventuais na programação sistema. As reflexões aqui aportadas foram feitas com este objetivo. Criar uma espécie de quadro de observação que dê conta da complexidade e se mantenha, independente de mudanças na programação do direito.

E tal pretensão se justifica em movimentos contemporâneos que podem facilmente ser observados. Embora não exista a mesma mobilização popular e acadêmica que marcou décadas anteriores, percebe-se uma nova irritação no sistema do direito. O sentido material é distinto daquele ocorrido no decorrer das décadas de 1980 até 2010, que observou e selecionou o Direito à Cidade filosófico/sociológico e o fez evoluir, tornando-o uma unidade do sistema do direito, que aproximou as decisões do Direito do Urbanismo aos direitos humanos e a uma intervenção estatal mais intensa.

Desde a metade da década de 2010, até os dias atuais observa-se uma irritação reversa, que visa afastar as unidades Direito Urbanístico e Política Urbana dos preceitos do Direito à Cidade, mudando a programação do Direito do Urbanismo. Ilustra tal fato, a aprovação da Lei n. 13.874/2019 e a tramitação da PEC 80/2019[50]. Ambas visam diminuir o caráter interventivo da Política Urbana e do Direito Urbanístico, assim como, excluir ou mitigar no sistema do direito, a potencialidade catalisadora do Direito à Cidade, ao diminuir o conteúdo social de sua normatividade, em especial relacionada ao direito de propriedade.

[50] Como já referido, o texto da proposta de emenda à constituição muda os critérios de enquadramento da função social da propriedade e vinculando a comprovação do descumprimento de tais requisitos a processo legislativo específico, além de indicar que a indenização da propriedade nesses casos, deve dar-se com base nos valores de mercado do imóvel.

Neste contexto, a contribuição sistêmica é relevante pois, mesmo com a entrada em vigor da Lei de liberdade Econômica e uma possível aprovação definitiva da proposta legislativa que restringe o alcance da função social da propriedade, o que mudaria de forma significativa o conteúdo e a programação deste campo, as construções aqui desenvolvidas, na perspectiva de um Direito do Urbanismo, baseado em recursividade funcional e operacional, continuariam sendo válidas para a observação do tema.

Pode-se dizer ainda, que tais mudanças legislativas representariam uma alteração na programação do direito, causando uma reaproximação entre o centro e a periferia do sistema, vez que os estudos apontam que a "nova ordem jurídico-urbanística", baseada na ideia de Direito à Cidade, até hoje, não redundou em definitivo na posição dos tribunais. E tal situação, na perspectiva sistêmica, ainda seria denominada de evolução, embora conteste-se de forma veemente o mérito das propostas, que diminuiriam demasiadamente a possibilidade de ação interventiva do Estado e o alcance social e humanitário das Políticas Públicas Urbanísticas.

Com a contribuição da teoria dos sistemas, a proposta desenvolvida visou criar uma espécie de quadro que possibilita uma observação complexa da dinâmica que se opera no sistema do direito em temas urbanísticos, aqui denominada de Direito do Urbanismo. Nele é possível ter clareza quanto ao acoplamento com o sistema da política, quanto a observação do ambiente, e ainda, quanto aos desdobramentos de sua operação interna. Para que se dê sentido a Política Pública Urbanística, como pretende-se aprofundar no tópico a seguir, se faz necessário compreender a complexidade em que ela está envolvida, ainda que seja observada somente em perspectiva jurídica.

A observação com base em um Direito do Urbanismo pretende permitir uma melhor definição de contornos, de certa forma protegendo-a de eventuais mudanças na programação do Direito, vez que tem como como foco as operações das unidades. Entende-se tal perspectiva como algo indispensável na construção a ser descrita no tópico a seguir.

2.5 Alternativas e decisão: os sentidos sistêmicos da Política Pública Urbanística

O tópico final deste primeiro capítulo visa construir um sentido para a Política Pública Urbanística. Até então foi proposto o conceito de Direito do Urbanismo, que permite observar a dinâmica das comunicações ligadas ao tema do Urbanismo no sistema do direito. A escolha de um modelo de urbanismo, assim como, a mitigação/exclusão do risco no alcance de prescrições urbanísticas (1); a descrição e a observação de sentidos distintos na programação do centro e da periferia do Direito (2); assim como, a existência e unidades que comunicam-se e operam internamente no sistema (3), são questões complexas que podem ser visualizados a partir do conceito proposto.

Tais operações no sistema do direito somente cumprem sua função e contribuem com a operação do código direito/não direito, quando produzem decisões baseadas na programação deste sistema. Como já visto, tal programação modifica-se ao longo tempo, podendo em períodos distintos, levar a resultados diferentes, pois varia, ora apresentando um caráter de maior/menor intervenção Estatal e ora de maior/menor atenção aos direitos humanos e sociais, o que reforça a inexistência de uma razão essencial de ser no direito, ainda que na esfera urbanística. As decisões do sistema, embora sempre sigam uma mesma lógica operacional (código e função), terão como base aspectos mutáveis, como a legislação, jurisprudência e a doutrina (programação e estrutura).

Deixar claro tais aspectos é fator fundamental para dar sentido para Política Pública Urbanística em uma perspectiva sistêmica. Da mesma forma que fora descrita a observação do Direito do Urbanismo, na abordagem da política pública existirão elementos operacionais e aspectos de programação a serem vistos. O primeiro elemento deve manter-se invariável. Já o segundo, irá variar com a evolução das decisões proferidas no centro e na periferia do sistema do direito, assim como, de pelos novos aspectos trazidos para sua memória ou outras formas recursivas.

A construção de um sentido para Política Pública Urbanística nesta tese terá uma base operacional, mas que observa e toma como base de conteúdo o contexto atual da legislação, jurisprudência, doutrina e outras decisões que integram o sistema do direito. Assim, o sentido apresentado pode ser diferente de algo que existia no passado, assim como, pode sofrer modificações no futuro. Mas terá um núcleo estruturado, mesmo com tais modificações, ainda poderá ser aproveito para reconstrução dos aspectos substanciais eventualmente alterados, mantendo-se sempre aquelas características que são operacionais.

Luhmann (1997, p. 10), ao retratar de decisões, conceito que servirá como base na construção de sentido para política pública nesta tese, explica que "*la decisión es ejecutada como substitución de una unidad por la otra*" e que isto se processa temporalmente, como uma sucessão. Esta temporariedade não é considerada pelo autor como uma diferença no tempo, mas como uma escolha entre alternativas, "*de tal manera que el resultado de la decisión permanece como historia e contingencia*". Aprofundando tal raciocínio, o autor faz a seguinte afirmação:

> *Las decisiones en cuantos sucesos fijados a puntos del tiempo y pasajeros deben tomar y reflejar una función que ate al tiempo. La función del decidir que ata al tiempo corresponde el hecho de que no haya un futuro objetivo (que funcione como objetivo), de tal forma que el futuro sólo puede entrar en función en cuanto diferencia con el pasado. Las decisiones sólo pueden, en consecuencia, ser suceso en cada uno de sus presentes cuando expresan una diferencia de pasado y futuro, pero ellas continúan como diferencia y hacen su aporte constantemente transmisible, al menos por un tiempo.* (LUHMANN, 1997, p. 18)

Como já retratado, observação que o sistema do direito faz do ambiente, em especial de informações urbanísticas, possuem um conteúdo pré-constitucional, balizado em um caráter civilista individual clássico, passa por uma influência de teorias calcadas na sociologia-filosofia do Direito à Cidade, e mais recentemente, pode perceber-se uma nova irritação, que aponta pra uma guinada não intervencionista e com menor preocupação com os direitos humanos e sociais, se comparada com o que hoje vigora. Uma hipótese apresentada neste tópico é de que a política pública deve ser tida como uma decisão, apta a "atar o tempo" em determinado momento, não refutando a existência de diferenças do passado e a possibilidade de mudanças futuras. Nas palavras de Luhumann (1997, p. 18) "*tan solo esta función de unión temporal es la que permite distinguir en el desarrollo posterior entre continuidad y discontinuidad*".

Observado este contexto, o problema central do tópico é responder os seguintes questionamentos: demostra-se possível, a partir de uma análise sistêmica, construir um sentido para política pública? Quais parâmetros gerais o Direito do Urbanismo traz na construção de um sentido para Política Pública Urbanística? Para isto, serão apresentados conceitos de política pública, decorrentes da doutrina jurídica e de estudos de outras ciências, apontadas algumas características gerais e convergentes, que serão somadas a uma concepção sistêmica para o termo. Tais contribuições serão observadas a partir na programação do direito brasileiro, em especial, a Constituição Federal e o Estatuto da Cidade, buscando-se dar um significado geral para a Política Pública Urbanística. Tal passo é fundamental, para que no próximo capítulo se trate do tema de maneira mais específica a Política Pública de Intervenção Urbanística e os grandes projetos urbanos.

A autora Souza (2006, p. 21-22), ao retratar o debate sobre as políticas públicas, explica que o tema surge como área do conhecimento específico nos Estados Unidos, nascendo como uma subárea da ciência política, com a funcionalidade de entender as escolhas governamentais[51]. Tais estudos consistiam na observação daquilo que os governos fazem ou deixam de fazer, sem necessariamente, estabelecer relações com as bases teóricas que refletiam sobre o papel do Estado, valendo-se de uma visão pragmática.

O autor Subrirats (2012, p. 39), destaca que na Europa, a tema surge como um desdobramento dos estudos sobre o Estado, estando atrelado a ideia de bem-estar. Tal compreensão motiva diferentes agentes, como políticos, gestores públicos, acadêmicos, entre outros a questionar-se "*acerca de la eficacia y la eficiencia de diferentes instrumentos de regulación, de incentivación económica y, más recientemente, de instrumentos de persuasión y información*".

No Brasil, consoante Bucci (2013, p.16), o marco inicial do tema é a década de 1990 e está atrelado com o teor do texto constitucional. A Constituição de 1988 reforçou a ideia de democracia econômica e social e gerou uma "multiplicidade de elementos associados a expressão política pública". Dentre eles, podem ser destacadas as variáveis jurídicas, de organização da administração

[51] Segundo a autora, seus "os pais fundadores", nos Estados Unidos, seriam os autores Laswell (1936), Simon (1957), Limdblon (1959), e Easton (1965).

política e as alternativas de delegação de serviços para os particulares, entre outros aspectos.

Um dos focos deste tópico é a compreensão do conceito de política pública. De acordo com Schmidt (2008, p. 2.311), embora existam inúmeras definições distintas, seu sentido sempre remeteu a compreensão da "esfera do público e seus problemas"[52]. Para Souza (2006, p. 24-26) política pública é vista como "o campo do conhecimento que busca ao mesmo tempo colocar o governo em ação e/ou analisar esta ação e, quando necessário, propor mudanças no rumo ou curso dessas ações"[53]. Além disso, a autora reforça o caráter interdisciplinar no tema, ao destacar que "pesquisadores de tantas disciplinas" tem compartilhado "um interesse comum na área e têm contribuído para avanços teóricos e empíricos".

Bucci (2006 e 2013) é uma das autoras que tem dedicado especial atenção ao assunto das políticas públicas no Brasil, buscando desenvolver uma teoria jurídica que atenda a complexidade do tema. Ela apresenta um conceito, que toma como base a ideia de processo e das diferentes variáveis na ação estatal, desde a escolha de representantes até a possibilidade do controle jurisdicional, com foco em um objetivo central:

> Política pública é o programa de ação governamental que resulta de um processo ou conjunto de processos juridicamente regulados – processo eleitoral, processo de planejamento, processo de governo, processo orçamentário, processo legislativo, processo administrativo, processo judicial – visando coordenar os meios à disposição do Estado e as atividades privadas, para a realização de objetivos socialmente relevantes e politicamente determinados. Como tipo ideal, a política pública deve visar a realização de objetivos definidos, expressando a seleção

[52] O autor traz importante destaque sobre a abrangência da esfera do público, explicando que se trata de uma "dimensão mais ampla, que se desdobra em estatal e não estatal". Neste sentido, "o Estado está voltado (ou deve estar) inteiramente ao que é público" existindo também na esfera privada "instâncias e organizações da sociedade que possuem finalidades públicas expressas" as quais às quais Schmidt denomina de públicas não-estatais.

[53] Nesta obra, a autora apresenta uma precisa revisão de literatura sobre o tema, onde cita alguns conceitos entre os quais, o de Dye, que sintetizou política pública como aquilo que o governo escolhe ou não fazer; e de Laswell, definiu que "decisões e análises sobre política pública implicam responder as seguintes questões: quem ganha o quê, por que e que diferença faz".

> de prioridades, a reserva de meios necessários à sua consecução e o intervalo de tempo em que se espera o atingimento dos resultados. (BUCCI, 2006, p. 39)

Em outra obra, a autora Bucci (2013, p. 46), aprofunda o entendimento quanto a existência de "uma trama de decisões" que compõe a política pública e aponta para peculiaridades contemporâneas, em especial a emanação de normas jurídicas de organismos privados ou não estatais, contrapondo-se ao sentido tradicional, visto que existe uma multiplicação de fontes do direito e uma "proliferação regulamentar" que afeta os mais diferentes setores. Tais situações tendem a perturbar antigas tradições estabelecidas e provocam novas dúvidas no direito, visto que as "transformações na ordem jurídica e no Estado estão no fundo do diálogo interdisciplinar sobre políticas públicas como objeto epistemológico"[54].

Neste ponto, os entendimentos de Schmidt (2008); Souza (2006); e Bucci (2006 e 2013) podem ser condensados nos seguintes elementos: a) a política pública está relacionada com a atuação do Estado; b) possui um caráter interdisciplinar para além do direito; c) é composta de processos e objetivos, que visam coordenar ações público e privadas; d) está inserida temporalmente na contemporaneidade, que remete a um cenário mais complexo do sistema direito, com influências para além do processo legislativo e jurisdição tradicionais, notadamente novas esferas de poder e novas possiblidades no controle jurisdicional.

Tais apontamentos convergem com a proposta sistêmica de Reck (2011, p. 55-56), que ao apontar que "toda a política pública vai passar pelo Direito, mas nem todo o Direito é uma política pública" e propõe o seguinte conceito sistêmico, que visa elencar determinados aspectos que todas as políticas públicas devem observar:

> a) um discurso que segue as demandas sociais; b) Direito como meio de organização dos engajamentos para a ação; c) ligação com as

[54] Sunfeld (2012, p. 140) contribui na constatação da interdisciplinaridade da atividade pública, ao retratar que ela é "feita na forma de Direito, mas não apenas considerando o Direito. O Direito dirige e limita a ação administrativa, mas não predetermina por inteiro todos os seus atos. Na deliberação administrativa entram a política, a técnica, a subjetividade, etc."

> Organizações Governamentais; d) influência da sociedade por ela mesma ou parte dela; e) tentativa de modificação consciente da sociedade; f) programas que se protraem no tempo; g) uso do poder administrativo; h) predominância e discursos pragmáticos, motivados por outras espécies de discursos; i) coerência narrativa interna que possibilita a formação de uma identidade a partir do cotejo meio-fins em sede de poder administrativo.

O autor Reck (2018, p. 116-118) traz importantes reflexões na construção teórica de política pública proposta neste trabalho, ao dispor que "o significado advém de uma rede de operações, e não de uma única significação primeiro fundante", sendo ela uma "unidade de decisões políticas/jurídicas" que envolvem diversos programas, que são "envolvidos de modo complexo em símbolos, os quais são o objetivo de uma política pública".

Reck (2018, p. 118) apresenta a política pública como "a articulação de instrumentos esparsos" dando a eles coerência e unidade, com o fim que de que o objetivo da política seja atingido. Segundo o autor "sem a política pública, o uso dos instrumentos pela Administração Pública fica desconectado de uma linha de objetivos"[55]. Tais reflexões, demonstram que a hipótese aventada no início do tópico, de que política pública significaria uma decisão apta a atar o tempo é verdadeira, embora parcial. A política pública ata outras questões além do tempo, devendo ser observada de maneira mais complexa. A política pública tende a atar ações públicas, ações privadas, ideias de várias disciplinas, inúmeros tipos de processos (legislativo, orçamentário, judicial), em um cenário contemporâneo complexo, a fim de alcançar um determinado objetivo temporal. Tal processo de atar, ligar, unificar, se dará através das decisões.

Decisão é tida para Luhmann (1997, p. 09) como uma forma de enfrentamento da contingência e da complexidade. É uma escolha entre as diferentes alternativas possíveis: "*las decisones no tienen su identidad en el desarollo de un acontecer determinado, sino en la elección entre varias possibilidades (alternativas) que solo se documenta en la alternativa elegida*". Assim, deve-se ter claro, que toda

[55] Nesta obra, o autor Reck (2018, p. 119-120) descreve inúmeros instrumentos, dentre os quais, a criação de legislação civil, administrativa e penal; fomento; regulação; serviços públicos; obras públicas; intervenções na propriedade; intervenção na economia; poder de polícia; e programas administrativos.

outra alternativa descartada, poderia ter sido uma decisão e tais escolhas, decorrem das mais diferentes situações fáticas, não estando relacionadas a aspectos de essência. Luhmann (1997, p.22) destaca que "*se integra en la decisión la historicidad, la experiencia anterior de conflictos, la evaluación de poder o la ambición previa*".

Com base nestes elementos é que se dará um sentido para a Política Pública Urbanística. Reconhecidamente há um objetivo, processos, relações com outras disciplinas, mas a decisão que dará unidade a tais aspectos, transformando-os em política pública é temporal, tem base fática e é uma escolha entre inúmeras alternativas disponíveis, o que configura um caráter dinâmico de tais prescrições. O que é política publica hoje, pode nunca ter sido, ou ainda, deixar de ser no futuro, embora se reconheça que essa cadeia de decisões é sucessiva e sempre estará, de alguma forma, inter-relacionada.

O desafio de dar um sentido a Política Pública Urbanística, passará pela observação da programação do direito. Ainda que a tese mantenha forte preocupação operacionalidade ao dispor de conceitos, um sentido tem relação com aspectos substantivos. O sistema do direito, ao programar-se e estruturar-se em legislação, jurisprudência, doutrina, entre outros textos, acaba por criar determinadas expectativas para a sociedade. São tais expectativas integram o processo decisório de escolha da alternativa, e precisam ser compreendidas no contexto sistêmico.

Luhmann (2017, p. 389-390) explica que "*expectativas son estructuras, no eventos*" tendo uma "*identidad propia y relativamente permanente en términos temporales, pero no una existencia 'ideal' carente de realidad*". As expectativas são construídas para a reprodução do sistema e tem relação com o fato que o sistema se apoia em elementos temporais. Sem elas, segundo Luhmann "*ninguna decisión tendria lugar*", mais que isso: "*las decisiones no podrían afirmar su identidade en la diferencia antes/después*" e ainda "*sin expectativas las decisiones no serían observables; no podrían cambiar nada, pues el cambio no puede ser sino cambio estructural, es decir, tiene que ser registrado y almacenado en forma de expectativas*".

É com base na importância das expectativas na tomada de decisão, que se pretende desenvolver, de forma analítica, os desdobramentos dos nove elementos indicados por Reck (2011), quando da conceituação da política pública. Uma observação ponto a ponto dos itens que compõe o conceito, tendem a deixar mais claro as expectativas que decorrem da programação do Direito do Urbanismo no Brasil. Para construir um sentido para Política Pública Urbanística é preciso identificar qual as alternativas de decisão, as quais tendem a produzir expectativas.

O item a) da referida proposta, destaca a necessidade de existir um "discurso que segue as demandas sociais". Como referido nos tópicos anteriores, a programação do Direito do Urbanismo decorre de uma visão filosófica/sociológica que evidenciava as demandas sociais no contexto urbano. Tal visão redundou na organização da sociedade, e na produção de ruídos e seleção com a criação de uma unidade própria no sistema do direito, denominada Direito à Cidade. O conteúdo da Política Pública Urbanística no Brasil, tende a relacionar-se com o discurso que constrói direitos sociais, como por exemplo a moradia, embora também existam expectativas contrárias, advindas de recentes modificações na programação, como a Lei de Liberdade Econômica, e debates em curso, como a Proposta de Emenda à Constituição que propõe mudanças no sentido jurídico da função social da propriedade.

Os eventos relacionados ao discurso que segue demandas sociais podem ser descritos de diversas formas, entre as quais na busca por mudanças das regras de regularização fundiária e edilícia, autorizando a legalização do que é visto como irregular, assim como, de que prédios públicos/privados abandonados sejam destinados com a finalidade de efetivar tais pretensões sociais de moradia. No regime jurídico dos grandes projetos urbanos, tais temas são centrais, em especial quanto a potencialidade econômica ou de gentrificação que é atrelada a tais propostas.

Outro aspecto trazido na conceituação de Reck (2011) é o "b) Direito como meio de organização dos engajamentos para a ação". Tal situação é muito clara quanto se trata de política pública urbanística, vez que, a Constituição Federal reservou capítulo específico para a política urbana, precisamente, o art. 182 e o art. 183, e o Estatuto da Cidade, como regulamentação do próprio texto constitucional. Tal verificação permite articular as reflexões do item b) com o item i), que trata da "coerência narrativa interna que possibilita a formação de uma identidade a partir do cotejo meio-fins em sede de poder administrativo".

A existência de uma coerência narrativa interna que possibilita a formação de uma unidade é decorrente do próprio texto constitucional, art. 182, que aponta que política do desenvolvimento urbano no Brasil "tem por objetivo ordenar o pleno desenvolvimento das funções sociais da cidade e garantir o bem-estar de seus habitantes"[56]. O mesmo dispositivo, afirma que diretrizes seriam gerais fixadas em lei. Isto aconteceu com a entrada em vigor do Estatuto da Cidade. As diretrizes previstas no art. 2º podem ser consideradas como o caminho a ser seguido para chegar a tais objetivos, criando um cotejamento meio-fins para o exercício do poder administrativo, a ser observado em conjunto com outros de elementos da programação do sistema do direito.

O Estatuto da Cidade, art. 2º, que inicialmente contava com dezesseis diretrizes, hoje dispõe dezenove[57], reforçando a inexistência de um cenário estático da política pública. Tais programações, são consideradas por autores como Leal (2010, p. 136) verdadeiras "opções políticas fundamentais", que vinculam todas as demais normas de direito sobre o tema[58]. Tal verificação

[56] Uma visão aprofundada sobre o conteúdo do art. 182 da Constituição Federal pode ver verificado na obra de Furquim (2013, p. 100-101), onde são destacadas três inferências básicas do texto. A primeira, "é de que o papel da função social transcende o caráter de restrição administrativa ao direito de propriedade e de força impulsionadora", tendo uma posição intervencionista, vez que, o particular que não se adequar "sofrerá sanções administrativas que substituirão a sua manifestação de vontade, como ocorre nos casos e imposição de parcelamento do solo ou de edificação". A segunda, trata da especificidade dada à função social da propriedade: ela será estipulada no Plano Diretor de cada município. Segundo a autora "como instrumento de ordenação urbana, o cumprimento de suas diretrizes é o que conforma a função social". Mais precisamente "estará atendendo a função social o imóvel que observar, integralmente, a regência que o Plano Diretor da cidade lhe conferiu". A terceira diz respeito ao direito de construir, tema que será abordado com mais precisão com o avanço da tese. Furquim explica que "o direito de construir não é faculdade jurídica inerente ao direito de propriedade".

[57] As três diretrizes incluídas, desde 2001 até a presente data, foram as seguintes: "estímulo à utilização, nos parcelamentos do solo e nas edificações urbanas, de sistemas operacionais, padrões construtivos e aportes tecnológicos que objetivem a redução de impactos ambientais e a economia de recursos naturais", incluída pela Lei nº 12.836, de 2013; "tratamento prioritário às obras e edificações de infraestrutura de energia, telecomunicações, abastecimento de água e saneamento" inserida pela Lei nº 13.116, de 2015; e "garantia de condições condignas de acessibilidade, utilização e conforto nas dependências internas das edificações urbanas, inclusive nas destinadas à moradia e ao serviço dos trabalhadores domésticos, observados requisitos mínimos de dimensionamento, ventilação, iluminação, ergonomia, privacidade e qualidade dos materiais empregados", consoante disposto pela Lei nº 13.699, de 2018.

[58] O autor destaca que "as diretrizes que expõe o Estatuto da Cidade expressam verdadeiras opções políticas fundamentais do legislador e da comunidade nacional no campo da gestão do espaço urbano brasileiro, configurando, assim, uma eleição de valores éticos e sociais como fundantes, por sua vez, de uma ideia de Estado e de Sociedade (Democráticos de Direito). Por tais motivos, essas diretrizes não expressam somente uma natureza jurídica normativa,

será aprofundada oportunamente, quando se tratará dos limites de inovação na competência municipal para grandes projetos urbanos.

Avançando na análise dos elementos frente a Política Pública Urbanística, destaca-se que o item d) trata da ligação da Política Pública com as organizações Governamentais, tendo relação direta com o aspecto da competência. A Política Pública Urbanística, embora tenha um direcionamento nacional, como já referido nas reflexões sobre os elementos b) e i), está muito ligada ao exercício da competência legislativa concorrente, prevista no art. 24, I da Constituição Federal, e será implementada de forma mais concreta pelos municípios, consoante disposto no próprio art. 182 da norma constitucional. Assim, a Política Pública Urbanística vincula-se as organizações governamentais de diferentes formas, a nível nacional, na estipulação de objetivos e diretrizes, estadual exercendo este papel de maneira subsidiária e em temas regionais (art. 25, § 3º da CF e Estatuto da Metrópole) e municipal, implementando tais medidas, em especial, a partir da programação contida no Plano Diretor. Tal tema também será aprofundado, em especial no que diz respeito aos grandes projetos urbanos, no quarto capítulo.

A observação da ligação entre a Política Pública Urbanística e a organização Poder Público Municipal evidencia os elementos indicados nos itens "d)" e "e)", que tratam da "influência da sociedade por ela mesma ou parte dela" e da "tentativa de modificação consciente da sociedade", vez que a operação de instrumentos como o Plano Diretor, em especial sua construção a partir do processo legislativo e sua relação com o processo orçamentário, traz consigo mecanismos de diálogo com a sociedade.

O processo legislativo de aprovação do Plano Diretor visa reforçar a participação social e contribui para que o debate sobre seu conteúdo não se resuma ao entendimento dos representantes eleitos, para tanto, foi estipulado no Estatuto da Cidade (incisos do § 4º, art. 40) que seu processo de elaboração deverá incorporar a realização de audiências públicas, a publicidade dos atos e o acesso de qualquer interessado aos documentos e informações produzidos. Da mesma forma, o processo orçamentário está incluído no Estatuto da Cidade como um instrumento de planejamento municipal (art. 4º, III, "e"),

mas também política, ideológica e social, como, de resto, o Direito e as demais normas de qualquer sistema jurídico" devendo existir uma vinculação entre o Plano Diretor e tal processo, com exigência legal de que o plano plurianual, as diretrizes orçamentárias e o orçamento anual (que também possuem mecanismos de participação social próprios) incorporem as diretrizes e prioridades contidas no plano. Tais temas terão enfoque especial, referente aos grandes projetos urbanos, no capítulo de encerramento da tese.

O item f) aponta a necessidade da existência de "programas que se protraem no tempo", tema que já fora abordado neste tópico, ao qual pode ser adicionado o debate sobre troca e continuidade de governos. No estudo desenvolvido por Schmidt (2008, p. 2.311-2.312), fica evidenciado que um dos problemas enfrentados pelas políticas públicas no regime democrático é a descontinuidade administrativa. Segundo ele, a troca de governo, que traz como vantagem as inovações e os avanços, tem como fator negativo o "abandono de diretrizes vigentes e criação de outras, bastante distintas e não raro contraditórias em relação as anteriores", situações que tendem a levar ao "desperdício de energia e de recursos financeiros".

A situação apresentada pelo autor é muito significativa no estudo da Política Pública Urbanística. O Estatuto da Cidade guardou uma atenção especial quanto à continuidade da política pública ao apontar no § 3º do art. 40 um prazo indicativo de 10 anos para revisão do Plano Diretor. A opção visa justamente preservar tal política pública no tempo, garantindo-se que suas indicações perpassem governos e, ao mesmo tempo, sem criar um planejamento urbano estático que não esteja atento ao dinamismo socioeconômico. Na temática dos grandes projetos urbanos, a questão também é relevante, vez que intervenções urbanísticas deste modelo tendem a ser ações governamentais de mais de um mandato, em decorrência da sua escala.

Os aspectos "g) uso do poder administrativo" e "h) predominância e discursos pragmáticos, motivados por outras espécies de discursos" também podem ser observados de maneira conjunta e se relacionam com a concretude da política pública, por meio de ações administrativas concretas, como a aprovação de projetos urbanísticos e arquitetônicos e o exercício do poder de polícia, muito ligados ao processo administrativo. Nesse contexto, o Plano Diretor tende a desdobrar-se em normas como a Lei de Parcelamento de Solo e Códigos Municipais de Obras e de Posturas, que regrarão de que forma ocorrerão obras e atividades no âmbito local verificando-se, de forma fática, se há unidade entre as proposições da política urbanística e as condutas sociais. Comprovadas as inconsistências, o poder público poderá aplicar sanções pelo seu descumprimento.

Assim, a política pública – aqui apresentada como decisão que unifica e ata temporalmente diferentes aspectos – tem um sentido urbanístico, que gera expectativas, devendo embasar-se em questões fáticas, não ideais. A concretização dos sentidos aqui descritos dependem de uma ação coordenada de ações para alcançar os objetivos descritos no texto constitucional e passa pela observância das diretrizes do Estatuto da Cidade com uma atuação concreta, em especial do âmbito local, como bem descrito por Fernandes (2012, p. 512):

> *La aprobación del Estatuto de la Ciudad consolidó el orden constitucional brasileño respecto del control del proceso de desarrollo urbano, con el objetivo de reorientar la acción del Estado local, el mercado de tierras y la sociedad en su conjunto, de acuerdo con nuevos criterios legales, económicos, sociales y ambientales. Claramente sentó las bases legales del "derecho a la ciudad" en el país. Sin embargo, su concreción real en políticas y programas dependerá de la reforma de los órdenes urbano-legales por los municipios. El papel de estos es crucial para que el patrón exclusivista del desarrollo urbano pueda revertirse.*

As reflexões deste tópico devem ser somadas aos demais aspectos apresentados neste capítulo, ficando claro que a Política Pública Urbanística no Brasil se estruturou para garantir um modelo de urbanismo, de certa forma intervencionista e voltado ao social, descartando, pelo menos até então, outras alternativas. Com tal escolha, o sistema do direito, no exercício de sua função de estabilizar expectativas normativas, criou mecanismos que mitigam ou excluem o risco de uma não implementação desse modelo; entretanto, o cenário fático demonstra a permanência de problemas sociais urbanos e dificuldades na ação estatal, confirmando-se as explanações, descritas no tópico 2.1, de que o Direito tem uma funcionalidade limitada na vinculação de decisões, questão que cabe a Política.

No tópico 2.2 foi visto que a programação, decorrente de decisões que escolheram uma entre tantas alternativas, embora tenha evoluído, não fora estabilizada e assimilada de maneira definitiva, em especial pelo centro sistema jurídico, que frequentemente decide sem observar parte desta programação.

Outra evolução sistêmica observada foi a formação da recursividade de um Direito do Urbanismo, com ao menos três unidades operativas. Tais unidades acoplaram e selecionaram um determinado tipo de informação, muito por influência das comunicações produzidas pelo Direito à Cidade, como evidenciado nos tópicos 2.3. e 2.4. A tais questões deve ser adicionado o fato de existir um acoplamento entre Direito e Política, mais precisamente Direito Urbanístico e Política Urbana como sistemas e unidades que operam simultaneamente com diferentes funções e códigos, mas que podem ser observados, de maneira unificada, na perspectiva da Política Pública.

Por estes aspectos, neste livro, que se propõe a observar e decidir com base no Direito, a Política Pública Urbanística é vista como uma decisão que unifica e visa organizar o Direito do Urbanismo, em especial, suas as unidades Direito Urbanístico, Política Urbana e Direito à Cidade. Isso se dará por meio de uma coordenação de ações, que deve seguir as diretrizes previstas no Estatuto da Cidade para atingir os objetivos previstos na Constituição Federal e que tende a ser concretizada em definitivo pela atuação da organização Poder Público, em especial Municipal, estando situada em um cenário contemporâneo complexo e cuja programação tem sido observada de forma distinta na perspectiva centro-periferia do sistema do direito.

É a partir desse sentido que se pretende avançar na pesquisa, mais precisamente, detalhando-se o instrumento da intervenção para orientar o entendimento da Política Pública de Intervenção Urbanística, assim como, para adentrar no regime jurídico dos grandes projetos urbanos, na forma indicada no capítulo a seguir.

3. POLÍTICA PÚBLICA DE INTERVENÇÃO URBANÍSTICA E OS GRANDES PROJETOS URBANOS

O presente capítulo objetiva proceder às observações do ambiente para dar sentido e apresentar características dos grandes projetos urbanos, assim como descrever sua seleção pelo sistema do direito, seja como operações urbanas ou como possibilidade de inovação pelos municípios na promoção da Política Pública de Intervenção Urbanística. Para tanto, o capítulo é dividido em três tópicos, sendo que o primeiro tem enfoque em delimitar um sentido para a Política Pública de Intervenção Urbanística. O segundo capítulo observará informações sobre os grandes projetos urbanos no ambiente, sendo subdividido em 5 itens, que abordarão o conceito; a relação do tema com a globalização; os desdobramentos concretos da utilização; sua relação com visão de planejamento urbano estratégico e as possíveis contribuições da teoria dos sistemas. No tópico 3.3, a abordagem será feita a partir do próprio sistema do direito, especificando-se a programação do regime jurídico das operações urbanas consorciadas, as possiblidades de inovação e a observação operacional do grande projeto urbano como um sistema organizacional.

3.1 Ainda sobre alternativas e decisão: construindo o sentido sistêmico da Política Pública de Intervenção Urbanística

O primeiro capítulo possibilitou construir reflexões a partir de uma observação sistêmica do Direito e do Urbanismo, destacando-se a evolução do sistema do direito, que opera em uma dinâmica própria designada como Direito do Urbanismo[59], a partir da qual depreende-se um sentido para a Política Pública Urbanística[60], atento a tal complexidade. Para que se possa avançar no enfrentamento do problema faz-se necessário delimitar ainda mais tal sentido, indicando-se um significado para a Política Pública de Intervenção Urbanística, que seja útil para a enfrentar problemática deste livro.

O ponto de partida se dará com as reflexões finais do tópico anterior, onde foram verificadas as peculiaridades da Política Pública Urbanística no Brasil. Ao aprofundar as ideias sobre a política pública, demonstrou-se que Reck (2018a, p. 119-120) elenca uma série de instrumentos, entre os quais, a criação de legislação civil, penal e administrativa; o fomento; regulação; serviços públicos; obras públicas; poder de polícia; programas administrativos e, principalmente, ao que aqui se dará destaque: as intervenções da administração pública na propriedade e na economia.

Os questionamentos que guiarão este tópico são os seguintes: a Política Pública de Intervenção Urbanística, seria uma política com enfoque nesses dois últimos instrumentos? De que forma a observação de questões relacionadas a intervenção da administração púbica na propriedade e na economia pode contribuir para a construção de um sentido para Política Pública de Intervenção Urbanística? A hipótese é que, em uma perspectiva sistêmica, a Política Pública de Intervenção Urbanística deve ser vista como uma unidade

[59] Com base nas reflexões desta tese "a proposta de um Direito do Urbanismo origina-se da observação que o sistema do direito faz do ambiente em temas relacionados ao Urbanismo, aceita e seleciona informação como heteroreferência e a partir de sua autopoiese, evolui sua operação e desenvolve uma recursividade peculiar para aplicação do código direito/não direito: a interação das unidades Direito Urbanístico, Política Urbana e Direito à Cidade, que possuem programações semelhantes, quando não idênticas, mas funcionalidades distintas, que devem ser observadas de maneira complementar e não linear, na produção de decisões jurídicas em temas urbanísticos."

[60] Consoante registrado ao final do capítulo anterior: "neste trabalho, que propõe a fazer uma observação e decidir com base no Direito, a Política Pública Urbanística é vista como uma decisão que unifica e visa organizar o Direito do Urbanismo, em especial, suas as unidades Direito Urbanístico, Política Urbana e Direito à Cidade, através de uma coordenação de ações, que deve seguir as diretrizes previstas no Estatuto da Cidade, para atingir os objetivos previstos na Constituição Federal e que tende a ser concretizada em definitivo pela atuação da organização Poder Público, em especial Municipal, estando situada em um cenário contemporâneo complexo e cuja programação tem sido observada de forma distinta na perspectiva centro-periferia do sistema do direito."

que articula diversos instrumentos e decide com o objetivo de intervir concretamente e mudar o território. O tópico será desenvolvido com a descrição da doutrina sobre a intervenção do Estado na propriedade e na economia e, a partir dos elementos citados, propõe-se a construção, com base na teoria sistêmica, de um sentido para Política Pública de Intervenção Urbanística.

Uma observação da doutrina jurídica – que pode ser vista como comunicação que integra a estrutura e compõe a memória do sistema do direito, servindo de alternativa na tomada de decisão, e assim, apta a ser escolhida, ou não, quando o sistema decide – demonstra-se como algo relevante para a construção de reflexões epistêmicas. Conforme já dito, existe demasiada semelhança entre o formato da doutrina jurídica e a programação do sistema da ciência, embora as comunicações tenham utilidades distintas e sirvam para responder a códigos diferentes, sendo, no Direito, o código direito/não direito e, na Ciência, o código verdade/não verdade[61].

Em se tratando do tema específico, onde questiona-se o que é intervenção estatal na propriedade e na economia, verifica-se os autores apresentam diferentes formas de classificação, não existindo um único formato de organizar o tema, muito embora exista convergência nos conceitos e na abrangência do assunto. Nohara (2019, p. 823) define a intervenção estatal da propriedade como "limitação ao direito de propriedade" e a insere no "contexto do exercício do poder de polícia" apresentando uma divisão que inclui os seguintes tipos de restrição: limitações administrativas; ocupação temporária; requisição administrativa; servidão administrativa; tombamento; e a desapropriação.

O autor Carvalho Filho (2018, p. 836), trata o tema como "intervenção do Estado na Propriedade" e indica que refere-se "a toda e qualquer atividade estatal que, amparada em lei, tenha por fim ajustá-la aos inúmeros fatores exigidos pela função social a que está condicionada" e divide tal modalidade em "intervenção restritiva", na qual o Estado restringe e condiciona o uso

[61] As seguintes reflexões de Luhmann (2017, p. 165) esclarecem em definitivo a questão do código em cada sistema funcional, em especial no sistema da ciência: *"Esto quiere decir que una descripción de la sociedad no puede partir sin más del punto de vista de la ciencia, por ejemplo de la sociología, si ella a la vez no se concibe como un sistema funcional con código dos valores (verdad/no verdad) y no más que eso. Para la ciencia, así como para la economía, para el derecho e incluso la política, la restricción a dos valores, uno positivo y uno negativo, no puede ser desconocida, y al mismo tiempo, todos estos sistemas tienen que tener cuenta que existe un rango de descripción de los sistemas funcionales muy amplio, dada la diversidad de codificación de otros sistemas"*

da propriedade, nela inseridas, as modalidades de servidão administrativa, requisição, ocupação temporária, limitações administrativas e o tombamento; e a "intervenção supressiva", seria aquela onde o Poder Público "transfere coercitivamente para si propriedade de terceiro", na qual está inserida a desapropriação.

Desta forma, embora Carvalho Filho (2018) dê outra nomenclatura e faça uma subdivisão, as modalidades são basicamente as mesmas daquelas descritas por Nohara (2019). Para confirmar tal convergência no direito administrativo brasileiro, percebe-se, ainda, que Di Pietro (2019, p. 161), embora dê outra nomenclatura ao denominar intervenção como "restrições do Estado sobre a propriedade privada", segue a mesma linha de classificação, relacionando o tema ao poder de polícia e as modalidades já referidas.

Tal situação se mantém estável quando observada em obras específicas do Direito do Urbanismo, vez que Meirelles (2017, p. 454) trata dos "meios de intervenção de propriedade", o qual considera "todo ato do poder público que compulsoriamente retira ou restringe direitos dominiais privados ou sujeita o uso de bens particulares a uma destinação de interesse público" e cita como instrumentos alguns dos mecanismos já referidos. Leal (2010, p. 219) elenca como "mecanismos de intervenção estatal no processo de urbanização brasileiro", a desapropriação, a servidão, a ocupação temporária e o tombamento.

O tema da intervenção na propriedade tem extrema relevância na Política Pública Urbanística. Diez e Rodriguez (2012, p. 1228) afirmam que "*es pacífico el carácter de función pública que se le reconece al Urbanismo, por lo cual no se discute la legitimación administrativa de intervención*". Leal (2010, p. 222) destaca que assuntos urbanísticos "atingem diretamente o tema da ordenação do território, principalmente quando levamos em conta que o espaço urbano é antes de tudo, propriedade urbana, seja ela pública ou privada".

Silva (2018, p. 413), ao tratar dos "instrumentos de autuação urbanística" como "modalidades de limitação ao direito de propriedade e ao direito de construir", traz para o debate importante distinção: a separação dos institutos jurídicos direito de propriedade e direito de construir. Neste sentido Diez e Rodriguez (2012, p. 997) afirmam que "*tradicionalmente, todo uso artificial del suelo ha sido objeto de control por la Administración con el claro fundamento de intentar que dicho sea el más racional y conforme con general*". A observação reforça que a intervenção do poder público ao estipular normas urbanísticas, embora aparentemente afete o direito da propriedade em si, impacta mais precisamente o direito de construir, que tradicionalmente é vinculado à uma aprovação do poder público. A distinção entre direito de propriedade e direito de construir é fundamental para compreensão da dinâmica dos grandes projetos urbanos, em especial por sua relação com o instituto do solo criado, o que será aprofundado no capítulo a seguir, especialmente no tópico 4.2.2.

Assim, concluindo-se as reflexões sobre o viés urbanístico das medidas interventivas na propriedade, cabe a descrição das ideias de Meireles (2017, p. 550-553), que retrata com clareza sua natureza jurídica ao informar ser um preceito de ordem pública, que atinge a todos indivíduos de maneira indistinta, sendo imprescritíveis, irrenunciáveis e intransacionáveis, condicionando a propriedade a sua função social. O autor acrescenta que tais medidas são "limitações ao uso da propriedade, e não da propriedade em sua substância" e, assim, "limitações ao exercício dos direitos individuais" e não "aos direitos em si mesmos".

A outra modalidade de intervenção estatal relaciona-se à economia. Grau (2010, p. 91-92) aponta que "o Estado não pratica intervenção quando presta serviço ou regula a prestação de serviço", pois são questões inerentes a esfera pública e, sendo assim, a utilização do termo intervenção tem relação com sua atuação em área que seria de titularidade do setor privado. Na percepção do autor, a ideia de "intervenção" remete a "atuação estatal no campo de atividade econômica em sentido estrito", por outro lado a "atuação" estaria relaciona a "atividade econômica em sentido amplo", na qual está incluído o serviço público.

A divisão entre "intervenção" e "atuação" remete ao debate desenvolvido a partir da leitura dos arts. 173 a 175 da Constituição Federal, que descreve a linha tênue na distinção entre serviço público[62] e atividade econômica. Resumindo ao máximo as ideias, Grau (2010, p. 125), propõe classificação entre três tipos distintos de atividades econômicas: (a) "as que são obrigatoriamente

[62] Grau (2010, p. 135) apresenta o seguinte conceito para serviço público: "Serviço público, assim, na noção que dele podemos enunciar, é a atividade explícita ou supostamente definida pela Constituição como indispensável, em determinado momento histórico, à realização e ao desenvolvimento da coesão e da interdependência social – ou, em outros termos, atividade explícita ou supostamente definida pela Constituição como um serviço essencial relativamente à sociedade em um determinado momento histórico".

serviços públicos" e sempre dependerão de concessão, permissão ou autorização, considerados serviços públicos privativos; (b) as "que podem ser serviços públicos", que não dependem dos modelos citados, considerados serviços públicos não privativos; (c) e as "que não podem ser serviços públicos", que seriam atividade econômica em sentido estrito.[63] O debate sobre serviço público e atividade econômica também será retomado oportunamente, na perspectiva dos grandes projetos urbanos, em especial no tópico 5.3.2.[64]

Com base em tal conceito, a intervenção decorreria somente da atuação do Estado perante as atividades consideradas econômicas em sentido estrito (item (c), parágrafo anterior). Assim, para "enunciar as formas de atuação do Estado em relação ao processo econômico" a expressão "atuação" demonstra-se como a correta quando se pretende incluir no rol aquelas atividades típicas do Estado, mas que podem ser realizadas pela iniciativa privada eventualmente. Já o termo "intervenção" estaria ligado estritamente a atuação estatal frente a atividade econômica em sentido estrito, estando relacionado com a "atuação em área de outrem". (GRAU, 2010, p. 145-146)

Na opinião de Grau (2010, p. 147) existem três modalidades de intervenção: (1) por absorção ou participação, na qual o Estado passa a participar como agente, podendo ser (1.a) sujeito da atividade econômica, que concorre com os

[63] Nohara e Octaviani (2019, p. 110-111) também valem-se da conceituação de Grau (2010) para descrever a atuação das estatais no Brasil, e vinculam a ideia de serviço público com o art. 10; 21, XII, a e b; 25, II; 30, V, e, especialmente, o art. 175 da CF, que definem a titularidade do seu exercício pelo Poder Público, sendo possível que ele delegue sua prestação. A atividade econômica, para os autores, pode ser observada na leitura do art. 173; 177, I, II, III, IV, V; 192; 23, VIII da CF, e se divide em possiblidades a serem exercidas somente por atores privados, exclusivamente pelo setor público, ou ainda, em concorrência entre ambos.

[64] Por hora, cabe a transcrição das ideias esclarecedoras de Mello (2011, p. 214-215), para quem "as atividades materiais que o Poder Público entendeu de qualificar como pertinentes a seu campo próprio de deveres em face da coletividade são chamados serviços públicos", por outro lado, aquelas que "permanecem liberadas aos particulares são as que compõem a esfera da livre iniciativa, mesmo que, em certos casos, exercidas em concomitância com a atuação do Estado no mesmo âmbito. É o que ocorre com a saúde, educação, a previdência e a assistência social, pois a Constituição as declara livres à iniciativa privada, de modo expresso ou de modo implícito, do mesmo passo que estabelece que o Poder Público deverá exercê-las". Concluindo, o autor explica que "há atividades que o Estado assume e desempenha sem que por isto sejam qualificáveis como serviços públicos: é o que se passa quando interfere na ordem econômica personalizadamente, protagonizando uma atividade reconhecida como pertinente à esfera privada".

demais agentes; ou (1.b) absorve o setor do mercado e assume "integralmente o controle dos meios de produção", atuando em monopólio; (2) por direção, onde o Estado "exerce pressão sobre a economia, estabelecendo mecanismos e normas de comportamento compulsório"; ou (3) por indução, quando "manipula os instrumentos em consonância e na conformidade das leis que regem o funcionamento dos mercados"[65].

Importante frisar que Grau (2010, p. 149) não relaciona o planejamento – tema central em âmbito urbanístico – como uma das modalidades de intervenção, tendo em vista que "apenas qualifica a intervenção do Estado sobre o domínio econômico, na medida que esta, quando consequente ao prévio exercício dele, resulta mais racional". Verifica-se que as ideias do autor redundam na doutrina de direito administrativo. Nohara (2019, p. 596) organiza o estudo da "intervenção do domínio econômico" separando o planejamento, consoante art. 174 da Constituição Federal, das demais medidas de intervenção, que são especificamente: criação de estatais, monopólio, controle de abastecimento, tabelamento de preços e repressão do abuso do poder econômico.

São muitos os exemplos de "atuação" e "intervenção" de atividades urbanísticas com impactos na economia. Leal (2010, p. 230) destaca que a economia tende a ser afetada, de maneira concreta, quando o Município edita regras urbanísticas, por exemplo. Normas como Plano Diretor, Código de Obras e Código de Posturas, acabam, de alguma forma, afetando interesses dos particulares e, sendo assim, os agentes econômicos do mercado.

Diez e Rodriguez (2012, p. 1161) irão retratar, especificamente "*la intervención administrativa en el mercado inmobiliario*", ao destacar que o Estado é "*un proprietario especial de biens inmuebles*". Na perspectiva apresentada pelos autores é observado que:

> *Si el Municipio y otras Administraciones Públicas son titulares de un importante patrimonio de terrenos, podrán influir en el mercado del suelo y de la*

[65] Ao tratar dos municípios e tributação, Reali (2006, p. 35) explica que a intervenção por indução relaciona-se com a ideia de extrafiscalidade, pois "ao contrário da intervenção por direção, que importa comandos impositivos, dotados cogência, a intervenção por indução não é dotada de coação, caracterizando-se pela adoção de normas dispositivas. A sanção, nesse caso, é substituída por convite". Para o autor, "a intervenção por indução, portanto, é a forma adequada de ação do Estado no caso de aplicação da extrafiscalidade"

> *vivienda, ayudando a evitar que suban los precios en momentos de escasez de suelo urbanizado.*

Nas cidades brasileiras é comum que o Município seja o proprietário de parte dos imóveis urbanos. Um dos resultados do parcelamento de solo (que é um tradicional procedimento urbanístico) é a transferência da titularidade de parte das terras em favor da municipalidade. Além disso, o Estado atuar como agente econômico do mercado imobiliário, na modalidade "absorção ou participação", não é algo inédito no Brasil.

Um estudo de Abramo (2007a, p. 214) descreve o modelo adotado por Brasília-DF, que situou *"el gobierno como propietario de las tierras de la capital federal, lo que permitia la planificación de esta sin restricciones y conflictos que normalmente surgen cuando la tierra esta en manos privadas"*. Neste modelo, o Estado atua como agente direto da atividade econômica imobiliária, visando um melhor desempenho da Política Pública Urbanística, fator que nem sempre se efetiva. [66]

Importante destacar a ideia de Reali (2006, p. 37) que entende como um "dever-poder do Estado a intervenção no domínio econômico, quando necessária ao interesse coletivo", não se tratando de "mera faculdade do administrador", mas uma "imposição constitucional inalienável". As reflexões do autor estão relacionadas ao tema do meio ambiente, mas podem ser transpostas para a Política Pública Urbanística, tendo em vista os objetivos contidos no art. 182 da Constituição Federal, já descritos neste trabalho.

Os temas relacionados ao mercado imobiliário e ao mercado de solo na perspectiva de uma irritação do sistema do direito e do sistema da economia, em decorrência de suas observações do ambiente, serão aprofundados no próximo capítulo desta tese, vez que são fatores chave quando se observa a Política Pública de Intervenção Urbanística dos grandes projetos urbanos. Neste ponto, Pinto (2005) faz uma observação relevante que demonstra a forma mediante a qual os temas jurídico-urbanísticos se articulam com a atividade econômica e sistematiza a interação entre as intervenções na economia e na propriedade.

[66] Apesar da intenção, o autor registra que, passadas longas décadas após tal decisão, o que se vê é problemas de desenvolvimento urbano não muito diferentes dos quais padecem outras grandes cidades brasileiras.

Para Pinto (2005, p. 211) "o direito urbanístico é o ramo do direito em que esta vinculação entre a intervenção do Estado na economia e o planejamento foi mais claramente estabelecida". Por conseguinte, "os planos urbanísticos são instrumentos reservados para a conformação do direito de propriedade". O autor aprofunda suas ideias, que congregam intervenção na propriedade e na economia ao destacar que a vinculação jurídica é tamanha, por isso exige "que toda e qualquer alteração no ambiente urbano seja previamente planejada e projetada". Embora os planos sejam leis decorrentes de um êxito político, seu conteúdo é técnico e visa garantir "que a construção da cidade obedeça aos princípios e métodos do urbanismo". As ideias do autor dão conta que, em temas urbanísticos, as intervenções estatais na propriedade e na economia ligam-se e convergem-se, estando unificadas. Ao intervir urbanisticamente na propriedade, a economia é afetada, e vice-versa, de maneira dinâmica.

Ao buscar não perder de vista ponto chave deste tópico, que é definir um sentido para a Política Pública de Intervenção Urbanística em uma perspectiva sistêmica, entende-se que a questão não pode estar relacionada uma atuação estatal isolada, que intervém ou na propriedade ou na economia, sem um objetivo mais finalístico. As possibilidades – de criar limitações administrativas; promover ocupação temporária, requisição administrativa, servidão administrativa, tombar ou desapropriar imóveis; assim como, de planejar, criar de estatais, exercer monopólios, controlar de abastecimento, tabelar de preços e reprimir o abuso do poder econômico – são alternativas que poderão ser escolhidas, ou não, para a formatação de uma política pública intervencionista no âmbito urbanístico.

As possibilidades de intervenção na propriedade e na economia devem ser observadas como instrumentos que, ao lado de outros, aumentam a oportunidade e a efetividade da ação estatal na busca de seus objetivos. Consoante dispõe Reck (2018, p. 120), a política pública trabalha na perspectiva de uma "pluralidade de instrumentos", que concatenados e organizados podem alcançar um objetivo, que na questão urbanística, está previsto no art. 182 da Constituição Federal. Contudo, uma questão permanece em aberto: é possível indicar um sentido mais preciso para a Política Pública de Intervenção Urbanística?

Importante contribuição para essa construção pode ser buscada na obra de Silva (2018) que, no título V, descreve especificamente os "instrumentos de intervenção urbanística" e aponta um amplo espaço que, embora dialogue com ideia de intervenção na propriedade e na economia, traz uma série de outros elementos que permitem detalhar o assunto. Na proposição são apontados instrumentos "de atuação urbanística" (1); de "aproveitamento adequado compulsório" (2), de "de controle urbanístico" (3) e de "composição dos custos urbanísticos" (4)[67].

Os itens (1) "de atuação urbanística" e (3) "de controle urbanístico", basicamente aprofundam o que foi considerado até aqui como intervenção na propriedade, descrevendo-se possibilidades como restrições urbanísticas; servidão; desapropriação; autorizações; licenças e controle repressivo de atividades ilícitas. O item (2), que trata do "aproveitamento adequado compulsório", também é interventivo na propriedade, mas ainda não fora explorado neste tópico.

Segundo Silva (2018, p. 444) o "aproveitamento adequado compulsório" tem matriz constitucional, especificamente nos incisos do art. 182. Trata-se de uma faculdade dada ao poder público, que pode exigir do particular a edificação ou parcelamento do solo, mediante determinados critérios e, não o fazendo, pode culminar com a aplicação de IPTU progressivo e desapropriação mediante o pagamento com títulos da dívida pública. Embora se apresente como um forte instrumento de intervenção, ele tem um enfoque extrafiscal, ou seja, promover os objetivos fundamentais da política urbana[68].

A outra modalidade interventiva descrita por Silva (2018, p. 477) trata da "composição dos custos urbanísticos" (4), que guarda, de alguma forma, relação com a intervenção na atividade econômica, embora não esteja estritamente ligado a este ponto. O autor aponta três tipos de custos decorrentes

[67] Os autores Mota, Moura e Andrade (2018, p. 181-182) classificam tais ações em dois grupos: intervenção restritiva e intervenção supressiva. A primeira consiste na colocação, pelo Poder Público, de limitações e condições no uso da propriedade. A segunda decorre da utilização pelo Estado da supremacia, de forma não consentida, tomando para si próprio a titularidade de propriedade de bem privado.

[68] Silva (2018, p. 450) destaca que a Constituição definiu um "percurso longo e espinhoso" para efetivação do aproveitamento adequado compulsório em decorrência da relevância dada para o regime jurídico da propriedade privada. Para o autor, a regulamentação do tema é cercada de "muitas cautelas, que praticamente os torna inviáveis".

atividade urbanística: o social; os deveres e ônus e os financeiros. Custos sociais seriam "sacrifícios que a atividade urbanística importa para a população", neles inseridos: o deslocamento de população, seja pelo interesse público de implantação de uma nova obra e infraestrutura, seja em decorrência de projetos de renovação urbana; o problema da poluição ou, ainda, de mobilidade, em especial pela distância entre a residência e o local de trabalho.

O segundo tipo de custo descrito por Silva (2018, p. 478) está nos deveres e ônus urbanísticos, que está relacionado com a "imposição de condutas positivas aos proprietários de terrenos", como a "compensação da mais-valia", com a doação de áreas para o Poder Público no caso de parcelamento do solo, ou em decorrência de outros mecanismos, que também serão aprofundados mais à frente no livro. O terceiro relaciona-se especificamente aos custos financeiros. Segundo o autor, "a carência de meios financeiros para satisfazer as despesas urbanísticas é responsável em grande medida pela deficiência do planejamento urbanístico", embora estudos apontem a existência de "um quadro de instrumentos jurídicos para a captação de recursos para o urbanismo", que não o sistema tributário tradicional.

As reflexões do autor aumentam a complexidade da observação e contribuem na construção de um significado para Política Pública de Intervenção Urbanística, desafio deste tópico. Consoante o capítulo anterior, o sentido dado à Política Pública Urbanística é uma decisão que unifica e organiza a programação e operação do Direito do Urbanismo, através da coordenação de ações. Tais ações devem respeitar as diretrizes previstas no Estatuto da Cidade e devem atingir os objetivos previstos na Constituição Federal (art. 182), concretizando-se, em definitivo, prioritariamente pela atuação do Poder Público Municipal. O desafio aqui é delimitar o conceito, especificamente, de Política Pública de Intervenção Urbanística.

Uma proposta é que a Política Pública de Intervenção Urbanística esteja ligada – literalmente – ao alcance do território e à efetivação de uma mudança concreta em um ponto da cidade. A Política Pública de Intervenção Urbanística seria aquela que, a partir de toda a gama de alternativas, inclusive de intervenção na propriedade e na economia, decide, com base em uma coordenação de ações, intervir e mudar concretamente a realidade fática territorial.

Ao tratar-se de "intervenção", fala-se em desdobramento concreto de uma materialização. Mais precisamente, pode-se dizer que, ao conceito de Política Pública Urbanística, que já tratava da unificação e organização de instrumentos, adiciona-se a ideia de que tal decisão deve alcançar de forma concreta o território.

Nessa perspectiva, não seriam consideradas Política Pública de Intervenção Urbanística as ações isoladas, ainda que interventivas, – reduzir/aumentar tributos; reduzir/aumentar índice básico e potencial construtivo; construção de um equipamento público; mudança em plano diretor; lei de parcelamento de solo; código de obras ou de posturas – que não resultem em mudanças concretas no espaço urbano ou que não ocorram de maneira coordenada, com objetivo único.

Por outro lado, a utilização de mecanismos de intervenção na propriedade – limitações administrativas; promoção de ocupação temporária ou requisição administrativa; servidão administrativa, tombamento ou desapropriação – e de intervenção na economia – criação de estatais; monopólios; controle na oferta ou tabelamento de preços imóveis e repressão do abuso do poder econômico – são alternativas para decidir o conteúdo específico de determinada política pública, devendo, quando necessário, serem utilizadas de forma concatenada, organizada e com objetivos uníssonos.

Assim, para este trabalho, uma Política Pública de Intervenção Urbanística parte da observação sistêmica de inúmeras possibilidades, entre elas as descritas neste tópico, para decidir de que forma o Estado irá intervir promovendo mudanças urbanísticas concretas no território. A Política Púbica de Intervenção Urbanística também serve para concretizar os objetivos fundamentais descritos no art. 182 da CF, a partir das diretrizes do Estatuto da Cidade, como forma resolver problemas até hoje não solucionados e supera as concepções de aplicação isolada e sem concretude fática dos mecanismos até aqui colacionados.

Nesse contexto, um espaço para a aplicação de uma Política Pública de Intervenção Urbanística, que busca coordenar a utilização de toda a gama de instrumentos, mudando o território, é o grande projeto urbano. Lungo (2004, p. 16) dispõe que tais atividades caracterizam-se como:

> *Grandes operaciones urbanas que asumen, en muchos casos, la forma de programas de intervención a través de un conjunto de acciones urbanas en nivel intermedio que por su integración tiene profundo impacto en desarrollo de una ciudad.* [69]

Não se pretende delimitar a ideia de Política Pública de Intervenção Urbanística com a proposta do grande projeto urbano, pelo contrário, é apenas uma alternativa na contingência de opções para implementar a Política Pública de Intervenção Urbanística. O que deve ficar claro é que uma Política Pública de Intervenção Urbanística, na proposta aqui desenvolvida, envolverá a utilização articulada de instrumentos de intervenção – seja na economia, na propriedade ou outros – e resultará em mudanças concretas no território. O grande projeto urbano é uma das alternativas para a efetivação da Política Pública de Intervenção Urbanística, que tem características próprias, como será visto no tópico a seguir.

Em que pese tenha sido apresentada uma resposta ao problema descrito no início deste tópico, indicando-se um sentido para a Política Pública de Intervenção Urbanística, inegável que as reflexões contidas aqui abriram espaço para outras indagações, que deverão ser enfrentadas: a Política Pública de Intervenção Urbanística é necessariamente um serviço público? De que forma a Política Pública de Intervenção Urbanística e o regime jurídico dos grandes projetos urbanos se comunicam? De que maneira o sistema da economia irrita-se a partir da observação de tal política pública e, mais precisamente, como isto reflete na operação dos mercados de solo e imobiliário? Como as distinções dos institutos direito de propriedade e direito de construir e a ideia de solo criado evoluem e relacionam-se aos grandes projetos urbanos?

[69] Olbertz (2011, p. 58), que trata especificamente do tipo de grande projeto urbano regulamentado pelo direito brasileiro, que é a operação urbana consorciada, refere que a "intervenção urbanística é toda intervenção espacial" que se destina a "reversão dos malefícios da urbanização, com transformação da realidade urbana", mas que o grande projeto urbano seria "apenas aquela intervenção complexa voltada a melhorias urbanísticas, sociais e ambientais de um determinado setor da cidade" e assim "é possível conceber a operação urbana como uma espécie diferenciada de intervenção".

A ausência de respostas satisfatórias, neste ponto, pretende ser superada com o avanço das reflexões em capítulos futuros. Na perspectiva sistêmica, pode-se dizer que, ao mesmo tempo em que trouxeram uma resposta, as reflexões produziram variedade. Tal processo de construção sistêmico pode ser explicado nas palavras de Luhmann (2016, p. 479), que distingue redundância e variedade, a partir da informação. Para o autor, "redundância é a informação que já se possui para processar informações subsequentes", enquanto "variedade é a informação que ainda falta para isso".

Luhmann (2016, p. 482) aduz ainda que "a relação entre variedade e redundância é, portanto, uma ordenação precária e ao mesmo tempo historicamente formada" sendo que, é por meio dessa relação "que o sistema produz adaptação". Nesse ponto, os sentidos dados pela doutrina jurídica foram tomados como uma espécie de redundância, que acabou por produzir variedade. É a partir de informações já existentes que se produzem novas informações, entretanto, ainda faltam informações para que compreendam a fundo todos esses conceitos.

Cumprindo-se o objetivo do tópico, que era dar sentido para a Política Pública de Intervenção Urbanística, segue-se a construção da tese, explicando-se com mais detalhamento o que são grandes projetos urbanos e quais as características desta alternativa para a implementação da Política Pública de Intervenção Urbanística. O próximo tópico visa, a partir de uma observação do ambiente, dar sentido ao que são os grandes projetos urbanos, passo fundamental para posteriormente dispor sobre sua observação no sistema do direito do Brasil.

3.2 As contribuições do ambiente e a compreensão sistêmica dos grandes projetos urbanos

Tendo sido indicado, no tópico anterior, um sentido para Política Pública de Intervenção Urbanística, e destacado de maneira superficial que os grandes projetos urbanos podem ser considerados uma alternativa para tal política pública, torna-se fundamental compreender mais precisamente o que consiste este formato de intervenção urbana. O presente tópico irá valer-se, especialmente, de conceitos do ambiente, visto que o tema "grandes projetos urbanos" não é trabalhado com esta nomenclatura de maneira massiva no direito brasileiro. Com será visto mais adiante (tópico 3.3), ao selecionar "grandes projetos urbanos", o sistema do direito no Brasil criou um instrumento jurídico específico em sua programação denominado "operação urbana consorciada". Ao mesmo tempo, deixou possiblidades de inovação para os governos locais pudessem criar outras espécies de "grandes projetos urbanos".

Feitas tais ponderações, que visam situar o conteúdo do tópico no contexto geral da pesquisa, há outro ponto que necessita de esclarecimento: tendo-se como base a teoria dos sistemas, em que medida a observação do ambiente pode contribuir com o sistema do direito? Para ser feita, quais critérios deve seguir? Como apresentado no capítulo anterior, a teoria dos sistemas admite a existência de uma observação do ambiente pelo sistema do direito, que pode ou não ser selecionada, e isto se opera respeitando os critérios do próprio sistema, em decorrência da sua abertura cognitiva. Tal situação contribui com sua evolução, que deve observar os mecanismos variação, seleção, estabilização e memória. Outra possibilidade, já destacada no capítulo anterior, são os mecanismos de irritação e acoplamento, que também possuem formatos próprios como, por exemplo, a Constituição na ligação entre o sistema do direito e da política.

Nesse ponto, ao lado dos mecanismos da evolução e de acoplamento/irritação, entende-se necessário avançar em outros conceitos da teoria dos sistemas, com o intuito de garantir certo rigor científico na utilização de referências teóricas que não são jurídicas, como é feito neste tópico. Segundo Reck (2018a, p. 123), a teoria dos sistemas garante tal possibilidade, através do mecanismo da "reentrada na forma", que ocorre a partir de uma "observação de segundo grau", onde o sistema observa o ambiente, e a visualização realizada, para além dos seus limites, "ajuda a própria identidade do Direito construir sentidos interdisciplinares" – em outras palavras – "trazer para o Direito possibilidades de sentido de outros sistemas".

A reentrada da forma pode ser explicada a partir de duas diferenciações propostas por Luhmann: autorreferência e heterorreferência (já vistas no primeiro capítulo); e argumentos formais (conceitos) e argumentos substanciais (interesses) (que serão aqui apresentados). A autorreferência se refere a uma observação interna, uma auto-observação do sistema, enquanto a heterorreferência traz uma observação externa, onde o sistema observa o ambiente.

Nesse sentido, a autorreferência tende a valer-se de argumentos formais, também denominados de conceitos; ao passo que a heterorreferência irá tomar como base argumentos substanciais, descritos como interesses. Segundo Luhmann (2016, p. 525) "o sistema pratica autorreferencia com argumentos formais e referência externa como argumentação substantiva" e, com isso, pode-se "descrever a referência a conceitos como argumentação formal, e a referência a interesses, ao contrário, como argumentação substantiva":

> A argumentação formal é, em última instância, predicada com base na necessidade de chegar, em todos os níveis, a uma decisão e evitar a imersão na plena complexidade dos fatos do mundo. Já a argumentação substantiva impede que o sistema se isole na argumentação formal. Quando se olha para essa distinção da perspectiva de um observador de segunda ordem, vê-se que razões substanciais para argumentação formal, que não são incluídas no raciocínio jurídico, certamente existem; e que argumentação substantiva também provê regras de limitação e recorre a compreensibilidade imediata e a força de convencimento, portanto, às condições que no momento seguinte de novo poderão ser postas em dúvida.

Assim sendo, ao tratar de grandes projetos urbanos a partir de estudos de outras áreas do conhecimento, utilizam-se argumentos substantivos ou interesses, que visam impedir um isolamento do direito aos fatos que ocorrem no mundo (ambiente). Apresentar argumentos substanciais tem como finalidade catalisar o sistema do direito (como operado na unidade Direito à Cidade do Direito do Urbanismo, trabalhado no capítulo anterior) e possibilitar uma auto-organização do sistema frente àquelas referências vindas do ambiente, que interessem a ele. Assim, valendo-se de Luhmann (2016, p. 526) "com o conceito de interesse, o sistema constrói uma referência externa para suas finalidades internas".

É nesse contexto que desenvolve-se o presente tópico: observando-se as diferentes reflexões do ambiente sobre o tema "grandes projetos urbanos" como heterorreferência (ou argumentos substantivos/interesses) que serve de base para que o sistema selecione e evolua, a partir de suas peculiaridades internas, argumentos formais/conceitos e autorreferência. Assim, nem tudo que é descrito aqui está ou será, em algum dia, selecionado pelo sistema do direito no Brasil. Entretanto, tais possibilidades existem e precisam ser observadas.

Feitas tais ponderações teóricas, o problema a ser enfrentado pelo tópico é: em que medida os debates sobre grandes projetos urbanos, desenvolvidos por outros campos da ciência, em especial, sociologia e urbanismo, podem contribuir em uma compreensão mais precisa do tema no sistema do direito? A hipótese é que a observação do ambiente traz argumentos substantivos que fomentam um cenário de inovação e possibilitarão a qualificação da tomada de decisão na formação de novos instrumentos jurídicos. Para responder ao problema, o tópico apresentará 5 subdivisões, que detalham: o conceito e as características dos grandes projetos urbanos (1), sua aproximação e inserção no fenômeno da globalização (2); os efeitos concretos de sua utilização (3); sua posição como modelo de planejamento estratégico urbano (4); e sua observação como organização, na perspectiva sistêmica (5), como se passa a expor.

3.2.1 O conceito e as características dos grandes projetos urbanos a partir de argumentos substantivos e heterorreferência

O primeiro item do tópico visa demonstrar que, apesar dos muitos conceitos existentes, há elementos que distinguem os grandes projetos urbanos e dão a eles uma identidade própria, sendo uma alternativa para a Política Pública de Intervenção Urbanística. Os estudos sobre o tema unificam a matéria, tornando-o algo único. Vainer (2013, p. 142) destaca que “a literatura especializada oferece uma longa e variegada lista de definições para GPU”, dentre as quais as denominações “grandes intervenções ou operações urbanas, projetos estruturantes, mega-projetos, projetos acupunturais, intervenções sobre peças urbanas”, sendo comum que um mesmo autor, em contextos diferentes, “opere com conceitos distintos e designações variadas”. Apesar disso “o fato é que os autores se reconhecem e sabem exatamente do que estão falando” e “estão falando de uma e mesma família de intervenções urbanas”.

Desta forma, a construção de um sentido para grandes projetos urbanos passa muito mais por selecionar alguns elementos que os caracterizam tornando-os comuns, do que dar a eles uma denominação específica. Fica claro que será encontrado, dependendo do autor, obra ou campo do conhecimento, diversos nomes para falar do mesmo objeto, que aqui é denominado de grandes projetos urbanos. A escolha desta tese, por esta nomenclatura, decorre dos estudos escolhidos por esta pesquisa, que majoritariamente utilizam tal denominação.

Lungo (2007a, p. 293) aponta 4 traços fundamentais para grandes projetos urbanos: uma estrutura de gestão urbana que implica a associação de vários atores, muitas vezes público-privada, nacional-internacional (1); necessidade de financiamento diferenciadas, que buscam complexas formas de relação entre os atores (2); a presença de novos processos de transformação da cidade (3); um questionamento da forma tradicional de planejamento urbano, que observa toda a cidade a partir de um mesmo plano com a proposição de um novo modelo, que planeja a partir de centralidades específicas (4).

Gadens, Hardt e Frey (2012, p. 23) destacam que os grandes projetos urbanos são "iniciativas de renovação urbana, concentradas em determinados setores da cidade, que evolvem agentes públicos e privados, cujos investimentos e intervenções seguem diretrizes de um plano urbanístico". Os autores explicam que esse plano é "apoiado no redesenho do espaço urbano, em especificidades legais ou novas articulações institucionais e formais de gestão". Outro conceito que traz consigo importantes elementos para uma abordagem construtivista é o de Cuenya (2013a, p. 16-17):

> A partir de uma visão literária caracterizam os GPUs como formas complexas de articulação entre protagonistas privados e públicos, cujo objetivo é favorecer recursos para desencadear processos de desenvolvimento econômico e promover efeitos de reestruturação do espaço urbano, e em cujo o processo de formulação e implementação, se desencadeiam rupturas nos espaços físico e sociais.

Assim, algumas convergências conceituais sobre os grandes projetos urbanos já são evidentes: uma nova e complexa forma de pensar/aplicar o planejamento urbano, com enfoque em cooperação público-privada e em fontes alternativas de recursos com vistas a proporcionar mudanças estruturais e socioeconômicas em um determinado ponto do território, tendo-se como base especificidades, inclusive legais, que serão aplicadas a uma centralidade em específico, o que dialoga com a ideia de Política Pública de Intervenção Urbanística, indicada no tópico anterior.

Além de ser uma complexa forma de pensar/aplicar o planejamento urbano com enfoque em cooperação público-privada e em fontes alternativas de recursos, que visam proporcionar mudanças estruturais e socioeconômicas do espaço urbano, os grandes projetos urbanos possuem outras características que lhe dão identidade e podem ser observadas a partir de heterorreferências. Uma delas é o nível de escala na intervenção urbana que este modelo promove.

Em estudo sobre o tema, Lungo (2004, p. 18) aponta a existência de pelo menos quatro distintos níveis de escala na intervenção urbana: (a) planejamento estratégico metropolitano, que envolve um projeto urbano global e abrange uma aglomeração urbana ou região metropolitana; (b) plano de desenvolvimento urbano, que trata de um projeto de cidade, abrangendo o território da cidade; (c) planejamento operacional, através do grande projeto urbano, abarcando uma zona ou bairro; e (d) programas específicos, por meio de projetos arquitetônicos, que levam em conta um lote específico.

Por esta lógica, o grande projeto urbano não se trata de uma iniciativa de um proprietário isoladamente, nem de um empreendimento que abrange a cidade como um todo, tampouco para além de uma cidade. Do ponto de vista do nível de intervenção, o grande projeto urbano seria uma proposta de intervenção intermediária entre o plano diretor de um munícipio e uma inciativa de empreendimento de parcelamento ou edificação tradicionais, exatamente na forma descrita no item (c), ou seja, um "plano operacional".

Vainer (2013, p. 138) explica que o nível de intervenção de um grande projeto urbano representa a interação de duas lógicas distintas: de um planejamento compreensivo e racionalista (tradicional) por um lado, representado pelo Plano Diretor, e de um planejamento estratégico (inovador) por outro, representado por um grande projeto urbano. As concepções tradicional e inovadora serão objeto de estudo no tópico 3.2.4.

Outra característica dos grandes projetos urbanos é a diversidade de exemplos e visões nos mais diversos países. O enfoque central desta pesquisa são as experiências do Brasil, com algumas observações parciais de práticas na América Latina e Espanha. Alguns exemplos do continente podem ser observados nos estudos de Smolka (2013), que trata de diversos exemplos da

América Latina; Cuenya (2013b), que se fixa na experiência da Argentina; e Oliveira, Novais (2013) e Vainer (2013), que tratam de experiências brasileiras. A observação dos casos concretos é fundamental para uma percepção mais pragmática de suas consequências, como enfrentado no subtópico 3.2.3.[70]

Além destes exemplos existem os megaprojetos nos Estados Unidos, que são trabalhados pelos autores Altshuler e Luberoff (2013, p. 24) e que hoje, muito em decorrência de críticas dos movimentos socioambientais norte-americanos, consolidam-se na figura de um "planejamento sem danos". Tais iniciativas consistem na "seleção, localização e desenho de projetos com a finalidade de minimizar os efeitos secundários prejudiciais", ou seja, mitigar externalidades negativas. Os megaprojetos têm, como características, ainda, o apoio empresarial, o empreendedorismo público e a ideia de um "federalismo ascendente". Na Europa há uma série de exemplos, em especial na Espanha, com destaque para as cidades de Bilbao, Barcelona, Valencia e Madrid, como evidenciado na obra de Borja e Muxí (2009), cada um com suas características próprias.

Segundo Lungo (2007a, p. 293), os grandes projetos urbanos têm sido aplicados com a finalidade de renovação de centros históricos, conservação de parques industriais abandonados, ou reutilização de áreas militares, aeroportos, estações e ferrovias abandonadas, e ainda, para a reabilitação de áreas com ocupações informais e construção de modais de transporte público. O estudo publicado em 2013 pelo Lincoln Institute traz uma coletânea de textos onde são relatadas diferentes possiblidades de utilização do mecanismo: zonas industriais abandonadas (LEIGH, 2013); reutilização de propriedades urbanas vazias e contaminadas (DEWAR; WERNSTEDT, 2013); e o papel

[70] Smolka (2013, p. 45-58) cita os seguintes exemplos: "a privatização de Terras Públicas para a Requalificação Urbana", ocorrida em Puerto Madero, em Buenos Aires; a "a aquisição Pública de Terras Privadas", denominada Nuevo Usme, em Bogotá, Colômbia; o "Reajuste de Terras", utilizado no parcial do Projeto Simesa em Medellín, também na Colômbia; e o "Leilão de Direitos Adicionais de Construir", prática utilizada no Brasil, em especial em São Paulo, através dos CEPACs. Já Cuenya (2013) trata dos exemplos argentinos do Puerto Madero, Projeto Retiro e Puerto Norte. Os autores Oliveira e Lima Jr. (2013) descrevem as experiências brasileiras do caso Pelourinho; Operação Urbana Faria Lima; Jogos Pan Americanos, Museu Niemayer e Eixo Metropolitano, além de abordar os exemplos Ver-o-peso; Projeto Orla; Centro Dragão do Mar e Caminho Niemeyer.

dos campi de universidades na ocupação urbana (PERRY; WIEWEL; MENÉNDEZ, 2013).

Muito além das tipologias e finalidades objetivadas pela aplicação do instrumento, o que interessa de maneira mais significativa para uma observação com base teoria dos sistemas é a finalidade operacional destas modificações, como alternativa de Política Pública de Intervenção Urbanística. Neste contexto, Cuenya (2013b, p. 22) destaca que os grandes projetos urbanos visam "três mudanças-chave na estrutura nas centralidades das atuais metrópoles". São elas: (1) mudança na rentabilidade do solo; (2) mudança funcional e físico espacial em centralidades estratégicas; (3) mudanças nos mecanismos de gestão pública. Tais aspectos devem ser somados ao nível de escala de intervenção específico (4), como bem observado por Lungo (2004) e Vainer (2013).

Vainer (2013, p. 143) contribui com o entendimento ao dispor o grande projeto urbano é uma "inovação simultaneamente financeira e institucional", com uma eficácia gerencial que com que programas estatais jamais poderiam sonhar", mas que, por outro lado, "submeteria o Estado" aos interesses do mercado imobiliário. Assim, o autor trata o grande projeto urbano como um novo modo de "intervenção do Estado", que vai muito além da participação financeira: é um espaço que decide "ao produzir exceções ou renúncias legais, que oferecem ao GPU um espaço desregulado ou, se preferir, um espaço legal formatado segundo suas necessidades". Uma espécie de "urbanismo *ad hoc*" que "ao invés de respeitar regras, ele impõe regras" que adequam à cidade ao projeto, e não o contrário, como seria o modelo tradicional.

Assim, o grande projeto urbano trabalha por uma lógica de rupturas: segundo Vainer (2013, p. 145), rupturas institucionais, urbanísticas, legais, mercadológicas, políticas, simbólicas e escalares, cada qual, em uma intensidade, visto que são "raros os GPUs que incidem de modo igualmente intenso em todos estes sub-espaços". A intervenção nesses moldes deve ser vista com "expressivo potencial de disrupção" e portanto, contemporaneamente inovadora. Lungo (2004, p. 35) reforça que o modelo "*exigi-la la coperación para el financiamento de mútiples actores*" e ainda que "*la forma de gestión*" tende a se dar por estruturas que "*combinan eficazmente capacidades tanto del sector público como del sector privado para empreender tareas tan variadas como*":

> *Consolidar suelo por medio de compras e intercambio de parcelas; captar para fines públicos los aumentos del valor del suelo resultantes de las acciones de recuperación; construir e rehabilitar espacio para usos residenciales, de servicios, comerciales y productivos, y luego comercializarlo y administrarlo; y asegurar la participación de la comunidad en las decisiones y beneficios de los procesos de recuperación.*

O desdobramento econômico descrito, relacionado a uma valorização do solo de uma determinada área, é o ponto que fecha a construção de um sentido para os grandes projetos urbanos neste ponto do trabalho. Como bem descrito por Smolka e Lungo (2007, p. 300), o desenho do grande projeto tende a se diferenciar do restante da cidade, com capacidade de tornar-se uma "força estimulante que impulsiona mudanças urbanas imediatas capazes de afetar os valores do solo e o seu uso, seja para grandes áreas ou para uma região inteira da cidade". Por essa potencialidade "a valorização do solo gerada pelo desenvolvimento e a execução destes projetos" seriam um "mecanismo de autofinanciamento e viabilidade econômica".

Tais reflexões precisam de um maior aprofundamento, em especial pelas inúmeras polêmicas que envolvem a aplicação deste modelo de planejamento. O que fica claro, pelo construído até aqui, é que o grande projeto urbano é uma alternativa da Política Pública de Intervenção Urbanística com características bem próprias, que envolvem: um modelo inovador de gestão, com uma aproximação e possível cooperação público-privada (1); a utilização de uma forma de financiamento inovadora, baseada na busca de receitas que não sejam aquelas advindas da tributação clássica, que objetiva um autofinanciamento (2); um planejamento urbano inovador, que busca regras – inclusive legais – específicas e flexíveis, que sejam diferentes daquelas tradicionais, que são propostas em um plano para a cidade como um todo (3); um grau de escala de intervenção inovador, baseado em uma centralidade e não limitado a um lote de determinado proprietário público ou privado, assim como, não abrangida a cidade como um todo (4); a concretização de um redesenho do território com materialização de infraestruturas preferencialmente inovadoras e que visem valorizar exponencialmente um determinado espaço escolhido (5).

As referidas indicações já confirmam, em parte, a hipótese trazida no início do tópico, visto que fica demonstrado que esse tipo de alternativa para a

Política Pública de Intervenção Urbanística tende a fomentar um cenário de inovação. Por outro lado, ainda não há argumentos suficientes para confirmar se tais observações qualificam a tomada de decisão na criação de novos instrumentos jurídicos, em especial no Brasil, conclusão que depende de outras observações, dentre as quais sua relação com o fenômeno da globalização, como tratado a seguir.

3.2.2 Grandes projetos urbanos e a globalização: observando o debate entre os críticos e os apologistas

Apesar de existir uma certa convergência teórica sobre os elementos que caracterizam os grandes projetos urbanos, sua aplicação é repleta de polêmicas. Como o grande projeto urbano se trata de um instrumento contemporâneo de urbanismo, sua utilização, ou não, pelos governos está inserida no debate sobre os benefícios e efeitos danosos da globalização[71], o que gera duas visões teóricas sobre o tema: a dos críticos e dos apologistas.

A literatura sobre o tema reconhece que os autores Borja e Castells (2000), através da obra "*Local y Global*", fortaleceram e deram uma certa unicidade no entendimento sobre os grandes projetos urbanos, podendo-se considerar como um livro referencial sobre tema ao relacionar as cidades e o fenômeno da globalização. A obra defende um novo posicionamento de liderança das cidades neste cenário contemporâneo global e, apesar de elencarem uma série de limitações do modelo, os autores defendem tal caminho como uma alternativa na solução dos problemas urbanos da atualidade.

Borja e Castells (2000, p. 147) destacam que a solução de questões decisivas no desenvolvimento urbano devem ter presente a possiblidade de "*concertación entre agentes públicos y privados, creación de centralidades y de espacios públicos cualificados*" tudo isso inserido na "*reconstrucción de la cultura cívica, reforma político*

[71] O fato da temática urbana tratar-se de um tema global pode ser justificado na existência de organismo permanente na ONU, em especial, a agenda Habitat. O documento decorrente dos debates da Habitat III, ocorrida em Quito em 2016, denomina-se "A Nova Agenda Urbana" e mantém os grandes projetos urbanos como uma alternativa de desenvolvimento para as cidades. Tal opção pode ser verificada na indicação do princípio/compromisso descrito no item 14, c), iv do documento, que destaca o apoio a marcos e instrumentos de financiamento eficazes, inovadores e sustentáveis, assim como os itens 118, 132, 137, 138, 152, entre outros, que referem-se aos compromisso de transformação do desenvolvimento urbano sustentável.

administrativa para hacer más eficientes y más participativos a los gobiernos locales y sobretodo modernización de la infraestructura urbana".

Assim, para Borja e Castells (2000, p. 33) *"lo local e lo global so complementarios, no antagónicos"* em uma visão que não observa a globalização contemporânea, como algo necessariamente negativo. Os autores defendem que as cidades se situam na economia global e por este motivo, devem se estruturar e integrar este processo. A posição dos autores, em especial de Castells é de certa forma surpreendente e representa uma certa ruptura com a visão apresentada pelo autor em obra anterior, que tem como título "Questão Urbana" (CASTELLS, 2000), escrita na década de 1970, onde eram destacadas as mazelas urbanas decorrentes da sociedade industrial. Vainer (2013, p. 135) reforça que "o reconhecimento das virtudes do mercado capitalista vinha do mesmo teórico que nos anos 70, denunciava a questão urbana como cortina de fumaça que obscurecia o jogo nas cidades", mais precisamente "a reprodução da força de trabalho".

Por este motivo, segundo Vainer (2013, p. 136) a posição de Castells possui um "caráter simbólico", de construção de uma ideia que unificaria pensamentos de direita e esquerda, "sob o constrangimento de novos tempos". Tal enfoque dos grandes projetos urbanos, decorre de uma profusão de experiências de hipotético sucesso, como por exemplo, os projetos *La Défense*, em Paris; Docas em Londres, ou ainda Barcelona, como uma "consagração de novos modos de planejar e fazer cidades".

Nesse sentido, se verifica uma relação direta entre o tema grande projeto urbano e a globalização. Cuenya (2011, p. 2) afirma que "*los grandes proyectos de este tipo expresan un nuevo paisaje físico y social de la centralidad urbana, en el contexto de la globalización*", uma vez que ilustram com clareza as modificações pelas quais tem passado as metrópoles nos últimos anos. A autora destaca que "*la literatura sobre globalización y reestructuración económica*" como "*un poderoso marco conceptual para analizar e interpretar las principales causas que han conducido a multiplicar estos nuevos artefactos urbanos*", que passam a fazer parte das principais metrópoles.

Lungo (2004, p. 21) destaca que tal dinâmica gera um duplo efeito: a homogeneização e a diferenciação. A primeira diz respeito a existência de "*processos y actores económicos y políticos comunes para todos los países y ciudades*" e a segunda trata de que os atores "*son más existosos si son capaces de adaptarse a las circunstancias particulares del lugar y del momento"*. Segundo o autor, "*la globalización estimula también, paradójicamente, el desarrollo local"*. Esse cenário de tornar as diferentes cidades do globo como espaços semelhantes, facilitando-se a expansão de um sistema econômico global que incentiva a competitividade, é o ponto de partida para a divergência teórica em relação a utilização dos grandes projetos urbanos como forma de melhorar as cidades.

Para exemplificar a problemática, que abre espaço para a literatura crítica sobre o tema, o autor Oliveira (2009, p. 193-194) destaca que os formatos globais de urbanização são baseados em dois pilares específicos: a sustentabilidade e a competitividade. A "sustentabilidade" orienta no sentido de um compromisso com a duração das cidades, que compatibilize as necessidades presentes com as inerentes às gerações futuras. A "competitividade" dispõe sobre a necessidade de os Municípios adotarem critérios que melhorem a sua eficiência no ambiente externo. O problema do modelo é considerar a sustentabilidade como algo desejável e a competitividade como algo inevitável. Na opinião do autor, a bandeira da sustentabilidade das cidades seria somente um subterfúgio de incentivo para a formação de uma competição dos Municípios, criando-se um mercado global de cidades, que é baseado, entre outros aspectos, na produção de grandes projetos urbanos.

Cuenya (2013a, p. 17) reforça a existência de duas correntes de pensamento sobre os grandes projetos urbanos: os que defendem, denominados apologistas, e os que criticam, considerados críticos. Tal posição, segundo a autora, tem relação direta com o debate da globalização, até aqui descrito: "enquanto os primeiros concebem projetos como práticas que se harmonizam com o mundo contemporâneo, os segundos advertem sobre seus efeitos perversos".

Os autores Oliveira e Novais (2013, p. 170) trazem um estudo detalhado do debate entre os apologistas e críticos, que pode ser resumido nas seguintes divergências, respectivamente: coordenação de interesses da cidade X imposição de interesses de uma parte da cidade sobre o restante do território (1); avanços locais pelos benefícios da globalização X imposição de ideias globais no âmbito local (2); reestruturação que garante desenvolvimento socioeconômico e transformações urbanas X reestruturação que favorece o mercado e aumenta as desigualdades sócio espaciais (3); visão pragmática, que vê potencial inovador de um modelo que contraria o planejamento tradicional X visão conservadora, que desconsidera a proposta como inovadora ou apta a melhorar o planejamento tradicional (4); premissa nos impactos positivos X premissas nos impactos negativos (5); enfoque nas intervenções físicas que melhoram as cidades X enfoque nas diferenças sociais causadas pelas intervenções físicas em uma parte da cidade (6); aproveitamento de estruturas sofisticadas de gestão para melhoria da condição urbana X crítica às estruturas sofisticadas de gestão, que são dificilmente compreendidas pela população e servem para esconder os reais interesses dos grandes projetos urbanos (7).

Verificados os principais enfoques desse debate, Cuenya (2013b, p. 48) destaca que adotar um dos lados nas visões apologista e crítica não é suficiente para compreender o que são os grandes projetos urbanos, visto que eles representam "uma rede muito mais complexa e diversificada que o simples antagonismo entre a cidade como negócio (ou como valor de troca) e a cidade como valor de uso". Assim sendo, a autora argui que "os interesses econômicos não atuam em bloco" existindo alguns de caráter local, outros globais, assim como, uma diversidade de especuladores e promotores privados e, ainda, entidades estatais envolvidas nestes processos. Além disso, o próprio Estado não segue uma lógica única, vez que pode estar atuando como proprietário de solo ou determinando como será seu uso. Neste sentido, são "os diferentes eixos de poder que vão se modificando conforme muda o contexto, alterando as clássicas polaridades sociais e trançando uma rede social multiforme e complexa", o que pode comprometer o desenvolvimento, bem como o resultado de um grande projeto.

Para esta pesquisa, é interesse deixar claro e orientar-se pela seguinte posição de Cuenya (2013b, p. 49): em uma abordagem sobre grandes projetos urbanos "não basta somente opor-se a sua lógica", nem mesmo, fazer mera apologia aos seus benefícios. Trata-se de um modelo complexo, que pode ter diferentes desdobramentos concretos. Observá-los somente como efeito danoso/positivo da globalização ou como crítico/apologista é minimizar sua realidade, potencial e abrangência.

Tal posição se justifica no estudo de Oliveira e Novais (2013, p. 186), que avaliam grandes projetos urbanos no Brasil e deixam isso claro ao destacar que "os GPUs brasileiros nem sempre podem ser claramente relacionados ao processo de globalização", pois muitos deles "referem-se a processos eminentemente locais" que legitimam sua utilização. É nessa perspectiva, validada na análise de casos concretos brasileiros, que tem base a presente pesquisa, cuja proposta é observar e esclarecer o regime jurídico de ações inovadoras, como os grandes projetos urbanos, e que sigam propostas distintas daquela prevista para a Operação Urbana Consorciada no Estatuto da Cidade.

Deve-se ter presente tal alternativa para a Política Pública de Intervenção Urbanística como algo potencial, mas que pode trazer os mais diferentes efeitos para o desenvolvimento urbano de um determinado município. Para compreender de forma mais precisa esses efeitos concretos é que foi descrito o tópico a seguir.

3.2.3 Efeitos concretos na utilização dos grandes projetos urbanos como alternativa da Política Pública de Intervenção Urbanística

Da mesma forma em que há um debate teórico sobre o tema, que se divide nas abordagens entre os apologistas e os críticos, os estudos que analisam efeitos práticos dos grandes projetos urbanos também apresentam avaliações polêmicas, onde os estudiosos divergem quanto aos efeitos concretos da sua aplicação no território. Assim, a escolha dessa alternativa para implementar a Política Pública de Intervenção Urbanística por um determinado governo tende tanto a representar uma abertura de um debate ideológico sobre sua utilização, quanto divergências na apreciação dos seus possíveis efeitos. O que se pretende deixar claro é que a decisão que escolhe a alternativa do grande projeto como forma de implementação da Política Pública de Intervenção Urbanística pode ser polêmica e que tal situação pode ser agravada/atenuada dependendo da programação de um determinado regime jurídico.

A teoria dos sistemas reforça a ausência de um valor essencial que justifique a existência de um sistema, não sendo parâmetro para classificar algo como bom ou ruim, positivo ou negativo. Inclusive, a partir dessa matriz teórica, pode-se observar o seguinte: a escolha pelos grandes projetos urbanos, como alternativa na implementação da Política Pública de Intervenção Urbanística, terá repercussões distintas nos diferentes sistemas sociais, podendo ser observada de maneira específica em sistemas como a economia, o direito e a política, por exemplo.

Um grande projeto urbano pode ser visto pelo sistema da economia como uma oportunidade de lucratividade/não lucratividade; na Política, como uma forma de impor decisões vinculantes para toda a sociedade, a partir de um debate situação/oposição; e no Direito, como forma de estabilizar expectativas normativas com uma verificação se a proposta é direito ou não direito, tendo por base sua programação. As observações não são sequenciais ou lineares, passando-se ordenadamente de um sistema para o outro e não seguem uma lógica básica causa-efeito, mas são observações que ocorrem de maneira simultânea, de acordo com a operatividade própria de cada um dos diferentes sistemas.

Por este motivo, ao analisarem-se as consequências concretas na utilização dos grandes projetos urbanos verificam-se aspectos polêmicos, que podem ser considerados negativos para um sistema, mas positivos para outro, dependendo de onde observa-se. Apesar desse fato, conhecer tais polêmicas tende a aumentar a memória do sistema, produzir variação e, por consequência, produzir decisões mais qualificadas. E é com esse objetivo que apresenta-se tal abordagem.

Feitas as ressalvas sobre a inexistência de valor essencial no sistemas parciais, que seja taxada como negativa e positiva, este trabalho opta por observar a questão a partir das reflexões de Lungo (2004, p. 36-37) que aponta uma série de impactos decorrentes da aplicação dos grandes projetos urbanos como desdobramento do modelo de urbanismo estratégico, entre os quais estão as diversas mudanças sociais, econômicas, ambientais, culturais, urbanísticas e, evidentemente, jurídicas.[72] O autor aponta, na sua perspectiva, aquilo que considera como impactos favoráveis e desfavoráveis, dividindo-os nos seguintes grupos: (1) desenvolvimento geral da cidade; (2) planejamento urbano; (3) mercado de solo e imobiliário; e (4) estrutura urbana. Além desses, a pesquisa opta por incluir mais dois: a gestão da operação (5), e a capacidade de figurar como uma política pública redistributiva (6), os quais se passa a abordar.

[72] Lungo (2012, p. 36) destaca os seguintes impactos: "*sobre el sistema urbano, al provocar integración o aislamiento espacial; sobre las condiciones económico-sociales, al acentuar la concentración de la riqueza o estimular su mejor distribución; sobre el papel de la ciudad y su nivel de competitividad; sobre la forma de gobierno, ya que puede incidir en distinto sentido sobre la democracia, la participación ciudadana y la descentralización; sobre la planificación urbana, ya que las regulaciones específicas pueden debilitarla o potenciarla; sobre el medio ambiente, al deteriorarlo o contribuir a su desarrollo; sobre las identidades y los valores culturales, al estimular la emergencia de nuevos valores; y especialmente en la gestión de la tierra urbana al generar nuevas condicionantes para el funcionamiento de los mercados de tierra e incrementar sus precios*".

Reitera-se que, ao classificar os impactos como favoráveis/não favoráveis, toma-se em conta as reflexões dos autores, não se reconhecendo qualquer essência no funcionamento da operação do grande projeto urbano. Tais consequências, decorrem, entre outros aspectos, das escolhas de alternativas, que culminam em decisões que definirão qual é a programação do instrumento e ocasionarão diferentes comunicações na política, direito e economia, entre outros sistemas parciais.

O primeiro impacto diz respeito ao desenvolvimento geral da cidade (1). Neste contexto, Lungo (2004, p. 37) destaca como aspectos favoráveis que os projetos desencadeiam dinâmicas que potencializam processos socioeconômicos internos, incrementam a competitividade e fortalecem a imagem da cidade perante a região, o país e o mundo. Como negativo, que os grandes projetos podem representar "ilhas de qualidade" dentro de um espaço urbano repleto de falhas, não resolvendo os problemas de regiões da cidade que continuam desfavorecidas. O grande projeto urbano tende a supervalorizar uma área da cidade em detrimento ao restante do território, o que, no entendimento de Vainer (2013, p. 161), representa uma forma de promoção de desigualdade realizada pelo próprio Estado, que acaba por incentivar "intencionalmente o aumento da desigualdade e da segregação urbana".

Oliveira e Novais (2013, p. 180) exemplificam tal situação ao retratar as experiências brasileiras e ao desatacar a "dimensão simbólica" dos grandes projetos urbanos, que consiste no seu uso como estratégia de superação de uma situação de crise. No estudo, a quase totalidade dos casos promove a inclusão de infraestrutura de referência em determinado ponto do território, sendo elas "dissociadas das realidades locais" ou das "necessidades imediatas" de grupos sociais em situação mais vulnerável. Por outro lado, os autores identificaram, também, propostas como a denominada "Projeto Ver-o-Peso", feito em Belém do Pará, que tem como "justificativa original recuperar um elemento referido a cultura popular amazônica", utilizado pela população em geral daquele município. A situação demonstra o potencial do instrumento nos dois sentidos: seja valorizar ainda mais uma área já valorizada, com obras simbólicas e aparentemente desnecessárias para a população em geral ou recuperar uma área degradada, que já é e continuará sendo utilizada por parte expressiva da população, promovendo resultados para além do território da operação.

A referência ao planejamento urbano (2) traz consigo uma outra polêmica do modelo, que envolve a problemática da flexibilização e/ou desregulamentação de uma área, que ficaria desconectada de todo plano de cidade anteriormente planejado. Criar um plano específico dentro de um plano geral pode significar um favorecimento de um pedaço da cidade, em detrimento ao restante do território. Segundo Ultramari e Rezende (2007, p. 8) tais situações tornam o modelo "estigmatizados como projetos de interesse de uma minoria" e, embora as propostas normalmente sejam calcadas em um projeto, que é aprovado por lei, é através dela que são criadas, como explicam Abascal e Nohara (2018, p. 191), "exceções a suas prescrições em áreas urbanas" com uma flexibilização que conduz no aumento dos parâmetros construtivos de determinadas regiões.[73]

O ponto seguinte de divergência é como esse novo modelo impacta os mercados de solo e imobiliário (3). Segundo Vainer (2013, p. 159-161) embora exista uma tendência de "evolução dos preços nas terras direta ou indiretamente afetadas" sendo este "um de seus objetivos, quando não o principal", fator que vai culminar em uma captação extra de receita para o Estado, que desenvolve este modelo com a crença de que "o projeto se paga" e tornaria – aparentemente – o modelo "um enorme avanço", a situação traz também consequências problemáticas. Conforme o autor, ao Estado apostar na "valorização imobiliária como mecanismo de elevação da receita" ele se transforma em "interessado nesta valorização" o que pode dar espaço para processos de

[73] Neste sentido, demonstra-se relevante o questionamento apresentado por Bruno Filho (2007, p. 21) ao observar que os grandes projetos urbanos são um "plano dentro do plano", com regras diferentes daquelas previstas pelo Plano Diretor, o que poderia significar uma afronta a isonomia. Os autores Maleronka e Hobbs (2017, p. 14) esclarecem tal questão, afirmando que "as operações não devem ser vistas como uma exceção à lei" mas sim, como uma ação do Poder Público visando o "desenvolvimento imobiliário para uma determinada região — em detrimento de outras áreas". Seu objetivo deverá ser "o crescimento mais ordenado da cidade, sempre tomando como referência as diretrizes estabelecidas pelo Plano Diretor". Alfonsin (2006, p. 289-290) também contribui com o entendimento de que na Operação Urbana não há afronta a isonomia, vez que, ações neste sentido devem ser vistas como "uma carta coringa do baralho dos instrumentos do Estatuto da Cidade, no sentido que ela pode ser utilizada em diferentes contextos" estando inserido na suas características básicas a possibilidade de "alterar toda e qualquer regra de planejamento inserta no Plano Diretor". A autora destaca a relevância de observar-se o conceito de interesse público dentro de tamanha discricionariedade.

"expulsão branca" também denominado de gentrificação, como condição necessária de valorização da área e sucesso do modelo.

Quanto ao sucesso financeiro das propostas e a possibilidade da operação pagar a conta da infraestrutura implantada, Oliveira e Novais (2013, p. 184) destacam que a Operação Urbana Faria Lima arrecadou valor equivalente aos investimentos diretos implementados, mas que a adesão dos particulares só tornou-se efetiva a partir de um aporte de U$ 150 milhões por parte do poder público. Maleronka e Hobbs (2017, p. 27) destacam que "o principal mecanismo de arrecadação da Operação Urbana Faria Lima foi a venda de potencial adicional de construção", que em São Paulo é negociado em bolsa de valores com a finalidade de "conferir transparência ao processo de definição das contrapartidas e antecipação dos recursos" e que tal grande projeto é marcado por um forte sucesso do ponto de vista financeiro.

O processo de saída de antigos moradores da localidade pode também ser consequência da renovação da estrutura urbana (4). As melhorias estéticas e de infraestrutura, embora sejam positivas para a qualidade da vida da cidade, que ganhará um novo espaço hipoteticamente sustentável e inovador, podem gerar, consoante explica Lungo (2004, p. 37), processos de elitização, reforçando padrões de segregação sócio espacial e modificando determinadas identidades urbanas.

Embora sejam destacados que tais fatores estéticos e financeiros são potenciais de gentrificação, na verificação concreta dos casos brasileiros, feita por Oliveira e Novais (2013, p. 184), podem ser observados exemplos como o "Museu Niemeyer", em Curitiba-PR, "Dragão do Mar", em Fortaleza, e o já comentado "Projeto Ver-o-Peso", onde o grande projeto urbano permitiu uma "maior apropriação social do projeto", ficando demonstrado que "a elitização dos espaços não é condição para o sucesso dos projetos mas, antes, está relacionada aos interesses e orientações políticas dos seus promotores". Assim, o grande projeto urbano não pode ser considerado como algo que por essência, expulsa a população pobre da região abrangida pela operação, gerando gentrificação.

Nesse mesmo sentido, Maleronka e Hobbs (2017, p. 39-40) ressaltam que na Operação Urbana Faria Lima "há uma determinação expressa que prevê a manutenção dos moradores residentes no perímetro da operação" indicando que tal norma alcança tanto a "população afetada por desapropriação" quanto "moradores de favela". Outro ponto reforçado nesta experiência é a destinação do "equivalente a 10% do total arrecadado, para provisão habitacional".

O formato de gestão dos grandes projetos urbanos (5), que poderá ser público, privado ou misto, também é um ponto de intensas controvérsias quando se trata dos grandes projetos urbanos. Oliveira e Novais (2013, p. 179), ao destacarem a dimensão institucional destas iniciativas, referem que nos casos brasileiros "o Estado é o principal motor e fiador de todos os processos, evidentemente em articulação com os setores da sociedade que lhe dão suporte". Ver-o-Peso seria o único caso em que há uma centralização de decisões pelo poder executivo, já nos exemplos Caminho Niemeyer (Niterói-RJ) e Projeto Orla (Palmas-TO) a gerência cabe a empresários associados ao Poder Público, com controle do Estado.

Ao tratar dos grandes projetos urbanos como inovação institucional, Vainer (2013, p. 156) destaca que a recomendação das organizações e estudos têm consistido em "constituição de agências ou instâncias relativamente ou plenamente autônomas para condução dos GPUs", em decorrência do entendimento de que as "as máquinas burocráticas-administrativas tradicionais são lentas, ineficientes e quase sempre despreparadas em lidar com o profissionalismo e agilidade que os GPUs exigem". Além disso, há um entendimento de que "agências autônomas podem constituir uma forma institucional ideal para parcerias público-privadas" e ainda que "estas agências contribuem para a blindagem dos projetos, mantendo-os relativamente à margem de disputas e usos usuais da máquina pública".

O último ponto trata do caráter redistributivo dos valores arrecadados com a operação (6). Em muitos casos os recursos arrecadados a partir dos grandes projetos urbanos são aplicados somente na parte do território abrangido pela proposta, não contribuindo com ações do poder público em outras partes do território da cidade. Embora se faça essa referência, a verdade é que tal opção dependerá do regime jurídico escolhido para aquela tal política pública. Quando do estudo da operação urbana consorciada ficará evidenciado que o modelo escolhido como referência para o Brasil parte desta perspectiva: não permitir a aplicação de valores fora do perímetro da operação. Todavia, uma visão mais redistributiva parece ser possível em propostas inovadoras, como poderá ser visto oportunamente.

Maleronka e Hobbs (2017, p. 46) destacam, ao tratar do destino do dinheiro arrecadado nos casos que fomentaram seu estudo, que a maior parte dos recursos destina-se a obras viárias executadas no âmbito da operação. Os autores referem, ainda, que "nos casos de Água Espraiada, Faria Lima e Água Branca, há sempre uma (ou mais) grande obra de infraestrutura – ponte, túnel, viaduto – que tende a consumir a maior parte dos recursos". Os autores enfatizam, também, que entre as operações paulistas "a Operação Faria Lima prevê em seu programa de intervenções o atendimento a favelas fora de seu perímetro", sendo que "uma delas, o Real Parque, está atualmente em fase final de urbanização, em uma intervenção executada majoritariamente por investimentos financiados com recursos da operação", o que demonstra uma possível versatilidade dos grandes projetos na aplicação de recursos e solução de problemas urbanos para além do seu perímetro.

Ultramari e Rezende (2007, p. 8) destacam que além de o número de experiências de grandes projetos urbanos no Brasil ser pequeno ele desperta pouco interesse de estudiosos, o que dificulta uma verificação mais concreta dos seus aspectos polêmicos. Todavia, entende-se que os estudos aqui elencados são suficientes para expor, ainda que de maneira parcial, um panorama de algumas situações concretas que decorrem da escolha desta alternativa de Políticas Pública de Intervenção Urbanística.

Outro ponto central de fundamental importância para observância dos grandes projetos urbanos é sua relação com um formato específico de planejamento urbano, denominado estratégico, e que se opõe ao tradicional, conforme verifica-se no item a seguir.

3.2.4 Os grandes projetos urbanos e o planejamento urbano estratégico

Como vem sendo reforçado até aqui, o grande projeto urbano é uma alternativa para implementação da Política Pública de Intervenção Urbanística. Uma alternativa que pode, ou não, ser escolhida no momento da decisão. Fazer intervenção urbanística através de um grande projeto urbano é uma escolha que traz repercussões, tanto no sistema do direito quanto no ambiente. Compreender tal realidade é fator fundamental nas definições dos parâmetros para esta política pública, em especial do seu regime jurídico.

No tópico inicial deste livro esboçou-se uma distinção entre Urbanismo e planejamento urbano, que merece ser retomada neste momento: segundo Ultramari (2009, p. 170), quanto maior a inserção "de questões relativas às relações da sociedade ao desenho da proposta para a cidade", maior a aproximação dos dois conceitos. Enquanto o Urbanismo seria algo mais amplo e mais próximo da arte, o planejamento urbano seria um campo mais restrito e ligado a pretensões sociais ou econômicas. Tal informação é importante, pois o presente item visa identificar o grande projeto urbano como um tipo urbanismo, onde o planejamento urbano é observado de uma forma bastante específica.

Além dessa distinção, entende-se importante retomar outras conclusões do mesmo tópico 2.1 pela relação direta dele com este ponto do estudo. Valendo-se das reflexões de Luhmann (2016, p. 204), fora descrito naquele ponto da pesquisa que a observação sistêmica do Direito e do Urbanismo visa "possibilitar a segurança da expectativa", sendo assim, existe uma seleção pelo sistema do direito de uma ou várias opções, dentre as inúmeras possibilidades criadas pelo Urbanismo, que possui muitas técnicas elementares e escolas de pensamento. Entretanto, nem todas serão Direito, somente aquelas selecionadas por decisões deste sistema. As escolhidas pela funcionalidade do sistema do direito visam estabilizar expectativas normativas, criando uma espécie de ação esperada da sociedade em decorrência de tal normatividade. A mesma normatividade servirá como programação do sistema da política, vinculando toda sociedade a determinada escolha. É por estes motivos que o Urbanismo espera que o direito realize seus hipotéticos desejos de materialização de uma proposta que é assegurada em lei.

Naquele ponto da pesquisa foi explicado, também, que de acordo com Luhmann (2016, p. 204) há limites nesse processo. A ideia de "segurança de expectativas" não é suficiente para excluir ou mitigar determinado risco, aqui a escolha de uma técnica ou de uma determinada escola de pensamento redunde na materialização da proposta urbanística escolhida pelo Direito. Segundo o autor, a "a segurança de expectativas" tende a não superar o risco "quando a conduta de conformidade à expectativa não pode ser alcançada" e assim não há a menor possibilidade de garantir o cumprimento da expectativa, pelo simples fato de ela estar "coberta pelo Direito".

No sistema do direito, como já visto ao longo do capítulo anterior, a observação de informações urbanísticas no ambiente refletiu em uma evolução da sua programação e da sua operação interna, com criação de um Direito do Urbanismo, cuja recursividade envolve unidades de identidade própria para responder ao código direito/não direito, cenário em que será observado os grandes projetos urbanos e o seu regime jurídico.

Verifica-se que tal observação sistêmica não reflete só internamente no sistema do Direito. O Urbanismo, como subsistema da ciência, também evolui internamente como forma de garantir a materialização de suas prescrições. Ao observar o ambiente, o Urbanismo também produz variação e evolui. O modelo de planejamento urbano estratégico (onde estão inseridos os grandes projetos urbanos) decorre da autopoiese do sistema para superar as limitações de um planejamento urbano tradicional, que já não responde às demandas dinâmicas e complexas da contemporaneidade e da globalização. Significa que o próprio Urbanismo, na sua recursividade, também cria comunicações para superar os riscos de não materialização de suas prescrições.

Neste sentido, Oliveira e Novais (2013, p. 169) afirmam com clareza que "os GPUs são apresentados como formas de ação adaptadas para garantir a realização de empreendimentos num ambiente caracterizado pela complexidade e incerteza". Ou seja, a observação do ambiente não é o único recurso utilizado pelo sistema da ciência. Há uma evolução interna desse sistema em decorrência das mudanças no ambiente, que tornou-se mais dinâmico na era da informação.

Uma hipótese é que, no cenário contemporâneo, a opção de escolher o grande projeto urbano como alternativa para implementação da Política Pública de Intervenção Urbanística também é uma forma de mitigar/excluir o risco de não implementação de uma proposta urbanística, na mesma forma descrita no tópico de abertura desta tese. Se a escolha de técnicas do urbanismo tradicional pelo sistema do direito tem como consequência certa desordem urbana e um questionamento deste regime jurídico, a escolha do modelo estratégico poderia levar a outro resultado, visto que ele tende a dialogar com mais desenvoltura com as dinâmicas da atualidade. Cabe a este tópico aprofundar tal questão e as relações entre o modelo tradicional e estratégico de planejamento urbano.

O ponto de partida é observar o planejamento urbano tradicional e indicar motivos que justifiquem sua possível superação. Lungo (2004, p. 28-29) destaca que o modelo tem dois traços fundamentais: um alto grau de generalidade, muitas vezes distante da diversidade que caracteriza a cidade; e uma normativa excessivamente detalhada e rígida sobre o uso do solo, o que não permite uma adaptação as mudanças e ao dinamismo urbano dos dias atuais. Ainda, segundo o autor, a visão tradicional se articula em três níveis: um planejamento que toma como base grandes orientações, como o Plano Diretor; normas urbanísticas e uma operação através de instrumentos específicos, onde o setor público tem papel dominante.

Importante contribuição nesse sentido pode ser buscada na obra de Ascher (2007, p. 27), onde é apontado que o modelo tradicional de planejamento urbano é baseado no "*urbanismo fordo-keynesio-corbusiano, expresión de una racionalidad simplificadora mediante la planificación urbana, las zonificaciones monofuncionales y las estructuras urbanas jerárquicas; un urbanismo adaptado a la producción y al consumo masivo*".[74] Da mesma forma, Vainer (2013, p. 137) destaca que tal modelo como "desmoralizado", por não atingir os resultados esperados, estando o seu formato ligado a uma herança do "modernismo e do *welfare state*, que os críticos viam (e veem) com uma mistura de racionalismo, voluntarismo, estatismo, rigidez e, também, quase sempre, tecnocratismo, autoritarismo e centralização".

Para Lungo (2004, p. 28-29) o urbanismo tradicional revelou-se incapaz de orientar o desenvolvimento da cidade, sendo necessário, frequentemente, sair de sua lógica tradicional para dar lugar a modificações e exceções na regulação urbana geral estabelecida. Segundo o autor, evitar a observação desta realidade "*sólo conduce a fomentar los hábitos de transgressión de la ley y la corrupción tan frecuentes en America Latina*". A reflexão retrata a grande quantidade de irregularidades e ilegalidades urbanas, onde sempre é necessária a proposição de medidas de exceção visando a regularização fundiária e edilícia da cidade, que desenvolveu-se fora dos padrões legais, em um reconhecimento que o

[74] Ascher (2007, p. 26) destaca ainda que o Estado acabou por criar "*todo tipo de esctruturas y procedimentos para planificar de forma más racional las cidades, es dicir, lo más cientificamente possible, para actuar a pesar de las coacciones de la propriedad privada, para ordenar, es dicir, predefinir e impulsionar ampliciaciones periféricas y las restauraciones.*

problema é mais dos padrões e das formas de solução escolhidas do que em decorrência da vivência social.

As problemáticas derivadas do planejamento urbano tradicional, calcado em uma lógica de que é possível prever todas as possiblidades do futuro, também podem ser observadas a partir de uma perspectiva sistêmica. Como afirmado ao final do capítulo anterior, a política pública é uma decisão que unifica e organiza. Com o aumento de sua complexidade, a decisão abrirá espaço para outras, sendo que, para manutenção da unidade e coordenação maneira organizada, deve estar atenta a ideia de planejamento.

Luhmann (1997, p. 79) questiona a relação entre racionalidade e planejamento ao afirmar que é duvidoso se o planejamento significa, necessariamente "*una ganância de racionalidad*" ou um "*control del futuro*". O autor afirma que "*la planificación es estimulada y exigida en cuanto medio para el fin de la racionalización de las deciosiones*", mas que, ao mesmo tempo, não se pode compreender o que realmente ocorre ao planejar-se e questiona: "*Si la planificacion no soluciona los problemas para los que ha sido criada, soluciona acaso otros?*"

Para Luhmann (1997, p. 77-78) o planejamento trata-se de uma atividade importante na tomada de decisão, entretanto, "*la planificación no es tanto un instrumento para el logro de efectos programados*" e sim um mecanismo que ajuda na "*ampliación de suposiciones mínimamente aseguradas, en la medida en que las coordina internamente y se puede levantar bastante sobre la realidade*". Tais reflexões, ao mesmo tempo em que reforçam as fragilidades do modelo racional tradicional, indicam a importância na utilização do planejamento como forma de garantir decisões coordenadas, que mantenham a unidade como necessária na Política Pública Urbanística.

Trazendo a perspectiva sistêmica sobre planejamento para o âmbito do urbanismo, Ascher (2007, p. 45-46) destaca que, embora se reconheça o bom funcionamento deste modelo ligado a racionalidade – ao menos na Europa até metade do século passado – sua crença em futuro previsível e "*en la posibilidad de limitar las incertidumbres*", o coloca em crise, visto que a partir dos anos 1970 aceleram-se os processos globais, que trazem consigo novas lógicas de interação e que vão impactar na temática urbana.

E é justamente a partir da década de 1970 que se pode observar o desenvolvimento de novos formatos de planejamento urbano, como indicado por Borja e Muxí (2009, p. 11-12). Os autores descrevem a evolução de um novo urbanismo na Espanha em três fases: (1) o urbanismo cidadão, caracterizado pelas definições a nível local e que durou até o início da década de 1990; (2) o urbanismo de projetos, destacando-se a atuação promotora dos governos locais mediante a proliferação dos grandes projetos, com início no final dos anos 1980 até metade de 1990; (3) e os efeitos perversos do "êxito urbano", onde as cidades passaram a ser vistas somente como um "*un conjunto de retales a rescatar, espacios de la ciudad que ofrecen una oportunidad de una inversión con alta rentabilidad inmediata*", que tem início no final do anos 1990 e permanece até hoje.

Esse apanhado histórico proposto pelos autores espanhóis deixa claro que a evolução desse novo urbanismo – que passa a ser calcado na ideia de estratégia, e que traz consigo, entre outros instrumentos, os grandes projetos urbanos – apresenta-se como espaço para uma série de polêmicas, que precisam ser observadas com cautela para que não se adote a ideia da nova forma de planejamento de maneira apologista. Arantes (2000, p. 12-13), em obra que retrata as questões do novo Urbanismo no Brasil, faz uma crítica contundente ao colocar em xeque o fato de tratar-se de uma nova geração do Urbanismo. Na opinião da autora, a proposta denominada estratégica somente ressuscitou a ideia de planejamento – que já havia sido descartada pelos negativos resultados modernistas – e o fez de uma forma animada e otimista, apta a convergir os mais diferentes interesses. A autora apresenta a seguinte ponderação:

> [...] as cidades só se tornarão protagonistas privilegiadas, como a Idade da Informação lhes promete, se, e somente se, forem devidamente dotadas de um Plano Estratégico capaz de gerar respostas competitivas aos desafios da globalização (sempre na língua geral dos prospectos), e isto a cada oportunidade (ainda na língua dos negócios) de renovação urbana que porventura se apresente na forma de uma possível vantagem comparativa a ser criada.

Ou seja: segundo a autora Arantes (2000), trata-se de um novo pensamento único, como era o modernista, apto a atender interesses elitizados, que também não têm aptidão de dar respostas à diversidade urbana contemporânea, correndo-se sério risco de incidir em erros semelhantes, em especial, aumento da segregação urbana. Feita esta ressalva, que reforça a inexistência de um consenso quanto a ser algo novo ou positivo e que dialoga diretamente com a visão crítica já exposta, importante destacar, também, ao que se propõe o planejamento urbano estratégico e em quais polêmicas que está envolto.

Lungo (2004, p. 28-29) afirma que o urbanismo estratégico surge com a pretensão de permitir "*la articulación entre las diferentes escalas de tiempo y espacio, de enfrentar la incertidumbre, de manejar la complejidad creciente y de buscar formas de asociación más complejas*", fato que atende ao dinamismo da atualidade e está alinhado ao processo de globalização, que requer, entre outras questões, uma renovação dos marcos legais e dos instrumentos de planejamento urbano em geral, tornando-os mais flexíveis.

Ascher (2007, p. 72-73) destaca que o novo urbanismo deve ter como foco "*elaborar y dirigir proyectos em um contexto incierto*" onde o planejamento urbano passa a dar espaço para a gestão estratégica urbana: "*los planes y esquemas estaban destinados a controlar el futuro, a reducir la incertidumbre, a realizar un proyecto conjunto*". Por outro lado, o novo modelo deve ter presente "*una visión más reflexiva, adaptada a una sociedad compleja y um futuro incierto*" e envolver múltiplos projetos, de natureza variada, mas coerentes, que deem conta ao dinamismo social e aceleração da economia. Neste formato interesses gerais e particulares devem articular-se no curto e longo prazo, em grande e pequena escala, sendo, ao mesmo tempo, estratégico, pragmático e oportunista:

> *El neourbanismo revoluciona la antigua cronología que encadenaba el diagnóstico, la identificación de las necesidades y la elaboración final de un plan, la programación, el proyecto, la realización y la gestión. El neourbanismo substituye esta lincalidad por una gestión heurística, interactiva, incremental y recurrente, es decir, por actos que sirven al mismo tiempo para elaborar y probar hipótesis, con realizaciones parciales y medidas a largo plazo que modifican el proyecto ya la retroalimentación tras las evaluaciones y que se traducen en la redefinición de los elementos estratégicos.*

Tal visão mais dinâmica de planejamento dialoga com as observações da teoria dos sistemas sobre o tema que, como já explicado, coloca uma interrogação sobre os aspectos racionais deste mecanismo e o potencial de controlar o futuro. Luhmann (1997, p. 76) reforça inexistir "*un fin natural*" ou um "*telos imanente*" no planejamento. Suas reflexões dialogam, de certa forma, com a proposta estratégica que, ao menos teoricamente, estaria atenta ao dinamismo da sociedade contemporânea.

O primeiro ponto a ser destacado é que para Luhmann (1997, p. 75) o planejamento deve ser visto como "*processo de producción de problemas*", com o intuito de gerar uma retroalimentação positiva, ao reforçar divergências e aumentar seu potencial de identificar suposições. Em outras palavras, o autor destaca que todo o planejamento "*debe ante todo descomponer la complejidad del sistema en que ella misma tiene lugar y llevarla a la forma de problemas por solucionar, sobre los que hay decidir con base en planificaciones ulteriores*". O processo de planejar partiria de um pressuposto de problematizar e supor possíveis consequências, mas não ao indicar um futuro certo.

Avançando-se na exposição de ideias, Luhmann (1997, p. 76-77) destaca que o processo de planejamento ocorrido em um determinado sistema pode servir como um "*sistema de imunización*" que visa "*proteger el sistema del crecimiento autoinducido y de otras consecuenencias de la própria compejidad*". Neste contexto, planejar seria "*la transformación de la circularidad en linealidad*", não com o objetivo de controlar o futuro, mas de produzir "*uma reintegración constante de deciones planificadas y no planificadas*". As ideias sobre planejamento do autor ficam claras na seguinte citação:

> *La planificación es necesaria siempre y cuando la organización deba aplicar componentes ficticios. Regula y legitima suposiciones. Entrega puntos de relación, con cuya ayuda no sólo puede suponer cómo deciden otros, sino que también se puede suponer cómo suponen otros. La planificación permite, con otras palabras, una suposición reflexiva de suposiciones y esto no en forma abritraria, sino en forma coordinada y por lo tanto asegurada. La coordinación de las suposiciones conduce, en determinados alcances, la decidir coordinado dando, al mismo tiempo, la seguridad para el riesgo de la misa suposición. Pero naturalmente, no garantiza que los resultados se cumplirán en el sentido de las expectativas del plan.* (LUHMANN, 1997, p. 77)

Assim, o planejamento na perspectiva sistêmica consiste em um processo de problematização que gera suposições, a partir de uma interação entre circularidade e linearidade, decisões planejadas e não planejadas, com vistas a garantir unidade e a identidade. Neste sentido a memória do sistema se apresenta como um importante recurso. Segundo Luhmann (1997, p. 77) "*escribir y transcribir las memorias del sistema*", ainda que decorram de decisões sem planejamento, tem papel fundamental na construção dos planos, pois lhe aproximam da atualidade e possibilitam que a construção de um cenário onde o planejamento auxilia em uma tomada de decisão frente as constantes mudanças nas quais o sistema é exposto.

É justamente em decorrência da relevância dada para a memória na construção do planejamento, na perspectiva sistêmica de do planejamento urbano estratégico, que foram desenvolvidos os itens anteriores deste tópico, em especial, o destaque para as consequências concretas decorrentes dos grandes projetos urbanos. A escolha do grande projeto urbano como alternativa da Política Pública de Intervenção Urbanística deve buscar, sempre que possível, identificar seus possíveis efeitos, ou seja, supor consequências, isto é, planejar.

Ainda mais quando se trata de Urbanismo, que como dito no início da tese, tem o intuito de riscar e arriscar o futuro da cidade. O item a seguir busca, a partir da perspectiva sistêmica, unificar as reflexões feitas até aqui, partindo-se da hipótese de que o grande projeto urbano pode ser observado como uma organização que planeja e decide, ou seja, um sistema organizacional, que operacionaliza uma alternativa escolhida de Política Pública de Intervenção Urbanística e que observa a cidade de uma forma própria e específica.

3.2.5 Política Pública de Intervenção Urbanística e grandes projetos urbanos: contribuições sistêmicas

Retomando-se as ideias desenvolvidas até aqui pode-se dizer que o grande projeto urbano é uma alternativa para a Política Pública de Intervenção Urbanística, que pode ser classificado com um novo modelo de urbanismo estratégico, que distingue-se do tradicional ao observar a cidade a partir de centralidades próprias e que visa superar os resultados negativos de um planejamento baseado em imposições e certezas, ao valer-se de um modelo mais dinâmico, atento as características globais e contemporâneas. Tal modelo tem sido visto de maneira crítica e apologista pela teoria, assim como, tem trazido resultados polêmicos, que remetem a observações distintas: o que é lucrativo para a economia pode não estar alinhando com as ideias do governo/oposição (política) ou direito/não direito, na observação jurídica.

Feita as ponderações, que resumem brevemente o que fora trabalhado até aqui, este item final busca contribuições da matriz sistêmica para propor um formato que permita uma observação de um grande projeto urbano em específico apta a permitir o avanço desta pesquisa, que tem enfoque central em descrever os limites jurídicos a que estariam vinculados os governos locais ao inovarem nesta espécie de política pública. Parte-se da hipótese que o conceito de organização (sistema organizacional) contribui para esta análise.

Observando os estudos de Luhmann (1997, p. 9) verifica-se que as decisões "*no tienen su identidad en desarorollo de un acontecer determinado, sino la elección entre varias possibilidades (alternativas), que sólo se documenta en la alternativa elegida*". Neste conceito, será decisão a opção escolhida, considerando-se alternativa "*todo lo que hubiera podido ser decisión*". Ou seja, o autor reconhece a decisão como uma forma de enfrentar a contingência, as múltiplas possibilidades, onde é escolhida uma alternativa.

Nessa forma de observação, tais alternativas tem papel relevante, sendo que uma delas será distinguida como a decisão, como resposta à contingência. A retomada do tema das decisões se mostra importante, pois ao final do capítulo 1 e do tópico anterior a Política Pública Urbanística[75] e a Política Pública de Intervenção Urbanística[76] foram apresentadas como decisões que coordenam e unificam, sendo o grande projeto urbano uma alternativa para esta política pública.

É neste ponto que se quer avançar com a contribuição da teoria dos sistemas. Da mesma forma em que se conceituou Política Pública como decisão que unifica, no item 3.2.1, foram destacados os elementos que constituem um grande projeto urbano, com enfoque ao seu potencial inovador, nas mais

[75] No tópico 2.5 foi dito que "Política Pública Urbanística é vista como uma decisão que unifica e visa organizar o Direito do Urbanismo, em especial, suas as unidades Direito Urbanístico, Política Urbana e Direito à Cidade, através de uma coordenação de ações, que deve seguir as diretrizes previstas no Estatuto da Cidade, para atingir os objetivos previstos na Constituição Federal e que tende a ser concretizada em definitivo pela atuação da organização Poder Público, em especial Municipal, estando situada em um cenário contemporâneo complexo e cuja programação tem sido observada de forma distinta na perspectiva centro-periferia do sistema do direito."

[76] No tópico 3.1 fora explicado que a Política Pública de Intervenção Urbanística seria aquela que, a partir de toda a gama de alternativas, inclusive de intervenção na propriedade e na economia, decide, com base em uma coordenação de ações, intervir e mudar concretamente a realidade fática territorial.

diferentes áreas. Dentre as cinco características elencadas[77], pretende-se reforçar duas delas, que envolvem gerir e planejar de maneira inovadora, o que pode aproximar o modelo ao conceito de organização descrito por Luhmann.

A observação deste trabalho vê na escolha da alternativa do grande projeto urbano como forma de implementar a Política Pública de Intervenção Urbanística uma decisão e que, por sua vez, irá coordenar e unificar uma nova contingência de alternativas, produzindo novas decisões. Ocorre que, um grande projeto urbano em específico, pelos elementos que o compõem, apresenta complexidade suficiente para ser observado como uma organização que decide, em especial, sobre gestão e planejamento urbano.

A Política Pública de Intervenção Urbanística, quando escolhe a alternativa grande projeto urbano, cria um espaço que decide intervir da cidade de uma determinada maneira, de uma forma inovadora, com gestão diferenciada (como regra geral, público-privada) e que observa o planejamento em um contexto estratégico, que como já visto, distingue-se do formato tradicional.

Segundo Luhmann (1997, p. 14) as organizações "*son sistemas sociales constituídos por decisiones y que atan decisiones mutuamente entre si*" estando sua complexidade no fato de ela possui tantos elementos "*que ya no puede ser combinado cada elemento com cada uno de los otros, sino que las relaciones deben producirse selectivamente*". Na proposta do trabalho, os grandes projetos urbanos serão vistos como organizações políticas, que são descritas por Reck (2018b, p. 59) como o "sistema que opera com comunicações do tipo jurídico, acoplando, sob um símbolo de unidade, processos, decisões e órgãos" e este sistema visa "gerar outras comunicações jurídicas, com a função de gerar decisões vinculantes a toda comunidade".

[77] Os grandes projetos urbanos, consoante este trabalho, evolvem as seguintes características: "um modelo inovador de gestão, com uma aproximação e possível cooperação público-privada (1); a utilização de uma forma de financiamento inovadora, baseada na busca de receitas que não sejam aquelas advindas da tributação clássica, que objetiva um autofinanciamento (2); um planejamento urbano inovador, que busca regras – inclusive legais – específicas e flexíveis, que sejam diferentes daquelas tradicionais, que são propostas em um plano para a cidade como um todo (3); um grau de escala de intervenção inovador, baseado em uma centralidade, não limitado a um lote de determinado proprietário público ou privado, assim como, não abrangendo a cidade como um todo (4); a concretização de um redesenho do território, com materialização de infraestruturas, preferencialmente inovadoras, e que visem valorizar exponencialmente um determinado espaço escolhido (5)".

Importante ponderação é feita pelo autor Reck (2018b, p. 56) para justificar a utilização deste conceito em uma perspectiva jurídica. Embora destaque-se que "Luhmann prefere colocar as organizações políticas à parte do direito", pois elas sequer são citadas quando ele trata do assunto, sua própria teoria permite uma leitura a partir do direito e tal opção tem como base o conceito explicado no início deste tópico, de "reentrada na forma", que se faz a partir de uma observação de segundo grau. Neste cenário pode ser afirmado que a função das organizações é política – produzir decisões vinculantes para toda sociedade – mas sua tomada tem como base comunicações jurídicas, mais precisamente, na programação do direito, daí a importância do estudo do regime jurídico.

A realização de um grande projeto urbano, como alternativa de Política Pública de Intervenção Urbanística, pode ser vista como organização política – sistema organizacional – pois tende a criar um espaço decisório próprio (como detalhado no item 3.2.3, quando observou-se as polêmicas que envolvem seu formato de gestão) com estrutura de órgão público, ou entidade da administração pública indireta, ou ainda, em modelos que repassam competências inicialmente públicas para a iniciativa privada, com atribuições específicas. Tais estruturas decisórias tem como foco primordial garantir a implementação de um plano urbanístico em uma determinada centralidade, a partir do modelo de planejamento dito inovador.

A proposta de visualizar um grande projeto urbano como organização política – sistema organizacional que unifica, coordena, planeja e decide – com o objetivo de garantir que uma intervenção urbana seja implementada por meio de um projeto significativo e inovador, tem como potencialidade garantir, como proposto por Vainer (2013, p. 146) o "estabelecimento de pontos de observação", que facilitam a abordagem do seu regime jurídico, preocupação central desta tese. Segundo o autor, os grandes projetos urbanos, podem permitir dois tipos de avaliação: interna e externa.

Vainer (2013, p. 146-147) destaca que a avaliação interna "adota como parâmetros e critérios objetivos os valores intrínsecos ao próprio projeto", ou seja, o projeto olha para si mesmo e analisa questões como: o aumento da receita fiscal que ele proporcionou, valorização dos imóveis que estejam dentro do perímetro da operação, o dinamismo dos negócios e o aumento de empregos na localidade, eficiência do seu modelo de gestão, a implementação da infraestrutura, a qualidade das intervenções urbanísticas e, ainda, o sucesso político do governo ou coalização que propôs a medida.

A avaliação externa, segundo Vainer (2013, p. 147) toma o ponto de vista da cidade em relação projeto como forma de aferir "os custos e benefícios incorridos" e "os efeitos resultantes das múltiplas e sinérgicas rupturas deflagradas por um determinado GPU", com enfoque nos interesses gerais da cidade.

Desta forma, ao relacionar a metodologia proposta pelo autor com a visualização de um grande projeto urbano em específico como sistema organizacional, torna-se possível observar sua operacionalização a partir de comunicações, na lógica sistema-ambiente, onde tudo que integra um determinado grande projeto urbano é sistema (avaliação interna), sendo o restante, ambiente (avaliação externa), possibilitando-se a aplicação de todo aparato conceitual da teoria dos sistemas para realizar observações.

Já em diálogo com o tópico seguinte da pesquisa, que tratará como o sistema do direito no Brasil observa a temática dos grandes projetos urbanos, a sua abordagem como um sistema operacional pode ser aprofundada a partir da proposta conceitual que Reck e Vanin (2019, p. 127) fazem das operações urbanas consorciadas, considerada uma organização política que simultaneamente dinamiza, por um lado, (a) "a formação de uma unidade procedimental de tomada de decisão, sob a coordenação do poder público municipal, que teve ter presente a cooperação público e privada e a participação social" e, por outro, a (b) "materialização das decisões promovidas pela unidade procedimental em um conjunto de intervenções e medidas aptas a modificar urbanística e estruturalmente uma área delimitada, com melhorias de ordem social e ambiental".

Tal concepção remete a três hipóteses: (1) o conceito não pode ser transplantado diretamente para um sentido de grande projeto urbano, justamente porque a operação urbana consorciada tem um regime jurídico próprio descrito no Estatuto da Cidade, que contribui com a formatação de contornos mais específicos na proposta acima referida; (2) embora não se use a mesma delimitação de características substantivas, tendo em vista a ausência de clareza no regime jurídico mais genérico dos grandes projetos urbanos no Brasil, o grade projeto urbano como sistema organizacional também representa a interação das duas lógicas (a) e (b), com uma estrutura de gestão, que decide e planeja para materializar propostas de intervenção urbana; e (3) a operação

(a) e (b) comunica e irrita não só o próprio sistema organizacional, mas também o ambiente.

Essas reflexões são fundamentais para o avanço da pesquisa. Para conseguir descrever os pontos (a) e (b), que delimitam os grandes projetos urbanos em geral, será necessário compreender um pouco mais seu regime jurídico, o que será objeto das reflexões do tópico a seguir. A hipótese destacada no início do tópico, é que a observação do ambiente traz argumentos substantivos que fomentam um cenário de inovação ficou confirmada, assim como, que ela pode possibilitar uma qualificação da tomada de decisão na formação de novos instrumentos jurídicos, embora, neste ponto, uma constatação definitiva dependerá sempre da observação de cada grande projeto urbano em específico.

No tópico a seguir, descreve-se como o sistema do direito no Brasil observou o ambiente, selecionou e decidiu por um determinado tipo de regime jurídico, definindo-se a operação urbana consorciada como o modelo geral de grande projeto urbano no Brasil, ao mesmo tempo em que manteve aberta a possibilidade de evolução em sua programação, ao possibilitar uma atividade inovadora dos governos locais, que podem propor outros modelos de instrumentos, com programação própria.

3.3 Os grandes projetos urbanos e o sistema do Direito no Brasil: entre as operações urbanas consorciadas e as possibilidades de inovação

O caminho traçado no tópico anterior visou esclarecer o que é um grande projeto urbano em uma perspectiva sistêmica, tomando-se como base comunicações do ambiente do sistema do direito. Compreendeu-se o grande projeto urbano como uma organização, que unifica, coordena, planeja e decide, sendo uma alternativa para implementação da Política Pública de Intervenção Urbanística com características que visam atender ao dinamismo contemporâneo e global de transformação do território. O objetivo agora é observar como tal organização é programada pelo sistema do direito no Brasil, passo que possibilita deixar mais claro o problema central que guia esta tese.

Ligando os pontos com as reflexões até aqui apresentadas, ao ser observado como uma organização que é programada em linguagem jurídica, apresentando-se como alternativa para a Política Pública de Intervenção Urbanística, o grande projeto urbano irá unificar, coordenar, planejar e decidir, inserido no contexto de um Direito do Urbanismo, que envolve decisões distintas no centro e na periferia e a recursividade das unidades Direito Urbanístico, Política Urbana e Direito à Cidade para a operação do código direito/não direito.

Na perspectiva sistêmica é partir das observações do ambiente feitas pelo sistema do direito, que ele irritou-se, provocou variação, selecionou, evoluiu e formou uma programação própria, que trata dos grandes projetos urbanos no Brasil. O primeiro esclarecimento a ser prestado neste tópico é onde o tema estaria programado no sistema do direito brasileiro e se há um instituto, regime ou instrumento que o defina e lhe dê limites na perspectiva jurídica.

Ao descrever os instrumentos da política urbana, o Estatuto da Cidade propõe a seguinte divisão: I – planos nacionais, regionais e estaduais de ordenação do território e de desenvolvimento econômico e social; II – planejamento das regiões metropolitanas, aglomerações urbanas e microrregiões; III – planejamento municipal[78]; IV – institutos tributários e financeiros[79]; V – institutos jurídicos e políticos[80]; VI – estudo prévio de impacto ambiental (EIA) e estudo prévio de impacto de vizinhança (EIV).

Os grandes projetos urbanos, como uma alternativa da Política Pública de Intervenção Urbanística, por sua natureza complexa, tendem a concatenar vários destes instrumentos em sua operação, sendo essa uma das suas características fundamentais. Tal fato poderia impossibilitar seu enquadramento em somente um instrumento específico. Essa hipótese se confirma apenas

[78] De acordo com art. 4º, I: "a) plano diretor; b) disciplina do parcelamento, do uso e da ocupação do solo; c) zoneamento ambiental; d) plano plurianual; e) diretrizes orçamentárias e orçamento anual; f) gestão orçamentária participativa; g) planos, programas e projetos setoriais; h) planos de desenvolvimento econômico e social".

[79] Conforme art. 4º, II: "a) imposto sobre a propriedade predial e territorial urbana – IPTU; b) contribuição de melhoria; c) incentivos e benefícios fiscais e financeiros".

[80] Consoante disposto art. 4º, III: "a) desapropriação; b) servidão administrativa; c) limitações administrativas; d) tombamento de imóveis ou de mobiliário urbano; e) instituição de unidades de conservação; f) instituição de zonas especiais de interesse social; g) concessão de direito real de uso; h) concessão de uso especial para fins de moradia; i) parcelamento, edificação ou utilização compulsórios; j) usucapião especial de imóvel urbano; l) direito de superfície; m) direito de preempção; n) outorga onerosa do direito de construir e de alteração de uso; o) transferência do direito de construir; p) operações urbanas consorciadas; q) regularização fundiária; r) assistência técnica e jurídica gratuita para as comunidades e grupos sociais menos favorecidos".

em parte. Pode ser verificada a existência de um instrumento em específico, categorizado como "instituto jurídico e político", previsto na alínea "p" do inciso V do art. 4º, como a alternativa escolhida – a decisão – do sistema do direito no que diz respeito aos grandes projetos urbanos: a operação urbana consorciada. O conceito de operação urbana vem descrito na legislação no §1º do art. 32 do Estatuto da Cidade, da seguinte forma:

> Considera-se operação urbana consorciada o conjunto de intervenções e medidas coordenadas pelo Poder Público municipal, com a participação dos proprietários, moradores, usuários permanentes e investidores privados, com o objetivo de alcançar em uma área de transformações urbanísticas estruturais, melhorias sociais e a valorização ambiental.

Se o conceito for comparado aos sentidos de Política Pública de Intervenção Urbanística e de grande projeto urbano apresentados nos dois tópicos anteriores a este capítulo, verificar-se-á certa semelhança. A conceituação é até mais abrangente, pois já conta com um conteúdo substancial mais específico, com indicações sobre forma e finalidade. O autor Lomar (2009, p. 249) explica que "não é qualquer intervenção urbana que pode ser juridicamente qualificável como operação urbana consorciada, mas apenas aquelas que se destinam à realização de transformações urbanísticas estruturais" e, ainda, principalmente, que visem melhorias sociais e ambientais. Sendo assim, trata-se de uma classe específica de intervenção urbana e de grande projeto urbano, com um regime jurídico próprio, apto a atender uma finalidade específica.

Ocorre que, da mesma forma que o sistema do direito escolheu uma entre inúmeras alternativas e decidiu elegendo a operação urbana consorciada como instrumento apto a figurar na lei geral como um modelo referencial para grandes projetos urbanos no país, o mesmo art. 4º, em seu *caput*, define que poderão ser utilizados outros instrumentos para além daqueles elencados, o que abre possibilidades de inovação na formatação de estruturas jurídicas aptas a viabilizar este tipo de iniciativa.

O autor Costa (2014, p. 47) destaca tal realidade e, ao tratar do art. 4º do Estatuto da Cidade, afirma que "o rol ali especificado não exaure a relação dos instrumentos de política urbana, de modo que faculta à inventividade do legislador a criação de outros, os quais hão de reger-se pela legislação que lhes é própria", reforça, ainda, que a relação dos instrumentos "não obriga sua prática, nem limita sua enumeração aos mecanismos que especifica".

Como visto na abordagem que observou o ambiente, desenvolvida no tópico anterior, há muitos tipos, nomes, modalidades, formatos, estruturas e finalidades quando se trata de grandes projetos urbanos. Essa realidade produziu variação e fez com que o sistema do direito, ao mesmo tempo que escolheu um formato dando-lhe nome de operação urbana consorciada e definiu um regime jurídico específico, manteve aberta a possibilidade dos governos locais adotarem outras formas, cujo regime jurídico não é claro e organizado, sendo pretensão desta tese elucidá-lo, delineando-se os limites desta possiblidade de inovação.

No sentido de organizar o conhecimento, a observação que a presente pesquisa faz da programação do sistema do direto, quando se trata de grandes projetos urbanos, é a existência de dois tipos: (a) as operações urbanas consorciadas, que são um tipo de grande projeto urbano com regime jurídico próprio, previsto expressamente em lei geral, o Estatuo da Cidade; e (b) os grandes projetos urbanos decorrentes das possiblidade de inovação dos governos locais, visto que o próprio Estatuto da Cidade abre este espaço para tal possibilidade e que não possuem um regime jurídico esmiuçado na norma federal.

Em uma categorização clássica do direito, as operações urbanas consorciadas poderiam ser tidas como instrumentos jurídicos nominados e, os demais como inominados, criados por cada município no exercício de sua competência, quando se trata de grandes projetos urbanos. Tal categorização tem como base a proposta feita por Costa (2014, p. 179)[81], que indica como "nominados" aqueles que possuem "denominação legal e própria, estão previstos e regulados na lei, onde tem um padrão definido" e "inominados" os que "o legislador não previu de modo expresso, mas que gradativamente vão surgindo da vida quotidiana, criados pela fantasia ou pelas necessidades dos interessados".

[81] O autor Costa (2014) faz a distinção para tratar de instrumentos jurídicos de solo criado, nos quais também estão inseridas as operações urbanas consorciadas. Por se tratar de divisão clássica do direito, facultou-se a adaptação da proposta para opor a operação urbana consorciada ao demais modelos de grandes projetos urbanos que tem surgido pela possiblidade de inovação no exercício da competência municipal.

A presente pesquisa não tem como enfoque central estudar o regime jurídico das operações urbanas consorciadas, ou, como dito acima, do instrumento jurídico nominado de grande projeto urbano previsto no direito brasileiro. Tal abordagem já possui aprofundamento, em trabalhos como os de Levin (2014), Olbertz (2011), Alfonsin (2006), Lomar (2010), Costa (2014), Abascal e Nohara (2018), entre outros. Nesta tese, as operações urbanas consorciadas serão observadas como modelo referencial que influenciam a criação de outros, e sendo assim, que balizam críticas jurídicas e do ambiente, mas não como algo definitivo, acabado e limitador. Ao estudar o regime jurídico das operações urbanas consorciadas serão buscados critérios que contribuam na definição de limites e possibilidades de inovação no exercício da competência municipal na promoção de uma Política Pública de Intervenção Urbanística no regime jurídico dos grandes projetos urbanos e que sirva de base para outras propostas locais, sem previsão no Estatuto da Cidade.

O que se pretende é definir um padrão de regime jurídico a ser aplicado quando o sistema do direito de um determinado município escolhe outra alternativa – um instrumento inominado – para implementar um grande projeto urbano. Apesar de existirem reiterados exemplos onde os governos locais têm se valido desta opção, não há clareza em qual o regime jurídico guia esta atividade criativa, o que abre possibilidade para usos das mais diferentes formas, para as mais diferentes finalidades.

Para avançar na pesquisa, o presente tópico é desenvolvido tendo como base o seguinte problema: em que medida o estudo do regime jurídico das operações urbanas contribui na construção de elementos que sirvam de base para definição de limites e possibilidade para a atividade criativa dos governos locais em matéria de grandes projetos urbanos? A hipótese é que a programação prevista no Estatuto da Cidade para regular as operações urbanas consorciadas pode indicar elementos que contribuam no delineamento do regime jurídico dos grandes projetos ditos inominados. O tópico é subdividido em duas partes, uma que trata da programação das operações urbanas e outra que retoma e aprofunda a observação sobre a operatividade dos grandes projetos urbanos como organizações, com a contribuição da teoria dos sistemas.

Antes de desenvolver cada um dos itens do tópico, importa informar que o problema de pesquisa, que visa observar instrumentos inominados aplicados a grandes projetos urbanos, não decorre, como sugerido por Costa (2014,

p. 179) de uma "fantasia" criada pelo direito, mas sim, das "necessidades dos interessados" e pode ser constatado de forma empírica, ao observar-se, por exemplo, o Plano Diretor de três cidades: São Paulo, pelo protagonismo histórico sobre o tema urbanístico; Belo Horizonte, pela recente entrada em vigor de norma; e Porto Alegre, que é a capital do Estado onde é produzida esta tese. Nos três casos, os Planos Diretores não se limitam a descrever as operações urbanas consorciadas como um único modelo de grande projeto urbano, mas as colocam como uma opção entre outras, que não têm um regime jurídico geral previsto no Estatuto da Cidade.

Em São Paulo, os grandes projetos urbanos são apresentados como "Projetos de Intervenção Urbana" (art. 134), sendo que seus formatos serão de "Operações Urbanas Consorciadas; Concessão Urbanística; Áreas de Intervenção Urbana; e Áreas de Estruturação Local" (art. 134, § 5º). Em Belo Horizonte, da mesma forma, a "Operação Urbana" (art. 62) é dívida em "Operação Urbana Simplificada" e "Operação Urbana Consorciada" (art. 65). Já em Porto Alegre, a classificação geral dos grandes projetos urbanos é denominada "Projeto Especial de Impacto Urbano" (art. 54-A), que divide-se em "Projeto Especial de Impacto Urbano de 1º Grau"; "Projeto Especial de Impacto Urbano de 2º Grau e "III – Projeto Especial de Impacto Urbano de 3º Grau – Operação Urbana Consorciada" (art. 59).

Ou seja: a partir de uma observação mais atenta do sistema do direito no Brasil verifica-se, com facilidade, que há uma atividade inovadora ocorrendo em âmbito local, com a promoção de grandes projetos urbanos para além do regime jurídico geral indicado do Estatuto da Cidade para as operações urbanas consorciadas, o que justifica a necessidade do estudo[82].

[82] A autora Olbertz (2011, p. 122) cita ainda que o município do Rio de Janeiro também possui instrumentos próprios, aptos a operacionalizar grandes projetos urbanos, com a denominação de operação urbana interligada e urbanização consorciada. Como exemplos do direito comparado, os autores Maleronka e Hobbs (2017, p. 31) descrevem uma série de modelos internacionais, entre os quais estão, a Zone D'Amenagement Concerté – ZAC (França); Business Improvemnt Districts – BID (Canadá, EUA, entre outros); Tax Increment Financing – TIF (EUA); Land Readjustment (Japão e outros países); Plan Parcial (Colômbia). Os instrumentos distinguem-se: quanto a iniciativa, sendo alguns exclusivamente pública, em outros, privada ou mista; quanto a escala, visto que há variação no tamanho das intervenções; quanto a modalidade de financiamento; e ao quanto ao regime jurídico dos órgãos gestores. O autor Costa (2014, p. 190) descreve a "operação urbana consorciada com permuta" entre outras inovações dos governos locais.

Nesse sentido, "operação urbana", assim como "projeto de intervenção urbana" ou "projeto especial de impacto urbano", são formas que o sistema do direito no Brasil denomina grande projeto urbano, sendo a operação urbana consorciada um instrumento nominado com regime jurídico expresso e detalhado no Estatuto da Cidade, somente uma entre muitas outras possibilidade que criam alternativas para escolha da decisão jurídica. Ao contrário da operação urbana consorciada, as demais não possuem um padrão ou regime jurídico claro e organizado, visto que sua programação encontra-se dispersa na memória do sistema do direito.

Organizar e unificar esta programação é o que pretende esta tese, e assim, facilitar a identificação dos limites e das possibilidades de inovação no exercício da competência municipal, que tem criado inúmeros modelos inominados de grandes projetos urbanos, pelos mais diferentes motivos. Antes que se conheçam alguns exemplos desta atividade inovadora, observação que ficará para os próximos capítulos, passa-se a observar o regime jurídico das operações urbanas consorciadas, consoante previsto no Estatuto da Cidade, como forma de identificar elementos que contribuam no delineamento dos limites para as demais propostas, como se passa a expor.

3.3.1 A programação jurídica das operações urbanas consorciadas como parâmetro para definição do regime jurídico dos grandes projetos urbanos

Nas descrições iniciais deste tópico, já foi apresentado o conceito legal de operação urbana consorciada, tendo como base o disposto no §1º do art. 32 do Estatuto da Cidade. Complementando tal conceito, a autora Alfonsin (2006, p. 289) propõe a observação das operações urbanas consorciadas a partir de quatro características: o conjunto de intervenções e medidas, estando nelas inseridas uma série de decisões necessárias para a sua concretização; a coordenação pelo poder público municipal, em uma definição de competência e de direção pelo ente estatal local; participação dos agentes, que se relaciona com a gestão democrática das cidades; e objetivos específicos: transformações urbanísticas estruturais, melhorias sociais, e valorização ambiental.

O presente tópico visa aprofundar tais reflexões e descrever o regime jurídico geral das operações urbanas consorciadas, previsto no art. 32 a 34-A do Estatuto da Cidade. A opção visa servir de base para apontar os limites e as possiblidades de inovação no exercício da competência municipal na promoção de uma Política Pública de Intervenção Urbanística no regime jurídico dos grandes projetos urbanos.

Em uma observação geral dos dispositivos legais supracitados (art. 32 a 34-A do Estatuto da Cidade), podem ser verificados dez elementos que compõem a programação deste regime jurídico: a necessidade de uma lei específica (1); a definição de um território (2); coordenação da gestão (3); objetivos expressos (4); definição de incentivos (5); um conteúdo mínimo na estipulação de regras legais (6); a forma e o local de aplicação dos recursos arrecadados (7) e dos certificados de potencial construtivo emitidos para operação (8); a possibilidade de existir uma proposta metropolitana de operação urbana (9); e a necessidade participação e controle social (10).

Importante destacar que tem-se como hipótese que este regime jurídico aplica-se somente para operações urbanas consorciadas, não alcançando, de maneira imediata, propostas alternativas, ainda que elas sejam semelhantes em seu conteúdo ou nomenclatura. Tal visão tem como base a realidade destas regulamentações e o que foi dito por Costa (2014, p. 47), ao afirmar que o rol dos instrumentos elencados no art. 4º do Estatuto da Cidade não é exaustivo e "faculta à inventividade do legislador" com "a criação de outros, os quais hão de reger-se pela legislação que lhes é própria." [83]

A proposta do trabalho é posteriormente utilizar os elementos que caracterizam o regime jurídico das operações urbanas consorciadas, como base para delimitar a programação de um regime jurídico geral aplicável à Política Pública de Intervenção Urbanística dos grandes projetos urbanos. Para isso, serão observados cada um dos elementos a partir do sistema do direito como um todo para, assim, definir limites e possibilidades na inovação decorrente desta

[83] Fundamenta tal possibilidade de inovação as indicações de Sunfeld (2012, p. 181) ao afirmar que as "propostas de bloqueio geral da ação criadora da Administração [...] não devem fazer parte da agenda do desenvolvimento nacional brasileiro". Na opinião do autor "nossas prioridades têm que ser outras, ligadas à discussão sobre o modo como está estruturada a Administração Pública (organização administrativa), o modo como ela decide (processo administrativo) o modo como é controlada externamente" e assim "a grande missão do administrativista contemporâneo não é tolher a criação administrativa" mas "assegurar que o Direito, em suas múltiplas formas, influa sobre o espaço de deliberação administrativa, mas sem monopolizá-lo".

atividade criativa em cada um destes dez critérios. Tal exercício balizará os últimos capítulos da tese. Antes disso é necessário avançar em outros pontos.

Além deste esclarecimento de ordem metodológica e procedimental, faz-se necessário trazer conceitos da teoria dos sistemas que se demonstram fundamentais para esta explanação: as reflexões do que é um regime jurídico e o que são os programas condição e finalísticos, que compõe a programação do sistema do direito. Na verificação que será feita a seguir, percebe-se que o regime jurídico das operações urbanas consorciadas trará dos dois tipos de programa, o que influencia na recursividade do sistema do direito.

Para Reck (2018a, p. 127-128) o regime jurídico envolve "conceitos, símbolos (princípios) e programas", sendo assim, refletir sobre ele é tratar destes aspectos. O autor destaca que "o regime jurídico pode ser observado a partir da ideia de *script*, isto é, de um conjunto de operações pré-determinadas, acionada por um gatilho, isto é, um *trigger*". Assim, falar de um determinado assunto – no caso urbanismo ou operações urbanas consorciadas – "é acionar um gatilho que imediatamente remonta a uma série de operações conectadas". O regime jurídico trata de um "programa que liga programas".

Há basicamente dois tipos de programas na perspectiva sistêmica: os condicionais e os finalísticos. Conforme Reck (2018a, p. 128), os primeiros funcionam pelo esquema se/então, e os segundos estabelecem "um fim a ser alcançado". Há uma relação entre os dois tipos, visto que os programas finalísticos precisam de "um acompanhamento constante para serem satisfeitos" e para isso necessitam dos programas condicionais, que são mais simples em sua operação.

Ao observar o regime jurídico das operações urbanas consorciadas, em especial os arts. 32 a 34-A do Estatuto da Cidade, percebe-se a existência de ambos os tipos. Ao definir-se seu conceito, por exemplo, a programação aponta para uma finalidade, que não os objetivos do instituto, o que pode ser considerado um programa finalístico. Por outro lado, no *caput* do artigo 32, consta a obrigação de o instrumento estar previsto em lei específica e que ela deve estar de acordo com o Plano Diretor do município criador, o que pode ser considerado um programa condição. Outro fator importante é que ambos os programas aqui citados abrem espaço para uma série de ações conectadas, como fiscalizações, criação de novas normas, obras públicas, entre outros exemplos.

Um ponto chave a ser destacado, ao tratar do tema como Política Pública, que cumpre uma função da política ao decidir vinculando toda comunidade – mas é programado em linguagem do sistema do direito – é a forma como tais programas são vistos na perspectiva de cada sistema parcial. Luhmann (2016, p. 259-260) destaca que o direito "não pode levar em conta uma programação orientada para fins" e, apesar de tais situações ocorrerem no sistema, ele deve contar com programas condicionais para sua operação. Um programa condicional "estabelece as condições das quais depende se algo é legal (ou ilegal): com essas condições, faz referência a fatos passados, atualmente verificáveis", como ocorre nas definições dos tipos administrativos previstos nas normas municipais obras, posturas e parcelamento do solo, por exemplo.

Ao mesmo tempo, Luhmann (2016, p. 270) destaca que "a fixação do direito em programas condicionais de modo algum exclui que programa finalistas de outros sistemas funcionais se remetam ao direito", como ocorre com "os programas fins da política que remeta ao direito constitucional", entre os quais estão as definições acerca dos objetivos e diretrizes da Política Urbana e, mais especificamente, das operações urbanas consorciadas. O que se quer dizer, especificamente é que a existência de normas na modalidade de "objetivos" ou "diretrizes" servem muito mais para a operação da Política do que como recursividade para o Direito. O sistema do direito necessita de programas condicionais para operar e cumprir sua função. Assim, não basta um elenco de valores, diretrizes, objetivos ou intenções que apontem as características das operações urbanas consorciadas para o direito operar, mas faz-se necessária a presença de programas condição que aumentem a possibilidade de concretização e aplicação do código direito/não direito.

Tal reflexão pode ser observada a partir das unidades com identidade própria do Direito do Urbanismo: a Política Urbana e o Direito à Cidade tendem a possuir uma programação muito mais finalística para acoplamento com a Política e para dar conteúdo humanitário às decisões; por outro lado, o Direito Urbanístico será programado, prioritariamente, de forma condicional, pois, após comunicar-se com os demais, irá operar ao código direito/não direito.

A constatação pode ser uma justificativa para as diferentes decisões dadas no centro e na periferia do sistema do direito. No capítulo anterior demonstrou-se que tais espaços têm decidido de maneira diferente, visto que há certo distanciamento entre o direito legislado e julgado em matéria urbanística. A aparente não observância da programação da Política Urbana e do Direito à Cidade nas decisões dos tribunais pode justamente estar no seu formato de programa finalístico, sem a devida complementação por programas condição, que dificultam a operacionalização do sistema do direito, em especial do seu centro.

Isso vale para as operações urbanas consorciadas e outros instrumentos destinados para concretizar os grandes projetos urbanos. A programação de seu regime jurídico deve observar uma interação dos dois tipos de programas, sob pena de a definição de diretrizes e objetivos, apesar de expressos e claros para a Política, sejam de difícil operacionalização pelo sistema do direito. Para que o Direito possa contribuir com a Política no alcance de tais pretensões, faz-se necessária, em complemento aos programas finalísticos, a existência de programas condicionais, aptos para a operação do sistema em um caso concreto. Nesse sentido, Luhmann (2016, p. 271) destaca que "o entrejogo de programas fins e programas condicionais é frutífero", sendo indispensável nesta construção "que os sistemas e os tipos de programas se mantenham separados, e só por isso se podem esperar resultados".

E é justamente o que observa Olbertz (2011, p. 62), ao tratar das operações urbanas consorciadas. A autora explica que o instituto é normatizado prioritariamente "no esquema teleológico fim-meio", que equivale aos programas finalísticos na perspectiva sistêmica e, em menor escala, "no esquema convencional do se-então", que seriam os programas condicionais descritos até aqui. Tal situação reforça sua função política, programada em linguagem jurídica, como se passa a detalhar.

Feitos os esclarecimentos com a contribuição da teoria dos sistemas, passa-se a abordar, ponto a ponto, o regime jurídico das operações urbanas consorciadas, divido em 10 elementos, como especificado no início deste tópico[84], aqui apresentados a partir da doutrina jurídica, evidenciando-se os principais aspectos.

[84] Como destacado anteriormente: necessidade de uma lei específica (1); a definição de um território (2); coordenação da gestão (3); objetivos expressos (4); definição de incentivos (5); um conteúdo mínimo na estipulação de regras legais (6); a forma e o local de aplicação dos recursos arrecadados (7) e dos certificados de potencial construtivo emitidos para operação (8); a possibilidade de existir uma proposta metropolitana de operação urbana (9); e a necessidade participação e controle social (10).

O primeiro elemento diz respeito a necessidade de lei específica (1), consoante previsto no *caput* do art. 32. Tal questão envolve uma dupla exigência: uma lei específica, e que esta lei específica esteja de acordo com o Plano Diretor de determinado município. O autor Levin (2014, p. 141-143) explica que a primeira exigência "decorre diretamente do princípio da legalidade, aplicável a função administrativa, consoante art. 37 da Constituição Federal, e se trata de "lei em sentido estrito" e não outros regulamentos como o decreto, por exemplo.

A segunda exigência relaciona-se a uma ideia de legalidade coordenada, ou seja, a lei específica criada deve basear-se no Plano Diretor, não podendo ser uma lei especial que conflite com tal normal ou que seja desconectada dela. Levin (2014, p. 45) é claro ao dispor que "a lei que institui o plano diretor municipal deve constar a possibilidade de ser utilizado o instrumento da operação urbana consorciada". É o Plano Diretor que coordena tal legalidade e permite sua complementação com a criação de lei específica para a operação urbana consorciada. Segundo Olbertz (2011, p. 74), "inexistindo lei municipal específica e, inexistindo um plano municipal, não é cabível ou viável a instituição de uma operação urbana consorciada". O plano diretor é "precedente inafastável da operação".

Outra questão importante acerca do elemento "lei específica" é que ela cria um regime jurídico totalmente novo aplicável ao território em específico, como será visto no elemento a seguir. E tal situação é reforçada pelo teor do art. 33, § 2º, que segundo Carvalho Filho (2013, p. 288) aponta para a nulidade dos atos concretos (licenças, autorizações) pretéritos a aprovação da lei específica, que contrariem as estipulações do seu plano, previsto na lei própria da operação.

O segundo elemento que compõe o regime jurídico das operações urbanas consorciadas é a delimitação de um território específico (2). A ideia de legalidade coordenada também serve de parâmetro, visto que o Plano Diretor é tido como diretriz de zoneamento e a lei específica como delimitação definitiva do perímetro da operação urbana. Olbertz (2011, p. 67) explica que "as operações urbanas consorciadas recortam uma área da cidade (o objeto da operação) e aplicam-lhe uma ordenação diferenciada quanto aos usos e ocupação do solo". A autora considera "diferenciada" pois tal regramento "não corresponde à ordenação até então vigente para o local".

Carvalho Filho (2013, p. 280) ao indicar que, embora o art. 32, *caput* afirme que a lei específica "poderá" delimitar o território, tal necessidade é uma obrigação, em decorrência do art. 33, I, também do Estatuto da Cidade, que determina que a lei especial aponte a "definição da área atingida". Nesse contexto, a zona onde é possível existir uma operação deve estar prevista no Plano Diretor de maneira genérica, devendo, obrigatoriamente, tal território ser delimitado em lei específica, não cabendo tal decisão em outros regulamentos, como decretos.[85] Levin (2014, p. 146) destaca que a previsão geral no plano diretor "evita que o instrumento seja utilizado de forma casuística e oportunista, sem a consonância com o planejamento urbanístico", cabendo a lei específica "definir – aí sim de forma detalhada – o perímetro de cada intervenção".

Outro aspecto trazido no regime jurídico da Operação Urbana Consorciada é a necessidade da coordenação da gestão (3) caber ao poder público municipal, consoante disposto no art. 32, § 1º. Tal aspecto é importante, visto que, conforme indicado no tópico anterior, alguns modelos internacionais, repassam a iniciativa privada a gestão da obra, situação que pode ser intencionada

[85] Sobre o assunto, pode ser observada a decisão da Ação Direta de Inconstitucionalidade, proferida pelo Tribunal de Justiça do Estado de São Paulo, no processo n. 0001252-24.2012.8.26.0000, no qual declarou inconstitucional a definição do perímetro da Operação Urbana Consorciada mediante Decreto do Poder Executivo. No inteiro teor, que teve como Relator o Desembargador Antonio Vilenilson, o tribunal explica que a redação da lei que trata da Operação Urbana Água Espraiada "autoriza o Executivo, no exercício do poder discricionário, a alterar o perímetro da área de atuação da OUCAE. Permite que intervenções e modificações estabelecidas em lei para uma área previamente delimitada sejam realizadas noutras. Relembre-se que a questão é matéria reservada à lei municipal" e que por isso é inconstitucional. O acórdão teve a seguinte ementa: "AÇÃO DIRETA DE INCONSTITUCIONALIDADE DA LEI MUNICIPAL N° 15.416/2011 QUE ALTERA A REDAÇÃO DOS ARTS 3º, II, a, 25 e 28 E ACRESCENTA O §5° AO ART. 22 DA LEI N. 13.260/2001 QUE ESTABELECE A OPERAÇÃO URBANA CONSORCIADA AGUA ESPRAIADA – PORQUE E A NOVA REDAÇÃO DO 3º, II, a, AUTORIZA O EXECITIVO A PROMOVER INTERVENÇÕES E MODIFICAÇÕES ALÉM DA ÁREA PREVIAMENTE DELIMITADA PELA LEI N. 13.260/2001, EM CLARA VIOLAÇÃO AO PRINCÍPIO DA SEPARAÇÃO DE PODERES, DECLARA-SE A INCONSTITUCIONALIDADE DESSA MODIFICAÇÃO. INCONGNOSCÍVEIS ALEGAÇÕES DE AFRONTA INDIRETA À CONSTITUIÇÃO ESTADIAL E DE QUESTÕES QUE DEMANDAM ANÁLISE DE MATÉRIA FÁTICA". O autor Levin (2014, p. 147-148) também traz comentários acerca da decisão em sua obra.

quando da criação de outros modelos de grandes projetos urbanos. Nesse sentido, importante descrever percepção de Lomar (2010, p. 284):

> Por se tratar de intervenção urbana complexa, de realização a longo prazo, a realização de operação urbana consorciada pressupõe uma autoridade, um órgão colegiado gestor ou uma instituição da Administração indireta a ser incumbida do gerenciamento do plano da operação. O Estatuto da Cidade, acertadamente, não impôs um modelo único, de tal modo que ela pode ser implementada, de modo direto ou indireto, por qualquer das modalidades admitidas na legislação em vigor.

Ocorre que, embora haja esse indicativo de acerto do Estatuto da Cidade ao possibilitar múltiplas opções no formato de gestão para as operações urbanas consorciadas, verifica-se que tem aberto espaço para criação de estruturas que hipoteticamente retiram do poder público a coordenação do processo. Um exemplo é o uso integrado do instituto com a modalidade de parceria público-privada.

As autoras Abascal e Nohara (2018, p. 938-965) explicam que tal modelo foi escolhido na criação da concessionária Porto Novo S.A., na operação urbana de Porto Maravilha, ocorrida no Rio de Janeiro, com a constituição de uma sociedade de propósito específico, onde por lei é "vedado a administração pública ser titular da maioria do capital votante". Nessa acepção, "o uso associado da operação urbana consorciada e da parceria público privada" tende a gerar "uma maior plêiade de privatizações (em sentido lato) de serviços" que passam a ser geridos pela sociedade de propósito específico, que não tem maioria pública do capital com direito a voto, desvirtuando tal coordenação pública, ainda que ela esteja assegurada em seu regime jurídico. Tal tema será aprofundado no item 5.3.1 da pesquisa.

O quarto elemento do regime jurídico das operações urbanas consorciadas diz respeito ao seu objetivo (4), que também é apontado no art. 32, § 1º do Estatuto da Cidade. Os autores Levin (2014), Carvalho Filho (2013), Lomar (2010) e Olbertz (2011) convergem na existência de três finalidades que justificam a criação do instituto, entretanto há uma pequena divergência quanto a aferição de tal alcance, se basta sua previsão legal ou sua concretização.

Assim, o objetivo da operação urbana consorciada é (a) "alcançar em uma área transformações urbanísticas estruturais" e promover (b) "melhorias sociais" e (c) "valorização ambiental". Olbertz (2011, p. 68) explica que a operação urbana serve para alcançar os três objetivos conjuntamente, pois há outros instrumentos específicos que dariam conta de cada um dos três, isoladamente. A divergência entre ela e Lomar (2010) se dá quanto a necessidade de concretização ou previsão legal. No entendimento da autora "é suficiente para configuração da operação urbana que haja previsão, no plano da operação, de medidas no sentido das transformações estruturais, melhorias sociais e valorização ambiental, cumulativamente", não sendo necessária sua aferição concreta, vez que isso somente seria possível com implantação completa da operação, o que inviabilizaria o questionamento futuro, pois a operação já teria produzido uma série de atos convergentes com o direito.

Outro ponto diz respeito a observância obrigatória destes três objetivos, assim como, das possibilidades de ampliação deles. Levin (2014, p. 155) reforça que as determinações do Estatuto da Cidade podem ser complementadas na operação urbana consorciada em específico "de acordo com as peculiaridades e necessidades do Município e da região abrangida", desde que em consonância com os três objetivos da norma geral, conforme aqui descrito.

O ponto seguinte diz respeito aos incentivos (5) a serem oferecidos no território específico da operação urbana consorciada. Se trata de rol não taxativo, de observância não obrigatória, que apenas traduz algumas formas mais usuais de mobilizar recursos alternativos à tributação tradicional para implementação de uma operação urbana consorciada. O art. 32, §2º do Estatuto da Cidade[86] elenca 3 possibilidades: (a) modificações no potencial construtivo, uso e ocupação do solo; (b) regularizações edilícias; e (c) incentivos para tecnologias sustentáveis.

[86] O art. 32 § 2º do Estatuto da Cidade dispõe expressamente que "poderão ser previstas nas operações urbanas consorciadas, entre outras medidas: I – a modificação de índices e características de parcelamento, uso e ocupação do solo e subsolo, bem como alterações das normas edilícias, considerado o impacto ambiental delas decorrente; II – a regularização de construções, reformas ou ampliações executadas em desacordo com a legislação vigente; III – a concessão de incentivos a operações urbanas que utilizam tecnologias visando a redução de impactos ambientais, e que comprovem a utilização, nas construções e uso de edificações urbanas, de tecnologias que reduzam os impactos ambientais e economizem recursos naturais, especificadas as modalidades de design e de obras a serem contempladas".

Importa destacar que tais benefícios tendem a representar uma irritação a ser observada e selecionada (ou não) pelo sistema da economia, sendo o frequente o uso da operação urbana consorciada como forma de mobilizar investimentos necessários para a implantação do seu plano. Os benefícios mais usuais envolvem o aumento do potencial construtivo, regras flexíveis para parcelar solo, edificar e para regularizar situações desconformes, assim como, questões com foco na sustentabilidade.

As exceções legais devem ser claras e de aplicação genérica, sob risco de afronta a isonomia. Olbertz (2011, p. 95) destaca que "o plano da operação precisa detalhar os limites mínimos e máximos de flexibilização dos índices por setores da área localizada". Em complemento Levin (2014, p. 161-162) reforça a necessidade da lei que institui a operação "oferecer parâmetros claros e seguros a respeito da relação benefícios e contrapartidas". Para o autor a "inexistência de previsão exata quanto às espécies e os montantes das contrapartidas pode significar tratamento desigual a investidores e proprietários em idêntica situação, o que tornaria ilegítima a aplicação da operação consorciada".

Outro ponto chave do regime jurídico é o conteúdo mínimo da lei (6) que regulamenta o instrumento em específico, consoante disposto nos incisos do art. 33 do Estatuto da Cidade[87]. A quase totalidade de incisos já foi ou será detalhada na presente abordagem dos elementos que compõem o regime jurídico das operações urbanas consorciadas, cabendo somente esclarecer aqueles não previstos nos outros dispositivos, que são o (a) programa básico de ocupação da área; (b) programa de atendimento econômico e social para a população diretamente afetada pela operação; e (c) estudo prévio de impacto de vizinhança. Desta forma, fica clara a posição desse artigo como programa

[87] O artigo tem o seguinte teor "Art. 33. Da lei específica que aprovar a operação urbana consorciada constará o plano de operação urbana consorciada, contendo, no mínimo: I – definição da área a ser atingida; II – programa básico de ocupação da área; III – programa de atendimento econômico e social para a população diretamente afetada pela operação; IV – finalidades da operação; V – estudo prévio de impacto de vizinhança; VI – contrapartida a ser exigida dos proprietários, usuários permanentes e investidores privados em função da utilização dos benefícios previstos nos incisos I, II e III do § 2º do art. 32 desta Lei; VII – forma de controle da operação, obrigatoriamente compartilhado com representação da sociedade civil; VIII – natureza dos incentivos a serem concedidos aos proprietários, usuários permanentes e investidores privados, uma vez atendido o disposto no inciso III do § 2o do art. 32 desta Lei".

condição, cuja inobservância torna a lei específica "não direito". O dispositivo contribui com a concretização jurídica de programas finalísticos estipulados em outros dispositivos.

Segundo Olbertz (2011, p. 89), o programa básico de ocupação da área (a) visa garantir que "o plano deve desde logo apresentar quais os usos e índices urbanísticos permitidos e indicados para a futura ocupação do espaço, qual a localização dos equipamentos públicos", entre outras designações. O programa de atendimento econômico e social para a população diretamente afetada pela operação (b) é trabalhado por Levin (2014, p. 165), que destaca sua função de "evitar – ou ao menos abrandar – os efeitos negativos que a valorização imobiliária da área objeto da intervenção impõe à população que habita a região" e, sendo assim, relaciona-se com uma preocupação especial com as comunidades mais vulneráveis atingidas pelo grande projeto.

O estudo prévio de impacto de vizinhança (b) é descrito por Meirelles (2017, p. 569) como o instrumento que é "executado de forma a contemplar os efeitos positivos e negativos do empreendimento ou atividade quanto à qualidade de vida da população residente na área e suas proximidades". Seu conteúdo, segundo o autor, deve conter os seguintes itens: "adensamento populacional; equipamentos urbanos e comunitários; uso e ocupação do solo; valorização imobiliária; geração de tráfego e demanda por transporte público; ventilação e iluminação, paisagem urbana e patrimônio natural e cultural". Pela estipulação legal, a existência deste estudo é indispensável para a legalidade da operação urbana consorciada.

A aplicação dos recursos arrecadados (7) e dos certificados de potencial construtivo (8) são outros dois temas de relevância na abordagem do regime jurídico das operações urbanas consorciadas. Tanto os recursos, quando os certificados de potencial, terão de ser aplicados dentro da própria operação, não podendo ser utilizados fora do seu perímetro.

O autor Carvalho Filho (2013, p. 286-287) explica que embora o termo "recursos" seja utilizado usualmente para referir-se aos recursos financeiros, ele tem um significado mais abrangente, incluindo outros tipos, como recursos patrimoniais. Desta forma, destaca-se que as operações urbanas consorciadas trabalham com uma série de "contrapartidas" e "espécies de compensação", não somente pecuniárias. O disposto no art. 33, § 1º do Estatuto da Cidade, segundo o autor, deve ser observado desta maneira: o alcance de todo tipo de recurso, não só pecuniário. Como exceção a tal regra, a doutrina destaca a possibilidade de recebimento de imóveis pelo Município em outras partes da cidade, a título de compensação, desde que haja uma destinação de interesse público para tais bens, ou ainda, que o lote ou edificação recebido tenha relação direta com as finalidades da operação.[88]

Olbertz (2011, p. 115) ressalta que a definição de limitar a aplicação de recursos somente ao território da operação é objeto de críticas, vez que mitiga o caráter redistributivo do instrumento. A autora reforça que o Estatuto da Cidade incrementou tal regulamentação ao definir que seu descumprimento se configura ilícito de improbidade administrativa, com base no art. 52, VI da própria lei, sendo mais um exemplo no qual um programa condição assegura um programa finalístico.

O autor Levin (2014, p. 177) traz em sua pesquisa uma proposta diferenciada, na qual defende que o regime de exceção legal das operações urbanas consorciadas só se justifica nos casos em que toda a implantação do plano seja quitada com recursos privados. Segundo ele "é a possiblidade de auferir recursos privados que justifica alterar os parâmetros de urbanísticos aplicáveis à área" e, sendo assim, "toda operação urbana consorciada deve ser planejada de maneira a possibilitar seu financiamento pela iniciativa privada". O autor entende que "a aplicação de recursos públicos na operação urbana contraria as normas principiológicas que fundamentam o instituto", o que não deve ser aceito.

Muito embora reconhecidamente meritória, entende-se que a proposta necessita de uma regulamentação mais precisa para ser exigida, não sendo ilícita a utilização de recursos públicos com base na programação hoje vigente. Entende-se que tal regulamentação pode ser feita em propostas específicas, na forma de programas condição, não sendo as diretrizes da política urbana, como programas finalísticos, suficientes para impedir que recursos públicos

[88] A autora Olbertz (2011, p. 116) também compartilha deste entendimento e afirma que "somente nestas circunstâncias é possível não incidir na vedação do Estatuto da Cidade. Assim, imagina-se um imóvel doado ao poder público, mas previamente destinado a venda, cujo resultado será aplicado na operação; o ainda, suponha-se um terreno doado ao poder público, mas previamente destinado a receber um encargo da operação (por exemplo, a construção de habitação de interesse social, como parte do programa de atendimento econômico e social da população diretamente afetada pela operação).

sejam empenhados em operações urbanas consorciadas, como reconhecido pelo próprio Levin (2014, p. 178) ao destacar que há casos em que verifica-se a utilização "tanto dos recursos privados quanto públicos, sem qualquer distinção quanto às hipóteses de aplicação de cada um deles"[89].

Outro ponto decorre da entrada em vigor do Estatuto da Metrópole, onde se reconhece a possibilidade de operações urbanas consorciadas metropolitanas (9), ou seja, que envolvam mais de um município, consoante disposto no art. 34-A e parágrafo único, ficando definido que a regulamentação se daria por lei estadual específica, sendo aplicado o regime jurídico aqui estudado, no que couber. Como o trabalho observa a questão da competência municipal, não se dará maior atenção a esta questão em específico, que pode servir de base para estudos futuros.[90]

O último elemento trata da participação e do controle social (10) das operações urbanas consorciadas, que decorre do disposto no art. 32, §1º c/c art. 33, VII do Estatuto da Cidade. O tema é um desdobramento da gestão democrática da cidade, tratado no art. 33 do mesmo diploma legal e que exige os mais diferentes meios de participação social nos mecanismos de tomada de decisão que envolvam política urbanísticas. Olbertz (2011, p. 85) destaca que a lei específica que cria a operação urbana "deve ser resultado de um processo público de tomada de decisão, de que devem participar

[89] Contribui com uma visão crítica sobre a destinação dos recursos da operação urbana consorciada, a posição de Fiorillo e Ferreira (2014, p. 172) que destacam que as regras previstas no Estatuto da Cidade procuram "evitar que as operações sejam somente liberações de índices construtivos para atender a interesses particulares, ou simplesmente operações de valorização imobiliária que impliquem expulsão de atividades e moradores de menor renda". A utilização dos recursos, segundo os autores deve "desenvolver uma justa distribuição dos benefícios e ônus decorrentes do processo de urbanização com o planejamento do desenvolvimento das cidades, da distribuição espacial da população e das atividades econômicas do Município e do território sob sua área de influência, de modo a evitar e corrigir as distorções do crescimento urbano e seus efeitos negativos sobre o meio ambiente, diretrizes fundamentais orientadas pelo Estatuto da Cidade".

[90] Libório (2017) apresenta um estudo específico sobre as operações urbanas consorciadas interferderativas, trazendo alguns elementos comparativos com a operação urbana consorciada prevista no Plano Diretor. Sobre o Estatuto da Metrópole, destaca-se duas obras do autor desta tese: A Região Metropolitana da Serra Gaúcha e o Estatuto da Metrópole: Possíveis Interlocuções. (VANIN, 2015a); e O Estatuto da Metrópole: Reflexões Gerais acerca da Normatização. (VANIN, 2018).

representantes dos diversos setores da sociedade civil, em especial aqueles diretamente afetados"[91].

Assim, verifica-se a existência de um detalhado regime jurídico para as operações urbanas consorciadas. Na sua programação, pode ser confirmado que algumas das alternativas descritas quando da observação do ambiente foram selecionadas, passando a integrar o sistema do direito no Brasil. Tal regulamentação pode ser vista tanto do enfoque crítico, quanto apologista. Os seus resultados práticos, muito provavelmente, estarão inseridos nas polêmicas que envolvem os efeitos concretos, também explicados anteriormente. Concluindo-se, uma boa descrição que resume de forma precisa o regime jurídico pode ser verificada na obra de Olbertz (2011, p. 70):

> Assim, operação urbana consorciada tem por fundamento mais imediato uma lei municipal específica; por objeto, uma área delimitada dos espaços; por função, a urbanificação, mediante atingimento de objetivos específicos e cumulativos; e por conteúdo, um nova disciplina urbanística para a área associada a medidas de intervenção propriamente dita, que são financiadas mediante contrapartidas auferidas dos particulares interessados.

Tais reflexões sobre o fundamento, objeto, função e conteúdo valem para as operações urbanas consorciadas, mas podem não ser aplicados de maneira imediata para outros instrumentos inominados utilizados para os grandes projetos urbanos. O item a seguir pretende relacionar as questões aqui descritas com a reflexões do item 3.2.5, para assim, aprofundar a observação de um grande projeto urbano em específico como organização e confirmar a possibilidade da aplicação desta conceituação sistêmica.

[91] O estudo de Reck e Vanin (2019) detalha as possibilidades de controle e participação social nas operações urbanas consorciadas, com a contribuição da teoria dos sistemas.

3.3.2 O grande projeto urbano como sistema organizacional: uma observação a partir do regime jurídico das operações urbanas consorciadas

Feita a apresentação dos elementos que compõem a programação do regime jurídico das operações urbanas consorciadas, entende-se importante retomar algumas reflexões desenvolvidas neste capítulo. Ao longo do tópico 3.2 observou-se o ambiente do sistema do direito e destacaram-se várias questões, entre as quais, que a alternativa do grande projeto urbano pode ser classificado como um novo modelo de urbanismo estratégico, distinto do tradicional, que observa a cidade a partir de centralidades próprias e que visa superar os resultados negativos dos tipos anteriores, com atenção as dinâmicas contemporâneas.

Ao observar o próprio sistema do direito, no tópico 3.3.1, verificou-se que a operação urbana consorciada, proposta referencial de grande projeto urbano no Brasil, dialoga com tais caraterísticas, vez que visa delimitar um território para nele "alcançar em uma área transformações urbanísticas estruturais", exatamente na lógica de centralidades – distinta do plano tradicional que abrange toda a cidade.

Fica claro que a observação do ambiente, descrita ao longo do tópico 3.2, promoveu irritação, variação, seleção e evolução do sistema do direito. Neste processo autopoiético, o sistema decidiu e escolheu a operação urbana consorciada como modelo referencial, estipulando-se uma programação própria – um regime jurídico – que orienta sua utilização. Ao mesmo tempo em que definiu um modelo referencial, abriu espaço para nova contingência, ao permitir que os municípios, com base no *caput* do art. 4º do Estatuto da Cidade, elejam alternativas inovadoras para promover grandes projetos urbanos.

Nesse contexto, o grande projeto urbano pode ser considerado uma alternativa inserida no seguinte contexto complexo de contingência na ação do poder público municipal: o governo local está inserido em uma contingência de inúmeras demandas setoriais – saúde, educação, desporto, meio ambiente, agricultura, urbanismo, entre outras – onde possui certa discricionariedade em optar por uma ou outra ou de fazer um investimento de maior ou menor vultuosidade em uma ou outra. Ao decidir focar atenção e/ou alocar recursos na alternativa "Política Pública Urbanística" abre-se nova contingência: que tipo de Política Pública Urbanística será executada? De regularização fundiária ou edilícia? De novas oportunidades de parcelamento de solo?

De informatização da gestão urbana? De incentivo ao mercado imobiliário? De intervenção urbanística? Escolhida a "Política Pública de Intervenção Urbanística", uma nova contingência se abre, sendo o modelo de "grande projeto urbano" somente uma alternativa entre tantas outras, entre as quais, o modelo tradicional de desapropriação e realização de obras públicas, com abertura de novo sistema viário e implantação de infraestrutura ou, ainda, uma proposta de construção/recuperação estratégica de um conjunto de espaços públicos, espalhados pela cidade, sem plano urbanístico próprio ou foco em uma centralidade específica.

E escolhendo-se o grande projeto urbano como alternativa de implementação de uma Política Pública de Intervenção Urbanística, uma nova contingência é formada: utiliza-se a operação urbana consorciada ou analisam-se as possibilidades de inovação no exercício da competência municipal, com a criação de um instrumento inominado específico? Este último questionamento remete ao esquema binário uso/não uso da operação urbana, como decisão na promoção de grandes projetos urbanos e é fundamental para a abordagem pretendida nesta tese.

O uso remete à observação de um regime jurídico próprio, programado de forma clara e organizada, na forma do disposto no art. 32 a 34-A do Estatuto da Cidade. O não uso da operação urbana consorciada, remete a possiblidade de atividade inovadora, sem uma programação que remete a um regime jurídico claro e organizado, mas que está dispersa na memória do sistema do direito, desarticulada. A escolha por um dos caminhos abrirá espaço para uma nova cadeia de decisões que serão tomadas em âmbito local e, dependendo da alternativa escolhida, estarão vinculadas a uma programação que remete a um regime jurídico mais ou menos preciso.

Avançando-se no estudo chega-se a um outro ponto considerado chave: já foi dito que as referências da programação acerca do regime jurídico da operação urbana consorciada servirão de base para, oportunamente, indicar-se os limites e as possibilidades de um regime jurídico geral para a política pública dos grandes projetos urbanos no Brasil, que alcance a atividade inovadora municipal, que cria instrumentos inominados.

A pergunta que fica em aberto é se a estrutura recursiva da operação urbana consorciada também pode servir de base para a observação de um grande projeto urbano em específico, criado sob outra programação ou regime jurídico. Para além das características gerais decorrentes da observação do ambiente, que contribuem como indicativos para a programação do regime jurídico de grande projeto urbano, foi apresentado, operacionalmente, ao final do tópico anterior, como uma organização que unifica, coordena, planeja e decide.

O questionamento que se faz aqui é o seguinte: em que medida a observação da recursividade da operação urbana consorciada contribui para qualificar tal perspectiva conceitual? Para responder a esta questão, serão descritos os estudos específicos dos autores Olbertz (2011) e Levin (2014) sobre a natureza jurídica das operações urbanas consorciadas, assim como, as percepções do autor Silva (2018) sobre o tema, em uma perspectiva mais ampla. As reflexões doutrinárias, no entender deste trabalho, contribuem de forma definitiva com a aplicabilidade do conceito sistêmico de organização, como forma que propiciar boas contribuições na observação da recursividade operacional dos grandes projetos urbanos em específico.

Inicia-se a abordagem da doutrina sobre a natureza jurídica da operação consorciada pelas reflexões feitas por Levin (2014, p.149-150)[92]. Ao questionar se o instituo poderia ou não ser enquadrado em "alguma categoria elencada pela ciência do direito" o autor destaca o instrumento é composto por "uma série de atos, contratos e procedimentos administrativos realizados no exercício da função urbanística" e que este conjunto de fatores tem como finalidade transformar uma área do território.

Silva (2018, p. 46) contribui com a explicação sobre o exercício da função urbanística, ao destacar que ela "é exercida basicamente por meio de procedimentos e operações fáticas ou materiais produtores de efeitos jurídicos". O autor refere que o comum no exercício desta função é a presença de "procedimentos urbanísticos", sendo rara a produção de "atos isolados tipicamente urbanísticos".

[92] No seu trabalho, Levin (2014, p. 149-150) destaca que a operação urbana consorciada não pode ser considerada simplesmente como um contrato administrativo, conforme regido na Lei n. 8.666/93; nem mesmo como concessão comum (Lei n. 8.987/1995), ou ainda, parceria público privada (Lei n. 11.709/2004) onde faz a ressalva de que ela apenas se enquadra no "sentido mais amplo dessa expressão", não ao regime jurídico previsto na lei específica. (Lei n. 11.709/2004).

Levin (2014, p.150-151) descreve um "conjunto de medidas" que exemplificam as decisões tomadas no âmbito das operações urbanas consorciadas [93] para aduzir que "são várias as categorias jurídicas de direito público que compõe esse conjunto de intervenções", assim como, que "este agrupamento de atos administrativos, contratos administrativos e procedimentos administrativos está voltado ao atingimento de finalidades de interesse público", o que coincide com o "conceito amplo de processo administrativo", que pode ser entendido como "uma série de atos coordenados para a realização dos fins estatais".

A visão de Levin (2014) relaciona-se com um conceito jurídico mais específico apresentado por Silva (2018, p. 46), denominado "procedimento urbanístico" que se constitui em "uma sucessão ordenada de atos e atividades, destinados a sistematizar os espaços habitáveis, como planos urbanísticos gerais, especiais ou setoriais". O autor destaca ainda que "a atuação prática desses procedimentos se verifica mediante operações materiais de execução – tal, por exemplo, a operação urbana consorciada".

Assim, tem-se duas percepções: a de Silva (2018), que indica a operação como "procedimento urbanístico" e a de Levin (2014) que a coloca no sentido amplo de "processo administrativo". Para que se avance e se busque um aprofundamento sobre a natureza jurídica da operação urbana, demonstra-se importante destacar as ideias de Olbertz (2011) que busca este sentido a partir de uma abordagem que divide-se em duas observações: sobre o plano que compõe a operação e a concretização deste plano.

Para Olbertz (2011, p. 62) "o plano é caracterizado como um procedimento urbanístico e não apenas como um ato expedido ao final do procedimento

[93] De acordo com Levin (2014, p.150-151), exemplificam a existência de um conjunto dos mais diferentes atos, contratos e procedimentos: "a) a realização de desapropriações e certames licitatórios para executar obras públicas na área objeto da operação consorciada (procedimentos administrativos); b) a expedição de atos administrativos concessivos de licença de construir/reformar segundo os novos parâmetros fixados pela lei específica que cria a intervenção (atos administrativos ampliativos de direito), outorgados mediante contrapartida prestada pelo interessado; c) a elaboração de estudo prévio de impacto vizinhança (Lei nº10.257/2001, art. 33, V) e de impacto ambiental (procedimentos administrativos); d) os atos de controle da operação, obrigatoriamente compartilhado com representantes da sociedade civil (Lei nº10.257/2001, art. 33, VII); e) as audiências públicas realizadas durante o processo de elaboração da lei municipal específica que cria a operação".

urbanístico de planejamento", o que tem relação com a ideia de "coesão dinâmica" das normas urbanísticas. Silva (2018, p. 61) explica que a ideia de "coesão dinâmica" é uma "particularidade das normas urbanísticas, a fim de denotar que sua eficácia somente (ou especialmente) decorre de grupos complexos e coerentes de normas e tem sentido transformacionista da realidade". Assim, o autor retoma a ideia de insuficiência isolada das normas urbanísticas com a seguinte afirmação:

> A norma urbanística, se tomada isoladamente, não oferece nenhuma imagem de possível mudança do real, em relação a um determinado bem; ela precisa de um enquadramento global, numa visão dinâmica com outras normas, e mesmo com todo o sistema de normas urbanísticas que, somente no seu complexo, é idôneo a fornecer a visão real do tipo e da quantidade de mudança que, em relação aquele bem, pode e dever verificar-se.

É neste contexto de coesão dinâmica que Olbertz (2011, p. 62-63) destaca que "o plano não pode ser concebido como fenômeno estático" nem isolado na operação urbana consorciada, visto que haverá "uma continuidade de ações urbanísticas, fundadas no plano" que, além de possuírem uma finalidade, dependem de "uma visão global das normas e dos fatos urbanísticos" em um determinado tempo para concretizar-se. Objetivamente, a autora afirma que: "o plano compõe a operação, mas a operação, como totalidade, não pode ser reduzida ao plano enquanto seu componente" e assim "sua existência decorre de uma necessária relação de instrumentalidade com um plano específico".

Tal afirmação sobre a natureza jurídica das operações urbanas consorciadas contribui significativamente com a aplicabilidade do conceito sistêmico de organização na observação dos grandes projetos urbanos, já que eles representam uma interação entre plano, instrumentalidade e concretização. Indo para além da ideia de "procedimento urbanístico" apresentada pelo mesmo autor e que se relaciona diretamente com a visão do plano, as características da instrumentalidade e da concretização podem ser observadas em outro conceito apresentado por Silva (2018, p. 47) denominado "fato urbanístico operacional", sendo aqueles que "num conjunto sucessivo, integram as operações materiais de execução de um procedimento urbanístico, com os de execução de um plano de reurbanização".

É neste contexto que Olbertz (2011, p. 70) vai afirmar que a operação urbana consorciada se trata de uma "unidade procedimental", que se desenvolve em "um procedimento" composto pelo plano e a sua concretização. Esse processo plano/concretização pode ser observado mais detalhadamente nas palavras de Levin (2014, p. 151) que define a operação urbana consorciada como "um conjunto integrado por atos, contratos e procedimentos administrativos voltados ao cumprimento dos objetivos da política urbana, definidos na lei específica que cria a intervenção", justamente na lógica plano, instrumentalidade e concretização.

Embora os autores usem em termos distintos, um optando por "processo" e o outro por "procedimento"[94] entende-se que na abordagem proposta por este trabalho a perspectiva dos autores é convergente, ou seja, de compreender a operação urbana como espaço que coordena, unifica, planeja e decide, observando um determinado território, a partir de definições de um regime jurídico específico e concretizando ações que alteram o território, o que confirma a possibilidade da observação como sistema organizacional na forma proposta no item 3.2.5.

Ponto fundamental nesta abordagem é trazido por Levin (2014, p. 151-152) ao afirmar que alguns processos administrativos (como de desapropriação, licitação, licenciamentos) possuem seus ritos definidos em lei, o que não é o

[94] O debate sobre o significado e aplicabilidade dos termos "processo" ou "procedimento" administrativo é comum na doutrina de direito administrativo brasileiro. Nohara (2019, p. 239-241) destaca que "a diferença entre processo e procedimento é polêmica na doutrina" e que se posiciona quando ao "conceito abrangente de processo administrativo a qual define "uma forma de atuar da Administração no desempenho de sua função típica (administrar) e atípica". Di Pietro (2019, p. 796) explica que "não se confunde processo com procedimento", viso que o "o primeiro existe sempre como instrumento indispensável para o exercício de função administrativa; tudo o que a Administração Pública faz, operações materiais ou atos jurídicos, fica documentado em um processo; cada vez que ela for tomar uma decisão, executar uma obra, celebrar um contrato, editar um regulamento, o ato final é sempre precedido de uma série de atos materiais ou jurídicos, consistentes em estudos, pareceres, informações, laudos, audiências, enfim, tudo o que for necessário para instruir, preparar e fundamentar o ato final objetivado pela administração". Por outro lado, "procedimento é o conjunto de formalidades que devem ser observadas para a prática de certos atos administrativos; equivale a rito, a forma de proceder; os procedimentos se desenvolver dentro de um processo administrativo"

caso das operações urbanas consorciadas, que envolvem "uma série de outros procedimentos interligados", sem um rito de específico, o que reforça o caráter complexo do instituto. Tal modelo desenvolve o que Reck e Bitencourt (2016, p. 147) denominam de "interações não lineares", tendo que "lidar com sistemas sociais altamente complexos e criativos" e assim "admitir que os resultados podem ser imprevisíveis" ou, ainda "que há possibilidade de dois ou mais resultados possíveis".

Ao lado das perspectivas doutrinárias de que as operações urbanas consorciadas envolvem um rede coordenada das mais diferentes decisões, outro fator é importante nesta caracterização de observar o grande projeto urbano como um sistema organizacional: a existência de "um espaço decisório próprio", como aduzido no item 3.2.5. Na observação da espécie operação urbana consorciada, tal constatação se confirma. O elemento (3) trabalhado no item 3.3.1, que tratou da coordenação da gestão do instituto deixou isto claro, demonstrado que será uma tendência, em decorrência da peculiaridade da operação urbana consorciada, que seja criada uma estrutura que tome as decisões relacionadas àquele plano e território específico, podendo ela estar na administração púbica direta, indireta ou até sob novas formas, como o caso de sociedade de propósito específico. Tal constatação, reforça ainda mais a aplicabilidade do conceito de organização na observação dos grandes projetos urbanos.

Visto que a observação da espécie programada no sistema do direito brasileiro, nominada de operação urbana consorciada reforça que é possível a aplicação do conceito sistêmico de organização para observar os grandes projetos urbanos, vez que é constituído por decisões de um determinado tipo que se atam mutuamente, a partir de um programação do tipo jurídica apta para cumprir uma função política, se faz necessário observar contornos mínimos para observar um grande projeto urbano em específico como sistema organizacional.

Como já reiterado algumas vezes ao longo da pesquisa, a existência de um regime jurídico próprio, claro, organizado para as operações urbanas consorciadas, possibilitam limites substanciais mais precisos para caracterizá-las como organizações, visto que seu regime congrega tanto programas finalísticos, como condicionais no sentido articular plano, instrumentalidade e concretização. Assim, retoma-se a proposta de Reck e Vanin (2019, p. 127) de observação das operações urbanas consorciadas como uma organização política que coordena de forma dinâmica dois aspectos, como apresentado ao final do tópico anterior[95], e ainda, as três hipóteses apresentadas naquele ponto da pesquisa e que refletiram sobre o uma aplicação mais abrangente do conceito: (a) impossibilidade de utilização do mesmo conteúdo para os grandes projetos urbanos em geral; (b) manutenção da proposta de interação da lógica unidade procedimental e materialização das decisões; e (c) comunicação do interna com sistema organizacional e irritação de outros sistemas operacionais[96].

As hipóteses (a) e (b) já podem receber considerações precisas. Embora ainda não se tenha esclarecido os limites e possibilidades do regime jurídico aplicável genericamente aos grandes projetos urbanos dito inominados, de forma clara e organizada (questão que é o problema central da tese em construção, podendo ser respondido somente ao final) já se pode afirmar que o conteúdo da proposição que qualificou as operações urbanas consorciadas como organizações no estudo de Reck e Vanin (2019) não pode ser aplicada imediatamente, sendo válida a ideia de interação lógica, para dar sentido ao grande projeto urbano como sistema organizacional.

Tal verificação se dá, uma vez que a proposta para as operações urbanas consorciadas traz consigo elementos como "coordenação do poder público municipal", "participação social", "modificação urbanística e estrutural de

[95] A operação urbana consorciada, como sistema organizacional envolver duas interações "por um lado (a) "a formação de uma unidade procedimental de tomada de decisão, sob a coordenação do poder público municipal, que teve ter presente a cooperação público e privada e a participação social" e por outro a (b) "materialização das decisões promovidas pela unidade procedimental em um conjunto de intervenções e medidas aptas a modificar urbanística e estruturalmente uma área delimitada, com melhorias de ordem social e ambiental".

[96] No final do item 3.2.5 as questões foram detalhadas da seguinte forma: "Tal concepção remete a três hipóteses: (1) de que o conceito não pode ser transplantado diretamente para um sentido de grande projeto urbano, justamente porque a o operação urbana consorciada tem um regime jurídico próprio descrito no Estatuto da Cidade, que contribui com a formatação de contornos mais específicos na proposta acima referida; (2) de que embora não se use a mesma delimitação de características substantivas, tendo em vista a ausência de clareza no regime jurídico mais genérico dos grandes projetos urbanos no Brasil, o grade projeto urbano como sistema organizacional também representa a interação das duas lógicas (a) e (b), com uma estrutura de gestão, que decide e planeja para materializar propostas de intervenção urbana; e (3) que tal operação (a) e (b) comunica e irrita não só o próprio sistema organizacional, mas também seu ambiente.".

uma área delimitada" e "promoção de melhorias de ordem social e ambiental". Como visto aqui, tais características decorrem do regime jurídico específico das operações urbanas consorciadas, mas não são necessariamente e imediatamente se aplicam aos grandes projetos urbanos ditos inominados, que podem apresentar outras características, como privatização da gestão, ausência ou esvaziamento da participação social, enfoque meramente arrecadatório ou função de meramente criar oportunidades ao crescimento do mercado imobiliário, sem preocupação social entre outras.

Os limites de um regime jurídico geral para a Política Pública de Intervenção Urbanística que utilize grandes projetos urbanos somente poderá ser esclarecida com o aprofundamento do seu estudo, e assim, superando questionamentos como: é necessário lei específica convergente com o plano diretor? qual o conteúdo mínimo desta norma? é necessária a definição de um território específico? os recursos arrecadados podem ser aplicados em outros pontos do território? os valores arrecadados pela venda de certificados de potencial construtivos podem ser utilizados em outros pontos do cidade? que tipos de incentivos podem ser ofertados aos particulares e quais são proibidos? há objetivos na programação do direito que vinculem a aplicação do modelo?

Estas e muitas outras questões emergem a partir da seleção feita pelo sistema do direito, que definiu um regime jurídico para uma espécie de grande projeto urbano, mas manteve em aberto possibilidades de inovação da competência municipal e não deu ao gênero dos grandes projetos urbanos, contornos jurídicos mais claros e específicos. A abordagem que será aprofundada a partir deste ponto da tese visa justamente esclarecer, a partir de uma observação do próprio sistema do direito e do ambiente, respostas mais concretas para tais questionamentos, indicando os limites e as possibilidades de inovação no exercício desta competência municipal.

De qualquer forma, entende-se que um grande projeto urbano em específico, independente de ser uma operação urbana consorciada ou outro tipo inominado criado pelos municípios pode ser observado como sistema organizacional[97], que coordena, unifica, planeja e decide, articulando plano,

[97] Outra possibilidade de observação, a partir da teoria dos sistemas, que poderia ser utilizada para estudo de um grande projeto urbano em específico é o conceito de sistema de interação. Luhmann (2015, p. 235-236), destaca que os sistemas de interação são uma espécie de apoio aos sistemas parciais e contribuem na recursividade de suas funcionalidades, sendo que sua

instrumentalidade e concretização, a partir da seguinte interação: (1) a formação de uma unidade procedimental de tomada de decisão e da (2) materialização das decisões promovidas pela unidade procedimental, modificando uma determinada centralidade do território.

O item (c) das hipóteses, que trata da interação destas organizações com o próprio sistema e a observação e possível irritação promovida por outros sistemas ao observá-lo é o tema que guia os capítulos a seguir. O próximo, em específico, tem como objetivo observar as comunicações/irritações do grande projeto urbano no ambiente, mais especificamente, na política e economia, como forma de explicar o que justifica a utilização dos modelos inovadores, assim como, esclarecer questões relativas à competência, como um primeiro elemento que define limites no exercício das possibilidades de inovação.

observação exige uma abordagem teórica aprofundada, que ficará para outros estudos. Nas palavras do autor: "*The distinction between interaction systems, on the one hand, and societies or societal systems, on the other, presupposes a still higher level ol theoretical reasoning or abstraction, i.e. a general theory of social systems including both interaction systems and societal systems as special cases.*" Outro teórico que trabalha o tema é Robles (2016, p. 17) que destaca "*los sistemas de interacción no son equivalente ni en su estructura ni en la forma de su autopoiesis a los sistemas funcionales parciales de la sociedad. Los sistemas de interacción realizan el reverso de las funciones de los sistemas funcionales, porque niegan la hiperautonomía de los sistemas parciales*". Luhmann (1987, p. 115) destaca outras características dos sistemas internacionais, em especial, sua permeabilidade mais intensa, se comparados com sistemas parciais: "*Their boundaries arc highly permeable, and their own structures arc always preselected by considerations of social fitness. They are not only disturbed by social environmcnts or milieus; they intcmalizc a set of requ ircments for appropriate behavior. They may, of course, evade social rules and outwit controls, but even this req uires highly adaptive social behavior. It cannot be simply a matter of indifference. To do this, special self-protective devices are necessary*". Robles (2002, p. 342) destaca ainda que os sistemas interacionais são fortemente acoplados aos sistemas parciais, produzindo interação e valendo-se de diferentes códigos e programação para realizar sua operação.

4. A COMPETÊNCIA E AS POSSIBILIDADES DE INOVAÇÃO EM GRANDES PROJETOS URBANOS

O capítulo ingressa em definitivo na abordagem dos limites e das possibilidades de inovação no exercício da competência municipal. Desta forma, inicia-se pela observação das regras de competência propriamente ditas, para após, demonstrar possíveis irritações do sistema da economia ao observar o ambiente, e ainda descrever exemplos concretos da inovação no exercício da competência municipal, com a criação de instrumentos ditos inominados para implementação de grandes projetos urbanos.

O objetivo do capítulo é detalhar as regras de competência do município na política pública; trazer elementos sobre as finanças municipais e acerca do funcionamento do mercado imobiliário, que tem relação direta com tal política pública; e ao final, refletir sobre alguns instrumentos de formato inovador já existentes, criados pelos municípios, com objetivo de promover uma Política Pública de Intervenção Urbanística na alternativa dos grandes projetos urbanos.

4.1 A competência municipal e a Política Pública de Intervenção Urbanística dos grandes projetos urbanos

O estudo desenvolvido até aqui já permitiu o alcance de alguns aprendizados, dentre os quais, (1) a observação sistêmica do Direito e do Urbanismo e como ela é selecionada pelo sistema do direito, que evolui através da recursividade de um Direito do Urbanismo, que opera com base no funcionamento de unidades próprias como o Direito Urbanístico, a Política Urbana e o Direito a Cidade, para produção do código direito/não direito; (2) a verificação que tal operação promove um acoplamento entre os sistemas do direito e da política, o que possibilita, baseando-se na programação vigente, promover decisões vinculantes para toda comunidade e dar um sentido para a Política Pública Urbanística e, mais precisamente, para Política Pública de Intervenção Urbanística; (3) que a escolha em formular e implementar a Política Pública de Intervenção Urbanística está inserida em um cenário de contingência, sendo o grande projeto urbano uma alternativa para decisão no âmbito desta política pública em específico; e, ainda, (4) quais as características dos grandes projetos urbanos, a partir de uma observação do ambiente e do próprio sistema.

Para que se responda ao problema central deste livro faz-se necessário avançar nas reflexões, permitindo-se que sejam esclarecidos quais os limites e as possibilidades do exercício da competência municipal na promoção desta política pública. O objetivo, neste tópico, é avançar nessas reflexões ao proporcionar respostas na problemática da competência. O problema a ser enfrentado é: Observando-se a programação do sistema do direito no Brasil, em especial as normas constitucionais, torna-se possível definir parâmetros da competência municipal para promoção de uma Política Pública de Intervenção Urbanística, que utilize a alternativa dos grandes projetos urbanos? A hipótese é que tal observação remete muito mais a possibilidades do que a limites, tendo em vista tratar-se de atividade tipicamente local, que não possui um regime jurídico claro estipulado nas normas gerais.

Como trajeto, o tópico se propõe a observar questões relativas à competência para a Política Pública Urbanística de maneira geral (4.1.1) e, após, aquela interventiva, quando se decide pelo grande projeto urbano em específico como alternativa escolhida (4.1.2). Para isso será observada a programação do direito e a doutrina jurídica e, ao final, será apontado se tais preceitos limitam ou criam possibilidades de inovação da competência municipal na construção de alternativas com tal finalidade.

Antes de enfrentar tais questões nos itens a seguir, importante observar, com a contribuição da teoria dos sistemas, o que entende-se por competência neste trabalho. A ideia de competência aqui apresentada tem relação com o conceito de decisão, já descrito no trabalho a partir das ideias de Luhmann

(1997), que a indica como um mecanismo utilizado pelas organizações para solucionar o problema da contingência, sendo a decisão uma alternativa entre outras tantas passíveis de serem observadas, distinguindo-se das demais por ser a única escolhida. Sendo assim, decisão é a alternativa escolhida na contingência, que ocorre em um processo que não é isolado, nem linear. A cada decisão, abre-se espaço para novas contingências, com alternativas e decisões, inserindo-se em um cenário dinâmico e complexo, que também pode ser observado quando se trata da competência e seu exercício[98].

Consoante Reck (2018c, p. 47) "a função da competência é diminuir complexidade de opções de possíveis alternativas de uma decisão a ser tomada a partir do Direito por um órgão e um agente". Para o autor, quando se definem quais são as competências de um determinado órgão, ele "se desonera de ter de decidir sobre tudo" ao mesmo tempo em que é inserido em uma determinada temática especializada.

Trazendo para o objeto deste estudo, com a promoção de um grande projeto urbano em específico, será definida uma competência para tal organização. Em sua atuação, ela tende a decidir sobre Política Pública Urbanística, na especialidade da Política Pública de Intervenção Urbanística, mais precisamente, sobre um dado território delimitado, que possuirá um regime jurídico próprio. Tal cenário, muito embora ainda traga demasiada complexidade, representa uma redução frente a contingência de diversas políticas públicas setoriais enfrentadas pela competência municipal em geral ou, ainda, do território da

[98] Uma importante ponderação quanto a aplicação do conceito de decisão como alternativa escolhida, pode ser verificado no texto de Simioni (2012, p. 87-89) onde ele destaca que: "A primeira dificuldade de se entender a decisão jurídica no contexto das teorias da decisão em geral é que, no campo do direito, o ideal da segurança jurídica sempre exigiu um esforço no sentido de se evitar, precisamente, a existência de alternativas. Uma decisão jurídica concebida como uma escolha voluntária entre alternativas de ação já traz consigo o problema da arbitrariedade: o direito precisa ser aplicado, não decidido. O juiz, responsável pela escolha entre alternativas de ação, não pode ter muita margem de escolha. E por isso a decisão jurídica, diferente das decisões econômicas, empresariais, políticas, científicas, etc., teve de ser concebida como aplicação correta do direito e não como escolha voluntária de alternativas". Neste contexto, o autor propõe a seguinte delimitação, na utilização do conceito de decisão no Direito: "A aplicação de pura e simples da lei naqueles casos fáceis, por exemplo, não seria propriamente uma decisão. A decisão, para ser decisão, precisa criar uma variação, precisa ciar uma diferença na rede histórica de precedentes jurídicos. Por isso, a aplicação mecânica e subsuntiva da lei ao caso concreto não seria, a princípio, uma decisão jurídica".

cidade como um todo. Um grande projeto urbano em concreto, observado como organização, tende a decidir prioritariamente na especialidade urbanística interventiva e sobre o território em específico onde está abrangida sua operação. E sobre tais temas será altamente especializado.

Nas palavras de Reck (2018c, p. 47), ao definir-se a competência de cada organização, "o sistema jurídico ganha em efetividade", pois "evita superinformação" sendo elemento chave na especialização do órgão. Nesse processo, a criação de uma organização grande projeto urbano, visa uma espécie de "superespecialização" da Política Pública de Urbanística. Ao definir ações de um determinado tipo em um território específico, de forma dinâmica e que, pelos menos em teoria, não seria possível no exercício de competência dos órgãos tradicionais, o grande projeto urbano tenta blindar-se da superinformação para efetivar o plano ao qual está vinculado, operando-se como uma organização própria, com operacionalidade específica.

Outra definição de Reck (2018b, p. 63) aponta 5 elementos para a competência: (1) a diminuição dos temas tratados por cada órgão; (2) a especialização da organização; (3) a função de ligação tema-órgão; (4) a legitimação do organismo na tomada de decisão e de um determinado tipo de decisão; (5) a visibilidade da organização. Ao delimitar e relacionar cada um dos cinco elementos, o autor destaca que permitem a observação clara de dois tipos de questões: a justificativa, que envolve tanto a motivação para o exercício da competência, como as razões que levaram aquele tipo de tomada de decisão; e a revisão, que possibilita a observação posterior dos atos pretéritos relativos ao seu exercício ou da ausência de tomada de decisões. Ambos os fatores podem abrir espaço para outras medidas jurídicas, sendo geradores de contingência.

Assim, ainda valendo-se das percepções de Reck (2018c, p. 48), "a competência nunca é definidora", ou seja, "nunca decorre de uma decisão de forma isolada", sendo "sempre apenas mais um enlace para densificar a decisão" ou, ainda, "uma decisão configurada de um dos enlaces possíveis entre esfera pública e a atuação concreta da administração pública". Neste contexto, a competência é um dos padrões a serem observados na rede de recursividade e, na sua modalidade administrativa, "compele o administrador" a agir tendo como base o apoio de recursos como o procedimento administrativo, estabelecimento de prazos, condições e sanções, dentre outros. Tal realidade, reforça "as relações de mútua operacionalidade entre Direito e competência".

A partir de tais reflexões teóricas sistêmicas, a competência é observada neste trabalho como uma decisão, que origina-se de/e origina uma contingência de alternativas, que tem como finalidade de reduzir a complexidade uma determinada organização, ao especializa-la em uma temática, legitima-la para decidir e liga-la a decisões de determinado tema e tipo, tornando-a visível no sistema parcial e no ambiente.

Relacionando-se o tema da competência, com as reflexões dos capítulos anteriores e ao problema desta pesquisa, duas questões evidenciam-se: (a) a competência do ente federativo Município para promover uma Política Pública de Intervenção Urbanística, valendo-se, como alternativa, do regime jurídico dos grandes projetos urbanos; (b) a competência de um sistema organizacional grande projeto urbano específico, que irá moldar-se para unificar, coordenar, planejar e decidir, tendo como base o sistema do direito e utilizará de um repertório de diferentes instrumentos jurídicos para modificar um determinado território em específico.

O presente tópico pretende elucidar a questão (a). A indicação (b) depende de uma observação mais complexa do regime jurídico de um grande projeto urbano em específico, que não é o propósito central desta tese. O presente trabalho visa demonstrar a existência, a partir da observação do sistema do direito, de um regime jurídico geral que alcance os mais diversos instrumentos jurídicos utilizados na implementação de grandes projetos urbanos no Brasil, como alternativas para executar uma Política Pública de Intervenção Urbanística. A observação de alguns, em específico, tem somente o objetivo de situar o tema e produzir variedade, qualificando-se os argumentos da tese.

Assim, passa-se a observar se (ou quando) o município tem competência para decidir quando promover uma política pública na especialidade intervenção urbanística dos grandes projetos urbanos. Antes de adentrar em definitivo na observação da programação da Constituição Federal, descrevendo-se os regramentos que tratam da competência municipal para a Política Pública Urbanística, importante responder duas questões: primeiro, quando observa-se a política pública, que tipo de competência está sendo tratada? Em segundo lugar, qual a posição de autonomia do Município na Federação brasileira? Tais elucidações são fundamentais para o entendimento dos limites e possibilidades da competência municipal.

Um estudo que objetive elencar as diferentes formas de classificação dos tipos de competências na Constituição Federal possivelmente terá como resultado várias formas de organizar e observar tal conteúdo[99]. Em um levantamento que toma como base somente as obras de um Direito do Urbanismo, tal hipótese se confirma. Cada autor organiza e conceitua a atribuição de cada ente federativo de diferentes maneiras.[100]

Para responder ao questionamento de que tipo de competência se relaciona a política pública, será tomada como base a divisão clássica proposta por Silva (2017, p. 484), que divide entre a competência legislativa (também denominada formal) – relacionada com a atribuição de produzir normas por cada ente federativo, e que seria subdivida em: (a) exclusiva, art. 25, §§ 1º e 2º; (b) privativa, art. 22; (c) concorrente, art. 24; e suplementar (art. 24 § 2º) – e, por outro, a competência material (também denominada administrativa), relacionada com a atuação do Estado na realização de atividades, que tem como tipos: (a) exclusiva, art. 21 e (b) comum, art. 23.

Segundo essa classificação, a promoção da política pública está diretamente relacionada com o exercício da competência administrativa/material, muito embora, por força do princípio da legalidade, por muitas vezes, seu exercício dependa de produção normativa do ente executor, ainda que a competência legislativa/formal seja atribuição de outro ente federativo. Assim, embora a promoção da política pública esteja relacionada prioritariamente com o exercício da competência administrativa, sempre se faz necessária uma correlação entre os dois tipos, seja na aferição de limites ou possibilidades decorrentes

[99] Um exemplo pode ser observado na obra de Canotilho e Morato Leite (2015, p. 245-246) que ao tratar das competências constitucionais ambientais, as dividem (a) "por natureza", que é subdividida em "executivas, administrativas e legislativas" e (b) "por extensão", que seriam subdivididas em "exclusivas, comuns, concorrentes e suplementares". Sendo assim, dependendo do autor, pode ser apresentadas uma classificação distinta. A própria obra que traz a classificação que será utilizada nesta tese indica as diferentes formas de classificação: segundo Silva (2017, p. 484) as competências podem ser classificadas "quanto a forma, conteúdo, extensão e origem".

[100] Domingues (2010), em obra que trabalha a competência dos Estados Membros em matéria urbanística, elenca no capítulo 2, diferenças quando a forma, quanto à origem, e quanto à extensão (a qual subdivide em outros 7 tipos). Vichi (2007) vai trabalhar o tema na perspectiva das competências e responsabilidades. Tradicionalmente, as competências são divididas entre da União, dos Estados e dos Municípios, como verifica-se em Silva (2018), Meireles (2017) e Rech e Rech (2016).

de programação produzida por outro ente federativo, ou na necessidade de legislar por força da reserva legal.

Quanto à posição do Município na Federação brasileira, Meirelles (2017, p. 44), após detalhar suas as origens e evolução[101], reforça a posição do ente local como "entidade de terceiro grau da federação", por foça dos artigos 1º e 18 da Constituição Federal, sendo que esta característica tem como resultado uma tríplice ampliação, que abrange aspectos financeiros, políticos e administrativos, na qual está incluída a possibilidade de elaborar uma Lei Orgânica, espécie de "carta própria" onde, entre outros aspectos, o próprio ente poderá detalhar quais são suas principais atribuições, respeitadas as definições constitucionais, que lhe concederam algumas competências, em especial no art. 30. Essa questão federativa, em especial a posição do município, pode ser observada na teoria dos sistemas na perspectiva das organizações. Luhmann (1997, p. 42) explica que:

> *Una de las decisiones no puede coincidir con cada una de las otras, debe haber también categorías y clasificaciones según las cuales, cada acto de decisión se puede reconocer qué otras decisiones deben ser demandas o impedidas, usadas o temidas, recordadas o causadas. Toda organización necesita una programática, que sirve para esto y que tiene precisamente allí su función (se alcancen no las circunstancias en ella descritas). Las decisiones directrices de alto rango deben ahí mismo reconocibles y, dado el caso, obtenibles. Deben dejar a disposición el efecto de la relación y con eso hacer posible el estabelecimiento de un modelo de coordinación a pesar de la selectividad.*

O reconhecimento desse poder local deve ser observado no contexto de uma organização inserida em uma coordenação de ações, com base em uma programação geral, que visa otimizar a tomada de decisão. Tal posição

[101] No Capítulo I da obra "Direito Municipal Brasileiro", que teve sua primeira edição em 1957, Meirelles (2017) faz um apanhado histórico do ente local, desde a antiguidade até a atualidade, e, em nível de Brasil, aborda desde o período colônia, a posição do Município em todas as constituições anteriores (1824, 1891, 1934, 1937, 1946, 1967 e 1969), além de traçar um quadro comparativo entre a situação do Município no Brasil em comparação aos Estados Unidos, Inglaterra, Alemanha, França, Itália, Portugal, Espanha e Argentina. Em outra obra, o autor da tese também aborda alguns aspectos históricos da formação de Municípios e Cidades (VANIN, 2015b, p. 20-24).

relaciona-se, entre outros aspectos, a existência de matrizes teóricas que reconhecem a potencialidade da esfera local como espaço capaz de garantir efetividade significativa da ação estatal, como o princípio da subsidiariedade. Hermany (2007, p. 284-285) aborda o tema na perspectiva do federalismo brasileiro e afirma que a visão deve observar "para além de um simples estudo de enumeração de competências, passando para uma verificação de instrumentos e das estruturas", que garantam participação social e consecução dos princípios constitucionais no exercício da competência local[102]. Nesta perspectiva, o município seria um espaço para ampliar a participação social e concretizar as políticas públicas com efetividade, desde que alinhadas aos preceitos da Constituição, o que converge com os conceitos sistêmicos propostos.

A competência do Município tem respaldo no conceito de autonomia administrativa que lhe garante autonomia para organizar os seus serviços públicos e ordenar o território. Para Meirelles (2017, p. 114-115) tal autonomia significa a "gestão dos negócios legais pelos representantes do povo do Município, sem interferência dos Poderes da União ou do Estado-Membro" e tem relação direta com o conceito de "interesse local", que remete a ideia de predominância, não de exclusividade[103]. Assim, a tendência é que haja relação entre União, Estados Membros e Município no exercício de competências, inclusive nas exclusivas, o que não deve confundir-se com imposição ou ingerência, que seria considerada uma ofensa na autonomia municipal, que pode ser vista, inclusive, como um direito fundamental, na forma proposta por Corralo (2006)[104] em sua tese de doutoramento.

[102] Nesse sentido, Hermany (2007, p. 291) explica que "não adianta apenas a existência de um ente federativo associado as estratégias do poder local, se a esta esfera não são conferidas competências constitucionais compatíveis com uma organização efetivamente descentralizada e amparada no princípio da subsidiariedade". A proximidade deve garantir democracia e participação local, assim como, auxílio no alcance dos objetivos da república federativa.

[103] Meirelles (2017, p. 114) destaca que "interesse local não é interesse exclusivo do município; não é o interesse privativo da localidade, essa privatividade, essa unicidade, bem reduzido ficaria o âmbito da Administração local, aniquilando-se a autonomia de que faz praça a Constituição. Mesmo porque não há interesse regional ou nacional que não ressoe nos Municípios, como partes integrantes da Federação Brasileira. O que define e caracteriza o "interesse local", inscrito como dogma constitucional, é a predominância do interesse do Município sobre o do Estado e da União".

[104] O autor Corralo (2006, p. 291) aduz que "A autonomia municipal constitui um direito fundamental derivado tanto dos direitos consubstanciados nos arts. 5º a 11 da Constituição Federal

Desta forma, para as pretensões desta tese, o conceito sistêmico de competência municipal deve ser observado nos termos da programação prevista no texto constitucional e, assim, ao mesmo tempo em que se reconhece a autonomia da esfera local, respaldada em teorias como a da subsidiariedade, entende-se que ela promove decisões de competência em um contexto de interação permanente: (a) observação de competências legislativas e administrativas; (b) comunicação com os demais entes federativos. Todas as decisões devem objetivar, em última análise, vincular toda a coletividade aos objetivos fundamentais previstos no art. 3º da Constituição Federal e, mais especificamente, do art. 182, quando se trata da Política Pública Urbanística.

O acoplamento dos sistemas do direito e da política garante o entrejogo das funções de estabilização das expectativas normativas e das decisões vinculantes para toda a sociedade, na forma programada na Constituição, seja organizando-se a tomada de decisão, seja delimitando-se seu conteúdo. Feitas tais ponderações, interessa aprofundar as competências municipais para a promoção da Política Pública Urbanística, como será trabalhado no tópico a seguir.

4.1.1 A competência municipal para a promoção da Política Pública Urbanística no sistema do Direito do Brasil

A competência municipal para promoção da Política Pública Urbanística, no sistema do direito brasileiro, possui uma dinâmica bastante peculiar, que possibilita diferentes formas de observação. É para enfrentar-se tal complexidade que é desenvolvido o presente item da pesquisa. Como verificado, mediante a contribuição da teoria sistêmica, a decisão de um ente federativo nunca será isolada, mesmo nos casos de uma competência exclusiva ou privativa. Essa ausência de isolamento decorre tanto da operação da própria política pública

de 1988, quanto do princípio/valor da dignidade da pessoa humana. É corolário do direito de liberdade, da radicalização da democracia, da participação na construção do desenvolvimento, e da organização do poder local. É um insubstituível alicerce do edifício democrático, cada vez mais reconhecido como condição imprescindível para o desenvolvimento da dimensão humana. Afirma ainda que "A autonomia municipal, nessa perspectiva, é compreendida como disposição e norma de direito fundamental, imprescindível para o pleno desenvolvimento humano, numa posição jusfundamental racionalmente definida pela Constituição brasileira de 1988, em todas as concepções dessa autonomia".

setorial – onde por exemplo, a programação pode vincular a decisão de um ente federado as normas jurídicas definidas por outro ente – quanto da relação com outra política pública setorial que, por sua abrangência, pode representar um limite no exercício, diminuindo-se seus objeto e possibilidades.

A partir da abordagem do primeiro capítulo, que apontou um sentido para a Política Pública Urbanística, pretende-se, aqui, com base na descrição dos dispositivos da programação prevista na Constituição Federal, assim como, nos estudos da doutrina jurídica, delimitar com mais precisão qual é a competência municipal para tal política pública, para que, no item a seguir, possa delimitar-se a competência para a Política Pública de Intervenção Urbanística, quando promovida na alternativa dos grandes projetos urbanos. O ponto de partida escolhido nesta abordagem é definir qual direito fundamental está sendo tratado, o que pode ser buscado com a descrição da programação constitucional em específico sobre a matéria prevista no art. 182 da Constituição Federal.

O art. 182 afirma que a "política de desenvolvimento urbano" no Brasil tem dois objetivos fundamentais: "ordenar o pleno desenvolvimento das funções sociais da cidade" e "garantir o bem-estar de seus habitantes". Os objetivos apontados no texto constitucional reforçam a descrição da evolução do sistema do direito no Brasil no capítulo inicial da tese, onde foi destacada a importância da unidade denominada "Direito à Cidade", cuja função é catalisar a operação da própria Política Urbana e do Direito Urbanístico, com o fim de que estas unidades observem os direitos humanos.

Verifica-se que, ao definir como objetos fundamentais "ordenar o pleno desenvolvimento das funções sociais da cidade" e "garantir o bem-estar de seus habitantes", a programação jurídica da uma política urbana no Brasil torna-se um desdobramento do fundamento da dignidade da pessoa humana, previsto no art. 1º, III da Constituição Federal, o que converge com a forma de observação apresentada, nesta tese, de um Direito do Urbanismo: as unidades Política Urbana e Direito Urbanístico são operações com identidades próprias no sistema do direito, aptas a contribuir, cada uma na sua funcionalidade, para que a Política Pública Urbanística alcance sua finalidade prevista no art. 182, e cujo conteúdo possui relação direta com o fundamento constitucional da dignidade da pessoa humana, reforçando-se uma importância operacional do Direito à Cidade no sistema do direito no Brasil, catalisando-se os direitos humanos na operação.

Sendo assim, o direito fundamental para a chamada "política do desenvolvimento urbano" (*caput* do artigo) ou da "política urbana" (título do capítulo específico) no Brasil, funda-se na dignidade da pessoa humana, sendo traduzido e delimitado nos objetivos acima transcritos. Pode-se dizer que o art. 182, respalda uma ideia de que a Política Pública Urbanística tem como direito fundamental a busca de uma ordenação da cidade voltada aos direitos humanos, não só uma ordenação da cidade racionalista, com enfoque em uma organização que toma como base tão somente elementos técnicos, sem a preocupação com as funções sociais e o bem estar das pessoas.

Partindo-se desse pressuposto é que passa-se a observar as atribuições de cada um dos entes federados para que tal ordenação humanitária da cidade possa ser concretizada. O próprio art. 182 já contribui com tal finalidade, ao definir que esta política será "executada pelo Poder Público Municipal", que deverá observar "diretrizes gerais fixadas em lei". Assim, pela leitura dispositivo-base da Política Pública Urbanística, percebe-se a existência de duas regras de competência: uma administrativa – e aparentemente exclusiva – do poder público municipal de execução da "política de desenvolvimento urbano"; e outra legislativa – onde não é informado o tipo, nem o encarregado – de fixar diretrizes. Para que tal questão seja esclarecida, faz-se necessário uma observação mais ampla das regras gerais de competência previstas na Constituição, relacionadas ao tema do urbanismo.

A partir da classificação tradicional indicada no tópico anterior, que divide as competências em legislativas e administrativas, tem-se o seguinte resultado: (1) normas de competência material exclusiva da União para elaborar e executar planos nacionais e regionais de ordenação do território e de desenvolvimento econômico e social (art. 21, IX) e instituir diretrizes para o desenvolvimento urbano, inclusive habitação, saneamento básico e transportes urbanos (art. 21, XX); (2) normas de competência material exclusiva dos Estados Membros para instituir regiões metropolitanas, aglomerações urbanas e microrregiões, constituídas por agrupamentos de municípios limítrofes, para integrar a organização, o planejamento e a execução de funções públicas de interesse comum (art. 25, § 3º); (3) normas de competência material exclusiva dos Municípios em promover, no que couber, adequado ordenamento territorial, mediante planejamento e controle do uso, do parcelamento e da ocupação do solo urbano (art. 30, VIII) e (4) normas de competência legislativa concorrente da União, dos Estados e do Distrito Federal em legislar sobre direito urbanístico (art. art. 24, I).

A descrição e observação das normas do art. 182 e das regras gerais de competência remetem para alguns questionamentos: "política urbana" e "política de desenvolvimento urbano" são sinônimos no texto constitucional? O termo "desenvolvimento urbano" é empregado com o mesmo sentido quando observa-se o art. 182 e o art. 21, XX da Constituição? Existem formas de coordenação e cooperação das diferentes competências materiais urbanísticas exclusivas de cada um dos entes federativos ou cada um trabalha isoladamente suas atribuições, sem preocupações com a ações do outro ente? A estipulação de diretrizes, consoante disposto no art. 182, decorre da competência legislativa do art. 24, I, ou da competência administrativa do art. 21, XX? A execução da "política de desenvolvimento urbano" pelos municípios, com base no art. 182, deve submeter-se a execução dos "planos nacionais e regionais de ordenação do território e de desenvolvimento econômico e social", previstos no art. 21, X? Como fica o exercício da competência exclusiva dos Estados, prevista no art. 25, § 3º, ao definir planos do tipo metropolitano de interesse comum?

Fica claro que a simples enumeração dos dispositivos que tratam das regras de competência e que tenham relação com a garantia de uma ordenação humanitária da cidade não é suficiente para enfrentar a matéria na forma pretendida neste trabalho. Assim, para que não seja definida a competência municipal mediante a escolha de uma posição doutrinária em detrimento das demais, sem maiores preocupações com seus efeitos concretos, pretende-se desenvolver, aqui, valendo-se dos estudos jurídicos sobre o tema, uma forma específica de observar a competência para a Política Pública Urbanística.

Estudo chave nesta construção e que – no entender desta tese – permite um avanço muito significativo nas observações é o apresentado por Custódio (2017, p. 60), que abre uma controvérsia sobre a existência de uma distinção conceitual entre "direito urbanístico" e "direito do ordenamento territorial" no Brasil, e que tal distinção contribuiria para uma identificação mais precisa na dinâmica do regime das competências constitucionais urbanísticas. De maneira geral, o autor entende que a programação descrita para fins de competência destina-se tanto para o urbanismo, quanto para o ordenamento territorial, que são perspectivas distintas.

A proposta de distinção entre urbanismo e ordenamento territorial é recorrente em estudos de direito comparado como, por exemplo, o da Espanha. Diez e Rodriguez (2012, p. 103) explicam que "*la ordenación del territorio está vocado a las grandes magnitudes, las decisiones básicas condicionantes de la estructura del territorio*", enquanto o urbanismo se refere "*a la ordenación local, con contenido preciso y eficaia vinculante total, incluso ao los particulares*"[105]. Baño Leon (2009, p. 103) também retrata tal diferença ao destacar que o urbanismo tem um caráter mais local, enquanto o ordenamento territorial, mais amplo e geral.

No mesmo sentido dos autores espanhóis, Custódio (2017, p. 66-67) aponta, com base em um critério finalista, que o "direito urbanístico" seria o "ramo jurídico que tem como finalidade o planejamento, a gestão e disciplina do uso, ocupação e transformação do solo para fins urbanísticos", enquanto "o direito do ordenamento territorial" teria "por finalidade articular e sintetizar todas as políticas socioeconômicas e setoriais com repercussão no solo, visando o desenvolvimento equilibrado das regiões e à organização do território", consoante a uma concepção orientadora.

A conceituação de "direito urbanístico" proposta pelo autor é distinta da apresentada por esta tese, vez que toma como base a observância da programação do direito e abrange quase todo regramento jurídico da Política Pública Urbanística, aproximando-se muito da ideia desta tese de um Direito do Urbanismo, que abarca as unidades Direito Urbanístico, Política Urbana e de Direito à Cidade, na forma apresentada no capítulo de abertura.

Feita a devida ressalva, a ideia a ser desenvolvida aqui irá valer-se das importantes contribuições dos autores Diez e Rodriguez (2012), Baño Leon (2009) e Custódio (2017) e será proposta a seguinte hipótese: os dispositivos constitucionais respaldam uma distribuição de competência direcionada para dois tipos diferentes de política pública, uma decorrente do art. 182, e outra que somente está ligada indiretamente à programação nele prevista, sendo

[105] Os autores Diez e Rodriguez (2012, p. 103-104) irão retratar ainda outras distinções, que também podem ser observadas na perspectiva brasileira, quando se distingue ordenação territorial e urbanismo: por seu âmbito de aplicação, sendo um regional e o outro local; por sua finalidade, onde uma visa estabelecer diretrizes e a outra concretizar ações; por seu conteúdo, sendo o primeiro multisetorial e o segundo âmbito local e relacionado ao planeamento urbano; por sua eficácia, onde um traz diretrizes e critérios, e o outro, afeta diretamente o direito à propriedade privada; e ainda, por sua hierarquia, onde a ordenação estaria em um plano superior do urbanismo, que é coordenado pela primeira.

uma a "Política Pública Urbanística" e outra "a Política Pública de Ordenamento Territorial", respectivamente. Neste contexto, adaptando-se as ideias dos autores para a perspectiva da política pública, sugere-se a existência de regimes de competência distintos, um diretamente ligado a temática deste trabalho, e outro, com convergência indireta. É a partir desta visão que pretende-se avançar nas especificações quanto a competência municipal para a Política Pública Urbanística.

Faz-se necessário um aprofundamento sobre esta divisão hipotética, vez que as obras referenciais de Meirelles (2017) e Silva (2018), assim como a doutrina em geral, não avançam em tal debate ao inserir tanto o tema "urbanístico", quanto o de "ordenamento territorial", como integrantes de uma mesma ação coordenada de decisões e, assim, de uma mesma competência. Meirelles (2017, p. 554-555), ao apresentar a "competência estatal em assuntos urbanísticos", refere que a competência da união é subdivida em "diretrizes para o desenvolvimento urbano" e "normas gerais de urbanismo", sendo a primeira em decorrência do art. 21, XX e a segunda por força do disposto no art. 24, I e § 1º. Silva (2018, p. 63) também aponta ser competência da União "editar normas gerais de urbanismo e estabelecer o plano nacional e planos urbanísticos macrorregionais" em uma mesma unidade, posteriormente especificando as atribuições dos demais entes federativos, sem qualquer ressalva acerca da existência de uma possível distinção.

As obras de Meirelles (2017) e Silva (2018) exercerem uma influência muito significativa na doutrina jurídica, onde permanece estabelecida tal visão, raramente observada de forma mais atenta. Tal realidade, ao que parece, pode ter origem no próprio texto da constituição, ao tratar de "desenvolvimento urbano". A expressão aparece por duas vezes, a primeira no art. 21, XX, e a segunda no *caput* do art. 182, mas, ao que tudo indica, não com o mesmo significado.

Custódio (2017, p. 78) entende tratar-se de concepções aparentemente distintas: no primeiro caso, como um conjunto "não exaustivo" de diversas políticas públicas que serão promovidas em âmbito urbano, como habitação, saneamento básico e transporte urbano, dentre outras, exatamente na proposta de política pública de ordenamento territorial, e assim, não se tratando especificamente da política público do tipo urbanística. No art. 182, *caput*, ao contrário, o termo "desenvolvimento urbano" vem descrito na perspectiva estritamente urbanística, atrelado diretamente a ideia de política urbana.

A posição parece confirma-se na observação do Estatuto da Cidade. A norma geral, quando reitera os objetivos do art. 182, não repete o termo do *caput* – "desenvolvimento urbano" – mas sim, trata-os como objetivos da "política urbana". Seguindo-se na observação da lei geral, na leitura das suas diretrizes (art. 2º) assim como, de seus instrumentos (art. 4º) tal verificação parece ficar ainda mais clara: a norma trata, de forma aprofundada, das questões eminentemente urbanísticas, somente observando, de forma periférica, os temas atinentes a outras políticas setoriais, entre os quais também aparece o ordenamento territorial.

Os "planos nacionais, regionais e estaduais de ordenação do território e de desenvolvimento econômico e social" são citados no art. 2º, I, sem qualquer detalhamento – da mesma forma que ocorre com a leis orçamentárias, por exemplo – ao contrário do que faz o Estatuto da Cidade, ao referir-se aos instrumentos urbanísticos propriamente ditos, que são detalhados ao longo da regulamentação, em tópicos específicos que tratam do planejamento, gestão e controle do uso do solo, como é o caso das operações urbanas consorciadas, tema atrelado a presente tese.

Além disso, a competência da União é reiterada nos incisos do art. 3º do Estatuto da cidade, sendo apontada da seguinte maneira: no inciso I, "legislar sobre normas gerais de direito urbanístico", como desdobramento do art. 24, I da Constituição Federal; no inciso II, "legislar sobre normas para a cooperação entre a União, os Estados, o Distrito Federal e os Municípios em relação à política urbana, tendo em vista o equilíbrio do desenvolvimento e do bem-estar em âmbito nacional", entende-se como desdobramento do parágrafo único do art. 23 da Constituição Federal; no III, "promover, por iniciativa própria e em conjunto com os Estados, o Distrito Federal e os Municípios, programas de construção de moradias", em decorrência de um dos direitos sociais previstos no art. 6º da Constituição Federal; e nos incisos IV e V, "instituir diretrizes para desenvolvimento urbano, inclusive habitação, saneamento básico, transporte e mobilidade urbana, que incluam regras de acessibilidade aos locais de uso público" e "elaborar e executar planos nacionais e regionais de ordenação do território e de desenvolvimento econômico e social", na forma dos incisos XX e IX do art. 21 da Constituição, respectivamente.

Pela disposição dos incisos do art. 3º do Estatuto da Cidade, fica ainda mais evidente que a competência administrativa para a política pública de ordenação territorial não se confunde com a urbanística, vez que sua regulamentação consta em dispositivos próprios, no mesmo patamar de outra política pública setorial – no caso, de habitação – sem receber qualquer regulamentação aprofundada na norma geral de política urbana, o que reforça a ideia de distinção entre uma Política Pública Urbanística e uma Política Pública de Ordenamento Territorial.

Reitera-se: o ordenamento territorial recebe do Estatuto da Cidade mesma atenção que políticas públicas como a orçamentária e a habitacional, somente com referências genéricas, o que potencializa a proposta de que sua competência deve ser observada de outra maneira, sem relação direta ao art. 182, que trata da Política Urbana.

Por estes motivos, a observação da Constituição Federal e do Estatuto da Cidade permite identificar duas políticas públicas com objetivos distintos, cada uma com um regime de competências próprio: de um lado, a "Política Pública de Ordenamento Territorial", que tem como objetivo a articulação de diversas políticas setoriais no território, garantindo-se um desenvolvimento equilibrado, a partir de diretrizes gerais, sendo de competência da União, por foça do art. 21, incisos IX, XX.; e do outro, a "Política Pública Urbanística", que decorre do art. 182 e seus desdobramentos, como por exemplo, a estipulação de diretrizes com competência legislativa prevista no art. 24, I da Constituição Federal.

A partir dessa distinção é que será aprofundada a Política Pública Urbanística, que é de competência material municipal e deve desenvolver-se a partir de diretrizes decorrentes da competência legislativa concorrente, não confundindo-a com a Política Pública de Ordenamento Territorial, que é de competência legislativa e material da União. Tal conclusão não objetiva afastar e defender que uma competência não se relaciona com a outra, pelo contrário, há uma relação direta, mas cada qual em seu regime. Inclusive, o exercício da competência federal nas definições do ordenamento territorial pode ser um limite na competência municipal urbanística, e vice-versa.

Como já dito, a perspectiva deste trabalho tem atenção tanto na interação entre os entes federativos, quanto entre as políticas públicas setoriais distintas. E o ponto chave nesta construção é a ideia de "policompetência". Consoante disposto por Reck e Bittencourt (2016, p. 143), o critério pressupõe "o abandono do ideal de especialização absoluta", devendo as políticas públicas serem "flexíveis e contar com mecanismos tais que permitam lidar com mais de uma competência social". A promoção de uma Política Pública Urbanística deve comunicar-se com a política pública de ordenamento, assim como, com as políticas públicas setoriais das mais diferentes áreas – meio ambiente, mobilidade, saúde, lazer – possibilitando que elas ocorram de maneira ordenada no território, entre outras finalidades.

Esclarecida tal distinção, que coloca de um lado a Política Pública Urbanística com a finalidade de planejar, gerir e disciplinar do uso, ocupação e transformação do solo para fins urbanísticos e, do outro, a Política Pública de Ordenamento Territorial com o objetivo de articular políticas setoriais com repercussão no solo, visando o desenvolvimento equilibrado das regiões e a organização do território, é indispensável observar outros preceitos legais que trazem desdobramentos para o primeiro modelo, mas que não foram aprofundados até aqui: o art. 25, § 3º e o art. 30, VIII.

O art. art. 25, § 3º trata de uma competência exclusiva dos Estados Membros, cujo objetivo é planejar e executar "funções públicas de interesse comum", com isso poderão ser criadas "regiões metropolitanas, aglomerações urbanas e microrregiões, constituídas por agrupamentos de municípios limítrofes". Essa atribuição encontra-se regulamentada no Estatuto da Metrópole, norma que entrou em vigor no ano de 2015.

Embora seja um tema com inúmeras repercussões[106], para a presente abordagem, que visa definir a competência municipal na Política Pública Urbanística, delimita-se a observação no seguinte ponto: em que medida o exercício dessa atribuição limita a competência administrativa municipal, prevista no art. 182, *caput*? A resposta decorre da observação dos conceitos de interesse comum e interesse local e sua colisão.

Por muito tempo a doutrina apresentou dois posicionamentos, como refere Vanin (2017, p. 90): um que defende a prevalência do interesse local sobre o interesse comum[107] e outra que advoga pela sobreposição do interesse comum

[106] Sobre o tema, destacam-se duas obras do autor desta tese: A Região Metropolitana da Serra Gaúcha e o Estatuto da Metrópole: Possíveis Interlocuções. (VANIN, 2015); e O Estatuto da Metrópole: Reflexões Gerais acerca da Normatização. (VANIN, 2018).

[107] A visão tem como "representantes Diogo Moreira Neto e Oswaldo Trigueiro. Para estes autores a autonomia municipal deve se sobrepor uma vez que "a boa exegese do texto

sobre o local[108]. A segunda visão foi respaldada pela programação prevista no Estatuto da Metrópole, art. 6º, I, onde é determinada a "prevalência do interesse comum sobre o local". A questão que permanece aberta é se tal limitação alcança a Política Pública Urbanística.

A resposta advém da própria observação dos instrumentos previstos para o alcance do interesse comum, dentre os quais está o "plano de desenvolvimento urbano integrado", que tem seu conteúdo mínimo previsto no art. 12, § 1º, onde está elencada a necessidade de regulamentação de questões tipicamente urbanísticas como: (1) "o macrozoneamento da unidade territorial urbana"; (2) "as diretrizes quanto à articulação dos Municípios no parcelamento, uso e ocupação no solo urbano" e a (3) "delimitação das áreas com restrições à urbanização visando à proteção do patrimônio ambiental ou cultural, bem como das áreas sujeitas a controle especial pelo risco de desastres naturais".

Ou seja: o interesse comum terá repercussões no âmbito da Política Pública Urbanística e, como ele sobrepõe-se ao interesse local, apresenta-se como um limitador desta competência municipal. Desta forma, quando inserido em região metropolitana, aglomeração urbana ou microrregião, o governo local deverá observar tais orientações no exercício da competência para a promoção da Política Pública Urbanística.

Custódio (2017, p. 78) aponta outra finalidade para o plano de desenvolvimento urbano integrado: além de direcionar e integrar as políticas públicas urbanísticas dos diferentes municípios que compõe um determinado organismo de interesse comum, o plano possibilita a promoção da outra política pública comentada neste item da pesquisa, a de ordenação territorial. Verifica-se que o conteúdo mínimo exige a definição de "diretrizes quanto à articulação intersetorial das políticas públicas afetas à unidade territorial urbana", conforme art. 12, § 1º, IV.

constitucional leva à convicção de que a Região Metropolitana nada mais é do que órgão de planejamento" do qual deriva funções de interesse comum". (VANIN, 2017, p. 90)

108 "Outros autores, como Adilson Dallari e Hely Lopes Meirelles, reconhecem um "peculiar interesse metropolitano" em assuntos tipicamente intermunicipais, justificando-se a "transferência de obras e serviços públicos custosos e complexos para uma administração mais alta" e, nestes casos "passa a prevalecer o interesse regional em detrimento ao peculiar interesse local". (VANIN, 2017, p. 90)

Sendo assim, da mesma forma em que limita a competência municipal na Política Pública Urbanística, as normas que regulamentam o interesse comum, em especial o plano de desenvolvimento urbano integrado, pode ser observado como uma forma de articular tal política com as demais políticas públicas eleitas como de interesse comum pelas esferas locais envolvidas, justamente no cumprimento da finalidade da Política Pública de Ordenamento Territorial, ficando mais uma vez claro, que ela é diferente da urbanística.

Feitas as ponderações sobre a competência municipal da Política Pública Urbanística, aplicadas quando o Município integra uma entidade metropolitana, passa-se a observar o art. 30, VIII, que dispõe sobre a competência material do ente local em "promover, no que couber, adequado ordenamento territorial, mediante planejamento e controle do uso, do parcelamento e da ocupação do solo urbano". Tal dispositivo, somado ao art. 182, *caput*, que incumbe ao poder público municipal executar a política urbana e reforça que a atividade não decorre da simples aplicação genérica da ideia de interesse ou autonomia local, mas sim, de disposição expressa e específica da Constituição Federal, relativa a atividade urbanística.

Custódio (2017, p. 79-80) sugere uma interpretação do dispositivo em duas partes, no sentido da divisão apresentada neste item da pesquisa: a primeira parte diz respeito ao "adequado ordenamento territorial", que estaria ligado a ideia de Política Pública de Ordenamento Territorial e, portanto, deve observar, no que couber, normas federais e estaduais; a segunda parte, que trata do "planejamento e controle do uso, do parcelamento e da ocupação do solo urbano", ligada à Política Pública Urbanística.

A partir disso, pode-se afirmar que a competência municipal para a Política Pública Urbanística tem a seguinte característica: uma vasta possibilidade administrativa, que decorre do art. 182 *caput* c/c a segunda parte do art. 30, VIII. Essa possibilidade teria 4 limitações evidentes: (a) os objetivos fundamentais da política urbana, previstos no art. 182 *caput*; (b) a competência legislativa da União, na estipulação de diretrizes, em decorrência do próprio art. 182 *caput* c/c art. 24, I; (c) a inserção em uma região metropolitana, aglomeração urbana, ou microrregião, (art. 25, §3º da Constituição Federal c/c art. 12, §1º, II, III, V do Estatuto da Metrópole); (d) em decorrência da competência que rege outras políticas públicas setoriais, entre as quais, a Política Pública de Ordenamento do Território, que podem conflitar com seus preceitos.

Assim, importante ressaltar que a competência municipal para a Política Pública Urbanística não decorre constitucionalmente de um "interesse local geral" previsto no art. 30, I e II, mas de uma coordenação de atribuições que tem como ponto de partida o art. 182, com diretrizes gerais definidas por outros entes (art. 24, I), limitada no interesse comum (art. 25, § 3º) ou na interação com outras políticas setoriais, com amplas possibilidades de promoção, consoante o próprio art. 182, *caput* e art. 30, VIII, segunda parte. Neste sentido, cabe transcrever o entendimento de Silva (2018, p. 63):

> Em verdade, as normas urbanísticas municipais são as mais características, porque é nos Municípios que se manifesta a atividade urbanística na sua forma mais concreta e dinâmica. Por isso, as competências da União e do Estado esbarram na competência própria que a Constituição reservou aos Municípios, embora estes tenham, por outro lado, que conformar sua atuação urbanística aos ditames, diretrizes e objetivos gerais do desenvolvimento urbano estabelecidos pela União e às regras genéricas de coordenação expedidas pelo Estado.

Em outras políticas públicas setoriais, como é o caso da Política Pública de Ordenamento Territorial, o município terá competência por força da autonomia e do interesse local, de maneira genérica, art. 30, I, não existindo atribuições específicas para ele, como é na maioria dos casos. Para Silva (2018, p. 63) há temas com relação direta com a atividade urbanística como, por exemplo, a moradia e o combate à poluição, onde a competência legislativa decorre da possibilidade de suplementação das normas federais e estaduais, conforme previsto no art. 30, II, e não de um dispositivo que trata especificamente da matéria.

Desta forma, observados os contornos constitucionais sobre a competência municipal na promoção da Política Pública Urbanística, em especial, suas possibilidades e limitações, o item a seguir visa delimitar o tema no âmbito da Política Pública de Intervenção Urbanística, quando utilizada a alternativa dos grandes projetos urbanos.

4.1.2 A Competência da Política Pública de Intervenção Urbanística dos grandes projetos urbanos

Vistas as regras gerais que tratam da competência municipal para a Política Pública Urbanística, pretende-se, agora, delimitá-la no que se refere à Política Pública de Intervenção Urbanística na promoção dos grandes projetos urbanos. Por tratar-se de uma espécie de Política Pública Urbanística, os apontamentos do item anterior devem ser observados, adicionando-se outros desdobramentos. No sentido sistêmico, afirma-se que o exercício da Política Pública Urbanística forma uma nova contingência, na qual a Política Pública de Intervenção Urbanística é uma alternativa que, ao ser escolhida, abre nova contingência na qual os grandes projetos urbanos são uma alternativa, a ser escolhida ou não. O tópico visa apresentar os parâmetros que possibilitam essa tomada de decisão.

Ainda, valendo-se das considerações do item anterior, definiu-se que a competência municipal para a Política Pública Urbanística está fundada na dignidade da pessoa humana e que delimita-se nos objetivos do art. 182, *caput*, mais precisamente em "ordenar o pleno desenvolvimento das funções sociais da cidade" e "garantir o bem- estar de seus habitantes", o que pode ser traduzido em um direito fundamental de ordenação humanitária da cidade.

A competência municipal desta política pública setorial decorre do próprio *caput* do art. 182 c/c art. 30, VIII, segunda parte, que representa uma abertura de possiblidades para a esfera local, por tratar-se de atribuições decorrentes do próprio texto constitucional. As limitações do seu exercício vão decorrer, também, do *caput* art. 182 c/c art. 24, I, que dão aos demais entes federativos a competência legislativa de estipular diretrizes, atribuição exercida pela União com a entrada em vigor do Estatuto da Cidade. Outra limitação decorre das ações de interesse comum, reguladas pelo Estatuto da Metrópole, por força do dispositivo constitucional do art. 25, § 3º, existindo ainda outras limitações advindas de políticas setoriais específicas.

Para efeito de delimitação da pesquisa, não serão abordadas as possibilidades de exercício da competência metropolitana para promoção de grandes projetos urbanos, embora se reconheça tal possiblidade, até mesmo em decorrência de norma expressa no regime jurídico da operação urbana consorciada. Aqui o importante é que, quando um Município integra uma unidade de interesse comum, sua competência para implementação da Política Pública Urbanística e, por consequência, de intervenção urbanística por meio de grandes projetos urbanos, restará limitada, em especial, pela programação prevista no plano de desenvolvimento urbano integrado da respectiva região.

Desta forma, a competência municipal deve ser vista como coordenação de decisões, que decorre da interação do exercício da competência administrativa e legislativa pelos entes federal, estadual e municipal, assim como, da articulação entre as diversas políticas setoriais. Tais reflexões, já feitas nos itens anteriores, são aplicáveis para uma Política Pública de Intervenção Urbanística que promova grandes projetos urbanos.

Importante deixar claro que essa visão de interação é observada por alguns autores com algumas restrições, como é o caso de Rech e Rech (2010, p. 59), ao destacarem que tal opção reforça a persistência de uma "cultura centralizadora da produção do direito" onde, ao mesmo tempo em se que dá aos Municípios possiblidades no exercício da competência para execução da política urbana, criam-se limites estipulados pela União e pelos Estados, que têm atribuição de legislar sobre a matéria.

Todavia, segundo Hermany (2007, p. 296) a lógica de estruturação da Política Urbana na Constituição Federal tem como finalidade garantir o caráter substancial da subsidiariedade. Da mesma forma em que se reconhece o âmbito local como espaço apto a desenvolver política pública com efetividade, entende-se que esta atuação "não se desvincula de garantias constitucionais" que, neste caso, encontram-se desdobradas nas diretrizes previstas no Estatuto da Cidade, como norma decorrente do art. 182, *caput*.

Ao promover-se uma Política Pública de Intervenção Urbanística por meio de grandes projetos urbanos, os limites e possibilidades genéricos da competência municipal da Política Pública Urbanística devem ser tomados como base, bem como, aprofundados. A pergunta que se busca responder é: observados de maneira específica, para além da generalidade da Política Pública Urbanística, quais seriam os limites e as possibilidades da competência municipal, quando observada tão somente a Política Pública de Intervenção Urbanística que promove grandes projetos urbanos?

Como hipótese, sugere-se que os limites e as possibilidades estão atrelados a escolha/não escolha da operação urbana consorciada como instrumento jurídico a ser adotado pela Política Pública de Intervenção Urbanística: (a) quando a escolha ocorre pela alternativa da operação urbana consorciada, que possui um regime jurídico estipulado no Estatuto da Cidade, ficam mais claros e restritos os contornos dos limites e possibilidades da competência municipal; (b) quando a competência for exercida com inovação, promovendo-se um grande projeto urbano com base em instrumentos inominados e que não possuem regime jurídico geral específico, os contornos se tornam mais nebulosos, ampliando-se a discricionariedade do ente local.

No que diz respeito as operações urbanas consorciadas, o art. 32 do Estatuto da Cidade é expresso ao estipular que o Município possui uma competência administrativa para a coordenação, e uma competência legislativa para regulamentar as especificidades do plano através de lei própria, opção que é considerada coerente por Lomar (2010, p. 255) tendo em vista "a importância atribuída pela Constituição Federal ao Município na condução da política urbana".

A visão também tem respaldo nos estudos de Olbertz (2011, p. 78), que expõe taxativamente que "é da competência municipal a instituição de operações urbanas consorciadas" e que essa competência administrativa exclusiva se daria, pois, "como regra, as operações resultarão em anistias e na modificação de zoneamento, das normas edilícias e de índices urbanísticos municipais". Complementa o entendimento a visão de Lomar (2010, p. 256):

> A modificação de índices e características de parcelamento, uso e ocupação do solo e subsolo bem como a alteração das normas edilícias para a realização de operação urbana consorciada constituem prerrogativa que a lei federal atribuiu aos Município no § 2º do art. 32, assim como a regularização de construções, reforma ou ampliações executadas em desacordo com a legislação vigente. Igualmente, a emissão de certificados de potencial adicional de construção vinculados a operação urbana consorciada só pode ser efetuada pelo Município.

As observações dos autores sobre as operações urbanas consorciadas reforçam ainda mais algumas as características que tipificam a Política Pública Urbanística e dão ênfase para as grandes possibilidades no exercício da competência municipal para tratar da matéria, como especificado no item anterior. Embora destaque-se que a operação urbana consorciada é de competência exclusiva da esfera local, Olbertz (2011, p. 79) aduz que há possibilidade de participação dos demais entes federativos em eventual organização desta natureza com vistas a promoção de interesses justapostos dos entes federativos, na perspectiva de um federalismo cooperativo[109].

Embora não tenham um regime jurídico expresso, outras modalidades de instrumentos jurídicos utilizados na promoção de grandes projetos urbanos também tendem a ser tipicamente municipais. Isso decorre dos elementos acima citados: a viabilização depende do exercício de competências exclusivamente municipais, como mudança nos parâmetros construtivos, readequação de normas de parcelamento do solo e edificação, assim como, emissão de certificados de potencial construtivos, o que possibilita a mobilização de investimentos públicos e privados. Excetuando-se a perspectiva metropolitana, no exercício do interesse comum, a qual é assegurada a possibilidade de programar temas de Política Pública Urbanística, não se vislumbra a possibilidade de implementação de instrumentos inominados para promoção de grandes projetos urbanos, de forma exclusiva, pelos demais entes federativos.

Uma possibilidade seria a utilização de uma área de propriedade estadual ou federal para criação de uma modalidade de cooperação direta com a iniciativa privada ou a sociedade civil, cujo intuito é viabilizar um plano urbanístico com uma determinada finalidade. Ainda assim, tal plano deveria respeitar as normas municipais. E respeitando-se tais normas, dificilmente seria criado o cenário de exceção, que normalmente é o atrativo neste tipo de projeto. E sem o cenário de exceção, não se enquadraria no conceito de grande projeto urbano, como indicado no tópico 3.2, quando observou-se o ambiente do sistema do direito, para definir as características do modelo.

Ademais, não é o objetivo central desta tese observar possibilidades metropolitanas, estaduais e federais para promoção da Política Pública de Intervenção Urbanística dos grandes projetos urbanos, mas sim, a competência municipal. A programação do sistema do direito que alcança os demais entes é interessante como hipótese de limitação da competência da esfera local neste exercício. Dessa forma, passa-se a expor as possibilidades e limites na

[109] A autora Olbertz, (2011, p. 80-84) explica que tanto os convênios, previstos no art. 116 da Lei 8.666/1993, como os consórcios públicos, com previsão legal na Lei n. 11.107/2005 são alternativas para cooperação dos entes federativos visando implementar operações urbanas consorciadas.

competência municipal para promoção da Política Pública de Intervenção Urbanística, cuja proposta é desenvolver grandes projetos urbanos por meio de instrumentos jurídicos ditos inominados, para além das operações urbanas consorciadas.

A possibilidade desse exercício decorre das normas fundantes da competência municipal para promoção da Política Pública Urbanística – o art. 182 *caput* c/c art. 30, VIII da Constituição Federal, os quais devem ser observados para a Política Pública de Intervenção Urbanística que utilize a alternativa dos grandes projetos urbanos, em conjunto com a abertura dada pelo *caput* do art. 4º do Estatuto da Cidade – que trazem rol exemplificativo de instrumentos, e, como afirmado por Costa (2014, p. 227), tal programação possibilita a criação de outros mecanismos inominados, "deixados a criatividade do legislador municipal, conforme sua inventividade".

A competência municipal para criar instrumentos jurídicos inominados deve observar as mesmas limitações impostas para a Política Pública Urbanística em geral: observar o objetivos fundamentais e as diretrizes (art. 182, *caput* c/c 24, I e art. 2º do Estatuto da Cidade), as questões relativas ao interesse comum metropolitano (art. 25, § 3º), quando aplicáveis e decorrentes da interação com outras políticas setoriais, onde a competência do Município inexiste ou é suplementar a dos demais entes federativos e acaba afetando a atuação urbanística.

Na competência municipal, o que difere a operação urbana consorciada dos demais instrumentos inominados é o fato de existir um regime jurídico específico para o primeiro e, ao segundo, inexistir, de forma clara e organizada, a delimitação do regime jurídico que guia o exercício de inovação criativa, em decorrência da abertura dada pelo *caput* do art. 4º do Estatuto da Cidade, como observado no capítulo anterior.

Assim, o exercício da competência municipal na promoção da Política Pública de Intervenção Urbanística por meio de operações urbanas consorciadas, além dos limites gerais descritos para a Política Pública Urbanística, encontra parâmetros de limitação no regime jurídico disposto no art. 32 a 34-A. Já a competência municipal inovadora, que se vale dos instrumentos inominados na promoção da Política Pública de Intervenção Urbanística de grandes projetos urbanos, não possui um regime jurídico próprio, claro e organizado como limitador. De maneira mais rigorosa e precisa: indispensável observar o sistema do direito para identificar tais limites, pois eles não se encontram elencados e organizados em uma seção própria de uma lei, o que dificulta sua correta compreensão.

Uma das limitações que alcançará a competência municipal, de maneira semelhante tanto para as operações urbanas consorciadas, quanto para os demais instrumentos inominados, é a interação com outras políticas públicas setoriais. Duas relações são inerentes aos grandes projetos urbanos e devem acontecer reiteradamente: com as políticas ambientais e de patrimônio histórico cultural. No primeiro caso é quase certo que o grande projeto urbano – ou alguns dos seus elementos de infraestrutura – deverá passar por procedimentos de Estudo Prévio de Impacto Ambiental ou Licenciamento Ambiental que, por muitas vezes, poderá ser prerrogativa de outro ente federativo, o que reforça a ideia de interação entre as estruturas de governo, já indicada neste trabalho.

A questão da proteção do patrimônio histórico-cultural, embora também seja competência do município por força do art. 30, IX, deverá ser exercida "observada a legislação e a ação fiscalizadora federal e estadual", não se tratando de competência com a mesma abrangência que a urbanística. Esse destaque é dado, pois uma modalidade muito comum de grande projeto urbano visa a recuperação de áreas degradadas ou abandonadas dos Municípios, o que tende a remeter a observação de tal política pública, por sua proteção aos prédios históricos. Dependendo da atribuição em proteger, a proposta passará a ser observada por diferentes entes federados, na forma prescrita para a política pública setorial de proteção histórico-cultural.

Os dois exemplos visam reforçar que, embora se trate de uma competência exclusivamente municipal, a promoção da Política Pública de Intervenção Urbanística por meio de grandes projetos urbanos quase sempre tende a criar interações da esfera local com os demais entes federados e isso decorre não só da obrigatória observância de diretrizes para a política urbana, mas da relação com outras políticas setoriais, como de ordenamento territorial, ambiental e de proteção histórico-cultural, dentre outras tantas. Tal cenário reforça a observância do conceito sistêmico de policompetência, proposto por Reck e Bittencourt (2016), consoante apresentado no capítulo anterior.

Evidenciados alguns limites e possibilidades da competência municipal na promoção da Política Pública de Intervenção Urbanística por meio de grandes projetos urbanos, passa-se as considerações finais do tópico. Colocou-se a questão da possibilidade de definir parâmetros para a referida competência, com a hipótese de que a observação do sistema do direito, em especial constitucional, apresentaria mais possibilidades do que limites, por tratar-se de atividade tipicamente local.

Vislumbra-se, ao final, que as possibilidades são claras, tanto com relação ao uso de instrumentos inominados, quanto das operações urbanas consorciadas. Ambos decorrem do texto constitucional em uma articulação que tem como regramento chave o art. 182 *caput* e o art. 30, VIII, segunda parte. Quanto as limitações, o cenário demonstram-se distinto. Embora ambos tenham sua competência municipal claramente delimitada – decorrente dos objetivos e diretrizes fundamentais (art. 182, *caput* c/c 24, I e art. 2º do Estatuto da Cidade), do interesse comum metropolitano (art. 25, 3º), e na interação com outras políticas setoriais – a operação urbana consorciada também tem limitação em um regime jurídico próprio, estipulado pelo Estatuto da Cidade no art. 32 a 34-A, ao contrário dos instrumentos inominados, cujas limitações seguem em aberto e precisam de um aprofundamento dos estudos para serem especificadas, sendo este o objetivo desta tese.

Neste ponto da pesquisa, fica claro que a inovação é possível, pois Costa (2014, p. 180) trata do caráter exemplificativo do art. 4º *caput* do Estatuto da Cidade e aponta, como já dito, para a possibilidade de "inventividade do legislador, conforme sua criatividade". Olbertz (2011, p. 54) aduz que "operação urbana corresponde a um gênero de atuações urbanística", do qual a operação urbana consorciada é somente uma delas, e cita, por exemplo, "a integrada e a interligada", como outras alternativas, ambas sem regulamentação em lei federal. Levin (2012, p. 01-02) ao afirmar que, além das operações urbanas consorciadas, os municípios podem criar instrumentos "ainda não previstos de forma expressa" e aduzir que "não há razão para impedir o poder público municipal" de atuar com objetivo de "criar novos instrumentos urbanísticos" com tais finalidades.

Relacionando-se as reflexões ao problema central da tese, entende-se que este tópico foi definitivo em apontar as possibilidades do exercício da competência municipal na promoção da Política Pública de Intervenção Urbanística por meio de grandes projetos urbanos. Além disso, no que diz respeito as operações urbanas consorciadas, o limite da competência também já é claro, somente sendo possível um maior detalhamento na aferição de uma organização, ou seja, em caso específico.

Por outro lado, em se tratando de limites da competência municipal na promoção da Política Pública de Intervenção Urbanística por meio de grandes projetos urbanos, quando o ente local vale-se da inovação ao criar um instrumento inominado, o problema segue em aberto, o que demanda novas observações jurídicas para definição de tais limitações, uma vez que não há um regime jurídico específico, expresso e organizado na programação do sistema do direito.

O enfrentamento dessa questão, que responde em definitivo ao problema de pesquisa, se dará, em especial, no último capítulo deste trabalho, que irá enfrentá-la a partir dos elementos caracterizadores do regime jurídico das operações urbanas consorciadas para apresentar contornos de um regime jurídico geral dos grandes projetos urbanos no Brasil. Antes disso, pretende-se esclarecer dois pontos fundamentais para uma visão rigorosa sobre o tema: a relação dos grandes projetos urbanos com o sistema da economia e os exemplos concretos de exercício inovador da competência municipal na criação de modelos inominados de grandes projetos urbanos, conforme se passa a expor.

4.2 O sistema da economia e a Política Pública de Intervenção Urbanística dos grandes projetos urbanos

Ao observar-se a competência municipal, identificaram-se possibilidades e limites para a promoção da Política Pública de Intervenção Urbanística por meio de grandes projetos urbanos. O presente tópico visa aprofundar de que maneira o exercício da competência municipal relaciona-se com o sistema da economia, o que também remete a limites e a possibilidades da política pública.

O que motiva o interesse do Município em exercer tal competência, promovendo uma política pública de tamanha complexidade? Uma possível resposta pode advir da informação do ambiente, em especial promovida pela operação dos sistemas da política e do direito, o que outro sistema toma como ruído/irritação: o sistema da economia. A ampliação desta observação, levando-se em conta questões de ordem econômica, pode ser fundamental para a concretização da Política Pública de Intervenção Urbanística que se vale da alternativa dos grandes projetos urbanos.

Alguns fatores reforçam a correlação. Observando-se o sistema do direito, como aquele responsável em dispor a programação da política pública, percebe-se que as questões de ordem econômica e financeira são fundamentais para a promoção da Política Pública Urbanística. Neste contexto, Massonetto (2015, p. 150) indica que uma articulação do direito urbanístico com "o Direito Econômico e o Direito Financeiro pode iluminar alguns fenômenos jurídicos altamente impactantes na produção do espaço urbano e abrir uma agenda de investigação sobre o papel do Estado na gestão política da riqueza social".

A questão destacada por Massonetto (2015) ganha força na observação da programação fundamental da Política Pública Urbanística na Constituição Federal de 1988, vez que ela se situa nas disposições sobre a ordem econômica do país. Franzoni (2014, p. 56) destaca que tal posição não é suficiente para considerar a matéria algo exclusivamente econômico: "o mero apontamento topológico desse capítulo não é suficiente para demarcar os possíveis caminhos de enfrentamento da política urbana". O tema irá dialogar em diversas frentes, vez que seus dispositivos remetem as perspectivas do planejamento, dos instrumentos políticos-jurídicos e, ainda, da função social da cidade e da propriedade urbana, o que reforça o caráter dinâmico da matéria.

Na perspectiva do sistema da política, outros temas econômicos também ganham espaço, em especial, em decorrência da dificuldade orçamentária dos entes locais em promover Políticas Públicas Urbanísticas. Sotto (2016, p.127-128) destaca que o federalismo fiscal brasileiro tem concentrado as receitas tributárias na União, em detrimento das demais esferas, o que vem "na contramão de progressivas descentralizações de serviços para as esferas regionais e locais". A autora reforça que essa realidade compromete "a capacidade dos Municípios brasileiros de responder autonomamente às demandas locais, sobretudo aquelas pertinentes à gestão e planejamento urbano".

Por tais motivos, observar a Política Pública de Intervenção Urbanística dos grandes projetos urbanos, sem dar atenção ao sistema da economia, acaba por culminar em uma visão extremamente parcial, passível de gerar excessivos pontos cegos na abordagem. Consoante Reck e Bittencourt (2016, p. 141-142) os pontos cegos são "elementos ocultos" que decorrem da análise de temas a partir de um único ponto ou poucos pontos de observação.

Ao observar sistemicamente o sistema da economia, pretende-se desenvolver uma abordagem de maior complexidade e diminuir a incidência de tal fenômeno.

A decisão de evidenciar possíveis pontos cegos a partir da observação do sistema da economia justifica-se por sua grande relevância para a Política Pública de Intervenção Urbanística dos grandes projetos urbanos. Tal espécie de política pública produz informação observada pelo sistema da economia, que tende a irritar-se, vez que percebe que tais programações podem refletir no comportamento do mercado, em especial, do mercado imobiliário. Conhecer como a informação da política pública é observada pelo sistema da economia, assim como, seus efeitos em um dado mercado, pode ser uma forma de aprimorar a programação jurídica, qualificando-se as decisões.

Desta forma, este tópico visa responder aos seguintes problemas: em que medida a política pública está ligada com prestações do sistema da economia? E, ainda: a observação do sistema da economia pode contribuir com a diminuição de pontos cegos desta política pública, permitindo-se o aprimoramento da tomada de decisão? Para alcançar a resposta, serão descritas as características do mercado imobiliário, a questão das *plusvalias* fundiárias e os instrumentos jurídicos relacionados ao solo criado. A hipótese é que a promoção da Política Pública de Intervenção Urbanística por meio dos grandes projetos urbanos somente se concretiza, para além de uma mera programação jurídica, quando há prestações do sistema da economia, assim como, que o alcance de decisões mais qualificadas é possível quando há compreensão das dinâmicas do mercado imobiliário na formatação de sua programação.

Nesse ponto, a teoria dos sistemas também apresenta-se como um importante instrumento conceitual, visto que a interação entre os sistemas da economia, política e direito pode ser observada com base na matriz. Luhmann (2017) possui obra referencial sobre o tema, denominada "*La economia de la socidad*", onde a Economia é vista como um sistema parcial e isso repercute em toda uma recursividade própria.

Assim como o Direito e Política, a Economia é um sistema parcial, possuindo código e função específicos. Neves e Aguilar Filho (2012, p. 157) explicam que "o fechamento operacional torna-se claro a partir do momento em que se abstraem, de motivos morais e sentimentais dos participantes, as transações econômicas" e que o sistema observa tudo com o código binário preço/não preço, o que está relacionado, de acordo com Luhmann (2017, p. 127-128), à ideia de pagamento, vez que "*el unit act de la economía es el pago*", mais precisamente, "*la economía consiste en interminables nuevos pagos. Si estos no tuvieran lugar, la economía simplemente dejaría de existir como sistema diferenciado*".

Desta forma, Luhmann (2016, p. 607-611) destaca que "o meio de comunicação simbolicamente generalizado da moeda"[110] é quem diferencia a economia dos demais sistemas e, assim, a economia funciona com a busca de lucros ou a inversão rentável de capitais. Luhmann (2017, p. 141) também aponta uma função para o sistema, que apresenta-se como "*un mecanismo social que vincule una provisión futura estable con la distribución actual*"[111]. A recursividade geral do sistema pode ser assim apresentada tendo como base as palavras do autor:

> *La diferenciación funcional del sistema económico se produce por medio del estabelecimiento de una forma propia de reproducción autopoiética. Ella hace uso del medio de comunicación dinero y codifica las operaciones del sistema distinguiendo si un pago determinado (cada vez posible solo de modo determinado) tiene lugar o no. Hay dinero únicamente cuando esto sucede en una medida suficiente como para posibilitar expectativas de pago e institucionalizar la utilización del dinero gracias a esas expectativas. Solo así se honra la disposición a pagar por la disposición a aceptar dinero, pues de ese modo quien acepta dinero podrá gastarlo en los fines que estime conveniente.* (LUHMANN, 2017, p. 217)

Apesar da operacionalização fechada e de recursividade própria, assim como o Direito e a Política, existe uma cognição aberta no sistema da

110 Sobre a relevância da moeda, apresentado no texto em espanhol como "*dinero*", Luhmann (2017, p. 329) explica que "*el dinero debe ser tratado, en principio y ante todo, como medio de comunicación*". Mais detalladamente, o autor explica que: "*Con ayuda del medio de comunicación dinero, se diferencia uns sistema económico que orienta todas su operaciones propias a la transmisión de la propiedad dinero, es decir, a la diferencia entre paga y no pagar que se corresponde a un precio expresado en determinadas sumas de dinero. Este código pagar/no pagar define un completo universo de posibilidades en las que cada hecho relevante se remite o al pago o no-pago. Esta es la forma de la producción de un excedente de posibilidades a la vez limitado por medio de condicionamientos. Sin embargo, el código solo es utilizable a través de programas que muestren si es apropiado y correcto pagar o no pagar.* ".

111 Mais adiante Luhmann (2017, p. 218) explica a função com outras palavras, afirmando que: "*Dicho en términos generales, esta función es la provisión para la satisfacción de necesidades futuras, lo que acontece justamente porque cada pago transmite capacidad de pago*".

economia, permitindo a relação com o ambiente, observando-se determinados critérios. Neves e Aguilar Filho (2012, p. 157-158) explicam que "a economia reage a ruídos da cultura, da política, da tecnologia, seguindo caminhos evolutivos que objetivam em função de sua estrutura e de como esta absorve tais ruídos". Luhmann (2017, p. 136) destaca que "*la abertura de la economía encuentra su expresión en el hecho de que los pagos están ligados a razones de pago que finalmente remiten al entorno*", reforçando a ideia da ocorrência de uma observação externa por parte deste sistema parcial.

Na ligação com o Direito, Luhmann (2016, p. 606) ressalta que "quando o direito responde a demandas e interesses econômicos, em um âmbito secundário ele já está lidando com a economia". Assim, quando o direito trata de um tema econômico, acaba por homogeneizá-lo e despi-lo de sua "relevância econômica específica" tornando-o um "interesse puro" para o sistema do direito. E o mesmo ocorre de maneira inversa, quando um tema jurídico é observado pelo sistema da economia. Consoante Luhmann (2016, p. 610-611) para que "as operações econômicas próprias sejam eficazes como irritações do sistema do direito e que as operações jurídicas próprias sejam-no como irritações do sistema econômico", podem ser necessários acoplamentos, que ocorrem, pelo menos, de duas formas: a propriedade e o contrato, como será visto adiante.

Quanto a ligação entre Economia e Política, Neves e Aguilar Filho (2012, p. 159) destacam que os sistemas acoplam-se por meio dos impostos, que é "uma medida pública executada mediante pagamentos econômicos". Segundo os autores, "de um lado, decide-se no sistema político por meio do poder, e por outro, efetua-se no sistema econômico por meio de dinheiro" o que gera consequências tanto para a política – protestos pelo aumento dos tributos – quanto para a economia – com descapitalização. Na relação entre os três sistemas parciais, Luhmann (2016, p. 628) destaca:

> O acoplamento estrutural entre o sistema jurídico e econômico se converte em um meio para o meio do poder político, um acoplamento frouxo de possibilidades às quais se podem dar formas politicamente aceitáveis mediante decisões coletivamente vinculantes.

Reck (2009, p. 240) explica que os acoplamentos frouxos estão ligados com a ideia de poder, que pode ligar comunicações com fins diversos. Assim, segundo Luhmann (2016, p. 628), o sistema do direito vale-se dos acoplamentos da propriedade e do contrato para garantir restrições cada vez mais fortes, o que possibilita ao sistema da política, direcionar "efeitos econômicos esperados" e resulta em intervenções significativas no sistema da economia. Tais comunicações entre Política, Direito e Economia, em especial quando se trata do acoplamento propriedade, são de importante observação na Política Pública de Intervenção Urbanística.

Consoante expõe Pinto (2005, p. 79) "ao definir os limites do direito de propriedade e as condições de exercício dos poderes regulatórios do Estado, o direito urbanístico configura um quadro institucional em que opera a política urbana", e assim acaba por definir uma "estrutura de incentivos que influencia o comportamento tanto de proprietários de terras quanto dos agentes públicos", destacando-se como uma comunicação permanente entre os sistemas da economia, direito e política.

Ocorre que, o cenário em que tal comunicação está inserida pode ser caracterizado por um casuísmo e, por muitas vezes, ao invés de gerar prestações entre os sistemas, cria possibilidades de corrupção funcional destas estruturas[112]. Prestes (2018, p. 157) destaca que isso ocorre tanto no processo de formação da programação do direito, quanto na execução de tais normas, entre outros motivos, pela vinculação destas decisões "às maiorias possíveis na Câmara dos Vereadores e não aos necessários requisitos técnicos mínimos, considerando que o conteúdo afeta todo o sistema da cidade". A autora ressalta a existência de "uma ideia de que as limitações urbanísticas e a determinação de função social da propriedade, como exige a Constituição

[112] Uma explicação mais precisa do que seria corrupção sistêmica pode decorrer das reflexões de Simioni (2012, p. 90) ao retratar que "uma decisão jurídica só é jurídica na medida em que ela decide entre possibilidades jurídicas de decisão. A decisão jurídica precisa, para manter a sua identidade jurídica, estar referida ao sistema do direito da sociedade. Uma determinada decisão orientada para valores econômicos, políticos, religiosos, por exemplo, já é uma decisão econômica, política ou religiosa, ainda que decidida por membros dos tribunais na função jurisdicional. Se uma decisão jurisdicional usa o código "governo/oposição" do sistema político, por exemplo, nós dizemos que essa decisão foi corrupta".

"atrapalha" a propriedade e afeta o desenvolvimento, como se fossem ideias contrapostas".[113]

Os problemas desse improviso na produção normativa urbanística podem ser observados nas palavras de Pinto (2005, p. 81), ao dispor que "só um direito urbanístico forte pode garantir institucionalização do urbanismo, sem o que a política urbana corre o risco de degenerar em casuísmo e corrupção". A situação tem impactos na economia, gerando o que o autor denomina de "falhas de governo", que são efeitos danosos ao mercado em decorrência de problemas na regulação. Uma forma evitá-los, segundo o autor, consiste em definir um regime jurídico, que: por um lado, (1) "maximize o potencial auto-regulatório do mercado imobiliário" e garanta "segurança jurídica para o investidor e internalização dos benefícios e custos da sua atividade"; e, por outro (2) de planejamento, que assegure "ao Estado as prerrogativas de que ele necessita para regular o mercado imobiliário, mas impedindo-o de exercê-la em benefício de interesses particulares".

A observação do sistema da economia é fator extremamente relevante, em especial ao tratar-se dos grandes projetos urbanos como alternativa para a política de intervenção urbanística em específico. A origem de sua utilização como tal alternativa, envolve, segundo Maleronka e Hobbs (2017, p. 2) para "um contexto de crise fiscal" dos municípios e da sua necessidade em "assumir responsabilidades que antes estavam a cargo do governo federal", o que remeteu a criação de instrumentos – em especial relacionados com a venda de potencial construtivo – aptos a viabilizar investimentos em ações urbanísticas. Segundo os autores, essa ação "permitiu a realização de investimentos em infraestrutura urbana sem comprometer o orçamento do município", que já são limitados em função da execução de outras políticas públicas setoriais, como saúde e educação, por exemplo.

Pode-se dizer que a necessidade de utilizar a alternativa dos grandes projetos urbanos origina-se de um problema financeiro dos entes locais. Em uma visão sistêmica, tal ruído ou irritação ocorre no sistema da política pela observação do ambiente e contato com informações decorrentes da operação

[113] A autora Prestes (2018, p. 159) complementa suas ideias afirmando que "no Brasil, o urbanismo ainda se encontra muito próximo do sistema da política, sujeito às maiorias do momento e sem planejamento a longo prazo, além das leis, e sua grande parte, não exigir estudos técnicos como requisito prévio ao envio ao Legislativo"

do sistema da economia, que fora observado e contribuiu com a evolução do próprio sistema da política. Ao acoplar-se com o direito, inova-se com a criação de instrumentos jurídicos que possibilitem novas formas de financiamento para implementação da infraestrutura urbana. E isso corre sem a utilização das tradicionais fontes de recursos públicos, mas a partir da provocação de uma dinâmica diferenciada no mercado imobiliário.[114]

A obrigação de um financiamento alternativo acaba por vincular tal política pública a uma prestação do sistema da economia, como pode ser observado nas ideias de Levin (2014, p. 70), ao destacar que os grandes projetos urbanos dependem "da adesão da iniciativa privada – mais especificamente do mercado imobiliário – e do aporte de recursos privados". Neste contexto, "o plano da operação deve convencer o setor privado da possibilidade de lucrar a partir dos investimentos realizados" onde "o particular somente firmará parcerias com a Administração se vislumbrar a possiblidade de auferir lucro em função de montantes investidos".

Costa (2014, p. 102-103) dando enfoque mais específico aos instrumentos de negociação de potencial construtivo, refere que dentro das perspectivas que motivam o seu uso está "a facilitação do pagamento da dívida pública"; o fato de ser "fonte específica de recursos pra o financiamento de obras viárias"; para "obtenção de recursos para o financiamento do desenvolvimento urbano"; e para "recuperação de montantes expendidos pelo Poder Público, de que houve geração de valorização imobiliária".

Por tais motivos, verifica-se que a Política Pública de Intervenção Urbanística que se vale da alternativa dos grandes projetos urbanos decorre, por um lado, de uma dificuldade financeira do município, que por meios tradicionais, encontra-se impossibilitado de dispor de recursos públicos para a promoção de políticas públicas urbanísticas interventivas mais abrangentes. Ao mesmo tempo, percebe-se que a prosperidade de tal política pública dependerá da captação de recursos privados, sendo imperioso desenvolver mecanismos que

[114] Para reforçar a perspectiva sistêmica, importante destacar que para Luhmann (2017, p. 222-223) a questões públicas relacionadas com a economia se operam de forma distinta, não com base na rentabilidade, mas *"por medio de impuestos u obligaciones de pago similares"* e tais questões serão *"consideradas y facturadas con costos en el cálculo de sector de la economía orientado a la rentabilidad"*. Neste contexto, *"dada la extensión de las cargas fiscales, es fácil darse cuenta de que ello lanza a la nubes el umbral de rentabilidad, lo que en general opera de manera desalentadora"*.

faça com que o sistema da economia se irrite e selecione a informação, o que pode se dar com a venda de potencial construtivo, para viabilizar a proposta governamental.

Assim, existe uma possibilidade de que fontes alternativas de recursos advindos da iniciativa privada possam financiar uma Política Pública de Intervenção Urbanística baseada em grandes projetos urbanos sem afetar demasiadamente as fontes tradicionais de recursos públicos. Por outro lado, há um limite decorrente da necessidade de decisão do sistema da economia em selecionar e pagar, na forma proposta pela política pública. A decisão de não seleção ou não pagamento é suficiente para esvaziá-la. São tais questões que justificam a necessidade de melhor observação sistêmica do Direito e Economia, quando trabalha-se a Política Pública de Intervenção Urbanística dos grandes projetos urbanos.[115]

Para dar sequência ao assunto, o tópico será divido em outros três itens, o primeiro trata das características do mercado imobiliário, e o segundo, observa como tais características impactam nos grandes projetos urbanos, com ênfase na questão do solo criado e na comercialização do potencial construtivo como fonte alternativa de receita aos municípios, e o terceiro, a superação de possíveis pontos cegos.

4.2.1 Mercados de solo e as *plusvalias* urbanísticas

Este item da pesquisa é desenvolvido com o objetivo de observar as características do mercado imobiliário, destacando-se as peculiaridades que o distinguem e o tornam um espaço de operacionalidade singular, que precifica a propriedade urbana. Parte-se da hipótese de que os limites e as possibilidades do exercício da competência municipal para a promoção da Política Pública de Intervenção Urbanística dos grandes projetos urbanos podem ter seus contornos mais bem definidos a partir de tal observação.

[115] No trabalho desenvolvido por Maleronka e Hobbs (2017, p. 12) demonstrou-se "que a iniciativa privada pode não responder ou demorar a responder os incentivos desenhados em uma operação urbana. Nestes casos, as adesões são reduzidas e/ou lentas. As evidências indicam que as operações urbanas não criaram demanda por empreendimentos imobiliários. O que elas fizeram, nos casos em que incentivos e restrições foram adequados, foi organizar parte dessa demanda".

A formação de aglomerações urbanas é fator que interessa ao modelo econômico contemporâneo, por contribuir, como destacado por Pinto (2005, p. 49) com a aproximação "entre produtores e consumidores" o que "reduz os custos de transporte e permite a formação de economias de escala". Por outro lado, a concentração de pessoas em centros urbanos, apesar de facilitar a vida dos cidadãos, pode gerar consequências danosas, em especial nos casos de densidade demográfica excessiva desacompanhada de infraestrutura e serviços que, por sua vez, trazem efeitos negativos como problemas ambientais, sanitários, de tráfego de veículos, carência de espaços públicos, etc.

O contexto de vantagens e desvantagens decorrentes da vida nas cidades pode ser observado na perspectiva da teoria das externalidades. Segundo Olbertz (2011, p. 27) em decorrência do funcionamento do mercado imobiliário "há uma suboferta de bens geradores de externalidades positivas e superoferta de bens geradores de externalidades negativas", o que demanda a ação do poder público que, através da regulação, pode desenvolver políticas que determinem a internalização, pelos agentes, de parte das externalidades negativas causadas por sua atuação.

Pinto (2005, p. 51) explica que as externalidades negativas podem ser observadas como "falhas de mercado", sendo sua correção "a principal justificativa econômica para uma atuação estatal". Por tais motivos, Olbertz (2011, p. 26) destaca que na economia urbana "predomina o entendimento da competência do poder público" para a sua regulação é insuficiente a simples "atuação da inciativa privada para dar conta de organizar satisfatoriamente as localizações dos espaços habitáveis, de modo a tornar-lhes aptos a cumprir suas funções de moradia, segurança, abastecimento, higiene, saneamento, lazer" entre outros[116].

A necessidade de atuação do poder público na correção das externalidades negativas decorre do apontado por Pinto (2005, p. 51), de que "o mercado

[116] Reforça o entendimento da autora a seguinte afirmação de Pinto (2005, p. 55) "O resultado de uma urbanização conduzida apenas pelo mercado pode ser encontrado no início da revolução industrial, quando ainda não havia respostas para o rápido afluxo de pessoas em direção as cidades. Escassez de água potável, esgotos a céu aberto, ausência de áreas verdes, despejo de lixo sobre as vias públicas, edificações insalubres, mal iluminadas e sem privacidade, promiscuidade entre residências e indústrias poluentes, um conjunto de incômodos, enfim, que não difere muito do encontrado nas favelas e nos cortiços brasileiros da atualidade".

imobiliário é um dos mais imperfeitos que se tem notícia", compreendendo a existência de bens coletivos[117] e monopólios naturais[118], de maneira frequente, quase que como uma regra. Além disso, há demanda constante por bens imobiliários privados, se por tratarem de produtos que refletem "em grande medida as preferências dos consumidores".

Este tópico pretende observar a complexidade desse mercado repleto de falhas, em razão da hipótese de que tal verificação pode qualificar as decisões no âmbito da Política Pública de Intervenção Urbanística dos grandes projetos urbanos, reduzindo-se os pontos cegos. O cerne é observar como a conjuntura econômica influi nos preços[119] da propriedade imóvel urbana, uma vez que uma das principais fontes de receita para a execução desta política pública decorre do dinamismo que ela gera na economia.

Antes de avançar nas especificidades do mercado imobiliário, importante esclarecer o que a teoria sistêmica entende por mercado. Luhmann (2017, p. 175) observa o mercado como uma espécie de entorno interno do sistema da economia, a partir do qual influências externas podem ser observadas de maneira distinta, mas com a finalidade de definir preços: "*En el mercado solo se observa con ayuda de los precios, es dicir, con una red de influencias reducidas y circularmente clausurada*".

[117] O autor Pinto (2005, p. 51) explica que "bens coletivos são aqueles cuja fruição é sempre aberta ao conjunto de indivíduos. Seus proprietários não conseguem excluir não proprietários dos seus benefícios. Exemplos urbanos de bens coletivos seriam as praças e ruas, classificadas pelo direito administrativo como bens de uso comum do povo".

[118] Quanto aos monopólios naturais, Pinto (2005, p. 53) explica que "são atividades que não podem ser desenvolvidas simultaneamente por mais de um agente econômico em um mesmo território. Esta restrição pode decorrer de fatores tecnológicos ou econômicos. Na primeira hipótese, a impossibilidade de competição é total, como é o caso das redes de infraestrutura de abastecimento de água, coleta de esgoto e fornecimento de energia elétrica. Na segunda, a competição é tecnicamente possível, mas os custos para um segundo fornecedor são impeditivos", como o caso da criação usinas criadoras de energia elétrica.

[119] Para Luhmann (2017, p. 89) os preços são informações sobre eventos vinculados a um ponto no tempo, e neste sentido "*son informaciones sobre pagos, que necesariamente, tienen lugar en un determinado punto del tiempo*". O autor complementa tal conceito afirmando que "*las autodescrisiones del sistema económico se erigen sobre informaciones acerca de precios. Esto nos es causalidades. Los precios ofrecen el mejor punto de partida, pues, por un lado, toman en consideración el carácter temporal de los elementos basales (pagos) y, por otro, representan (con referencia a estos) una mezcla de estabilidad y instabilidad con potencial de expectativa y de comunicación*" (LUHMANN, 2017, p. 104).

O sentido de entorno interno é dado justamente em razão de que não há como definir limites claros aos mercados em específico, como aqui pretende-se ao mercado imobiliário, segundo Luhmann (2017, p. 198) "*sus inter-relaciones no tienen una estabilidad asegurada; existen solo como una integración (en el sentido de limitación recíproca) de las perspectivas de entorno de una alta cantidad de participantes*".

Feitas as considerações conceituais que situam o mercado como um entorno interno do sistema da economia apto a garantir uma captação de informações na abertura cognitiva, cujo objetivo é formar preços sem contornos e estabilidade definitiva, mas sim, mediante integração temporária de tais informações, passa-se a observar algumas características do mercado em específico que interessa para este trabalho, que é o imobiliário.

O ponto de partida para tal observação decorre das reflexões de Morales (2007, p. 01), ao explicar que o produto "solo" não deve ser sempre confundido com o produto "imóvel" em sua amplitude, sendo que o primeiro encontra-se limitado "fundamentalmente aos imóveis que representam o solo", mas não engloba as estruturas nele construídas. Embora faça essa ressalva, o autor entende que, após aplicação de uma infraestrutura ao solo, este integra-se ao mercado de unidades construídas, pois tal edificação passa a fazer parte dele.

O funcionamento do mercado de comercialização das infraestruturas aplicadas ao solo, em especial edificações com a finalidade de moradia, pode ser compreendido com base nas ideias de Abramo (2007, p. 44-45). O autor destaca que tal espécie de mercado tem como características "a imobilidade territorial, o alto valor individual e seu longo período de depreciação"[120].

Já o funcionamento da comercialização direta de solo, em específico, possui outras características: a escassez[121], a impossibilidade de reprodução, e a

[120] Segundo Abramo (2007, p. 44) tais características podem ser explicadas da seguinte forma: "A imobilidade impede que esse bem, produzido sobre um suporte locacional específico, seja eventualmente descolocado a um outro mercado-localização (bairro, cidade, país). O alto valor individual do bem imóvel impõe que a demanda assuma um comprometimento dos seus rendimentos familiares futuros, pois a aquisição do bem imóvel, em geral, envolve uma decisão de endividamento familiar. E o longo período de depreciação, em média de 70 anos, é um fator que condiciona no curto e no médio prazo o retornoda demanda atendida ao mercado condicionando, portanto, a demanda habitacional a fenômenos demográficos (ciclo familiar, migrações, etc.).

[121] Luhmann (2017, p. 143) destaca que a escassez como fórmula de contingência "*la cual, interpretada como suma constante y como regla que indica que cualquier consumo siempre cuesta algo, facilita la tradución del problema de referencia en operaciones e regulaciones*"

indestrutibilidade. Segundo Morales (2007, p. 01) a existência de numerosos espaços urbanos vazios, poderia demonstrar, em um primeiro momento, a inexistência de escassez. Entretanto, tal característica ocorre pela ausência de áreas habitáveis, com infraestrutura básica e preços acessíveis a população. A impossibilidade de reprodução se dá, "não tanto pela dificuldade para criar solo com suporte físico para atividades em geral", mas sim, pois é praticamente impossível repetir sua localização, dando-se um aspecto monopolista ao mercado. A indestrutibilidade é uma característica marcante, uma vez que a duração do solo se dá por um longo prazo no qual o proprietário tem um longo período para definir o que fazer com ele, pois dificilmente é afetado por intempéries, inclusive climáticas, por exemplo.

Para a política pública em estudo, o principal enfoque de observação deve se dar ao mercado imobiliário de solo, vez que os grandes projetos urbanos tendem a acontecer em áreas vacantes ou subaproveitas, ou que serão totalmente reconstruídas, oportunizando-se um maior ou novo aproveitamento de lotes e glebas. A tendência é que grande parte das edificações existentes no âmbito de um grande projeto urbano deixem de existir, dando espaço para outras, ao mesmo tempo em que, aquelas preservadas, possivelmente mudarão de utilidade.

Tal enfoque não nega a importância do mercado das unidades edificadas nos grandes projetos; pelo contrário, a possibilidade de determinada operação urbana acontecer está intrinsicamente ligada ao potencial econômico na comercialização dos prédios construídos ou reformados na localidade, especialmente pela iniciativa privada. Todavia, na perspectiva da ação do poder público, o que precisa ser compreendido com mais ênfase é como a programação do direito e as decisões vinculantes da política afetam o preço do solo, em especial, o potencial econômico de sua criação, pois essa tem sido a base da operação para o financiamento de um grande projeto urbano.

Nesse contexto, como já visto nos capítulos anteriores, o grande projeto urbano tem potencial na criação de uma nova centralidade. Tal condição remete a um fato de extrema relevância para o mercado imobiliário como um todo: a criação de uma localização singular e, muito provavelmente, servida de infraestrutura e serviços públicos onde as pessoas pretendem morar, trabalhar, consumir e conviver comunitariamente.

O fator localização é ponto fundamental nas dinâmicas do mercado imobiliário. Para Abramo (2007, p. 47), o mercado de unidades construídas envolve a articulação de dois fatores: a criação de novos produtos imobiliários e a criação de novas espacialidades urbanas. Assim, para manter-se em funcionamento, o mercado de edificações está sempre inovando mediante a criação de novas características para o imóvel (mais quartos, suítes, sacada gourmet, áreas comuns com maior quantidade de serviços, etc.), ao mesmo tempo, precisa criar novos bairros ou centralidades diferenciadas, ponto onde os grandes projetos urbanos têm relevância fundamental.

Abramo (2007, p. 48) destaca, ainda, que a localização é tão importante que acaba sendo redundante na tendência das famílias "consumir menos espaço urbano" particular, optando-se por unidades menores, se inseridas em melhor centralidade. Em outras palavras, o autor explica uma dinâmica de "substituir espaço domiciliar por melhor acessibilidade e/ou movimento ascendente na hierarquia de representação socioespacial da cidade".

A relevância do aspecto localização demonstra-se ainda mais forte, quando observado o mercado do produto solo em específico. Segundo Morales (2004, p. 02) "a propriedade de solo é por natureza contrária aos pressupostos que se dá a um mercado competitivo", vez que o valor do solo é decorrente dos privilégios da localização exclusiva e da existência de uma demanda permanente, que faz com que o preço do solo corresponda ao maior e melhor uso. Neste sentido, cabe transcrever a observação de Sotto (2016, p. 108):

> Em que pesem os atributos naturais que lhe são próprios – área, declividades, espécie e qualidade do solo, proximidade de corpos d`água, vegetação – e aqueles resultantes da ação de seu proprietário ou possuidor – parcelamento do solo, obras, reformas, usos instalados – os quais influem, obviamente, na avaliação da propriedade, um imóvel urbano valerá mais ou menos em função de duas variáveis, ambas determinadas pelas características e pela ordenação jurídica da cidade, quais sejam: a localização do imóvel no tecido da urbe, como elemento determinante da infraestrutura, utilidades urbanas e serviços públicos disponíveis nas suas proximidades; e a máxima utilização possível permitida para aquela propriedade específica pelo ordenamento urbanístico local em vigor, tanto em termos dos parâmetros urbanísticos

> de construção e ocupação do solo quanto em relação à natureza da atividades cuja instalação é admitida.

Ou seja, quando observado o valor econômico do imóvel solo, verifica-se que os fatores externos – como localização e máxima utilização possível, ambos independentes da vontade ou da ação do proprietário – são questões determinantes no aumento do preço da propriedade. Morales (2004, p. 02) destaca que a definição do valor de um terreno ou gleba ocorre de maneira residual e leva em consideração inúmeras questões externas. Desta forma, a propriedade do imóvel gera ao proprietário um "aproveitamento das externalidades sem a internalização dos custos correspondentes e muito menos o pagamento de contrapartida para a sociedade", que acaba por ser a principal responsável pelas ações definidoras do preço do solo.

Assim, Morales (2004, p. 05-06) destaca que, embora a propriedade não seja um privilégio em si mesma, sua localização tem tal característica, em especial, por sua "*naturaleza irrepetible*". Para o autor "*cada localización es única*" sendo impossível sua repetição, vez que está relacionada a ações da sociedade e do Estado, que são externas à vontade proprietário e podem gerar um direito à valorização do solo, sem ter contribuído em nada com o aumento do seu preço.

Assim, por criar uma nova centralidade, que terá uma localização privilegiada, com boa infraestrutura e, provavelmente, com potencial construtivo maior que o restante da cidade, a realização de um grande projeto urbano tende a culminar na valorização do preço do imóvel solo de maneira significativa, ao mesmo tempo é interessante ao mercado imobiliário produtor de novas edificações.

Além da localização e da máxima utilidade, há outro fator que merece destaque, tendo relevância definitiva na política pública dos grandes projetos urbanos. Trata-se da influência que as perspectivas futuras têm na formação do preço da propriedade imóvel. Tal situação também potencializa o valor e independe de qualquer ação particular do proprietário, mas de possíveis propostas da política pública.

Morales (2004, p. 5) explica que essa condição tem relação com o caráter indestrutível da propriedade de solo e, assim, seu preço estará sempre relacionado ao potencial de uso futuro. Ou seja: a lógica de maior e melhor uso não toma como base aspectos atuais, mas futuros. A perspectiva de um grande projeto urbano que, em tese, traz um aumento no potencial construtivo de um lote e uma proposta urbanística inovadora de centralidade, tende a aumentar o valor de um imóvel. Nesse sentido, Smolka (2013, p. 6-7) destaca que "*al permitir mayores densidades, edificabilidad os câmbios de zonificación de uso residencial a comercial, se generan enormes incrementos de valor*" ao produto solo.

A visão dialoga com a perspectiva sistêmica de Luhmann (2016, p. 611-612), ao aduzir que "a propriedade é apenas uma distinção inicial", pois nas transações econômicas, a situação de propriedade deve ser diferenciada antes e depois. Para o autor, "cada vez mais a propriedade se valoriza do ponto de vista de um possível aproveitamento transacional, isto é, uma fixação momentânea sem liquidez como capital invertido". Afirma ainda Luhmann (2016, p. 624) que "no sistema econômico, o valor da propriedade, sob as condições de uma economia monetária, consiste em ampla medida no uso das transações. Valor é o valor de câmbio".

O fator aponta para os efeitos potenciais que as ações do poder público geram no mercado imobiliário de solo, anulando-se, em alguns casos, as ações privadas de valorização nas unidades construídas. Com isso, por mais que o proprietário tenha se esforçado em desenvolver uma edificação com diferenciais – tamanho, qualidade de acabamentos, arborização e jardinagem, infraestrutura interna, com calefação, móveis planejados, etc – tornando-a uma residência ou escritório de extrema qualidade, uma modificação estatal do potencial de construção daquela gleba ou lote, ou a mudança de sua utilidade pode tornar aquela excelente estrutura em algo sem qualquer valor de mercado, se comparado com o aproveitamento futuro do imóvel solo apto a receber uma nova estrutura, altamente rentável. Ou seja: todo esforço do proprietário privado em valorizar seu imóvel é insignificante quando comparada ao potencial de aumento de preço advindo da localização, da maior utilidade e do potencial futuro, que são decorrentes de ações da sociedade e do Estado.

Neste sentido, Maldonado (2007, p. 197) explica que os aumentos no valor do preço do solo tendem a ser "atribuídos muito mais ao esforço da comunidade, do que em relação as ações dos proprietários". Por este motivo, a autora explica que tais incrementos não são merecidos e poderão ser recuperados por meio de de impostos, contribuições, exações e outros mecanismos fiscais, ou ainda, "em melhorias locais em benefício de toda a sociedade". A reflexão remente aos estudos de recuperação de *plusvalias* urbanísticas, que pode ser entendida nas palavras de Smolka (2013, p. 2):

> *El concepto de recuperación de plusvalías implica movilizar, para ella beneficio de la comunidad, parte o la totalidad del incremento del valor de suelo (plusvalías o ingresos inmerecidos) que ha sido generado por acciones ajenas al propietario, tales como inversiones públicas en infraestructura o cambio administrativos en las normas y regulaciones sobre el suelo.*

Barco e Smolka (2007, p. 224) apresentam argumentos favoráveis e contrários sobre a utilização destes mecanismos. Entre os favoráveis estão a redução da corrupção; redução da especulação; ingressos públicos para fins redistributivos e melhoras na arrecadação. Como negativos, apontam a introdução de uma maior burocracia na execução dos planos e na emissão de licenças; a legalização da apropriação privada, visto que o proprietário, mesmo com os mecanismos, acaba por ficar com boa parte da lucratividade e a geração de altos custos administrativos de suas execuções.

É na perspectiva de recuperação de *plusvalías* urbanísticas que é construída a política pública de grandes projetos urbanos nos casos brasileiros. Uma proposta urbanística de centralidade, servida de boa infraestrutura, tende a atender aos requisitos de nova localização, aumento do aproveitamento e valorização futura do solo, aptos a aumentar o preço dos imóveis. O poder público, por ter a atribuição de autorizar tais mudanças nos potenciais de construção e ter a responsabilidade por executar a infraestrutura pública prevista na proposta plano, poderia obter os recursos necessários, recebendo, em seu favor, parte da valorização imobiliária que ele mesmo proporciona aos particulares.

Smolka (2013, p. 60) refere que os grandes projetos urbanos formam um dos grupos de experiências onde ocorre a recuperação de *plusvalías* e cita o Brasil como exemplo, em especial São Paulo. O autor relaciona tal iniciativa ao solo criado e à venda de potenciais construtivos, tendo como ideia central que o novo projeto "*no debe estar disponible gratuitamente*", mas sim, deve ser "*subastado entre los interessados em aprovechar los futruros benefícios econoicos de las inversiones públicas*"[122].

[122] O autor Smolka (2013, p. 61) traz em sua obra um quadro explicativo, onde demonstra que ao longo dos anos 2004 a 2010, já foram arrecadados mais de U$ 720 milhões em decorrência de operações urbanas executadas na cidade de São Paulo, confirmando o potencial do instrumento.

Em obra referência sobre a abordagem jurídica da questão da *plusvalía* urbanística e o desenvolvimento urbano sustentável, Sotto (2016) aponta para diversos mecanismos com esta finalidade, dividindo-os em: fiscais de natureza tributária; fiscais de natureza não tributária; e não fiscais[123], sendo que as operações urbanas consorciadas estão incluídas no segundo grupo. Como já visto, os grandes projetos urbanos são considerados como um gênero nesta pesquisa, do qual a operação urbana consorciada é uma espécie, o que permite definir que tal política pública envolve instrumentos fiscais de natureza não tributária de recuperação de *plusvalía*, em especial, da venda do potencial construtivo como alternativa para este fim.

Desta forma, a compreensão econômica da Política Pública de Intervenção Urbanística dos grandes projetos urbanos deve ter em conta que Poder Público, por criar uma localização diferenciada, aumentar o potencial máximo de uso e gerar uma perspectiva futura de valorização, torna-se o principal responsável por aumentar significativamente o preço do solo e por dinamizar o mercado de venda de unidades imobiliárias. A recuperação desta oportunidade privilegiada pode ser feita por diversos mecanismos, em especial, a negociação de potencial construtivo com a aplicação de instrumentos jurídicos de solo criado, o que tem sido tradicionalmente feito no país.

Para que se avance ainda mais nessas reflexões, passa-se a abordar, de maneira mais específica, o solo criado e os instrumentos dele decorrentes, que são fundamentais na operação da Política Pública de Intervenção Urbanística dos grandes projetos urbanos, demonstrando-se como mecanismo definitivo na observação econômica da propriedade urbana.

4.2.2 A propriedade imóvel urbana e o solo criado

A compreensão do conceito de solo criado e dos seus desdobramentos demanda a descrição de um breve panorama sobre a propriedade urbana, em especial,

[123] Entre os primeiros, estão a contribuição de melhoria e os tributos sobre a propriedade urbana (IPTU, ITR, taxas e licenças). Os segundos abrangem os instrumentos de solo criado, em especial, a transferência e a outorga onerosa do direito de construir e as operações urbanas. E os terceiros dizem respeito a obrigações repassadas aos particulares, com ocorre nas responsabilidades do urbanizador no parcelamento de solo urbano e nos processos de desapropriação.

os limites de sua utilização. No item anterior, ficou claro que a formação do preço do imóvel no mercado imobiliário, em especial no contexto urbanístico contemporâneo, decorre muito mais de um privilégio de localização e das ações do governo e da sociedade, do que de uma atividade do próprio proprietário. Tal constatação fundamenta a possiblidade de utilização de mecanismos de recuperação de *plusvalías* pelo Estado, entre os quais está a promoção de uma Política Pública de Intervenção Urbanística de grandes projetos urbanos.

Na perspectiva jurídica, a existência de instrumentos de recuperação de *plusvalías* urbanísticas pode ser vista como consequência da evolução do princípio da função social da propriedade, mais precisamente, do desdobramento que define uma separação entre o direito de propriedade e o direito de construir. A distinção oportuniza, dentre outras aplicações, a programação jurídica de mecanismos de solo criado, fundamentais em uma Política Pública de Intervenção Urbanística dos grandes projetos urbanos.

Como já referido, para Luhmann (2016, p. 609) a propriedade é considerada um acoplamento entre o sistema da economia e do direito e "pode significar domínio sobre as coisas, possibilidade de disposição" estando seu sentido vinculado a ideia de "interrupção das exigências de consenso", pois algumas de suas definições serão de responsabilidade do próprio proprietário e de ninguém mais[124]. Todavia, com a evolução da propriedade, a influência de exigência de consenso sobre tal direito tem sido cada vez mais frequentes como, por exemplo, os limites no exercício do direito de construir, que deixa de ser estritamente decorrente de uma decisão do detentor da propriedade e passa a depender de autorizações estatais e sociais.

Amadei (2006, p. 3-6) retrata, com precisão, a superação originária da ideia de propriedade como algo "de valor absoluto, sem hierarquia intrínseca, sem elemento moral, sem responsabilidade, fundada na onipotência, excludente, autoritária, constituinte, princípio e fim da atividade econômica, sem espaço para função social" para uma perspectiva "capitalista regulamentar" onde há uma crescente "intervenção do poder público" com o objetivo de "ordenar

[124] Luhmann (1983, p. 122), ao relacionar propriedade e economia destaca que "*mediante la propiedad todos los procesos de comunicación económicamente relevantes están sometidos a la unívoca distinción tener/no tener. En cuanto su función, la propiedad es esta distinción de tener y no tener, es esquematismo binario de la economía. La propiedad de uno es siempre en la misma medida no-popriedad de los otros*"

os espaços urbanos de forma preventiva", que inicia na regulamentação dos contratos imobiliários, mas que passa a atuar sobre o exercício do direito de propriedade propriamente dito. [125]

Lira (1998, p. 9-10) destaca que, na perspectiva urbanística, a propriedade deve ser vista sobre dois enfoques: (1) de mutabilidade factual, vez que sua observação deve levar em conta aspectos concretos e específicos como "seu contorno, sua senhoria, a extensão de suas faculdades ou direitos elementares"; e (2) de extensão pública, que traz consigo a ideia de função social da propriedade, vez que "a edificação, a utilização do solo urbano, com qualquer finalidade, enfim, a configuração e a magnitude de uma cidade, não podem ser realizações privadas" que acontecem por "conveniência e interesse do dono do lote ou da gleba urbana", mas sim conformar também os anseios coletivos, por força da própria Constituição.

Quanto à ideia de mutabilidade factual, é de grande relevância o conceito de "propriedade economicamente adequada" trazido por Figueiredo Neto (2016, p. 176), que atenta para interação dos aspectos sociais e econômicos no seguinte contexto: "a perspectiva da propriedade privada sobre bens imóveis nas relações constitucionais econômicas aponta para sua ligação transitória, com sujeitos passivos indeterminados". Assim, segundo o autor, a relação irá ocorrer "na medida em que esta situação jurídica se exerce com aqueles que tiverem contato com a atividade econômica na qual a propriedade se insere". Este ciclo forma "centros econômicos de interesse" que exigem comportamentos "quer de abstenção, quer de cooperação, entre o proprietário e aqueles que com ele interagirem".

A extensão pública quanto aos limites do exercício da propriedade urbana é reflexo da normatização constitucional da função social, prevista no texto constitucional de 1988. [126] O princípio, além de figurar no art. 5º, também en-

[125] Nesta breve perspectiva histórica, Amadei (2006, p. 4-5) destaca que "se colhe, por um lado, a crise do dogma da propriedade como direito inviolável e direito sagrado, mito plantado pelo voluntarismo e individualismo da Idade Moderna (na linha de construções de Hugo Grócio, David Hume, John Locke, Adam Smith, Wolf e Kant, por exemplo); e por outro, o germe da efetiva transição do enfoque individual para o enfoque social a que a concepção da propriedade, no Estado capitalista regulamentar, estava destinada".

[126] Costa (2014, p. 57) destaca que "essa função social da propriedade já fazia parte de nossos ordenamento anterior, mas, mesmo com disposição específica na Constituição de 1967, com redação conferida pela Emenda Constitucional 1/1969, ainda assim não se faziam presentes,

contra desdobramentos no art. 170, vinculando-se o exercício da livre iniciativa com seu conteúdo e, no art. 182, determina que a delimitação do princípio em âmbito urbano será definida por cada município, no seu respetivo Plano Diretor.

Pilati (2017, p. 49-50) explica que a propriedade urbana é "aquela destinada à moradia, ao comércio e à indústria" e que, embora tenham características comuns – "o objeto (bens corpóreos imóveis); quanto ao regime jurídico (de direito real, a título singular ou sob condomínio); quando a aquisição (os modos previstos no Código Civil) e quanto as limitações (perante regulamentos administrativos, vizinhança e outros)" – possui uma diferenciação no trato de sua função social, que está relacionada as disposições do Plano Diretor. Assim, o autor considera a propriedade urbana, a partir da programação do direito no Brasil, uma "propriedade especial", vez que seu "conteúdo não é definido exclusivamente pelo regime jurídico do direito comum codificado", mas será a comunidade local, mediante lei, quem definirá as peculiaridades do uso e gozo.

Para Costa (2014, p. 58) o direito de propriedade "foi se publicizando e sendo alcançado a receber diretrizes maiores pelo fenômeno conhecido como constitucionalização do direito civil", que resultou, ente outros aspectos, em uma mutação na visão até então existente entre direito de propriedade e direito de construir, com respaldo na regulamentação do Código Civil em vigor. Neste sentido, embora o Código Civil traga as regras tradicionais do direito de propriedade no *caput* do art. 1.228[127], as disposições estão vinculadas a uma função social prevista no § 1º do mesmo dispositivo[128] e distinguem-se do

na legislação infraconstitucional, normas que concretizassem o sentido da expressão e que pudessem ser exigidas dos proprietários". Sobre o tema da Função Social da Propriedade, em especial no contexto urbano, a partir das disposições da Constituição Federal de 1988, ressalta-se a obra de Leal (1998), que trata "Função Social da Propriedade e da Cidade no Brasil".

127 Conforme art. 1.228, do Código Civil "O proprietário tem a faculdade de usar, gozar e dispor da coisa, e o direito de reavê-la do poder de quem quer que injustamente a possua ou detenha"

128 De acordo com o art. 1.128, § 1º, Código Civil: "O direito de propriedade deve ser exercido em consonância com as suas finalidades econômicas e sociais e de modo que sejam preservados, de conformidade com o estabelecido em lei especial, a flora, a fauna, as belezas naturais, o equilíbrio ecológico e o patrimônio histórico e artístico, bem como evitada a poluição do ar e das águas.

direito de construir, que tem regras próprias e subordinadas a regulamentos administrativos, como previsto no art. 1.299[129].

Meirelles (2005, p. 31) explica que "a liberdade de construir é regra", sendo que "as restrições e limitações do direito de construir formam exceções", que devem sempre estar previstas em lei ou regulamento. De forma geral, o que é proibido é o "mal uso" ou "o uso anormal", que são limitadores do direito de construir, devendo sempre preservar o direito dos vizinhos e as prescrições administrativas.[130]

A distinção entre direito de construir e direito de propriedade é reforçada pelo Estatuto da Cidade, que prevê instrumentos como a transferência do direito de construir; a outorga onerosa do direito de construir; e as próprias operações urbanas consorciadas. O autor Pinto (2005, p. 273) considera "a separação entre o direito de propriedade e o direito de construir" como a inovação mais relevante trazida pela lei geral urbanística. Furquim (2013, p. 69-70) conceitua o direito de construir como "faculdade de materializar o aproveitamento urbanístico estabelecido para cada parcela do solo pelas normas de planejamento urbano".

Apesar do destaque feito para tal distinção, Costa (2014, p. 61-62) retrata três correntes sobre o tema: (1) a tradicional, que vê o "direito de construir, considerado na sua totalidade e amplitude, uma emanação natural do direito de propriedade", que somente teria restrição no direito de vizinhança, e que rechaça a possibilidade de existência do mecanismo solo criado; (2) a segunda, que separa na "plenitude o direito de propriedade do direito de construir e entendem que este último não pertence naturalmente ao proprietário, mas lhe é atribuído por exclusiva concessão do Poder Público" e que a assim que edificar "pertence em qualquer hipótese e na totalidade à coletividade" e (3) a considerada intermediária, que entende-se como predominante na

129 Tendo como base o art. 1.299 "o proprietário pode levantar em seu terreno as construções que lhe aprouver, salvo o direito dos vizinhos e os regulamentos administrativos"

130 Meirelles (2005, p. 89-91) explica que a "limitação administrativa é toda a imposição geral, gratuita, unilateral e de ordem pública condicionadora de direitos ou de atividades particulares às exigências de bem estar" e não deve ser confundida com restrição de vizinhança, servidão predial, servidão pública ou desapropriação. Sua natureza jurídica é de preceito de ordem pública, que deriva do poder de polícia inerente e indissociável da Administração. Se exterioriza por imposições unilaterais, imperativas, no sentido de fazer, não fazer ou deixar fazer.

programação do direito brasileiro ao apontar que "o direito de propriedade envolve a normal possibilidade de utilização do bem em determinada extensão", mas que cabe à legislação "impor objetivamente os limites e as condições em que tal direito de construir se há de exercer"[131].

No mesmo sentido, Pinto (2005, p. 279-280) dispõe que a perspectiva urbanística deixa cada vez mais clara a existência de uma distinção entre o direito de propriedade e o direito de construir, sendo assim, é necessária "uma ampla revisão dos paradigmas atualmente adotados", em especial os vinculados à visão mais tradicional. Silva (2018, p. 85) também contribui com este debate, dispondo que, em decorrência das da atividade urbanística, o direito de construir "não é uma emanação do direito de propriedade, mas uma concessão do Poder Público". A compreensão do conceito de solo criado contribui para que dar melhores contornos ao tema.

O direito de construir, embora não seja um sinônimo, tem uma relação muito próxima com o enfoque central deste item de pesquisa, que é o solo criado.[132] O tema tem como marco histórico o ano de 1976, quando fora publicada a "Carta de Umbu". Segundo Costa (2014, p. 39-40) o documento é resultado de congresso que reuniu urbanistas e juristas do mundo todo e registrou um "avançado entendimento e a base constitucional do que se passou a entender por solo criado". O documento define como solo criado "áreas adicionais utilizáveis, não apoiadas diretamente sobre o solo natural" e fixa que "toda edificação acima do coeficiente único (leia-se básico) é considerada solo criado, quer envolva ocupação de espaço aéreo, que a de subsolo".[133]

[131] Furquim (2013, p. 71) divide a doutrina jurídica em duas linhas de pensamento: "uma que defende o direito à construção como componente do direito de propriedade; outra afirma que amos estão dissociados, sendo o direito de construir, de fato, uma atribuição da norma de planejamento urbano".

[132] Embora reconheça tal proximidade, Costa (2014, p. 68) alerta que "não se pode fazer uma associação direta e necessária, que posicione, de um lado, a separação entre o direito de propriedade e o direito de construir, e, de outro, em direta correlação, a existência do solo criado". Tal ressalva, tem como base aspectos históricos, vez que, limitações administrativas no direito de construir existem há mais de um século, enquanto a temática do solo criado remete ao final dos anos 1970.

[133] Silva (2018, p. 260-261), ao dispor sobre solo criado, afirma que "a tecnologia das construções proporcionou o surgimento de edificações com pisos artificiais sobrepostos ou sobpostos, como unidades autônomas, a partir do solo natural, configurado pela superfície do lote". Tal situação possibilitou a "multiplicação do solo edificável", onde os limites passam a ser as

A compreensão de um coeficiente de aproveitamento básico e um limite máximo de aproveitamento é fundamental no entendimento do solo criado, cujas definições deverão estar previstas no Plano Diretor. O art. 28, §1º do Estatuto da Cidade define como coeficiente de aproveitamento "a relação entre a área edificável e a área do terreno", devendo ter um índice básico e um limite máximo.

De acordo com Furtado, Biasotto e Maleronka (2012), o índice básico define um patamar que corresponde à utilização normalmente prevista para os terrenos urbanos. O patamar poderá variar em cada zona urbana municipal, dependendo dos aspectos físicos e estruturais, assegurando-se o direito de construir ao proprietário, sem qualquer contrapartida ao município, dentro de tais limites.

Já o coeficiente de aproveitamento, previsto no art. 28, §3º do Estatuto da Cidade, refere-se a um adicional que pode ser adquirido do Poder Público para construção além do coeficiente básico. A aquisição deste direito se dá de diferentes formas, entre as quais, leilões de índices construtivos ou negociações diretas com o Poder Público. Da mesma forma que o Plano Diretor define um índice básico também deve dispor um limite máximo, sempre respeitando-se a capacidade de infraestrutura urbana de determinado local.

A lógica originária e idealista do solo criado consiste no fato de que o coeficiente básico é sempre 1,0 (um), ou seja, o direito de construir é equivalente ao tamanho perimetral do lote. Nesta concepção idealista, qualquer construção acima desta previsão somente pode ser feita com aquisição de potencial de aproveitamento junto ao poder público, seja em dinheiro ou por compensação. Silva (2018, p. 261) explica a realidade com precisão:

> Esse coeficiente único pode ser qualquer um, mas o mais lógico e razoável consiste no coeficiente de aproveitamento 1,0, o que equivale reconhecer a todo proprietário o direito de erguer, no seu terreno, uma construção correspondente a tantos metros quadrados forem os da superfície do lote, ou seja, cada metro quadrado do terreno dará

regras edilícias ou de zoneamento, ou ainda, os limites suportados pelo solo natural dos lotes. Assim, o solo criado pode ser considerado como "o resultado da criação de áreas adicionais utilizáveis, não apoiadas diretamente sobre o solo natural".

> direito de construir $1m^2$ de edificação – coeficiente este que poderá ser utilizado totalmente ou não, respeitados, evidentemente, os demais índices urbanísticos previstos para a zona.

Neste sentido, o direito de construir com base no solo criado acima do índice básico (ou único) configura-se um bem com valor comercial, uma vez que aumenta o potencial de uso originário de um lote. Marques Neto (2009, p. 235) afirma que tal criação "se constitui como um ativo patrimonial destacado da propriedade do imóvel correspondente" dispondo, ainda, que se trata de um "bem intangível e autônomo" que admite alienação pelo Poder Público, podendo, também, ser renegociado entre particulares posteriormente e na forma definida em legislações específicas.

Costa (2014, p. 40-41) reforça que a Carta de Umbu também é o embrião da ideia de que "o criador de solo deverá oferecer à coletividade as compensações necessárias ao reequilíbrio reclamado pela criação do solo adicional" sendo "constitucional exigir, na forma da lei municipal, como condição de criação de solo, que o interessado entregue ao Poder Público áreas proporcionais" ou ainda "o equivalente econômico". A ideia de oferecer áreas proporcionais é o cerne do instrumento da transferência do direito de construir, enquanto o equivalente econômico consiste na outorga onerosa deste direito, que estão regulados no Estatuto da Cidade, respectivamente, nos artigos 35 e 28.

Outro instrumento é a operação urbana consorciada, que depende necessariamente do solo criado e, como já visto, é uma modalidade de grande projeto urbano. A operação urbana se viabiliza financeiramente a partir da venda de solo criado, como previsto no art. 34, o qual aduz que a operação poderá "prever a emissão pelo Município de quantidade determinada de certificados de potencial adicional de construção" e que tais papéis "serão alienados em leilão ou utilizados diretamente no pagamento das obras necessárias à própria operação".

Nesse contexto, é muito provável que a Política Pública de Intervenção Urbanística utilizadora da alternativa dos grandes projetos urbanos no Brasil, ainda que por instrumento jurídico inominado, se valha de algum mecanismo de solo criado de uma forma ou de outra, sejam os previstos no Estatuto da Cidade, sejam outros a serem formatados para viabilizar tal atuação governamental. Pode-se dizer que são os mecanismos de solo criado os principais instrumentos de viabilização econômica e financeira de um grande projeto urbano no Brasil.

O município de São Paulo, que tem longa tradição neste aspecto, tem possibilitado a arrecadação de recursos que viabilizam suas operações urbanas consorciadas através dos chamados Certificados de Potencial Adicional de Construção (Cepacs).[134] Em trabalho sobre o assunto, Sandroni (2013, p. 7) explica que o documento "foi criado basicamente para separar a contrapartida econômica da realização do projeto que lhe deu origem" e para possibilitar a entrada do recurso nos cofres públicos antes que tenham início os projetos previstos no plano, a serem executados pelo Poder Público.

Ainda de acordo com Sandroni (2013, p. 7), a compra desses papéis permite que os empreendedores particulares adquiram direitos de construir para sua propriedade em local onde o poder público fará uma modificação estrutural, o que possibilita a construção para além do zoneamento geral (índice básico), mas dentro de limites definidos na operação (coeficiente de aproveitamento). Os valores arrecadados pela comercialização de Cepacs são utilizados para realizar ações de responsabilidade do Poder Público na execução do plano urbanístico[135].

Em âmbito jurídico, o sentido de solo criado já tem certa estabilidade e foi objeto de apreciação no Supremo Tribunal Federal há longa data, resultando em duas decisões merecedoras de destaque, pois respaldam o uso do instrumento e definem a natureza jurídica dos recursos adquiridos a partir de sua utilização. A primeira decisão refere-se ao RE 387.047-5 SC[136], sob relatoria do Min. Eros Grau e assim definiu:

[134] Sandroni (2013, p. 7-8) explica que em São Paulo, os leilões de Cepacs são realizados na bolsa de valores, sendo que tais documentos, seguem regulamentação própria do mercado mobiliário. Seu sucesso não foi imediato, vez que não tiveram êxito para recebe contrapartidas, pela insegurança dos envolvidos. Ocorreram debates no âmbito jurídico, de que tais emissões, representariam aumento da dívida pública. Tal situação estabilizou-se com a entrada em vigor do Estatuto da Cidade, que possibilitou a retomada de operações de sucesso.

[135] Sandroni (2013, p. 08-10) destaca os resultados financeiros na venda dos direitos de construir por meio dos Cepacs com a Operação Faria Lima, vez que, depois de alguns leilões sem sucesso, a proposta arrecadou R$ 194 milhões, em 2007; R$ 252 milhões, em 2009; e R$ 368 milhões, em 2010, representando o expressivo resultado financeiro do grande projeto, o que possibilitou sua implantação.

[136] EMENTA: RECURSO EXTRAORDINÁRIO. LEI N. 3.338/89 DO MUNICÍPIO DE FLORIANÓPOLIS/SC. SOLO CRIADO. NÃO CONFIGURAÇÃO COMO TRIBUTO.

> O solo criado é o solo artificialmente criado pelo homem [sobre ou sob o solo natural], resultado da construção praticada em volume superior ao permitido nos limites de um coeficiente único de aproveitamento.

Também foi decido que o particular ter que adquirir o direito de construir em lote de sua propriedade não constitui tributo, nem se trata de imposto, mas de "faculdade atribuível ao proprietário de imóvel" pelo poder público para "construir acima do coeficiente único de aproveitamento" a partir da assunção de um ônus, que não se constitui em obrigação. Tal situação, segundo o ministro, configura-se "instrumento próprio de desenvolvimento urbano" de responsabilidade do ente local, e é voltado para a "correção de distorções que o crescimento urbano desordenado acarreta", e sendo assim, atende aos princípios da função social da propriedade.

Sobre o tema, cita-se outra decisão do Supremo Tribunal Federal, que decorreu do RE 226.942-7[137] sob relatoria do Min. Menezes Direito, que

OUTORGA ONEROSA DO DIREITO DE CRIAR SOLO. DISTINÇÃO ENTRE ÔNUS, DEVER E OBRIGAÇÃO. FUNÇÃO SOCIAL DA PROPRIEDADE. ARTIGOS 182 E 170, III DA CONSTITUIÇÃO DO BRASIL. 1. SOLO CRIADO Solo criado é o solo artificialmente criado pelo homem [sobre ou sob o solo natural], resultado da construção praticada em volume superior ao permitido nos limites de um coeficiente único de aproveitamento. 2. OUTORGA ONEROSA DO DIREITO DE CRIAR SOLO. PRESTAÇÃO DE DAR CUJA SATISFAÇÃO AFASTA OBSTÁCULO AO EXERCÍCIO, POR QUEM A PRESTA, DE DETERMINADA FACULDADE. ATO NECESSÁRIO. ÔNUS. Não há, na hipótese, obrigação. Não se trata de tributo. Não se trata de imposto. Faculdade atribuível ao proprietário de imóvel, mercê da qual se lhe permite o exercício do direito de construir acima do coeficiente único de aproveitamento adotado em determinada área, desde que satisfeita prestação de dar que consubstancia ônus. Onde não há obrigação não pode haver tributo. Distinção entre ônus, dever e obrigação e entre ato devido e ato necessário. 3. ÔNUS DO PROPRIETÁRIO DE IMÓVEL URBANO. Instrumento próprio à política de desenvolvimento urbano, cuja execução incumbe ao Poder Público municipal, nos termos do disposto no artigo 182 da Constituição do Brasil. Instrumento voltado à correção de distorções que o crescimento urbano desordenado acarreta, à promoção do pleno desenvolvimento das funções da cidade e a dar concreção ao princípio da função social da propriedade [art. 170, III da CB]. 4. Recurso extraordinário conhecido, mas não provido.

137 EMENTA: TRIBUTÁRIO. PARCELA DO SOLO CRIADO: LEI MUNICIPAL Nº 3.338/89. NATUREZA JURÍDICA. 1. Não é tributo a chamada parcela do solo criado que representa remuneração ao Município pela utilização de área além do limite da área de edificação. Trata-se de forma de compensação financeira pelo ônus causado em decorrência da sobrecarga da aglomeração urbana. 2. Recurso extraordinário a que se nega provimento.

basicamente explica que "não é tributo a chamada parcela do solo criado". Segundo o julgado, trata-se de uma "forma de compensação financeira pelo ônus causado em decorrência da sobrecarga da aglomeração urbana", que terá o prazo de cobrança quinquenal, consoante decisões do STJ como no REsp 1.273.010-RS.[138]

Nesse contexto, é a partir da evolução do princípio da função social da propriedade que a separação entre o direito de propriedade e o direito de construir ganham força, sendo aprimorados pela proposição jurídico-urbanística dos instrumentos de solo criado. O cenário proporciona um potencial econômico e financeiro inovador para viabilização da Política Pública de Intervenção Urbanística dos grandes projetos urbanos, que pode ser calcada em um financiamento por recursos privados e públicos não tributários, a ser mobilizado pelos governos locais.

A conclusão deste tópico passa por definir, mais precisamente, quais os limites e possibilidades estabelecidos pelo sistema da economia à Política Pública de Intervenção Urbanística dos grandes projetos urbanos, em especial, destacando-se possíveis pontos cegos, o que será abordado no item a seguir.

4.2.3 O sistema da Economia e os pontos cegos da Política Pública de Intervenção Urbanística dos grandes projetos urbanos

Observados, sistemicamente, o Direito, a Política e a Economia, em especial, as peculiaridades do mercado imobiliário, da propriedade imóvel urbana e dos instrumentos de solo criado, parte-se para reflexões mais concretas com

[138] ADMINISTRATIVO. RECURSO ESPECIAL. EXECUÇÃO FISCAL. ÍNDICE DE CONSTRUÇÃO (SOLO CRIADO). DÍVIDA NÃO TRIBUTÁRIA. PRESCRIÇÃO. DECRETO 20.910/32. 1. A dívida decorrente de aquisição de índice de construção junto ao Poder Público municipal não é de natureza tributária. Precedente: STF, RE 387.047/SC, Rel. Min. Eros Grau, Tribunal Pleno, DJe 20/4/2008. 2. O prazo prescricional para a cobrança de dívida ativa não-tributária é quinquenal. Aplicação, por isonomia, do art. 1º do Decreto 20.910/32. Precedentes: AgRg no AREsp 169.252/RS, Rel. Ministro Teori Albino Zavascki, Primeira Turma, DJe 14/06/2012; AgRg no AREsp 155.680/SP, Rel. Ministro Herman Benjamin, Segunda Turma, DJe 15/06/2012; REsp 1.312.506/PE, Rel. Ministro Mauro Campbell Marques, Segunda Turma, DJe 03/05/2012; REsp 1197850/SP, Rel. Ministro Castro Meira, Segunda Turma, DJe 10/09/2010; AgRg no Ag 968.631/SP, Rel. Ministro Benedito Gonçalves, Primeira Turma, julgado em 19/02/2009, DJe 4/03/2009. 3. Recurso especial provido.

o intuito de aferir como tais dinâmicas e decisões afetam a Política Pública de Intervenção Urbanística dos grandes projetos urbanos.

No início do tópico, de imediato observou-se uma das questões que justificam a opção dos governos locais por tal caminho: a situação financeira dos entes municipais que, por vezes, carecem de recursos públicos para levar a cabo qualquer Política Pública de Intervenção Urbanística. Assim, o caráter arrecadatório dos instrumentos de solo criado pode apresentar-se como alternativa frente a tal limitação, ou seja, a venda de potencial construtivo é uma opção a ser observada no cenário de escassez. [139]

Todavia, observar a Política Pública de Intervenção Urbanística em um caráter meramente financeiro pode levar a resultados danosos, apresentando-se, desde já, como um ponto cego. Marques Neto (2009, 230-231) alerta que o solo criado não pode ser disponibilizado sem parâmetros, visto que não se trata de um "bem ilimitado". O autor dispõe que "o Poder Público Municipal não pode sair vendendo potencial construtivo como se tivesse descoberto uma forma de criação ilimitada de riqueza". Nas cidades existe um "solo criável" que "deve ser balizado pela disponibilidade de infraestrutura e o incremento de adensamento alvitrado".

Ademais, a produção de solo criado sem critério, ainda que inserida em uma centralidade específica destinada para realização de um grande projeto urbano, pode remeter-se a outro ponto cego da política pública: o desinteresse privado pela compra do potencial construtivo ou, ainda, pela operação urbana como um todo. Maleronka e Hobbs (2017, p. 03) explicam que tal política pública não tem um poder de criar uma demanda, mas somente

[139] Contribui com esta percepção, a ideia apresentada por Massonetto (2015, p. 15) de que "A efetividade dos instrumentos onerosos depende da capacidade financeira dos entes estatais. O alto endividamento dos municípios associado à regulação prudencial de controle da expansão dos gastos públicos constitui um obstáculo importante ao desenvolvimento urbano, especialmente no processo de capitalização das áreas periféricas ou deprimidas do território das cidades. Um exemplo das dificuldades encontradas na reconfiguração do território pode ser apontado nos altos custos envolvidos nos processos de desapropriação. O elevado valor da terra urbana, que acompanha o processo ascensional dos preços do mercado de imóveis, e a necessidade de depósito judicial da quase totalidade do valor do imóvel previamente à imissão na posse têm dificultado o exercício do poder expropriatório estatal e dificultado o processo redistributivo do acesso à infraestrutura urbana".

"nos casos em que incentivos e restrições forma adequados, organizar parte dessa demanda".[140]

Portanto, a criação de solo e possibilidade de venda é um dentre tantos elementos que configuram essa política pública. A escolha correta da centralidade, a proposta urbanística, bem como a inserção desta proposta em um contexto de cidade, serão fatores fundamentais na mobilização de recursos. Ainda de acordo com Maleronka e Hobbs (2017, p. 43-44), verifica-se que o setor imobiliário, em específico, observa o grande projeto urbano não como uma possibilidade de valorização futura dos seus imóveis ou nos incentivos previstos, mas como uma possibilidade de "produzir e vender unidades", sendo que "a principal motivação para uma empresa empreender em área de operação urbana é existir demanda por imóveis naquela região".

Essas reflexões remetem a uma importante classificação apresentada por Morales (2012, p. 163), que ressalta a existência de 3 (três) tipos de proprietários no mercado de solo, que tendem a ser impactados de maneira distinta pela Política Pública Urbanística: o patrimonialista, o investidor e o usuário. No parágrafo anterior, ao descrever-se sobre o comportamento do setor imobiliário, fez-se referência a somente um dos proprietários, que é o investidor. Os demais – o usuário e o patrimonialista – também são proprietários e agentes do mercado, mas observarão a política pública de maneira distinta. Não atentar-se à existência desta complexidade cria novos pontos cegos na Política Pública de Intervenção Urbanística dos grandes projetos urbanos.

Conforme explica Morales (2012, p. 163), o proprietário usuário é aquele que adquire o imóvel de forma definitiva para morar ou trabalhar, ou seja, para continuar como usuário por um longo período. A tendência é que só venha a comercializar seu imóvel para tornar-se novamente um usuário, só que em outro local. O proprietário investidor é aquele que compra para construir ou parcelar na busca de um ganho dentro de uma taxa média da economia, valendo-se do imóvel de forma dinâmica e transitória, pois precisa ter retorno do investimento dentro de um prazo esperado. Já o proprietário

[140] Maleroka e Hoobs (2017, p. 03) explicam ainda que "a iniciativa privada pode não responder ou demorar a responder aos incentivos desenhados de uma operação urbana. Nestes casos, as adesões são reduzidas e/ou lentas".

patrimonialista configura-se como alguém que não usa o terreno, não faz nenhum investimento e retém o imóvel, visto que a lógica do mercado de imobiliário é de valorização por ações de terceiros e do Estado, contexto em que buscará lucratividade expressiva e futura.

Morales (2012, p. 163) faz a ressalva de que a classificação por ele apresentada, embora sirva como um parâmetro de observação, possui limitações, visto que há uma dificuldade em encontrar exemplos puros de cada tipo de proprietário, já que "*cada caso específico combina conductas al menos de dos de los tres tipos, y esto puede depender del entorno jurídico y la tolerancia de su cumplimiento con que el opera el mercado*". Apesar disso, entende-se que a classificação pode contribuir para a qualificação das decisões no âmbito da Política Pública de Intervenção Urbanística dos grandes projetos urbanos.

A programação jurídica da política pública deve observar os tipos de proprietários de maneira distinta, vez que cada um deles contribui distintamente com sua efetivação. A existência de proprietários com comportamento patrimonialista na localidade onde o grande projeto urbano será desenvolvido tende a dificultar sua materialização, pois, como já visto, a intenção deste agente é receber valores no longo prazo, sem aplicar qualquer esforço, mas apenas valendo-se das ações estatais, coletivas e de terceiros, que contribuem com a valorização do seu patrimônio.

Como um grande projeto urbano tende a promover um aumento da infraestrutura urbana da localidade, com a abertura de novas vias ou pavimentação, e ainda, com a modificação do zoneamento, tal valorização tende a ocorrer, interessando a uma observação patrimonialista, entretanto, uma política pública desta espécie deve ser programada para que o sistema da economia se irrite com a possiblidade de lucro na ação de proprietários investidores, que mobilizem-se e evitem um comportamento de inércia, o que é típico dos patrimonialistas.

Nesse sentido, existem vários instrumentos que o Poder Público pode incluir na programação de tal política pública para evitar a progressão de um comportamento patrimonialista dos proprietários: estipulação de índices construtivos básicos baixos, em especial 1,0 (um) ou menores; a cobrança de contribuição de melhoria; alíquotas altas de IPTU por lote vacante, ou ainda, a aplicação da modalidade progressiva do IPTU, prevista no art. 182, § 4º da Constituição Federal.

Ao contrário do comportamento patrimonialista, que é altamente danoso a uma Política Pública de Intervenção Urbanística de grandes projetos urbanos, a atuação dinâmica dos proprietários investidores tem papel fundamental, pois, em tese, serão os que desembolsarão recursos viabilizadores da operação. Sua ação objetiva potencializar lucros por meio da venda posterior dos produtos construídos sobre o solo. Maleronka e Hobbs (2017, p. 54) destacam tal relação, com base na experiência paulista:

> Em São Paulo, que recorreu ao instrumento para a implementação de projetos de adensamento construtivo – uma das opções possíveis de intervenção –, a conjugação de fatores como um mercado imobiliário pujante e o grande potencial de exploração das áreas selecionadas para receber as intervenções foi determinante para atrair a iniciativa privada e viabilizar as operações.

Entende-se que dois incentivos podem ser direcionados aos proprietários investidores nesse tipo de política pública: o aumento do limite máximo do coeficiente de aproveitamento do terreno, possibilitando-se o uso dos certificados adquiridos e exceções quanto as regras gerais de edificação e parcelamento de solo. A concessão de isenções de tributos e outros privilégios tendem a criar outros pontos cegos na ação governamental, pois diminuem o potencial de investimento em outros setores. Vale lembrar que a decisão do Poder Público de escolher o caminho dos grandes projetos urbanos leva em consideração a ausência de recursos financeiros para a Política Pública de Intervenção Urbanística. Não é coerente que tal iniciativa se utilize de benefícios baseados na arrecadação tradicional. Seu diferencial é justamente buscar alternativas financeiras diferenciadas, sem prejudicar outras políticas públicas setoriais, que também precisam de recursos e tendem a tratar de temas mais sensíveis a comunidade em geral, em especial, saúde, segurança, alimentação, entre outros.

Quanto aos proprietários usuários, entende-se que a Política Pública de Intervenção Urbanística tem dois impactos: nos proprietários usuários que já convivem na área, e nos proprietários usuários que pretendem adquirir os novos produtos que serão comercializados no âmbito do grande projeto urbano. Um dos possíveis pontos cegos, que redunda em forte crítica a este tipo de política pública, é o fenômeno da gentrificação. Ou seja: para criar o interesse do proprietário investidor e de novos proprietários usuários, a política pública pode ter como resultado a expulsão de moradores, cujo comportamento ou modelo de moradia não condiz com a proposta da nova centralidade.

Quando aos proprietários usuários que pretendem adquirir, entende-se que a política pública deve estar alinhada a ideia geral de cidade, prevista no plano diretor e em outras normas municipais, convergindo-se com os interesses sociais e econômicos daquela localidade, constituindo-se um fator fundamental para viabilizar a operação. Maleronka e Hobbs (2017, p. 55) explicam que "os atributos de viabilidade de uma operação consorciada estão, portanto, fortemente relacionados ao planejamento conjunto da cidade", que podem contar com adesão imediata de interessados em residir no local.

A observação dos diferentes tipos de proprietários na dinâmica do mercado imobiliário, bem como a análise das possibilidades e limitações financeiras da venda de potencial construtivo como oportunidade para o financiamento da Política Pública Urbanística são fatores fundamentais que, se bem compreendidos, irão qualificar a programação a ser formatada no sistema do direito. Neste ponto da pesquisa, embora tenha-se atentado para questões financeiras e econômicas, não se pode perder de vista que os objetivos fundamentais da Política Pública Urbanística, previstos no art. 182 da CF, estão intrinsicamente relacionados aos aspectos sociais, em especial, com as prescrições do Direito à Cidade.

As reflexões aqui desenvolvidas têm como escopo observar, de forma concreta, as ideias de Massonetto (2015, p. 144) quando afirma que "ignorar as interações da regulação urbanística com a regulação da atividade econômica e abandonar o caráter social da produção do espaço urbano acaba por limitar o Direito Urbanístico" e o torna "um sistema normativo ideal absolutamente desconectado da vida material".

Assim, é inegável que uma proposta de Política Pública de Intervenção urbanística de grande projeto urbano, que é demasiadamente complexa, mostra-se motivada por uma interação de fatores: a) dificuldades fiscais dos municípios; b) possibilidade de que tal situação pode ser superada com ações do Poder Público, que crie um dinamismo lucrativo do mercado imobiliário; c) arrecadação de recursos e realização de obras de infraestrutura, decorrentes deste dinamismo lucrativo, que é gerado pela cooperação público-privada.

Essa política, quando bem definida, forma uma espécie de cooperação do "tipo ganha-ganha", como descrito por Sandroni (2013, p. 03).

É por esse motivo que é fundamental observar as questões financeiras e o funcionamento do mercado. Valendo-se das ideias de Maleronka e Hobbs (2017, p. 55) percebe-se que os casos bem sucedidos de grandes projetos urbanos souberam entender o comportamento do mercado e dos diferentes tipos de proprietários, o que proporcionou "equilíbrio de oferta e demanda entre todos os agentes (dono do terreno, incorporador e comprador) no momento do investimento" ao mesmo tempo em que destacaram-se questões de interesse social e de melhorias na infraestrutura urbana.

A "análise de impacto regulatório" apresentada por Apparecido Jr. e Camargo (2019, p. 19) é um instrumento pragmático para desenvolver uma análise complexa, sistêmica e atenta aos pontos cegos e "consiste no procedimento analítico prévio a formulação ou revisão de instrumentos normativos em geral que visa, em síntese, aferir os possíveis impactos das alternativas propostas pela regulação". Os autores retratam que o mecanismo pode ser utilizado em âmbito urbanístico quando da formulação de planos, como ocorre nos grandes projetos urbanos. [141]

Respondendo ao problema proposto neste tópico, requer-se atenção aos aspectos econômicos para qualificação das decisões a serem tomadas no âmbito de tal política pública que, para ser concretizada, necessita de uma prestação do sistema econômico, pois é a lucratividade da sua operação que viabilizará recursos para implantação do plano previsto para a centralidade que, quando bem programada pelo sistema do direito, possibilitará decisões vinculantes da política promotoras de uma cidade cumpridora de suas funções sociais e proporcionadora de qualidade de vida aos cidadãos.

[141] Apparecido Jr. e Camargo (2019, p. 24) aduzem que "parece ser interessante a realização da análise de impacto regulatório concomitante à formulação dos planos e projetos urbanos, fase que tecnicamente deve preceder a elaboração das minutas de projetos de leis ou de decretos. A regulação urbanística, aponte-se, merece especial atenção quando da realização de análise de impacto regulatório, uma vez que, ao alterar e garantir novos direitos no processo de ordenação territorial, está necessariamente embasada em discussões técnico-urbanísticas, que devem incluir estudos econômicos, sociais, de impacto ambiental e jurídico. A análise de impacto regulatório seria, portanto, um capítulo a mais na etapa do projeto, visando garantir que medidas técnicas estudadas gerem os menores custos possíveis e alcancem os objetivos esperados a partir da fixação da regulação urbanística".

Nas palavras de Massonetto (2015, p. 154) "aproximar o direito urbanístico, do direito econômico e do direito financeiro, não resolve o desafio, mas possibilita reconectar o campo jurídico fragmentado" e, com isso, "iluminar os pontos cegos da regulação da atividade urbanística e estruturar uma base para o exercício da imaginação institucional necessária à efetivação do direito à cidade".

É a partir dessa observação mais complexa que as falhas de governo[142] na regulação do mercado são diminuídas, possibilitando-se que a promoção da política pública cumpra com seus objetivos constitucionais. Verificados os limites e as possibilidades do exercício da competência municipal, assim como, da comunicação com o sistema da economia, passa-se a apreciar os exemplos concretos de inovação de instrumentos jurídicos para a viabilização da Política Públicas de Intervenção Urbanísticas de grandes projetos urbanos, para que, no capítulo final, o problema central de pesquisa possa ser respondido de maneira mais detalhada, esclarecendo-se os contornos do regime jurídico geral desta política pública.

4.3 Observando o exercício concreto da competência municipal em Política Pública de Intervenção Urbanística para Grandes projetos urbanos

Os tópicos iniciais deste capítulo apresentaram questões relativas aos limites e as possibilidades da Política Pública de Intervenção Urbanística dos grandes projetos urbanos. Primeiro, retratou-se o exercício da competência municipal; e, segundo, demonstrou-se como o exercício interage com o sistema da economia. Assim, verificou-se uma grande possibilidade no exercício da competência municipal, situando-se os limites, especialmente na relação com outras políticas públicas setoriais. A observação do sistema da economia possibilitou aferir alternativas de financiamento da política pública, a partir da utilização de meios inovadores de arrecadação, em especial, a utilização de solo criado,

[142] Neste contexto, Pinto (2005, p. 55-56) explica que "a participação do Estado na economia muitas vezes não atinge os objetos a que se propõe, contribuindo, pelo contrário, para distorcer o sistema de mercado. A escola teórica da *public choice* (escolha pública) denomina de "*falhas de mercado*" os desvios mais comuns na atuação estatal".

muitas vezes necessário para um maior dinamismo do mercado imobiliário, que é fundamental para viabilizar este tipo de proposta governamental.

Para observar de forma mais concreta os limites e possibilidades no exercício da competência municipal, este tópico se propõe a analisar como os municípios brasileiros tem exercido tal atividade inovadora concretamente e, incluído em seus planos diretores ou legislação esparsa, instrumentos jurídicos deste tipo, alternativos à operação urbana consorciada, mas com a finalidade de viabilizar grandes projetos urbanos. Assim, parte-se do seguinte problema: a observação dos casos concretos de utilização de instrumentos jurídicos inominados para a viabilização de grandes projetos urbanos confirma a necessidade de um esclarecimento mais preciso do regime jurídico geral que regulamenta a matéria no país? Parte-se da hipótese de que, embora haja uma influência muito grande do regime jurídico das operações urbanas consorciadas, a ausência de uma programação mais clara e organizada para os grandes projetos urbanos em geral, possibilita um amplo espectro de inovação nos instrumentos. Essa inovação pode até mesmo gerar uma corrupção sistêmica, o que reforça a necessidade de um estudo mais aprofundado dos limites e possibilidades, a partir de uma observação jurídica.

Embora exista um diálogo do tema com a programação do Estatuto da Cidade, os primeiros grandes projetos urbanos brasileiros são anteriores a entrada em vigor da Lei. O município de São Paulo tem uma tradição de mais de mais de 30 anos, originada, segundo Maleronka (2012, p. 01), em dois aspectos: as "teorias sobre solo criado desenvolvidas na década de 1970" (1); e "a experiência das operações interligadas, no final da década de 1980" (2). As teorias de solo criado já foram trabalhadas no tópico anterior e as operações interligadas podem ser consideradas como os primeiros grandes projetos urbanos do país, ou ainda, uma fase embrionária do modelo.

Segundo Olbertz (2011, p. 121), as operações interligadas destinavam-se, prioritariamente, a promover a construção de habitações populares com a participação da iniciativa privada da seguinte maneira: "o particular interessado submeteria ao Poder Público proposta de modificação de índices construtivos e de características de uso e ocupação do solo em local em específico", ao mesmo tempo que propunha "contrapartida que assumiria na forma de encargos, como a construção de casas populares". O instrumento, inicialmente criado no ano de 1986, foi alterado em 1995, oportunidade na qual foi considerado inconstitucional pelo TJ/SP, vez que "entendeu compor a reserva legal a possibilidade de alteração de índices urbanísticos e características de uso e ocupação do solo", segundo a autora.[143]

Percebe-se que, nos modelos antecessores da ideia de grandes projetos urbanos ou que representam sua forma embrionária, existia uma preocupação com o uso excessivo de concessões sem chancela legal o que possibilitava quase que um abandono completo do planejamento urbano. As propostas eram vistas com restrições e como contrárias a legalidade, ainda que direcionadas para uma questão social sensível e importantíssima, como o direito à moradia para cidadãos que viviam em áreas informais, carentes de infraestrutura e serviços urbanos.

Outro modelo anterior ao ano de 2001, também da cidade de São Paulo, são as Operações Urbanas, que não carregam o termo qualificador "consorciada" na sua nomenclatura. Elas datam da década de 1990 e, segundo Levin (2014, p. 66), abrangem os seguintes exemplos: Anhangabaú (Lei n. 11.090/1991); Faria Lima (Lei n. 11.732/1995); Água Branca (Lei n. 11.774/1995); Centro (Lei n. 12.349/1997). As Operações Urbanas, de forma geral, possuem fundamento no "uso de recursos privados para o financiamento de melhorias urbanísticas" por meio da possiblidade de alteração de índices urbanísticos em favor dos proprietários, cujas contrapartidas – financeira ou não – são utilizadas pelo Poder Público para o alcance das metas previstas na operação.

Além dos exemplos de São Paulo, Olbertz (2011, p. 122-123) relata experiências da cidade do Rio de Janeiro, também anteriores a 2001, mais especificamente, a "operação urbana interligada" e a "operação consorciada". A primeira é definida como "alteração pelo Poder Público, nos limites e na forma definidos em lei, de determinados parâmetros urbanísticos, mediante contrapartidas dos interessados"; enquanto a segunda é destinada "para projetos conjuntos do Poder Público e da iniciativa privada, no sentido de

[143] Com base na pesquisa de Olbertz (2011, p. 120-122) fica constatado que a norma originária é a "Lei do Desfavelamento" (Lei n. 10.209/1986), posteriormente albergada pelo Plano Diretor da época (Lei n. 10.676/1988). A alteração que foi objeto de ADIN (ADIn n. 45.352.0/7-00), julgada procedente, ocorreu em 1997 (Lei n. 10.209/1986). O desembargador relatou que a norma colocava em cheque o zoneamento municipal, pois o município valeu-se do instrumento em ampla abrangência, fazendo os seguintes anúncios, por exemplo: "quer aumentar a área construída do seu imóvel? Quer aumentar a ocupação do seu terreno? Quer instalar uma atividade não prevista pelo zoneamento? O programa Direito à Moradia resolve o seu problema"

integração e da divisão de competências e recursos", com a possibilidade de a proposta partir tanto do Poder Público, quanto da iniciativa privada. Olbertz (2011, p. 123) cita, ainda, o exemplo de Porto Alegre, denominado operação concertada, que refere-se a um projeto especial exigente de "análise diferenciada, devendo observar acordos e condicionamentos específicos".[144]

Conforme visto amplamente no capítulo anterior, após a entrada em vigor do Estatuto da Cidade, entre todas estas alternativas descritas, selecionou-se a operação urbana consorciada como modelo nacional indicado, que recebe um regime jurídico específico na norma geral. Todavia, seu caráter indicativo possibilita uma atividade inovadora da competência local, que vem sendo desenvolvida por meio da programação de outros instrumentos, que serão abordados de forma exemplificativa.

Não é objetivo deste trabalho descrever e esgotar todos os instrumentos inovadores e alternativos às operações urbanas consorciadas existentes no país. Nesta pesquisa, a opção de escolher e descrever alguns desses instrumentos visa demonstrar a concretude e relevância do problema de pesquisa, vez que a lacuna causada pela ausência de um regime jurídico geral claro que alcance toda a Política Pública de Intervenção Urbanísticas de grandes projetos urbanos possibilita situações inusitadas, onde há certa dúvida quando ao respaldo da programação do direito e das inovações promovidas pela política.

Tais inovações ocorrem, justamente, pois os limites de tal possibilidade não são claros. As alternativas de deixar de lado a operação urbana consorciada ou manter sua denominação, mas alterar o regime jurídico no exercício da competência municipal têm ocorrido com certa frequência, razão pela qual pretende-se, por meio desta pesquisa, contribuir com a definição do que é e do que não é direito em decorrência de tal atividade política, especialmente com base na teoria dos sistemas.

No tópico inicial do capítulo anterior (2.1) descreveu-se, citando-se o Plano Diretor do Municípios de São Paulo, Porto Alegre e Belo Horizonte, a existência de instrumentos alternativos às operações, advindos desta atividade

[144] No modelo de Porto Alegre, Olbertz (2011, p. 123) destaca que ela abrange "um plano diferenciado do plano diretor" e que tem como objetivo "o desenvolvimento programado de setores específicos da cidade". Se daria "mediante a implantação de empreendimentos e parcelamentos de solo com caraterística especiais, do que se beneficiaria a iniciativa privada, numa espécie de parceria instruída por Termo de Ajustamento"

inovadora. Aqui, pretende-se avançar nessas ideias, indicando-se as medidas concretas tomadas por municípios para desenvolver grandes projetos urbanos mediante programações jurídicas alternativas à operação urbana consorciada.

Antes de avançar na abordagem da atividade inovadora, cabe observar como a ideia de inovação é abordada na teoria dos sistemas. Conforme definiu-se ao final do capítulo anterior, um grande projeto urbano é uma organização que abrange (a) a formação de uma unidade procedimental de tomada de decisão e (b) a materialização das decisões promovidas pela unidade procedimental, modificando-se uma determinada centralidade do território e, assim, que unifica, coordena, planeja e decide.

Neste ponto da investigação, pode-se observar que uma modificação na programação balizadora da criação dessas organizações específicas decorre da evolução dos instrumentos jurídicos base. A modificação inicia-se com uma proposta de operação interligada, ganha complexidade e evolui para a operação urbana/operação consorciada/operação concertada e, com o Estatuto da Cidade, torna-se ainda mais complexa, na forma indicativa e não vinculante ao município: a operação urbana consorciada. Quando fala-se em evolução do instrumento jurídico está a referir-se à evolução do seu regime jurídico básico.

Ocorre que, o regime jurídico das operações urbanas consorciadas não é suficiente para atender as pretensões da política em especial, pois há uma grande diversidade de características entre os municípios brasileiros. E é lícito, com base no *caput* do art. 4º do Estatuo da Cidade, o exercício inovador da competência municipal para a implementação da Política Pública de Intervenção Urbanística com a criação de novos instrumentos jurídicos viabilizadores dos grandes projetos urbanos. É nesse exercício, que toma como base as particularidades de cada ente local, que surgem outros instrumentos jurídicos inominados, o que torna o regime jurídico em questão ainda mais complexo.

A inovação nas organizações pode ser observada nas ideias de Luhmann (1997). Para o autor, tais ideias relacionam-se com o processo decisório, consoante já estudado nesta tese, onde descreveu-se que a decisão é a escolha de uma das alternativas. Mais precisamente, uma unidade no tempo que gera alternativas, escolha, teste, efetivação e justificação. Para Luhmann (1997, p. 89), inovar significa "*un proceso de decisión contrainductivo, un proceso de decisión que decide diferente a lo que de esperar y así, cambia las expectativas*". Trazendo-se o conceito para esta tese, entende-se que usar um instrumento alternativo às operações urbanas consorciadas apresenta-se como decisão "contra indutiva", vez que o sistema do direito, espera que seja escolhido, para a Política Pública de Intervenção Urbanística de grandes projetos urbanos, aquele instrumento já detalhado na sua programação geral no Brasil, e não a criação de um outro, que aparentemente demandaria um exercício mais complexo.

Tal atividade inovadora não deve ser vista como um rompimento, vez que decorre da própria programação do sistema e respeita sua recursividade. É por isso ela torna-se possível. Nas palavras de Luhmann (1996, p. 91), "*la inovación solo es posible cuando en los procesos de decisión se consideran alternativas realizables*" e, ainda, que em ambientes complexos a inovação tende a ocorrer quando "*se logre y mantenga una conciencia de alternativas*". Assim, pode-se dizer que a escolha de instrumentos jurídicos inovadores para a programação de um grande projeto urbano tende a estar atrelada a uma situação em que a operação urbana consorciada não se apresenta como mecanismo adequado, muito provavelmente, pelo conteúdo do seu regime jurídico, que aponta para situações distintas da intencionada pelo ente local.

Não sendo a operação urbana consorciada uma alternativa para a situação em concreto, decide-se por outro instrumento jurídico, inovando-se a programação do sistema do direito de determinado município. Luhmann (1997, p. 95) também explica que a inovação não é "*conpecto valorativo*", nem "*um fin sí*" e, assim, a probabilidade é que tal processo seja permanente e que não termine com o alcance de determinada meta, desencadeando, de forma permanente, processos de retroalimentação positivos e negativos, que vão ampliar ou eliminar suas pretensões.

Verifica-se que a atividade inovadora tem acontecido, em especial, de duas maneiras distintas: (a) ampliando-se ou modificando-se o regime jurídico previsto na legislação federal, mas mantendo-se a nomenclatura "operações urbanas consorciadas", ou (b) criando-se instrumentos com novos nomes e aptos a viabilizar grandes projetos urbanos. Ambos enquadram-se na ideia de instrumento inovador inominado, indicados neste trabalho.

Em relação aos primeiros, duas cidades serão concretamente observadas: o município de Fortaleza, considerada a cidade com o maior número de operações urbanas consorciadas no país, e o município de Gramado, por situar-se na região onde é desenvolvida esta pesquisa e por possuir um grande projeto urbano recentemente aprovado. Além dos casos em específico, ambos municípios têm dispositivos inusitados na programação prevista no seu Plano Diretor, quando trata-se de operações urbanas consorciadas, diferenciando-as do regime jurídico geral do Estatuto da Cidades.

No que diz respeito ao segundo grupo, a observação de dará frente as concessões urbanísticas, que é um instrumento totalmente inovador desenvolvido pelo Município de São Paulo; bem como as operações urbanas simplificadas, programadas no Plano Diretor de Belo Horizonte. Além desses, a literatura traz uma série de outras possibilidades em vigor no direito interno, como as citadas por Costa (2014) e, no direito comparado, as indicadas nas obras Olbertz (2011) e Levin (2014). Tais exemplos podem fomentar a atividade inovadora permanentemente.[145] Parte-se da verificação de Municípios que criaram operações urbanas consorciadas com regime distinto do previsto na legislação federal.

4.3.1 Operações urbanas consorciadas municipais como instrumentos inominados

Inicia-se a abordagem com os exemplos de municípios que mantiveram a nomenclatura "operações urbanas consorciadas", mas, de certa forma, alteraram seu regime jurídico e inovaram no exercício da competência municipal. Fortaleza é um dos exemplos: a capital do Ceará é considerada o munícipio com o maior número de operações. Matérias jornalísticas da região informam, que a partir do ano de 2018, a cidade contaria com a ocorrência de mais de 20 operações concomitantes, fator que chama muita atenção e coloca a cidade como recordista neste tipo de iniciativa no Brasil".[146]

[145] Costa (2014) cita como um dos exemplos de instrumentos alternativos de instrumentos de solo criado, que também pode ser considerados uma inovação com enfoque nos grandes projetos urbanos, a "operação urbana consorciada com permuta". Olbertz (2011) descreve as experiências da França, Inglaterra, Espanha e Japão no tema. Levin (2014) trata dos modelos espanhol e francês.

[146] Na citada matéria de 2018 é afirmado que "Mecanismos do tipo começaram a ser adotados em Fortaleza nos anos 1990. Hoje, com sete operações consolidadas – abrangendo os bairros Papicu, Jóquei Clube, Praia do Futuro, Canindenzinho, Siqueira, Luciano Cavalcante, Mucuripe e Sapiranga – a Capital cearense supera São Paulo e Rio de Janeiro e é considerada a cidade com o maior número de parcerias nesse modelo no Brasil, conforme aponta a Secretaria Municipal de Urbanismo e Meio Ambiente (Seuma). Para o próximo ano, outras 14

Em estudo sobre o tema, Hissa e Araujo (2017, p. 09) também reforçam que Fortaleza "é a cidade com mais operações urbanas consorciadas do Brasil". A realidade deste município ao reproduzir em escala um instrumento de grande complexidade – sequer São Paulo, nos mais de 30 anos de experiência, chegou a tal número – remete para a seguinte questão chave: o regime jurídico previsto para operações urbanas consorciadas do Município é o mesmo do Estatuto da Cidade, ou somente ocorre a utilização do mesmo nome para um regime jurídico distinto?

Hissa e Araujo (2017, p. 10) respondem a indagação levantada ao referir que, embora somente uma das sete operações citadas no seu estudo seja anterior ao ano de 2001, sendo que as demais foram criadas sob a programação do Estatuto da Cidade, a percepção é que o instrumento tem sido utilizado em uma perspectiva de operação interligada, instrumento paulista dos anos 80. Segundo as autoras, o município "se utilizou da operação urbana consorciada, de maneira mais semelhante com as operações anteriores do Estatuto", vez que tem como enfoque o recebimento de contrapartidas e não as "transformações urbanísticas estruturais" consoante previsto na lei geral.

A regulamentação das operações urbanas consorciadas de Fortaleza é prevista no art. 242 e seguintes do Plano Diretor. A norma, de maneira geral, tem convergência com o Estatuto da Cidade, que prevê boa parte dos dez elementos do regime jurídico, citados no capítulo anterior desta pesquisa. [147] O que há de diferente é a regulamentação quanto "a definição de um território" e quanto aos "objetivos expressos". De acordo com o § 1º, do art. 244 do Plano Diretor de Fortaleza[148], é possível que o grande projeto urbano tenha "perímetros descontínuos no sentido de viabilizar a captação e a aplicação de

novas áreas com potencial para a criação de OUCs devem ser anunciadas." Disponível em: https://bit.ly/2lUmyXs.

[147] Necessidade de uma lei específica (1); a definição de um território (2); coordenação da gestão (3); objetivos expressos (4); definição de incentivos (5); um conteúdo mínimo na estipulação de regras legais (6); a forma e o local de aplicação dos recursos arrecadados (7) e dos certificados de potencial construtivo emitidos para operação (8); a possibilidade de existir uma proposta metropolitana de operação urbana (9); e a necessidade participação e controle social (10).

[148] Art. 244, § 1º do Plano Diretor do Município de Fortaleza: "As operações urbanas consorciadas poderão ter perímetros descontínuos no sentido de viabilizar a captação e a aplicação de recursos entre territórios diferenciados do ponto de vista de valorização imobiliária e da problemática socioambiental".

recursos entre territórios diferenciados do ponto de vista de valorização imobiliária e da problemática socioambiental", o que foge da lógica prevista na lei geral, que aponta para uma área em específico recebedora de transformações.

O outro ponto divergente são os objetivos expressos: enquanto na lei geral, art. 32, a operação urbana consorciada visa "alcançar em uma área transformações urbanísticas estruturais, melhorias sociais e a valorização ambiental", em Fortaleza, por força do art. 242 do Plano Diretor[149], a operação urbana tem como finalidade o "cumprimento das funções sociais da cidade e a requalificação do ambiente urbano", sem qualquer delimitação sobre o que consistiria tal qualificação.

Ao observar leis específicas das operações urbana consociadas de Fortaleza, ficam mais claras as consequências de tais parâmetros distintos. Por exemplo, na Operação Jockey Club, aprovada por meio da Lei Ordinária n. 9.333/2007, não se observa a venda de solo criado e nem a existência de um projeto que gere transformações urbanísticas estruturais ou melhorias sociais e valorização ambiental da área, mas sim, uma cooperação público-privada com a finalidade de financiar a aquisição de um lote para construção futura de um equipamento público.

Hissa e Araujo (2017, p. 12-13) explicam que o projeto basicamente envolve o "reparcelemento prévio do solo em quatro grandes glebas, pertencentes ao Jockey Club", onde uma delas é doada ao Poder Público para construção de hospital e, as outras três, foram destinadas à iniciativa privada para empreender um shopping e um condomínio multifamiliar. No caso, que contraria a lógica do solo criado explicada no tópico anterior, ocorreu o aumento do índice básico, que passou de 1,0 para 1,7. Assim, não há um limite máximo e nem a necessidade de compra do direito de construir junto ao poder público, o que poderia gerar recursos para viabilização do hipotético projeto.

Na proposta, não há melhorias urbanísticas ou viárias. A utilização do instrumento foi motivada, segundo relato da própria municipalidade, para viabilizar financeiramente a aquisição do lote para construção do hospital, que

[149] De acordo com o art. 242 do Plano Diretor de Fortaleza: "Considera-se operação urbana consorciada o conjunto de intervenções e medidas coordenadas pelo Município, com a participação dos proprietários, moradores, usuários permanentes e investidores privados, com o objetivo de promover a ocupação adequada de áreas específicas de acordo com o cumprimento das funções sociais da cidade e a requalificação do ambiente urbano".

inclusive já possuía decreto de desapropriação, revogado pela própria operação. Tal situação, segundo a administração municipal, gerou uma economia de R$ 8,5 milhões, que seriam desembolsados para pagamento concretizar a desapropriação. (HISSA; ARAUJO, 2017, p. 12-13)

Independentemente do fato de que essa ação governamental pode considerar-se eficiente do ponto de vista administrativo-financeiro, substituindo-se os gastos financeiros pela concessão de benefícios de ordem urbanística, o que interessa aqui é se a utilização do instrumento operação urbana consorciada para viabilizar tal pretensão pode ser considerada lícita na perspectiva da programação do direito, em especial, se existe possibilidade de o poder público municipal criar sua própria operação urbana consorciada, sem seguir as regras estipuladas no Estatuto da Cidade.

O que se verifica é que o Município mudou a finalidade e a abrangência de um instrumento previsto no Estatuto da Cidade, não como forma de complementar a lei geral, mas alterando-se a programação. A atividade inovadora ocorreu face a questões já previstas no regime jurídico geral da operação urbana consorciada e não como forma de complementação. E ocorreu mediante o próprio instrumento e não com a criação de outro. A dúvida que permanece – e que é o problema central desta pesquisa – é, justamente, traçar quais seriam os limites desta atividade inovadora, a partir da observação do sistema do direito. No caso, mudou-se a finalidade e abrangência. Sem uma percepção clara do regime jurídico, outros elementos também poderiam ser modificados, desvirtuando totalmente o instrumento que está previsto na lei geral.

Outro modelo a ser observado é a programação prevista para as operações urbanas consorciadas no Município de Gramado. Neste caso, evidencia-se uma situação muito peculiar, em especial, em decorrência do previsto no art. 169 do Plano Diretor Municipal[150], que considera como operação urbana consorciada as edificações "quando seus projetos seguirem o 'estilo

[150] Consoante art. 169 do Plano Diretor de Gramado "Todas as edificações existentes poderão se enquadrar nas denominadas Operações Consorciadas e poderão beneficiar-se do previsto no Artigo 167, Parágrafo único, quando seus projetos seguirem o "estilo arquitetônico predominante" no Município, com vistas à transformação urbanística estrutural. Parágrafo Único – Terão prioridade na análise e aprovação dos projetos as construções que respeitarem "o estilo arquitetônico predominante". Art. 170 A CT-C-PDDI é o órgão responsável para julgar se as edificações se enquadram no "estilo arquitetônico predominante".

arquitetônico predominante' no Município, com vistas à transformação urbanística estrutural". No parágrafo único, a contrapartida indicada é "a prioridade na análise e aprovação dos projetos", indicando-se, no art. 170, um órgão de análise do critério.

Tal regramento é demasiadamente inusitado frente ao tema das operações urbanas consorciadas. Entende-se a pertinência da medida para uma cidade turística, mas há outros instrumentos jurídicos que poderiam ter sido utilizados para sua concretização, mas não a operação urbana consorciada. Observa-se uma absoluta divergência entre a proposta da municipalidade e o regime jurídico das operações urbanas consorciadas, consoante previsto no Estatuto da Cidade. Praticamente não se verifica viabilidade em aplicar-se tal proposta por meio de operação urbana consorciada, vez que se trata de um benefício decorrente da arquitetura do prédio, considerando-se difícil compreender a intenção do legislador ao propor tal solução, bem como, sua operacionalização.

Ainda no município de Gramado, em setembro de 2019 aprovou-se a operação urbana consorciada Vila Suíça, que pode ser considerada, de certa forma, como um exercício inovador da competência municipal para grandes projetos urbanos, visto que, embora utilize do nome de Operação Urbana Consorciada, não segue integralmente o regime jurídico previsto na legislação nacional. A proposta inicial, prevista no PLO 004/2019, estipulava até mesmo, em seu art. 10, a possibilidade de compensação e dação em pagamento de tributos, inscritos ou não em dívida ativa, como mecanismo de incentivo[151], o que não foi aprovado pelos parlamentares, suprimindo-se no texto final da lei. Isso demonstra como a atividade criativa da competência municipal pode ganhar contornos significativos se não existir uma atenção aos detalhes das propostas.

A operação urbana consorciada Vila Suíça foi aprovada por meio da Lei n. 3.770/2019 com o objetivo de implementar o Parque Municipal das Orquídeas e de ampliar sua área. Para isso, o Município repassa aos particulares, basicamente, três obrigações: doar (onerosamente) áreas particulares em

[151] O § 1º do art. 10 do referido PLO da cidade de gramado permitia que, os particulares, que teriam suas áreas pagas em índices construtivos, poderiam deixar de receber tais direitos, como compensação de possível dívida tributária com a prefeitura, possibilitando ainda, no § 2º que eventual excedente em favor do cidadão/empresa ficaria como crédito de futura tributação. Como já dito no texto, tais regramentos não constaram no texto final da Operação Urbana.

favor do município (art. 6º); implantar, de forma completa, o sistema de esgoto da área (art. 7º); compensar financeiramente o ente local pelas melhorias a serem implementadas (art. 9º, § 2º). Por outro lado, o município concede aos particulares aumento o direito de construir, para além do que estava previsto no Plano Diretor (art. 6, § 1º e 7º §1) nas suas próprias glebas e aplicação dos valores da compensação no próprio parque (art. 9º, § 2º).

Entende-se que a proposta é muito mais uma aplicação aprimorada de instrumentos de solo criado – seja outorga onerosa ou transferência do direito de construir – do que uma operação urbana consorciada, na forma prevista no Estatuto da Cidade. Como já visto no tópico 3.3.1, a operação urbana consorciada possui dez elementos que compõe o seu regime jurídico, e pelos menos três não aparecem na proposta de Gramado. O primeiro diz respeito a imposição, pela legislação federal, de três objetivos concretos para a Operação Urbana (tema 4 do item 3.3.1): (a) "alcançar em uma área transformações urbanísticas estruturais" e promover (b) "melhorias sociais" e (c) "valorização ambiental". Inclusive, Olbertz (2011, p. 68) afirma que a operação urbana serve para alcançar os três objetivos conjuntamente, pois há outros instrumentos específicos que dariam conta de cada um dos três, isoladamente. Ocorre que o Município de Gramado, a direcionou a apenas dois deles, consoante art. 1º da Lei n. 3.770/2019: transformações urbanísticas estruturais e valorização ambiental, sem atenção ao aspecto social, ao menos expressamente na legislação.

Mais significativa é a interação da operação urbana com o Plano Diretor, na perspectiva da legalidade coordenada no (tema 1 do item 3.3.1), onde, com base no *caput* do art. 32 do Estatuto da Cidade, a operação de deve ser "baseada no Plano Diretor". O próprio parecer jurídico, integrante do PLO 004/2019, opinou pela legalidade da proposição e reconheceu que:

> Contudo, entende-se que projetos de intervenção urbanística necessitam de um zoneamento especial e parâmetros claros, com limites máximos e mínimos definidos dentro da lei do Plano Diretor, ficando passíveis de detalhamentos, nos limites desta lei, para cada operação urbana a ser proposta. Essa medida se faz importante e necessária nas mudanças da lei do Plano Diretor, que devem ser enviadas a esta em Casa em breve, como acena o Poder Executivo, no sentido de estabelecer limitadores (máximos e mínimos) para estas operações. Sem esta

> providência, o município fica sem parâmetros para as operações urbanas consorciadas, que como podem estabelecer condições próprias, aceitam qualquer condição, e abrem muitos precedentes, o que pode tornar a intervenção com desequilíbrios e fragilidades ao município.

Dessa forma, percebe-se que o sistema do direito, de certa maneira e forçosamente em aceno ao sistema da política, confirmou que a proposta de lei teria respaldo jurídico. Em outras palavras, aceitou-se a promessa da política de que, no futuro, o Plano Diretor será adequado para a operação urbana consorciada, quando o correto deveria ser ao contrário. Tal fato reforça a justificativa desta pesquisa de que é necessário esclarecer os limites e as possiblidade do exercício inovador da competência municipal para a política de intervenção urbanística dos grandes projetos urbanos, evitando-se certa corrupção funcional entre os sistemas[152].

E o terceiro ponto de divergência é que a operação urbana consorciada não aposta na valorização imobiliária da localidade como forma de obter recursos, e a partir da venda de potencial construtivo, na recuperação de parte da *plusvalia* urbanística, como é um indicativo da lei federal (tema 8 do item 3.3.1). Embora tal forma de ação seja uma faculdade, é nela que está a diferença da operação urbana dos demais instrumentos de solo criado. Tem-se o entendimento que Gramado e Fortaleza, não aplicaram uma operação urbana consorciada nos moldes da legislação federal, mas sim, criaram instrumentos inominados para implementar grandes projetos urbanos, valendo-se da atividade inovadora da competência local.

Outro regramento da Operação Urbana Consorciada da Vila Suíça reforça tal visão: o art. 5º, que trata do "chamamento dos interessados" em clara alusão chamamento de interesse privado, disposto no Decreto Federal n. 8.428, de 2 de abril de 2015. Nele, faculta-se o privado a participar, ou não, da Operação Urbana, o que é um contrassenso ao instituo, vez que muda o

[152] Ainda sobre corrupção funcional, cabe descrever a percepção de Neves (2012, p. 202) que retrata justamente um caso o descrito, onde um código funcional se sobrepõe a outro: "Esse problema relaciona-se com o fato de que ao código primário e aos critérios de um sistema sobrepõem-se os códigos e critérios de outros sistemas, ou uns bloqueiam outros, do que resulta uma miscelânea social de códigos e critérios em detrimento da diferenciação funcional. A esse respeito, o conceito de corrupção sistêmica ocupa lugar destacado".

zoneamento urbano, que é algo vinculante. O § 2º do art. 5º é claro ao dizer que "não havendo manifestação de interesse, extingue-se o direto de aderir a operação urbana consorciada". Assim, concedeu-se prazo de noventa dias para manifestação dos proprietários dos imóveis da área, que podem escolher participar ou não da operação, nos termos e contrapartidas já descritas.

Fica claro o exercício inovador da competência. Caso não haja manifestação privada, mas o particular seja proprietário de imóvel interessante ao Poder Público posto que indispensável para consolidação do Parque, é muito provável que o Poder Público tenha que valer-se do instrumento tradicional da desapropriação para adquirir tal área. Ao que tudo indica, o Poder Público tentou fugir do instituto da desapropriação por meio da proposta de operação urbana consorciada. Ou seja, neste ponto em específico, implementar a operação urbana deixa de ter lógica. E o mais grave: o terreno já estará sobrevalorizado pela ação do próprio Poder Público, que confirma a expectativa futura de instalação de um Parque e de outras infraestruturas na localidade.

Assim, ainda que do ponto de vista administrativo-financeiro a proposta busque uma solução eficiente para superar o problema dos escassos recursos públicos, valendo-se de instrumentos urbanísticos para criar de novas infraestruturas e serviços públicos urbanos, não é caso de operação urbana consorciada nos moldes do Estatuto da Cidade, mas sim, uma atividade inovadora, que culmina em um instrumento inominado criado pela competência municipal e cuja aferição de adequação ao sistema do direito depende de análise mais apurada.

Nota-se que as contrapartidas aplicadas são, basicamente, a transferência de área (em substituição a desapropriação) e de valores ao poder público (como contrapartida do potencial construtivo fornecido), assim como, a implementação do sistema de esgoto (o que é exigência básica em qualquer projeto simples de parcelamento do solo). Não há aplicação do regime jurídico das operações urbanas consorciadas; mas sim, a interação de uma série de outros instrumentos jurídicos para o alcance de uma finalidade, que enquadra-se nos requisitos de um grande projeto urbano, mas que segue um regime jurídico inovador do município.

Os exemplos de Gramado e de Fortaleza demonstram a complexidade do tema e confirmam que há atividade inovadora da competência municipal, mesmo quando as cidades valem-se da mesma nomenclatura "operação urbana consorciada" para desenvolverem grandes projetos urbanos. De maneira ainda parcial, conclui-se que, ao optar-se pela utilização da operação urbana consorciada como referência, o município deveria seguir os dez elementos que compõe o seu regime jurídico (item 3.3.1), possuindo discricionariedade apenas para detalhar ou complementar tais regramentos, não sendo lícito mudá-los ou deixar de segui-los. Essa posição tem respaldo nas ideias de Levin (2014, p. 155), que aduz que "a lei municipal deve indicar objetivos específicos de cada operação urbana consorciada", entretanto, "essas metas devem estar em consonância com a norma geral constante do art. 32, § 1º do Estatuto da Cidade".

O município, ao pretender o desenvolvimento de um grande projeto urbano, com observância parcial ou sem qualquer vinculação ao regime jurídico das operações urbanas consorciadas, deveria criar instrumentos próprios, ditos aqui como inominados e que carecem de um regime jurídico geral mais detalhado como guia. Assim, teria-se maior discricionariedade, sem maiores controvérsias.

Na visão deste trabalho, o Plano Diretor de Gramado, pelo disposto no art. 125 e 126, e o de Fortaleza, no art. 242 e § 1º, do art. 244, não encontram respaldo na programação da Política Pública de Intervenção Urbanística Federal, vez que tais previsões não deveriam ser por meio da operação urbana consorciada, mas mediante a criação de outro instrumento específico no respectivo Plano Diretor.

É lícito o exercício inovador da competência municipal por meio de instrumentos jurídicos urbanísticos que visam implementar grandes projetos urbanos para melhoria da infraestrutura e dos serviços públicos das cidades. E isto é inegável. Contudo, caso o município não observe o regime jurídico geral das operações urbanas consorciadas, mas sim, parta de uma concatenação de outros instrumentos ou ideias para justificar uma cooperação público-privada, deverá criar um mecanismo próprio e não denominar como operação urbana consorciada o que não é operação urbana consorciada.

Para fique claro: o ponto central da crítica não é conceitual. Constitui-se opção do município atribuir o nome que pretender para qualquer instrumento jurídico, ainda que tal opção crie confusão. O problema não consiste em dizer que algo pode ou não ser chamado de operação urbana consorciada segundo mera classificação teórica, ou seja, esse debate é quase sem importância, na visão deste trabalho. A preocupação da pesquisa é identificar até que ponto há limite e possiblidade na atividade de criação de novas regras para a Política Pública de Intervenção Urbanística dos grandes projetos urbanos, o que mudará caso estiver sendo feita uma operação urbana consorciada ou não. Tudo isso ocorre porque a operação urbana consorciada já tem um regime jurídico detalhado na legislação federal, que deve ser observado e que limita a atividade inovadora local em grandes projetos urbanos.

A observação é feita justamente quanto aos limites de fuga do regime jurídico geral das operações urbanas consorciadas. Entende-se que tal fuga é mais justificável juridicamente mediante a criação de instrumentos inominados comparando-se à utilização do instrumento previsto na legislação federal. Detalhar como tal decisão pode ser tomada, respeitando-se os limites do sistema do direito, é pretensão central desta pesquisa.

Neste sentido, ao lado da utilização da operação urbana consorciada de maneira distinta àquela prevista no Estatuto da Cidade, está a criação de instrumentos com outras nomenclaturas. A escolha da pesquisa é descrever dois deles: a Concessão Urbanística, de São Paulo e a Operação Urbana Simplificada, de Belo Horizonte, que serão observados no item a seguir.

4.3.2 Instrumentos inominados e grandes projetos urbanos

Além dos aspectos controversos descritos no tópico anterior, que são casos no quais os municípios valem-se de uma aplicação parcial do regime jurídico da operação urbana consorciada para criar sua própria operação urbana consorciada, existem casos em que o exercício inovador da competência municipal é mais evidente. Nesses casos, os governos locais valem-se da abertura constante no *caput* do art. 4º da Estatuto da Cidade para desenvolver instrumentos inominados próprios locais para a concretização de uma Política Pública de Intervenção Urbanística com enfoque nos grandes projetos urbanos.

Como relatou-se no tópico 3.3 da pesquisa, os municípios de Belo Horizonte e São Paulo têm uma posição de destaque com relação à Política Pública de Intervenção Urbanística dos grandes projetos urbanos, visto que a programação dos respectivos planos diretores apresentam uma classificação clara e situam a operação urbana consorciada como um, e não o único, instrumento jurídico possível para a Política Pública de Intervenção Urbanística por meio de grandes projetos urbanos. Além desse instrumento, são elencadas a Concessão Urbanística e a Operação Urbana Simplificada, nos moldes do que será demonstrado neste item da pesquisa.

A concessão urbanística pode ser considerada como a inovação mais significativa em se tratando de grandes projetos urbanos pós-Estatuto da Cidade, pois não há qualquer referência ao modelo no Estatuto da Cidade. É uma construção do Município de São Paulo com previsão em no Plano Diretor, mais especificamente no art. 144[153], que tem como base outros instrumentos jurídicos de direito público. O instrumento tem relação com o instituto da concessão[154], previsto na Lei Federal n. 8.987/1995, entretanto traz consigo inúmeras especificidades.[155]

[153] Art. 144. Com base em autorização legislativa específica, poderá ser realizada concessão para implantar Projeto de Intervenção Urbana elaborado pelo Poder Público, consideradas as diretrizes do Plano Diretor Estratégico. § 1º A implantação poderá ser delegada à empresa estatal municipal ou, mediante licitação, a empresa ou a conjunto de empresas em consórcio. § 2º O Projeto de Intervenção Urbana a que faz referência o "caput" deverá ser elaborado pelo Executivo previamente à solicitação de autorização à Câmara Municipal. § 3º A concessionária poderá obter sua remuneração mediante exploração: I – dos terrenos; II – do potencial construtivo a ser utilizado na implantação do Projeto de Intervenção Urbana; III – das edificações destinadas a usos privados que resultarem da obra realizada; IV – da renda derivada da exploração de espaços públicos; V – das receitas acessórias, nos termos que forem fixados no respectivo edital de licitação e contrato de concessão urbanística. § 4º A intervenção nos imóveis particulares para a implantação do Projeto de Intervenção Urbana, elaborado pelo Executivo dependerá de prévia negociação com os proprietários dos imóveis diretamente atingidos que, desde que compatível com a intervenção planejada, poderão ser convidados a realizar, por conta própria, nos termos e condições determinadas pela delegação realizada pelo Poder Público ou do competente edital de licitação, a intervenção proposta. § 5º (VETADO) § 6º A concessão urbanística fica sujeita ao regime jurídico federal das concessões comuns e das parcerias público-privadas, com as complementações constantes da legislação específica estadual e municipal. § 7º Deverá ser constituído Conselho Gestor próprio, paritário, com representantes do Poder Público e da sociedade civil para controle social e acompanhamento contínuo de cada concessão urbanística.

[154] Sobre os modelos de concessão, seja de obra ou de serviço público, que de certa forma balizam a proposta urbanística, cabe descrever os conceitos de Mello (2011, p. 133) para quem: "A concessão de obra difere da concessão de serviço público – apesar de em muitos casos parecerem se confundir ou efetivamente se fundirem – por terem objetivos perfeitamente diversos e apresentarem aspectos distintos, a saber: (a) a obra é um produto; o serviço é uma atividade; (b) a obra é, em si mesma, algo estático; o serviço é uma fluência, portanto, neste sentido, algo dinâmico; (c) na obra, a utilidade captável, fruível, reside no complexo de bens materiais que a constitui; no serviço a utilidade advém de uma prestação; (d) a obra oferece, pois, diretamente sua utilidade ao gozo dos usuários, ao passo que o serviço pressupõe uma

Novis (2011, p. 41-42) destaca a relação da utilização do instrumento com a falta de recursos públicos, em especial para a política urbana, sendo a concessão urbanística uma forma de permitir que "o privado realize todos os investimentos necessários em uma dada área pertencente ao cenário urbano" e que prevê, como contrapartida, uma remuneração com a "exploração, por sua conta e risco, dos terrenos e edificações destinados a usos privados resultantes das obras a serem realizadas, bem como da exploração de espaços públicos, de acordo com disposições editalícias e contratuais aplicáveis à espécie".

Levin (2012, p. 09) destaca que o município de São Paulo detalha o instrumento na Lei Municipal n. 14.917/2009. O autor considera a proposta como um "instrumento de intervenção urbanística destinado reurbanização de parte do território" e que visa uma "requalificação e reordenamento urbano, com base em projeto específico, para atendimento de objetivo, diretrizes e prioridades estabelecidas na lei do plano diretor estratégico". Tal normativa traz um conceito expresso[156], que segundo Novis (2011, p. 97-98), pode ser traduzido nas seguintes características e requisitos:

> (i) é conceitualmente, um instrumento de política urbana, embora a lei tenha-lhe emprestado essa qualificação sob o rótulo de "instrumento de intervenção urbana estrutural"; (ii) tem por fim a urbanização ou a reurbanização de parte do território municipal a ser objeto de requalificação da infraestrutura e de reordenamento do espaço urbano; (iii) depende de previsão de um projeto urbanístico específico atrelado ao Plano Diretor; (iv) é um contrato administrativo precedido de

atividade de intermediação, para ser fruído; (e) o serviço, geralmente, pressupõe uma obra, mas isto nem sempre sucede".

[155] Levin (2012, p. 12-15) descreve o debate sobre a possibilidade do município ter competência para desenvolver um tipo de específico concessão, entendendo ser possível e considerando-a como "uma espécie do gênero concessão" que não se enquadra precisamente, nem como concessão de serviços, nem como concessão de obra pública, sendo assim considerada como "uma espécie única de concessão, que não encontra equivalente no ordenamento pátrio".

[156] Art. 1º da Lei n. 14.917/2009, do Município de São Paulo "A concessão urbanística constitui instrumento de intervenção urbana estrutural destinado à realização de urbanização ou de reurbanização de parte do território municipal a ser objeto de requalificação da infraestrutura urbana e de reordenamento do espaço urbano com base em projeto urbanístico específico em área de operação urbana ou área de intervenção urbana para atendimento de objetivos, diretrizes e prioridades estabelecidas na lei do plano diretor estratégico".

> licitação; (v) envolve a delegação pelo Poder Público da execução de obras urbanísticas de interesse público, por conta e risco da empresa concessionária; (vi) tem seu investimento remunerado e amortizado mediante a exploração dos imóveis resultantes destinados a usos privados nos termos do contrato de concessão.

Assim, a concessão urbanística vale-se de instrumentos tradicionais de direito público, como licitação, contrato de concessão, ou ainda, consórcio, para criar um instrumento para viabilizar a Política Pública de Intervenção Urbanística dos grandes projetos urbanos. Trazendo o tema para o problema central da tese, que trata dos limites e possibilidade do exercício da competência municipal com tal finalidade, verificam-se duas questões centrais.

A primeira decorre dos estudos de Levin (2012, p. 13) e aponta que o ente local "até que sobrevenha norma geral que discipline a concessão urbanística, pode elaborar seu próprio regramento acerca do instituto", vez que tal possibilidade decorre do exercício de sua competência para a Política Pública Urbanística, advinda da Constituição Federal, conforme já trabalhada no item 4.1.1 desta pesquisa. Nesse contexto, a possiblidade somente estaria limitada nas imposições das normas gerais destinadas aos outros instrumentos utilizados, como de licitação e das regras gerais de concessão, por exemplo. Ou seja: trata-se da mesma operação observada quando da relação entre a Política Pública de Ordenamento Territorial e a Política Pública Urbanística. Valer-se da concessão urbanística, como possibilidade de inovar no exercício da competência municipal em Política Pública de Intervenção Urbanística de grandes projetos urbanos, encontra limitação na programação jurídica de outras políticas setoriais.

A segunda questão é baseada nas reflexões de Novis (2011, p. 43) sobre as concessões urbanísticas, mas que vale para os grandes projetos urbanos em geral, visto que é necessário "raciocinar cientificamente sobre os contornos conceituais" de tais alternativas e assim "enfrentar os desafios jurídicos que essa análise acarreta". Portanto, da mesma forma que acontece com a concessão urbanística, onde "o ordenamento não dispõe de qualquer lei que sistematize normas gerais" em nível nacional, isso ocorre com todos os instrumentos inominados voltados aos grandes projetos urbanos, incluindo-se as operações urbanas consorciadas com regime jurídico distinto do Estatuto da Cidade.

Segundo a autora, é imprescindível "que se evolua em termos conceituais e práticos na harmonização do tratamento de um tema dotado de tamanha relevância para a coletividade".

A concessão urbanística escancara de forma veemente a relevância desta pesquisa, vez que o Município de São Paulo desenvolve um instrumento, que inter-relaciona as competências para a Política Pública Urbanística com mecanismos de contratação pública a fim de possibilitar a efetivação de grandes projetos urbanos. Entende-se que o regime jurídico do instrumento já está bem delimitado nos estudos de Novis (2011) e Levin (2012). Todavia, há outros instrumentos que, como esse, visam garantir a implementação de grandes projetos urbanos, o que reforça a defesa desta tese em apontar contornos mais precisos para o regime jurídico da Política Pública de Intervenção Urbanística e que alcance, seja qual for, os mecanismos utilizados.

Outro exemplo são as operações urbanas simplificadas desenvolvidas no Município de Belo Horizonte. Com escala inferior as operações urbanas consorciadas e aproximando-se de forma muito significativa aos modelos específicos de Gramado e Fortaleza descritos no item anterior, ou ainda, das propostas pretéritas ao Estatuto da Cidade. O instrumento está previsto no art. 66 e seguintes[157] do Plano Diretor da capital mineira, com algumas peculiaridades, entre as quais, destacam-se: a possibilidade de proposição do poder público ou de agente privado; a abrangência do território de forma descontínua; possui finalidades que vão desde a simples abertura de uma rua até a conformação ou desenvolvimento de centralidades.

[157] Art. 66 OUS é o conjunto de intervenções e medidas coordenadas pelo Executivo voltadas para a promoção de transformações urbanísticas locais, melhorias sociais e valorização ambiental. § 1º A OUS deve ser motivada por interesse público expresso em políticas públicas em curso ou a serem implantadas e pode ser proposta pelo Executivo a partir de iniciativa própria ou de qualquer cidadão. § 2º A operação urbana simplificada poderá abarcar perímetros contínuos ou descontínuos. § 3º O Executivo divulgará de forma ampla informações sobre as OUSs. Art. 67 As OUSs são instituídas visando a alcançar, dentre outros, os seguintes objetivos: I – abertura de vias ou melhorias no sistema de circulação; II – implantação de empreendimentos de interesse social e melhoramentos em assentamentos precários; III – implantação de equipamentos públicos, espaços públicos e áreas verdes; IV – recuperação do patrimônio cultural; V – proteção, preservação e sustentabilidade ambiental; VI – implantação de projetos de qualificação urbanística; VII – regularização de parcelamentos, edificações e usos; VIII – fomento à conformação ou ao desenvolvimento de centralidades.

As operações urbanas simplificadas também dependem de aprovação por lei específica, nos termos do art. 68[158], que prevê a identificação da área, as contrapartidas, os mecanismos de transparência e participação social, entre outros requisitos. No site da prefeitura de Belo Horizonte são indicas 20 (vinte) operações simplificadas, sendo 2 (duas) em vigor e outras 18 (dezoito) em avaliação[159].

Importante destacar que nem todas as propostas de operações urbanas simplificadas tendem a enquadrar-se no conceito de grandes projetos urbanos proposto neste trabalho. Muito provavelmente, trata-se das focadas em novas centralidades e que abarcam as características indicadas no tópico 3.2.[160]

[158] Devem constar na lei específica referente à OUS: I – os objetivos da operação; II – a identificação das áreas envolvidas; III – os procedimentos de natureza econômica, administrativa, urbanística ou jurídica necessários ao cumprimento dos objetivos da operação; IV – os parâmetros urbanísticos, edilícios e de posturas a serem adotados na operação; V – as contrapartidas a serem prestadas pelos entes envolvidos na operação e seus respectivos prazos de cumprimento, dimensionadas em função dos benefícios conferidos pelo Executivo por meio do instrumento; VI – as penalidades a serem aplicadas em caso de descumprimento da legislação específica da operação urbana, bem como das condições previstas em TCU; VII – o seu prazo de vigência. Parágrafo único. O encaminhamento à Câmara Municipal de Belo Horizonte – CMBH – do projeto de lei relativo à OUS deve ser precedido de: I – elaboração de diretrizes urbanísticas relativas à OUS pelo Executivo; II – avaliação, pelo Executivo, das repercussões urbanísticas da OUS, que deverá incorporar procedimento de discussão pública; III – elaboração de avaliação de viabilidade econômica e financeira, que deverá atestar a proporcionalidade entre os benefícios concedidos e as contrapartidas prestadas; IV – assinatura de TCU entre o Executivo e os demais participantes da OUS, por meio do qual estes se comprometerão a cumprir as obrigações e os prazos constantes da proposta de texto legal, sob pena de aplicação das penalidades previstas na lei específica.

[159] O site da Prefeitura de Belo Horizonte é bastante detalhado, informando uma série de questões relativas a cada uma das propostas, mais precisamente: Nome do empreendimento; Número do Processo Administrativo; Localização; Responsável Legal/Interessado; Responsável técnico pelo Projeto Arquitetônico; Responsável técnico pelo Estudo dos Impactos; Data do Protocolo; Situação; Motivo de Interesse Público; Motivo do Interesse Parceiro Privado; Contrapartida; e Documentos.

[160] "um modelo inovador de gestão, com uma aproximação e possível cooperação público-privada (1); a utilização de uma forma de financiamento inovadora, baseada na busca de receitas que não sejam aquelas advindas da tributação clássica (2); um planejamento urbano inovador, que busca regras – inclusive legais – específicas e flexíveis, que sejam diferentes daquelas tradicionais, propostas para um plano da cidade como um todo (3); um grau de escala de intervenção inovador, não limitado a um lote de determinado proprietário público ou privado, assim como, não abrangendo a cidade como um todo (4); a concretização de um redesenho do território, com materialização de infraestruturas, preferencialmente inovadoras, e que visem valorizar exponencialmente um determinado espaço escolhido (5).

Sendo assim, verifica-se uma clara atividade inovadora da competência municipal que, embora aproximada do conceito de operação urbana consorciada, tem características peculiares, possui enfoque distinto e alcança situações de menor abrangência.

A observação do exercício concreto da competência municipal, que inova com a criação de instrumentos inominados, ou ainda, com a modificação na programação geral da operação urbana consorciada, confirmam que além de ser uma possibilidade legal, por força do art. 4º *caput* do Estatuto da Cidade, tais situações ocorrem de fato em ações do concreta do Poder Público Municipal, nos mais diferentes Estados do país, com a finalidade de operar a Política Pública de Intervenção Urbanística por meio de grandes projetos urbanos. E tal ação não segue, necessariamente, o regime jurídico indicativo das operações urbanas consorciadas.

Assim, em resposta ao problema do tópico, comprovou-se a hipótese que indicava uma influência muito grande do regime jurídico das operações urbanas consorciadas nos demais instrumentos inominados, bem como, uma ausência de programação mais clara e organizada para os grandes projetos urbanos em geral, o que possibilita um alto grau de inovação na formulação da política pública.

Como conclusão do capítulo, definiu-se uma clara e ampla possiblidade de exercício inovador da competência municipal para a Política Pública de Intervenção Urbanística dos grandes projetos urbanos, essa entendida como toda aquela que não segue estritamente o regime jurídico das operações urbanas consorciadas previstas no Estatuto da Cidade. Como limites, identificou-se questões de competência decorrente do exercício de outras políticas públicas setoriais, em especial, por outros entes federativos, e ainda, limitações decorrentes da observação do sistema da economia que, ao não ser prestativo, praticamente inviabiliza tais ações governamentais.

O enfoque, a partir deste ponto, é justamente aprofundar a temática dos limites de inovação no exercício da competência municipal. Tal exercício tomará como base a observação dos dez elementos que compõem o regime jurídico das operações urbanas consorciadas, citados no item 3.3.1 do capítulo anterior. É a partir deste ponto de partida que será observado o sistema do direito, descrevendo-se contornos mais claros para o regime jurídico dos grandes projetos urbanos, na forma disposta no último capítulo.

5. O REGIME JURÍDICO DOS GRANDES PROJETOS URBANOS E OS LIMITES E POSSIBILIDADES NA PROMOÇÃO DA POLÍTICA PÚBLICA

O presente capítulo objetiva definir, de maneira mais precisa, os limites e as possibilidades de inovação da competência municipal para a Política Pública de Intervenção Urbanística, que vale-se da alternativa dos grandes projetos urbanos. Para isso, divide-se em sete tópicos, que dão contorno ao regime jurídico dos grandes projetos urbanos no Brasil, a partir de uma observação do sistema do direito, ao tratar de: questões sobre a lei e o plano urbanístico; regras de cooperação público-privada; identificação das finalidades jurídicas; formas de arrecadação e aplicação dos recursos públicos provenientes do grande projeto; e sua gestão democrática.

5.1 Uma distinção necessária na definição do regime jurídico: a política pública, os instrumentos jurídicos e os grandes projetos urbanos

O caminho traçado até aqui permitiu observar sistemicamente Direito e Urbanismo, em especial, a formação, no sistema do direito, de um Direito do Urbanismo, que opera o código direito/não direito a partir da recursividade das unidades Direito Urbanístico, Direito à Cidade e Política Urbana. Também verificou-se como o tema dos grandes projetos urbanos passa a ser observado e selecionado pelo sistema do direito brasileiro, que elege um instrumento jurídico específico como referência – as operações urbanas consorciadas – mas não se fecha para outras possibilidades de mecanismos que tenham como escopo implementar grandes projetos urbanos.

O capítulo pretende dar contornos definitivos para o tema do regime jurídico dos grandes projetos urbanos no Brasil. Até então, explicou-se que há um regime jurídico mais claro quando observa-se a operação urbana consorciada, consoante as disposições do Estatuto da Cidade. A formulação e/ou escolha de outros instrumentos jurídicos, como a operação urbana simplificada, projeto de intervenção urbanística, concessão urbanística ou ainda, outros inominados e inovadores, parece acontecer em um cenário de ampla discricionariedade no exercício da competência municipal.

A pretensão final é definir as bases de um regime jurídico geral dos grandes projetos urbanos no Brasil, para que seja possível programar, com respaldo no sistema do direito, uma Política Pública de Intervenção Urbanística que promova tais iniciativas nos Municípios. Como já dito no decorrer do capítulo 3, os grandes projetos urbanos são uma das alternativas para que o ente local implemente uma forma diferenciada e complexa de intervenção urbanística.

O regime jurídico aqui tratado tem a pretensão de alcançar e incorporar qualquer instrumento distinguido como "grande projeto urbano", incluindo-se as operações urbanas consorciadas e não excluindo os demais. Entende-se que a descrição do regime jurídico serve de base para a programação da Política Pública de Intervenção Urbanística que promova grandes projetos urbanos em âmbito local. Valendo-se dos termos utilizados no problema de pesquisa da tese, parte-se da hipótese de que os limites e as possiblidades de inovação da competência municipal, perante a federal, podem ser observados na descrição de um regime jurídico para os grandes projetos urbanos do Brasil, na forma disposta ao longo deste capítulo.

No capítulo anterior ficou clara a possibilidade do exercício inovador municipal com tal finalidade. A competência da Política Pública Urbanística fortalece a autonomia local. Somado a isso, o Estatuto da Cidade apresenta um rol exemplificativo de instrumentos. Observado o ambiente, consoante capítulo 3, verificou-se que a prática dos grandes projetos urbanos tem sido disseminada pelo mundo como alternativa viável para financiar o desenvolvimento urbano. Ainda no capítulo 3, em especial no seu tópico final, constatou-se que as possiblidades de inovação têm sido utilizadas no Brasil, onde os municípios têm implementado grandes projetos urbanos a partir de diferentes instrumentos jurídicos. Contudo, ao mesmo tempo que a prática ocorre, não se tem ao certo quais são os reais limites e possiblidades programados no sistema do direito brasileiro, ou seja, qual é o regime jurídico que rege tais iniciativas.

Importante reiterar que, até aqui, a tese buscou deixar claro que a Política Pública de Intervenção Urbanística promotora de grandes projetos urbanos no Brasil não se resume a utilização do instrumento da operação urbana consorciada. Não há dúvida que trata-se de um instrumento jurídico de referência, mas é somente uma das alternativas disponibilizadas pelo sistema do direito para uma Política Pública de Intervenção Urbanística, que pretenda promover grandes projetos urbanos. Sua escolha remete a um regime jurídico de certa forma detalhado e com parâmetros que definem limites e possiblidades, consoante previsto no Estatuto da Cidade, no art. 32 e seguintes.

O ponto central da tese, na qual dá-se enfoque especial a partir de agora, é descrever um regime jurídico geral – com base, em especial, na programação federal do Direito – que possibilite programar, no âmbito local, uma Política Pública de Intervenção Urbanística promotora de grandes projetos urbanos, para assim responder quais são os limites e as possiblidades de inovação da competência municipal exercida com essa finalidade.

Há uma grande contingência quando observa-se os limites e as possibilidades da competência municipal da Política Pública de Intervenção Urbanística, em especial, quando exercida visando promover grandes projetos urbanos sem valer-se do instrumento da operação urbana consorciada, mas com a criação de instrumentos jurídicos inominados, na forma possibilitada pelo art. 4º, *caput* do Estatuto da Cidade. Neste caso, apresenta-se algumas questões chaves: quais diretrizes jurídicas devem ser observadas na programação de cada novo instrumento? Quais as bases apontadas pelo sistema do direito para programar tal política pública? Entende-se que parte desses limites existem e já encontram-se programados no sistema do direito, todavia de forma descoordenada e sem unificação. Uma das proposições da tese é, justamente, organizar tais comunicações, coordenar e unificar a programação.

A pertinência dos questionamentos acima dispostos pode ser traduzida em uma reflexão de Prestes (2018, p. 206) ao tratar da concessão urbanística, que é um dos instrumentos inominados utilizados para promover grandes projetos urbanos. No apontamento da autora, fica evidente que a ausência de um regime jurídico nítido para a programação de uma política pública abrangente, pode levar a utilização oportunista de grandes projetos que tenham como base instrumentos jurídicos isolados. E isso irá ocasionar grandes projetos urbanos viciados, que podem ser considerados como uma forma de corrupção sistêmica[161], com interferência indevida dos sistemas da economia e da política no sistema no direito. Assim, em relação ao instrumento concessões urbanísticas a autora constatou que:

> Num primeiro momento, ainda sob a égide do governo petista, a esquerda defendia veementemente a constitucionalidade da competência municipal para regrar o instrumento. Posteriormente, quando perceberam que o instrumento e a base deste tinha vida própria, dependendo do modo que o gestor dispusesse, apontaram a inconstitucionalidade como óbice para concretização da política pública que ao longo do processo, que com a mudança do governo, mudou de direção. (PRESTES, 2018, p. 206)

Em razão disso, pretende-se evitar e/ou esclarecer o cenário nebuloso de controvérsias que envolvem o regime jurídico dos grandes projetos urbanos no Brasil. Objetiva-se fornecer parâmetros jurídicos claros que qualifiquem a escolha de alternativas e a tomada de decisão com base no Direito. Na hipótese de pesquisa, uma parte da proposição referia que a programação de tal política pública "somente encontrará limites nas diretrizes e nos objetivos fundamentais da política urbana, que são normas de conteúdo aberto e passíveis de múltiplas interpretações, possuindo um sentido em evolução, longe de ser estabilizado pelo sistema do direito".

Ao mesmo tempo em que a tese tem como função cientifica comprovar ou refutar tal ideia, pretende-se contribuir com a evolução e estabilização do sistema do direito brasileiro no tema do regime jurídico dos grandes projetos urbanos ao esclarecer e organizar a memória do sistema, além produzir outras comunicações para qualificar as decisões.

[161] Simioni (2012, p. 90) reforça que "a corrupção das decisões aparece exatamente quando uma instância dessas decide com base em outros códigos. Quanto por exemplo, uma decisão do governo decide não com base na diferença entre governo e oposição, mas com base na diferença entre amigos e inimigo, parente e desconhecido, lucro e prejuízo etc.

A observação parcial é que a hipótese não será integralmente confirmada. O desenvolvimento da tese aponta para outros contornos, não "somente" para os objetivos constitucionais e diretrizes da política urbana. Já se pode observar uma evolução mais complexa no sistema do direito brasileiro, o que possibilita respostas mais apuradas. Os parâmetros constitucionais e do Estatuto da Cidades são fundamentais, como será visto no capítulo, em especial no tópico 5.4. Todavia, existem outros elementos que limitam e possibilitam a inovação da competência municipal no desenvolvimento de uma Política Pública de Intervenção Urbanística no regime jurídico dos grandes projetos urbanos e que precisam ser observados.

O capítulo tem o seguinte problema: Em que medida uma observação mais complexa da programação do sistema do direito brasileiro contribui na definição de parâmetros gerais para o regime jurídico dos grandes projetos urbanos? A hipótese é que o sistema do direito já possui algumas respostas na sua programação para as principais controvérsias jurídicas que envolvem a atividade inovadora municipal, o que pode oferecer parâmetros qualificadores de decisões e que possibilitem a descrição de um regime jurídico para os grandes projetos urbanos a serem promovidos no país.

Assim, embora a tese também tenha se valido de alguns argumentos heterorreferenciais advindos do ambiente, entende-se que a descrição do regime jurídico, seus limites e possibilidades, devem ser observados na dogmática jurídica e devem dar-se com base na recursividade do sistema direito. A construção das respostas se dará, quase que exclusivamente, mediante a observação da programação do direito brasileiro em legislação e jurisprudência. Além disso, a observação da estrutura se dará na doutrina nacional com algum apoio de textos internacionais, principalmente ibéricos, para questões ainda em aberto no sistema do direito interno. A escolha de textos portugueses e espanhóis como forma de variação dá-se pelas semelhanças nos sistemas normativos e pelo avanço jurídico-institucional dos dois países no campo de um Direito do Urbanismo.

Antes de esclarecer quais serão os elementos tomados para descrever o regime jurídico, cabe destacar uma importante distinção[162], que precisa ser

[162] Como já referido em outros pontos da tese, para Luhmann (2016, p. 35) "toda observação e descrição têm de se apoiar numa diferença". Assim, para o autor "para poder delinear alguma coisa, é preciso primeiramente distinguir".

evidenciada neste ponto da pesquisa, evitando-se que dois ou mais conceitos diferentes sejam vistos como sinônimos. No capítulo 3, descreveu-se um grande projeto urbano, em específico, como organização que unifica, coordena, planeja e decide. Cada grande projeto urbano, que opera dessa maneira, terá como alicerce um instrumento jurídico determinado, que pode ser uma operação urbana consorciada; simplificada; concessão urbanística; projeto de intervenção urbanística; operação concertada; entre outros.

A pesquisa não pretende detalhar o regime jurídico de cada um dos instrumentos, mas identificar a base jurídica para a formulação e implementação de qualquer instrumento jurídico ou grande projeto urbano que sejam decorrentes da inovação da competência municipal. Ainda, objetiva-se apontar como tal organização será programada e como irá operar, independentemente do formato jurídico ou nome atribuído por um município em concreto. O que se pretende esclarecer são os limites e possibilidades apresentadas no âmbito federal, que orientam a programação municipal nesse contexto.

Ao descrever um regime jurídico geral para os grandes projetos urbanos no Brasil, se estabelece os parâmetros dados pelo sistema do direito para a programação da política pública municipal. Evidencia pontos norteadores, cumprindo-se a função de estabilizar expectativas normativas. Se distingue o que é política pública, o que é instrumento jurídico e o que é o grande projeto urbano em específico. Nestes termos, cabe transcrever a ideia de Prestes (2018, p. 209):

> Instrumento urbanístico não é política pública. Instrumentos urbanísticos são objetos técnicos-jurídicos elaborados como elemento integrante da formulação de políticas públicas urbanas. Embora concebidos em um contexto específico, instrumentos urbanísticos transcendem gestões político-partidárias e podem prestar-se a fins diferentes daqueles para os quais foram concebidos. Mesmo quando idealizados, por exemplo, de forma a garantir o interesse público, como a inclusão de segmentos sociais no "direito à cidade", eles podem servir a grupos específicos e determinados lobbies, criando conflitos entre atores sociais em torno da política urbana".

Aqui esmiúça-se a diferença entre (a) Política Pública de Intervenção Urbanística, que se vale da alternativa dos grandes projetos urbanos; seus (b) instrumentos jurídicos isolados; e (c) grande projeto urbano em específico. Tais questões estão entrelaçadas, mas não se confundem. Por exemplo, em São Paulo identifica-se uma política pública municipal prevista no Plano Diretor, que elenca instrumentos jurídicos próprios, como projeto de intervenção urbanística, concessão urbanística e a própria operação urbana consorciada. Desses decorrem grandes projetos urbanos em específico, como a operação urbana Faria Lima e a concessão urbanística Nova Luz, entre outros.

O foco central deste ponto do trabalho é descrever um regime jurídico geral, com base na programação federal do direito brasileiro, que permita aferir se as ações (a) e/ou (b) e/ou (c), decorrentes da inovação no exercício da competência municipal, respeitam os limites e as possibilidades programados pelo sistema do direito no Brasil. É possível que a competência municipal seja exercida somente com (b) e (c). Ou ainda, que exista o exercício da competência municipal na formulação de (a) e nunca tenha sido desdobrada em (b) ou (c). Importa para este trabalho apresentar o regime jurídico geral para qualificar a tomada de decisão que envolva a promoção de grandes projetos urbanos, independentemente da forma como é exercida a competência municipal.

Em que pese a ressalva acima, a estruturação da programação como política pública para esta tese é compreendida na forma de (a) como decisão mais qualificada, sendo que (a) deve ser parâmetro para estipulação de (b) e (c). A partir da descrição do regime jurídico geral, que toma como base a legislação federal, o município, no exercício de sua competência inovadora deve definir a programação de uma Política Pública de Intervenção Urbanística que viabilize grandes projetos urbanos na localidade. A programação balizará a criação de instrumentos jurídicos inovadores em âmbito local e possibilitará a implementação dos grandes projetos urbanos naquela cidade em específico. Todo instrumento jurídico e grande projeto urbano a ser implementado deverá seguir o parâmetro da política pública municipal, que respeita os limites e as possiblidades definidas pelo regime jurídico estipulado pela competência federal.

A dificuldade existente é que o regime jurídico geral que baliza a programação de tal política pública em âmbito local não se encontra unificado e coordenado no sistema do direito brasileiro. A única programação com característica de unificação e coordenação dá-se quanto ao instrumento jurídico da operação urbana consorciada. Na prática, se um município quer desenvolver um grande projeto urbano, valendo-se do instrumento da operação urbana consorciada, encontrará certa estabilidade no sistema do direito, visto que há um regime jurídico mais evidente.

Por outro lado, se a operação urbana consorciada não se apresentar como alternativa possível, pelos mais diferentes motivos, e o município pretender a criação de um instrumento diferente, que dê conta das pretensões locais de um grande projeto urbano específico, o sistema do direito apresenta-se de forma caótica e desorganizada, sem qualquer estabilidade, o que dificulta a verificação de compatibilidade da proposta com o sistema do direito.

Defende-se que os limites e as possibilidades passam pela definição de uma política pública em âmbito local, e não por meio da criação de instrumentos jurídicos ou promoção de grandes projetos urbanos de maneira isolada nos Municípios. Entende-se que esta opção qualifica a tomada de decisão no sistema, como será argumentado a seguir. Compreende-se que a criação de instrumentos isolados, desconectados de uma política pública em âmbito municipal, tende a relacionar os instrumentos jurídicos e os grandes projetos a eventuais oportunismos. A observação do um regime jurídico geral, decorrente da programação federal do direito para os grandes projetos, como base para a programação de uma política pública municipal, de forma coordenada, tende a reforçar o interesse público local no desenvolvimento de tais iniciativas.

Compreende-se que nesse aspecto a tradição não é trabalhar na perspectiva de uma política pública, mas sim, de criar instrumentos jurídicos isolados ou grandes projetos urbanos específicos, desconectados dos parâmetros gerais; até porque, foi assim que o Estatuto da Cidade o fez, ao invés de regrar os grandes projetos urbanos de maneira geral, regulamentou somente um determinado instrumento. Entende-se que uma política pública municipal reforça a compatibilidade desses instrumentos e iniciativas com o sistema do direito, sendo que este coordena-se com a Política Pública Urbanística, com a Política Pública de Intervenção Urbanística e potencializa o acoplamento das decisões de diferentes organizações de forma mais precisa e qualificada.

Este trabalho propõe uma coordenação, a partir da definição de um regime jurídico geral, de uma política pública municipal, que elenca instrumentos jurídicos (para além da operação urbana consorciada) que servirão de base para implantação de cada grande projeto urbano local. Tais distinções são indispensáveis para observar o tema com o rigor necessário, reduzindo as possibilidades de corrupção sistêmica.

Feitas tais distinções, destaca-se que, na perspectiva sistêmica, o que se fará a partir deste ponto da tese é decidir. O sistema do direito apresenta um cenário de contingência no que diz respeito a atividade inovadora da competência municipal na promoção de grandes projetos urbanos. Há muitas alternativas, mas até então não há clareza em qual deve ser escolhida com base no sistema do direito ao decidir se aumenta a complexidade do sistema do direito, intensificando a seletividade. E tal atividade possibilita uma maior qualificação do sistema, na forma explicada por Luhmann (1997, p. 23-24):

> *En las organizaciones sólo se puede conseguir una mayor profundidad en la comprensión de la realidad mediante el aumento del número de decisiones, ya que esto debe dar a través de decisiones. Mejoría quiere decir crecimiento. Pero crecimiento significa a su vez, aumento de la complejidad e intensificación de la selectividad en la asociación de los elementos.*

Aspectos como o aumento da complexidade e da seletividade das alternativas que delineiam o regime jurídico dos grandes projetos urbanos e a definição dos limites e possibilidades de inovação da competência municipal ao promover uma Política Pública de Intervenção Urbanística, se darão mediante a observação dos dez elementos que compõe o regime jurídico das operações urbanas consorciadas especificamente, como visto no capítulo 3, que são os seguintes: (1) necessidade de uma lei específica; (2) definição de um território; (3) coordenação da gestão; (4) objetivos expressos; (5) definição de incentivos; (6) conteúdo mínimo na estipulação de regras legais; (7) forma e local de aplicação dos recursos arrecadados e (8) dos certificados de potencial construtivo emitidos para operação; (9) a possibilidade de existir uma proposta metropolitana de operação urbana e (10) a necessidade participação e controle social.

De maneira indutiva, tais parâmetros servirão como base, pois a não escolha da alternativa operação urbana consorciada deixa em aberto diversas questões, mas que já são claras para o instrumento previsto no Estatuto da Cidade. Pretende-se verificar se os parâmetros do objeto em particular (operação urbana consorciada) valem para o geral (qualquer instrumento para grandes projetos urbanos) esclarecendo-se indagações como: em um grande projeto urbano que tome como base um instrumento jurídico inominado faz-se necessária uma lei específica e um plano de delimitação de um território? A quem compete a iniciativa e a gestão? Quais seriam suas finalidades? Qual a natureza dos recursos arrecadados e como poderiam ser aplicados? Há necessidade participação e controle social?

A programação do direito, com base no Estatuto da Cidade, responde de maneira imediata quando opta-se pela operação urbana consorciada como instrumento jurídico escolhido, entretanto há dúvida quando a política pública é promovida por meio de outros instrumentos inovadores. Assim, para elucidar os limites e as possibilidades da competência municipal, faz-se necessário descrever o regime jurídico dos grandes projetos urbanos no Brasil, parametrizando-se a inovação na implementação destas iniciativas.

A tese pretende decidir mediante a escolha de alternativas e promoção do que Luhmann (2016, p. 322-323) denomina de evolução do sistema do direito: "a evolução se dá quando diferentes condições são satisfeitas e quando elas se acoplam entre si de maneira condicional"[163], possibilitam o aumento da complexidade e, teoricamente, uma qualificação do sistema, decorrente da maior profundidade em relação ao conhecimento da realidade.

Importa referir que parte dos elementos do regime jurídico da operação urbana consorciada podem ser descartados na observação indutiva promovida neste ponto da pesquisa. Por exemplo, o item 9, que trata da operação urbana consorciada em nível metropolitano, extrapola o escopo deste trabalho, uma vez que estuda a competência municipal frente a federal. Assim, para aperfeiçoar a apresentação do conteúdo com indicação de um regime jurídico genérico que balize a programação da política pública e permita indicar os limites e a possibilidade da competência municipal, opta-se por organizar os elementos em cinco itens, conforme exposto a seguir.

[163] Consoante Luhmann (2016, p. 323) as condições de evolução são: "(1) a variação de um elemento autopoiético relativamente aos padrões de reprodução que até então eram vigentes; (2) a seleção da estrutura que assim se faz possível como condições de outras reproduções; (3) a estabilização do sistema, no sentido de mantê-lo dinamicamente estável para que seja possível a reprodução autopoiética dessa forma estruturalmente determinada que passou por alteração"

O primeiro elemento buscará, no sistema do direito, definições para auxiliar na descrição da lei e do plano urbanístico do grande projeto urbano, explicar se há necessidade de lei específica, indicar qual seria seu conteúdo e se há necessidade de um tipo particular de plano urbanístico que contemple o território delimitado, em consonância aos termos dos itens 1; 2; e 6 do regime jurídico das operações urbanas consorciadas.

O segundo esclarecimento diz respeito a cooperação público-privada no grande projeto urbano. Ao apresentar o item 3 do regime jurídico das operações urbanas consorciadas explicou-se que a escolha do instrumento remete a coordenação do poder público. Sendo assim, pretende-se verificar se isso imediatamente aplica-se a todo exercício de inovação da competência municipal ou se é permitida a promoção de instrumentos jurídicos e grandes projetos urbanos decorrentes de proposta e de gestão privadas.

Em seguida, propõe-se enfrentar a problemática das finalidades. No item 4 do regime jurídico das operações urbanas, verificou-se que o Estatuto da Cidade, art. 32, § 1º, elencou três finalidades para o instrumento. O questionamento a ser respondido é se tais objetivos são obrigatoriamente replicáveis ou se há outras finalidades definidas pelo sistema do direito, que sirvam como limites na inovação da competência municipal.

O penúltimo detalhamento do regime jurídico dos grandes projetos urbanos, que serve de parâmetro para a programação da Política Pública de Intervenção Urbanística e define os limites e possibilidades da competência municipal, é a questão financeira, em especial formas de arrecadação, aplicação e a natureza dos recursos financeiros decorrentes do grande projeto urbano. Como disposto nos elementos 5; 7; 8, a operação urbana consorciada possui critérios claros nesse sentido, porquanto necessário verificar se também são aplicáveis ao município quando atua com inovação.

E, para finalizar, está a questão do controle social, como abordado no item 10. Assim, será verificado em que medida a participação e o controle são elementos indispensáveis para uma Política Pública de Intervenção Urbanística que promova grandes projetos urbanos a partir de instrumentos inominados? Esclarecer a questão é fundamental para a proposta da pesquisa.

Assim, a partir da verificação desses cinco elementos, pretende-se, com base no sistema do direito, descrever o regime jurídico geral dos grandes projetos urbanos no Brasil para responder quais são os limites e as possibilidades de inovação no exercício da competência municipal na promoção de uma Política Pública de Intervenção Urbanística que se vale desta alternativa.

No entender desta tese, as atividades de aumentar a complexidade; criar alternativas e decidir sobre questões de legalidade e plano urbanístico; cooperação público-privada; diretrizes e finalidades; arrecadação, aplicação e natureza dos recursos financeiros e parâmetros para a gestão democrática, representam um avanço significativo no cenário jurídico confuso que hoje baliza a matéria e qualificam as decisões proferidas.

Como proposto no problema de pesquisa, as reflexões terão como fio condutor a teoria sistêmica como forma de contribuir na construção das ideias. Inúmeros conceitos foram fundamentais até aqui: sistema; ambiente; acoplamento; evolução; alternativa; escolha; decisão entre outros. Neste ponto, importante recapitular o que foi constatado no capítulo de abertura da tese, quando observou-se o sistema do direito no centro (judiciário) e na periferia (legislativo) e verificou-se que nem sempre há consonância entre as decisões e o direito legislado, o qual nem sempre é observado nas decisões dos tribunais. A visão sistêmica deve estar clara neste ponto da pesquisa. Decidir o que é direito e o que não é direto, exatamente na lógica binária do código do sistema jurídico, que tem como função estabilizar expectativas normativas, se dá em um cenário de tese acadêmica. As respostas aqui apresentadas, em cada um dos cinco elementos escolhidos, decorrem de um cenário de contingência onde, a partir de outras perspectivas e com base em outros elementos, poder-se-ia chegar a decisões diferentes daquelas que passam a ser apresentadas.

Feita a ressalva, importa destacar que pretende-se traçar reflexões a partir de uma significativa variação. Para isso, o sistema do direito no Brasil será observado de maneira abrangente, e com este objetivo, buscando-se fundamentos para a decisão na jurisprudência do Supremo Tribunal Federal e de outros órgãos do poder judiciário; na legislação em vigor; nas propostas que vem sendo debatidas no parlamento; na doutrina nacional e, quando seus argumentos forem escassos, na doutrina estrangeira. Assim, pretende-se garantir rigor científico nas descrições apresentadas. Inicia-se pela problemática que envolve a articulação da lei e do plano urbanístico de um grande projeto urbano.

5.2 A Lei e o Plano Urbanístico como elementos do regime jurídico dos grandes projetos urbanos

O primeiro item a ser verificado no regime jurídico dos grandes projetos urbanos diz respeito aos critérios de legalidade e do plano urbanístico previsto para o território abrangido na proposta. A opção de abordar lei e plano no mesmo tópico de pesquisa se justifica pela controvérsia que a questão possui no direito brasileiro, sendo necessário proceder-se distinções objetivando a conceituação precisa dos termos, e por consequência, sua correta utilização prática.

O problema que guia o tópico é: Para que um grande projeto urbano seja compatível com a programação do sistema do direito brasileiro são necessários lei e plano urbanístico específicos, consonantes com o Plano Diretor? A hipótese é que a aferição da compatibilidade depende da observação da política pública municipal em específico, embora existam padrões mínimos a serem observados para instrumentos isolados, consoante programação do sistema do direito.

Importa destacar que as reflexões deste tópico dizem respeito a norma jurídica e ao plano urbanístico na perspectiva de "*script*", indicada por Reck (2018a, p. 127). Como o método de formalização definitiva de um "conjunto de operações predeterminadas", possibilitando seu acionamento, na forma de um "gatilho". Ou seja, se reconhece a existência de um conjunto de ações anteriores, mas tal complexidade ordenada, depende de um formato, onde estará disposto o regime jurídico. A programação prevista nesta norma jurídica e no plano urbanístico técnico, valendo-se das palavras de Reck (2018a, p. 128), funcionam como "um programa que liga programas".

Aqui será apresentada a forma jurídica que a programação de um grande projeto urbano específico deve ter, assim como, qual sua vinculação e qual hierarquia face a programação geral da Política Pública Urbanística. De forma teórica e mais detalhada, pretende-se demonstrar: (1) mediante qual tipo de comunicação jurídica desenvolve-se a programação da Política Pública de Intervenção Urbanística dos grandes projetos urbanos de um determinado município; e (2) como tal política pública comunica-se com a Política Pública Urbanística daquela localidade.

Outro ponto fundamental a ser destacado é que as contribuições a serem feitas ao longo do tópico apresentam conclusões, tanto na visão de uma política pública municipal abrangente de grandes projetos, quanto nos casos de formatação de instrumentos jurídicos isolados para iniciativas específicas. Muito embora existam ressalvas frente a segunda opção face a possibilidade de gerar casuísmo, tal formato parece compatível com o sistema do direito. A abordagem também acaba por apresentar-se mais como uma justificativa para a adoção do formato da programação por política municipal a partir do regime jurídico geral, do que meramente de instrumentos isolados, nos termos que será visto adiante.

Assim, o regime jurídico será observado de duas formas: a) quando exercido por lei específica de forma isolada, ou seja, não como uma política pública municipal, mas como mero instrumento; b) quando formatado de maneira abrangente como decisão coordenadora de ações, que unifica parâmetros para diferentes instrumentos jurídicos e grandes projetos urbanos em específico, ou seja, na modalidade de programa que liga programas.

Ponto fundamental na abordagem é a problemática distinção entre lei e plano que, no entender desta tese, é enfrentada de maneira superficial no direito brasileiro, gerando dificuldades de interpretação. Pinto (2005, p. 252) destaca: "se o plano diretor e o projeto de operação urbana forem leis, não haverá qualquer subordinação do segundo ao primeiro. Se forem considerados "planos", pode-se estabelecer uma hierarquia entre ambos".

A reflexão é pertinente para este trabalho, pois retrata um problema chave do regime jurídico dos grandes projetos urbanos, que é nebuloso até mesmo para a operação urbana consorciada: a possibilidade de existir hierarquia entre a proposta de grande projeto urbano e o plano diretor municipal não somente como norma jurídica tradicional, mas na forma de coordenação de planos técnicos. Nesse contexto, o aumento da complexidade na abordagem deve ter em conta duas relações: entre normas jurídicas de planejamento; e entre os planos urbanísticos técnicos que compõe tal norma jurídica. Pinto (2005, p. 252) explica que é necessária "a caracterização dos planos como uma modalidade própria de ato jurídico", vez que eles não são abstratos, e sim concretos; e não são atos administrativos, pois, ao invés de regular, "impõe uma ordem que ultrapassa o quadro dos interesses individuais".

Na doutrina de direito espanhol, a questão aparece mais estabilizada, já tendo sido analisada de forma concreta em algumas decisões judiciais[164]. De acordo com Baño León (2009, p. 128) *"el plan urbanístico como todo plan es un documento complejo que para la consecución de certos fines articula una serie de medios"* e, sendo assim, sua noção é mais ampla que as normas: *"en el plan hay una relación de medios a fines; en la norma hay una realción de subsunción: a un supuesto de hecho corresponde una consecuencia jurídica"*[165].

As observações do doutrinador espanhol remetem para algumas reflexões com base na teoria dos sistemas: (1) o que torna o plano norma de direito são decisões de acoplamento do sistema da política e do direito, no formato de programação jurídica. Em outras palavras, o plano somente é lei pois há uma decisão que acopla sistema da política e sistema do direito fazendo com que o plano tenha dupla função: estabilizar expectativas normativas e decidir vinculando toda a sociedade; (2) o plano é originariamente um programa finalístico, enquanto o sistema do direito, é tipicamente formado por comunicações do tipo programa condicional. Sendo assim, a problemática do plano e da lei remete a questões já identificadas por Luhmann (2016), quando tais programas finalísticos passam a integrar o sistema do direito o que, embora possa ser considerado frutífero, deve ser observado com distinções que respeitem a funcionalidade de cada sistema parcial[166].

[164] Entre as diversas decisões, para efeito de aproveitamento para análise no Brasil, cabe destacar que segundo Baño León (2009, p. 130) a jurisprudência da Espanha tem reforçado a ideia de que "*los planes son más rígidos que las normas para ser derogados. La modificación parcial no siempre es posible sin revisar todo el plan*". No Brasil, em que esta distinção entre lei e plano ainda não é tão clara no sistema do direito, torna-se corriqueiro mudanças pontuais nos planos urbanísticos, inclusive em definições de iniciativa do próprio parlamento, que são respaldadas pelo Poder Judiciário, mesmo sem concordância do Poder Executivo.

[165] Ainda segundo o autor Baño León (2009, p. 128-129) os planos podem ser classificados como norma jurídica, embora não tenham por essência tal natureza. "*Si se aprueba mediante ley, será una ley. Si se aprueba mediante un acuerdo administrativo, será un reglamento. Pero en ninguno de los casos es identificable como una simple ley o reglamento, de la misma manera que no se identifica con el acto administrativo*". Ainda no mesmo sentido: "*Cuestión distinta es la forma jurídica que quiera darse a un plan, que puede ser de una ley, un reglamento, o un acuerdo administrativo, según lo que disponga en cada momento el ordenamiento jurídico*".

[166] Luhmann (2016, p. 270-271) destaca que "a fixação do direito em programas condicionais de modo algum exclui que programas finalistas de outros sistemas funcionais se remetam ao direito: por exemplo, os programas orientados para fins da política que remetam ao direito constitucional; os programas de fins do sistema educativo que remetam a obrigatoriedade de

Para alcançar respostas criteriosas sobre tal correlação, ao menos três distinções e abordagens são necessárias: (1) lei-lei, que é a relação entre a norma específica do grande projeto urbano e a lei que institui o plano diretor; (2) plano-plano, que é a correlação entre os documentos técnicos do plano urbanístico do grande projeto urbano e o plano urbanístico integrante do plano diretor e (3) plano-lei, que é a correlação entre as leis e os planos urbanísticos técnicos que tem como finalidade detalhar as mudanças territoriais a serem concretizadas.

A questão lei-lei (1) parece, de certa forma, estabilizada no cenário nacional, possuindo bons subsídios no sistema do direito brasileiro, em especial em decorrência do julgado RE 607.940/DF no STF[167], que definiu a seguinte tese com repercussão geral:

> Os municípios com mais de vinte mil habitantes e o Distrito Federal podem legislar sobre programas e projetos específicos de ordenamento do espaço urbano por meio de lei que sejam compatíveis com as diretrizes fixadas no plano diretor.

Todavia, quando da relação entre plano-plano (2); ou plano-lei (3), percebe-se uma grande contingência nas comunicações do sistema do direito do Brasil. Desta forma, a abordagem encontra fundamento na doutrina do direito espanhol, na forma exposta pelos autores Diez e Rodríguez (2012, p. 553-554), ao afirmar que todo o sistema jurídico está submetido a uma

ensino; os regulamentos institucionais e os direitos e obrigações dos pais de família – programas orientados para fins da economia, que remetem à propriedade. Mas isso não significa juridicizar as próprias funções ou os fins. Em vez disso, o direito oferece somente garantias sociais para permitir a outros sistemas uma gama mais ampla na seleção de seus fins. Do ponto de vista da sociedade em geral, o entre jogo de programas fins e programas condicionais é frutífero. Porém, esse entre jogo pressupões que os sistemas e os tipos de programa se mantenham separados, só por isso podem esperar resultados."

[167] Em certa medida, a referida decisão do STF, contemplo o denominado "princípio da prominência do plano diretor", defendido por Bruno Filho (2015, p. 189) com o objetivo de conduzir a invalidação da legislação urbanística que suceda ou não seja recepcionada pelo plano diretor, por estar em desacordo com a norma. Na obra citada, foi referido que, dependendo do resultado da apreciação, poderia efetivar-se ou não o reconhecimento do princípio pelo Poder Judiciário.

hierarquia o *"sistema legal de planeamiento urbanístico (como conjunto de normas reglamentarias) también está sometido a ese mismo princípio"*.

Assim, se consideradas as indicações do direito espanhol, além da questão lei-lei (1), o regime jurídico dos grandes projetos urbanos deve observar o aspecto plano-plano (2), vez que *"un instrumento de planeamiento que sea desarrollo de otro de rango o ámbito superior no puede contravenir las determinaciones vinculantes de éste"* e a relação lei-plano (3) visto que *"un instrumento de planeamiento urbanístico no puede contravenir ningún precepto estabelecido em uma ley o reglamento executivo"*. (DIEZ; RODRÍGUEZ, 2012, p. 553-554)

Entende-se que esta visão abrangente é fundamental para uma compreensão precisa do regime jurídico, que servirá de base para programar a política pública complexa da intervenção urbanística por grandes projetos. Uma política pública desta espécie necessita de uma regulamentação atenta as distinções e semelhanças entre plano e lei, em especial, a função de cada um. O plano cumpre funções técnica, urbanística, de finalidade, e, por que não, de um acoplamento do sistema da ciência e da política programado no sistema do direito. Já a lei é uma comunicação básica do sistema do direito. Tais distinções são fundamentais, ainda que, ao final, plano e lei sejam traduzidos em um único documento, mas com características distintas.

A situação é evidente no direito espanhol. Baño León (2009, p. 130) explica que *"los planes son algo más que normas, pues dentro del contenido de los planes puede haber partes que no tengan carácter normativo, aunque sirvan muchas veces para interpretar el plan"*. Essa concepção também é defendida na teoria brasileira, vez que Pinto (2005, p. 251) reforça que "os planos urbanísticos podem ser considerados institutos próprios do direito urbanístico, irredutíveis aos conceitos tradicionais de lei, regulamento e ato administrativo".

Tratando-se do Plano Diretor em específico, Pinto (2005, p. 256) ressalta que o instrumento "não é uma lei, mas é aprovado por lei, assumindo a forma de um anexo". Ocorre que, embora exista o posicionamento do autor, que observa o tema mais profundamente no Brasil, ainda são ausentes decisões estáveis sobre o assunto no país[168], como já ocorre na Espanha, por exemplo.

[168] Para demonstrar as divergências de opiniões no Brasil, Silva (2018, p. 96) apresenta uma ideia divergente com a de Pinto, ao dispor que: "A lei no caso, não constitui simples ato de aprovação de proposições técnicas e administrativas. Configura um articulado que revela as diretrizes normativas do Plano e dá eficácia jurídica as regras concretas que ele contém.

Feitas as ponderações iniciais sobre as relações lei-lei (1); plano-plano (2) e lei-plano (3), passa-se a abordagem de cada uma delas.

5.2.1 A compatibilidade das leis dos grandes projetos urbanos e do plano diretor

Como já explicado, os instrumentos jurídicos isolados para grandes projetos urbanos específicos não se confundem com a proposta de uma política pública municipal que estabeleça diretrizes para todos os instrumentos jurídicos, com enfoque nestas iniciativas. No entanto, neste item de pesquisa, será dado enfoque aos instrumentos jurídicos isolados, demonstrando-se como a existência ou não de uma política pública municipal muda a relação lei-lei com a norma do Plano Diretor.

Um exemplo disso consiste na possibilidade de uso de decreto como forma de programar um grande projeto urbano a partir de um instrumento jurídico já existente. De acordo com Pinto (2005, p. 242) "a prática tem consagrado a exclusividade da lei como veículo das normas de ordenamento territorial" ficando a possibilidade do uso de decreto vinculadas as "diversas atividades nos usos previstos em lei".

A questão parece bastante clara, de certa forma estabilizada no direito brasileiro, como já citado no item 4.3 quando, com base em Olbertz (2011, p. 121), indicou-se a jurisprudência do TJ/SP, que entendeu a possibilidade de alteração de índices urbanísticos e características de uso e ocupação do solo dependendo-se de lei e não de decreto, o que é corriqueiro em grandes projetos urbanos.[169]

Todavia, observando-se o município de São Paulo, cuja programação da política pública municipal de grandes projetos urbanos é bem estruturada mediante regras gerais previstas e normas para cada instrumento específico,

Por isso, a nosso ver, o plano passa a integrar o conteúdo da lei, formando, assim, com esta, uma unidade legislativa. Em sentido formal, portanto, os planos urbanísticos no Brasil têm natureza de lei, e também tem no sentido material, pois, como já vimos, são conformadores, transformadores e inovadores da situação existente, integrando o ordenamento jurídico que modificam, embora neles encontrem também regras concretas da natureza administrativa, especialmente quando sejam de eficácia e aplicabilidade imediatas e executivas".

[169] De acordo com ADIn n. 45.352.0/7-00 TJ/SP, julgada procedente.

percebe-se que existe possibilidade de implementação de grandes projetos via decreto, mas isto somente é possível pois decorre de normas contidas na própria lei do Plano Diretor e suas complementações.

No caso do Projeto de Intervenção Urbana, que além das regras do Plano Diretor deve observar o Decreto n. 56.901/2016, verifica-se que, com base no art. 5º, § 1º, II, "a)", é assegurada a possibilidade de instituição de um grande projeto urbano por Decreto, mas somente quando observados parâmetros de edificação já existentes na legislação urbanística, ou seja, sem exceções as regras gerais de planejamento vigente.

Dessa forma, a regulamentação ou implementação de grandes projetos urbanos por norma específica do Poder Executivo mediante decreto somente parece possível com a soma de três fatores: (1) quando a lei assim autorizar; (2) quando já previsto em lei um instrumento jurídico que respalde a implementação do grande projeto urbano e (3) que as normas previstas para aquele grande projeto respeitem integralmente as regras contidas no Plano Diretor daquele município. Ausente qualquer um dos três requisitos, apresenta-se como um ilícito, frente a programação vigente no direito brasileiro.

Ademais, de acordo com Reck (2018a, p. 129), "boa parte dos instrumentos de uma política pública necessita de lei no quadro do Direito Administrativo brasileiro". Desde a "criação de órgãos públicos, a contratação de servidores" e tantas outras questões "são matérias que demandam legalidade estrita". O que fica claro aqui é: a utilização de decreto só é possível quando existente uma política pública municipal estruturada, sendo impossibilitada no caso de ação casuística de criação de um instrumento isolado como forma de oportunizar um grande projeto urbano desconectado da Política Pública Urbanística da cidade[170].

Superada a questão da regulação via decreto, passa-se a tratar da lei que institui um grande projeto urbano e da sua compatibilidade com a lei instituidora

[170] De acordo com Mello (2012, p. 343) em lição de direito administrativo, os "decretos e regulamentos são meios de dar execução – e sobremais fiel – às leis. Sua índole vai, pois, definida como providência concebida a serviço da lei, mero instrumento de torná-la efetiva, sem atraiçoar-lhe a finalidade sob qualquer aspecto, sem ultrapassar seus limites e sem aditar-lhe restrições ou ingredientes que se estendam além do que ela estabeleceu, já que, como dito, a dicção constitucional cautamente tratou de advertir que a execução da lei, razão da existência destes atos administrativos, teria de ser efetuada de modo fiel".

do plano diretor de um município. A controvérsia é importante, sendo interessante uma bifurcação para melhor explicar o tema: (a) a criação de uma lei que propõe instrumento de intervenção isolado; ou (b) a criação de uma programação de política pública municipal para tal fim.

Como já dito, a proposta do trabalho defende uma programação com base no item (b). Todavia, nada impede que, no exercício de sua competência, o município proponha a atividade inovadora e crie, por meio de lei específica e isolada, um instrumento jurídico programador de um grande projeto urbano para aquela cidade. O questionamento que permanece em aberto é se tal proposta precisa observar a lei que trata do Plano Diretor vigente.

A resposta pode ser encontrada a partir da análise do julgado RE 607.940/DF do STF, que culminou em tese de repercussão geral, já citado neste tópico. Embora não tenha analisado especificamente o grande projeto urbano – o objeto de fundo da ação judicial era a flexibilização de norma de planejamento urbano para condomínios ditos horizontais – é com base nesta decisão do Supremo que uma lei específica de desenvolvimento urbano somente é considerada material e formalmente válida, quando compatível com as diretrizes fixadas no Plano Diretor. Assim, segundo o julgado, a lei do Plano Diretor deve ser observada em um nível de compatibilidade.

Entende-se que é preciso aumentar a complexidade da observação, vez que os conceitos de "diretrizes" e "compatibilidade" podem permitir diferentes conclusões. Verificando-se a integra do acórdão da corte constitucional, percebe-se que os debates traçados contribuem ao esclarecimento de dois pontos: a) quanto ao que se entende por diretrizes, em fls. 28, destaca-se o fato do parcelamento do solo (objeto da lei atacada) não constituir-se como parte do conteúdo mínimo do plano diretor, mas mesmo assim deve ser compatível a ele; b) em fls. 53-65, há um longo debate sobre a questão da "compatibilidade" e da hierarquia do plano diretor, decorrente de uma certa "reserva material para o plano diretor, atribuída pela constituição", como indagado pelo Ministro Barroso.

Sendo assim, tendo em vista que diversos temas tradicionalmente regrados nos grandes projetos urbanos são conteúdo obrigatório do Plano Diretor, por força do art. 42, II do Estatuto da Cidade, somado ao fato de que o STF reconhece a natureza diferenciada do Plano Diretor, com base no art. 182 da CF/1988, torna-se imprescindível que uma lei específica, que crie um instrumentos para implantação de grandes projetos urbano, observe o Plano Diretor, do contrário, não existirá compatibilidade. E assim definiu Ministro Lewandowiski (STF, 2015, p. 57), ao tratar de leis específicas de planejamento urbano:

> Ou seja, as outras leis têm que seguir esse instrumento básico. Do ponto de vista formal, pode ser uma lei de igual hierarquia, específica, mas do ponto de vista material, ela tem que ser uma norma, no seu conteúdo material, que seja compatível com a política global de desenvolvimento urbano de uma cidade.

Por outro lado, importante destacar, com base nos votos dos Ministros, que a momentânea incompatibilidade com o Plano Diretor não torna uma determinada proposta totalmente inviável: apenas muda o seu procedimento de aprovação, tornando-se necessária prévia alteração do Plano Diretor para, somente após, possibilitar a aprovação de proposta específica. Nestes termos o Ministro Barroso (STF, 2015, p. 60) indicou que "a edição de lei contrastante com o plano diretor depende de prévia e específica alteração do plano diretor".[171]

A compatibilidade entre as normas constitucionais de planejamento urbano – onde situa-se o Plano Diretor e as demais normas urbanísticas infraconstitucionais entre as quais, aquelas leis que regram os grandes projetos urbanos – visa evitar o que Domingues (2010, p. 57) denomina de "desempenho de atividade urbanística sem o devido planejamento". Para o autor, tal condição "goza, no mínimo, de presunção de ilegitimidade (ilegalidade ou inconstitucionalidade, conforme o caso)", reforçando uma peculiaridade do direito urbanístico, que é a limitação do poder administrativo na política urbana, frente ao planejamento previsto.

Também observando-se a perspectiva de uma compatibilização da norma urbanística do Plano Diretor com as demais, Prestes (2018, p. 163) destaca a necessidade de que "o percurso da norma desde seu nascedouro integre o

[171] Em artigo sobre o tema, Batistela (2016, p. 249-269) aponta diversos pontos de controvérsia da decisão judicial, entre os quais, o debate de compatibilidade e conformidade, concluindo que a resposta do STF, embora mantenha algumas questões em aberto "propiciou um progresso significativo para o direito urbanístico".

conteúdo de legalidade e constitucionalidade desta, não bastando sua aprovação formal", tudo isso porque "nos termos do sistema vigente, a norma urbanística é daquelas complexas, que exige elementos técnicos aliados a decisão política".

Assim, é indispensável que uma lei específica, que propõe um instrumento jurídico para viabilizar um grande projeto urbano, tenha atenção para as diretrizes e estipulações da lei que trata do plano diretor municipal[172]. Feita tal conclusão, reitera-se que a criação de uma política pública municipal estruturada para tal fim é muito mais prudente e pertinente do que a produção de instrumentos isolados. A oportunidade de utilização do grande projeto urbano como alternativa da Política Pública de Intervenção Urbanística deve estar presente no debate da lei que aprova o plano diretor, com indicação de áreas prioritárias, regras e instrumentos, para a além das operações urbanas consorciadas, na forma estruturada nos Planos Diretores dos municípios de Belo Horizonte e São Paulo, por exemplo.

É desta maneira que a aferição da compatibilidade frente ao Plano Diretor torna-se praticamente indiscutível do ponto de vista jurídico. A partir da previsão na própria norma do Plano Diretor de um "gênero", com diretrizes, indicação de áreas prioritárias, requisitos do plano técnico da operação, formas de captação de recursos, de gestão democrática e outras regras gerais, que compreendem-se as "espécies" ou instrumentos jurídicos com suas peculiaridades (como consórcio urbanístico, operação urbana simplificada, interligada, consorciada), para viabilizar os grandes projetos urbanos em concreto.

Propostas desta maneira, as ações deixam de ser vistas como meras flexibilizações legais aptas a beneficiar determinados agentes econômicos ou grupos de interesse e ganham proeminente interesse público, estando integradas ao plano de cidade. Feitas tais ponderações, passa-se ao estudo da relação técnica plano-plano.

[172] Destaca-se que o teórico Mukai (2013, p. 89) tem posição distinta ao tratar da operação urbana consorciada em específico e dispõe: "pensamos que não há razão para se condicionar referida lei ao plano diretor" sem apresentar maiores argumentações frente a explanação.

5.2.2 O grande projeto urbano e a coordenação técnica e jurídica entre os diferentes planos urbanísticos e setoriais

A segunda abordagem diz respeito a relação plano-plano, ou seja: visa enfrentar a compatibilidade entre o documento técnico do plano urbanístico do grande projeto urbano e o documento técnico do plano de cidade, contido no Plano Diretor. Tal verificação passa pela observação de algumas questões específicas: a) há um problema de tipicidade dos planos urbanísticos no Brasil; b) mesmo em países com uma tipicidade clara entre os planos urbanísticos, a aferição de nulidades é tarefa complexa; c) embora existam parâmetros para um plano de operação urbana consorciada, a hipótese é que é insuficiente e não se aplica de maneira imediata aos demais instrumentos decorrentes da atividade inovadora da competência municipal.

O problema pode ser descrito a partir das reflexões de Pinto (2005, p. 115), ao afirmar que "no que diz respeito particularmente aos planos urbanísticos, não foi feita uma regulamentação adequada." Para o autor "não foram identificados os planos a serem elaborados, seus respectivos conteúdos, formas de apresentação ou processo de elaboração" e, assim "nem sequer o plano diretor teve seu conteúdo adequadamente fixado". Neste contexto destaca que a "ausência de um princípio de tipicidade dos planos, tumultua a política urbana, impedindo a constituição de um sistema de planos de ordenamento territorial".

A ideia de um "princípio da tipicidade dos planos" foi aprofundada pelo autor. Pinto (2013, p. 4193) ressalta as consequências de uma inexistência de "tipificação dos planos em nível federal ou estadual". Para o autor (2013, p. 4202-4203), torna-se indispensável "um sistema de planejamento" com indicação de planos de diferentes escalas e indicação precisa do "objeto, conteúdo, forma de apresentação, procedimentos de elaboração e aprovação", onde os "planos de menor escala devem observar as diretrizes dos de maior escala" e tal questão deva ser observada "como condição de validade".

Em sentido convergente, mas usando o conceito de "sistema de planejamento urbano estrutural", Silva (2018, p. 103-105) aduz que a carência de uma coordenação de planos é um dos motivos do fracasso do planejamento urbanístico brasileiro. Neste contexto, o autor propõe um sistema hierarquizado de planos, desde planos federais até municipais. No âmbito desta pesquisa, a proposta do autor classifica o plano urbanístico do grande projeto urbano como um plano especial, que estaria submetido aos ditames do plano geral municipal (plano diretor) e dos planos parciais municipais, que envolvem zoneamento, alinhamento, melhoramentos urbanos etc.

Em posição crítica à realidade brasileira, Pinto (2013, p. 4231-4232) entende que, na ausência do princípio da tipicidade dos planos, o município passa a ter liberdade de executar a intervenção urbanística "independentemente de sua harmonização com o entorno ou coerência com as demais políticas setoriais" e afirma:

> Planos não tipificados não têm um conjunto de matérias a eles reservadas. Desvinculados do sistema de planejamento, eles são inócuos, sem capacidade de influir na administração pública. Isso não impede, naturalmente, que sejam elaborados planos, projetos, ou quaisquer outros documentos, técnicos, políticos ou administrativos não previstos em lei. Esses documentos não integrarão, no entanto, o sistema de planejamento territorial. Ainda que possa subsidiar a elaboração dos planos tipificados, não poderão substituí-los, nem vincularão a administração pública ou os particulares.

Importante destacar que o tema da tipicidade dos planos urbanísticos tem provocado certa variação no sistema da política. O Projeto de Lei do Senado n. 667/2015 trata do assunto e foi aprovado no final de 2019 e agora tramita na Câmara dos Deputados como Projeto de Lei n. 5.998/2019. A proposta inclui a "tipicidade dos planos urbanísticos" como diretriz da política urbana, sugerindo o acréscimo de inciso com este teor no art. 2º do Estatuto da Cidade[173].

Observado o direito espanhol, verifica-se uma realidade distinta, inclusive abrangendo a coordenação de duas políticas públicas trabalhadas no capítulo

[173] Importante destacar que o projeto de lei tem origem em proposta que visa ampliar o escopo do Plano Diretor. Se for observado a partir desta pesquisa, capítulo 4, a ideia inicial do Projeto de Lei do Senado, que fora reduzida no substitutivo, era de trazer inúmeras políticas públicas setoriais para dentro do plano diretor. A proposta aprovada apenas remete a consulta de entidades representativas de outras políticas setoriais, ainda que pertencentes a outros entes da federação. Quanto a tramitação, após o envio à Câmara dos Deputados, o processo encontra-se na Comissão responsável, sem ter recebido emendas, sem tramitação mais relevante.

anterior: na perspectiva da Política Pública Urbanística, são apresentados os planos voltados ao planejamento urbano, e com base na Política Pública de Ordenamento Territorial, outros planos de outras políticas públicas setoriais, que eventualmente interferem na organização do espaço urbano. [174]

Um aporte fundamental sobre o estudo dos planos urbanísticos é a obra do autor português Correia (2001) denominada "plano urbanístico e o princípio da igualdade" a qual possui delimitações sobre as funções do plano urbanístico, suas classificações quanto a finalidade, grau analítico, âmbito espacial, eficácia jurídica, entre outras questões. Para este trabalho, faz-se necessário destacar interação entre diferentes planos.

Nesse contexto, de correlação e hierarquia entre os planos, a obra do também lusitano Silva (2013, p. 11496), trata da "nulidade do plano urbanístico" e traz aspectos pertinentes. Além de esclarecer as distinções entre os termos compatibilidade e conformidade[175] o autor afirma que a relação entre os Planos em Portugal é de compatibilidade – na mesma forma que as leis que complementam o Plano Diretor no Brasil, consoante a decisão do STF já trabalhada. O autor destaca que, embora exista uma "rede complexa mas fechada de planos" em âmbito urbanístico, o fato de existirem planos "situados fora do sistema", ou seja, que não são tipificados, mas que também precisam ser observados, "compromete o eficaz funcionamento", em especial sua hierarquia.

E o problema na hierarquia entre os instrumentos portugueses típicos e atípicos decorre da mesma celeuma apontada quando da abordagem do princípio da tipicidade dos planos no Brasil: segundo o lusitano Silva (2013, p. 11509), "instrumentos situados fora do sistema podem quase tudo" e com isso provocam "uma forte erosão no princípio da legalidade, em particular na

[174] Diez e Rodriguez (2012, p. 558-564) destacam alguns planos que devem ser observados do ponto de vista da política de ordenamento territorial da Espanha, tais como, *Ley de Carretera del Estado; Ley de Costas; e Ley de Aguas.* Na perspectiva da política pública urbanística municipal, a Espanha possui um rol taxativo de planos, com regras claras de hierarquização e compatibilidade: *Plan General; Normas Susbsidiarias de ámbito municipal; Programa de Actuación Urbanística; Plan Parcial; Plan Especial; Estudio de Detalle; e Proyecto de Dellimitación de Suelo Urbano.* (DIEZ E RODRIGUEZ; 2012, p. 558-564)

[175] Segundo Silva (2013, p. 922) "na conformidade teremos uma relação hierárquica mais rigorosa e estreita entre os diversos instrumentos de gestão territorial e na compatibilidade teremos uma relação hierárquica menos exigente menos apertada entre esses mesmos instrumentos de gestão territorial".

sua dimensão de reserva da lei" abrindo margem ainda para questões como, por exemplo, "falsos planos, programas e projectos (e por que não dizê-lo das múltiplas estratégias que gravitam ao redor do sistema condicionando-o mas sem que por ele possas ser condicionadas)".

Assim, verifica-se que o problema da tipicidade afeta a compatibilidade de planos, inclusive em países que possuem uma rede fechada e taxativa de planos urbanísticos, em especial, quando os planos da Política Pública Urbanística precisam se relacionar-se aos planos de outras políticas setoriais, nos termos da já estudada Política Pública de Ordenamento Territorial.

Pinto (2013, p. 4278-4338) destaca que na legislação brasileira a tipicidade existe apenas no Plano Diretor, no Plano de Parcelamento do Solo, no Plano de Regularização Fundiária e no Plano das Operações Urbanas Consorciadas, muito embora, em nenhum deles há "um procedimento de elaboração satisfatoriamente regulamentado". Sobre o Plano Diretor, o autor faz uma constatação essencial para este trabalho:

> Planos Diretores vagos e genéricos são incapazes de orientar a aplicação dos instrumentos, novos e antigos, de política urbana. É preciso delimitar no território, quais são as regiões onde há infraestrutura ociosa (parcelamento e edificação compulsórios), carência de equipamentos públicos (direito de preempção) a serem preservadas (transferência do direito de construir) e sujeitas a verticalização (outorga onerosa) ou reurbanização (operação urbana consorciada) (PINTO, 2013, p. 4278-4338).

Na perspectiva sistêmica, a situação remete a um cenário de maior contingência e de alternativas mais livres, com possibilidade e necessidade ainda maior de decisão para além de mera comunicação de ato vinculado. Seria, nas palavras de Simioni (2012, p. 89), um exemplo preciso de decisão sistêmica para além "da aplicação pura e simples da lei naqueles casos fáceis", mas sim, de uma decisão que é tomada a partir de variação, que "precisa criar diferença na rede histórica", escolhendo uma alternativa.

Fato é que a contingência, a variação e as inúmeras alternativas, nem sempre qualificam a tomada de decisão, em especial, em questões técnicas como a de um plano. Há uma grave lacuna no direito brasileiro, tanto acerca do que é um plano urbanístico, quando nas articulações entre os planos, ainda que legalmente previstos. A gravidade do problema torna-se ainda maior quando constata-se que sequer o instrumento básico de planejamento, consoante previsto na Constituição, cumpre com sua função técnica. Como visto, o problema de planos atípicos afeta até mesmo um sistema de planos urbanísticos estruturado, como o de Portugal. Notadamente, tal situação acarreta problemas ainda maiores no planejamento urbano Brasil, que é caracterizado por – quando existente – uma tipicidade vaga somada a inexistência de hierarquização no âmbito urbanístico.

Para analisar além da crítica, apresentando-se proposições, entende-se que a programação da política pública municipal, desenvolvida a partir do regime jurídico geral dos grandes projetos urbanos, deve contribuir na solução deste problema. Assim, em âmbito municipal, entende-se que a Lei Orgânica é um ambiente normativo apto para hierarquizar e criar regras de correlação entre o plano diretor e os demais planos urbanísticos e setoriais, incluindo-se aqueles relativos aos grandes projetos urbanos, cabendo ao regulamento específico definir detalhadamente os critérios técnicos e procedimentais desta tipicidade.

O Projeto de Lei do Senado n. 667/2015, aprovado no final de 2019, abarca tal ideia, mas remete a sua programação ao poder regulamentar, que complementaria o Plano Diretor. No texto propõe-se a inclusão de um parágrafo único ao art. 42 do Estatuto da Cidade (dispositivo que trata do conteúdo obrigatório do Plano Diretor) com o seguinte teor: "regulamento tipificará e estabelecerá normas técnicas relativas ao objeto e ao conteúdo material e documental do plano diretor e demais planos urbanísticos".

Consoante Pinto (2013, p. 4575), a tipificação "deve ser detalhada ao ponto de vincular cada instrumento e tipo de regulação a um plano específico, assim como os planos de menor aos de maior abrangência". Outra recomendação do autor é que tais regramentos sejam desdobrados em "normalização técnica" com definição de "padrões de cartografia, georreferenciamento e informática específico para cada plano". Entende-se que tais regras detalhadas deveriam constar em regulamentos do poder executivo, como decretos, devendo ser atualizados na forma das normas técnicas vigentes.

A proposta desta tese, de entender a Lei Orgânica como espaço apto a incluir, em âmbito municipal, o princípio da tipicidade dos planos, assim como, indicar quais seriam os principais planos daquele dado Município e a sua hierarquia, decorre da existência de planos em diferentes políticas setoriais, não só na Política Pública Urbanística. É a Lei Orgânica que abarca todo leque de políticas setoriais do ente local e aponta as peculiaridades do Município, sendo um espaço propício para organizar, classificar e hierarquizar os diferentes planos setoriais, que seriam detalhados tecnicamente em outras normas, inclusive decretos, portarias, entre outros.

Encerrando a problemática da relação plano-plano, sugere-se, por não existir vinculações legais neste sentido, que, mesmo insuficiente, o plano previsto para a operação urbana consorciada, no art. 33 do Estatuto da Cidade[176] seja observado como parâmetro mínimo de um plano urbanístico a ser utilizado nos instrumentos da política pública dos de grandes projetos urbanos. Olbertz (2011, p. 43-44) destaca que um plano desta modalidade deve "permitir a intervenção incisiva estatal" e, portanto, deve englobar a ocupação, o uso e a transformação do solo e ainda "projeções dinâmicas de futuro e induções ao desenvolvimento".

A proposta pode tanto ter enfoque na expansão, "com antecipação de soluções para eventuais futuros problemas urbanos", como na renovação "como técnica que prioriza a preservação de característica dos bairros e edifícios antigos". Passa-se a esclarecer a relação entre lei e plano, para concluir o primeiro aspecto do regime jurídico dos grandes projetos urbanos no Brasil.

[176] De acordo com o art. 33 do Estatuto da Cidade: "Da lei específica que aprovar a operação urbana consorciada constará o plano de operação urbana consorciada, contendo, no mínimo: I – definição da área a ser atingida; II – programa básico de ocupação da área; III – programa de atendimento econômico e social para a população diretamente afetada pela operação; IV – finalidades da operação; V – estudo prévio de impacto de vizinhança; VI – contrapartida a ser exigida dos proprietários, usuários permanentes e investidores privados em função da utilização dos benefícios previstos nos incisos I, II e III do § 2o do art. 32 desta Lei; VII – forma de controle da operação, obrigatoriamente compartilhado com representação da sociedade civil; VIII – natureza dos incentivos a serem concedidos aos proprietários, usuários permanentes e investidores privados, uma vez atendido o disposto no inciso III do § 2º do art. 32 desta Lei."

5.2.3 A comunicação lei e plano no regime jurídico dos grandes projetos urbanos

O último ponto de abordagem proposto para este tópico é a relação lei-plano, ou seja, se há uma hierarquia entre as leis urbanísticas frente aos planos técnicos e vice-versa. Mais precisamente, se uma lei que institui um grande projeto urbano, desacompanhada de plano, pode ir de encontro de aspectos técnicos plano diretor? Ou, ainda, se um plano urbanístico de um grande projeto urbano vincula outras leis municipais ou regramentos administrativos?

Segundo Pinto (2005, p. 216-218), "o planejamento urbanístico seria ineficaz se ações e normas urbanísticas pudessem conviver lado a lado com intervenções não planejadas", assim, de maneira ideal, "as demandas territoriais devem ser canalizadas para o órgão responsável pelo urbanismo, a quem compete ponderar as demandas incidentes sobre cada porção do território". Conforme o autor, é o "princípio da reserva de plano que permite a articulação entre o ordenamento jurídico e o planejamento". Ele opera "pela proibição ações não planejadas". Neste contexto, o plano urbanístico tem como finalidade impedir "a aprovação de medidas isoladas, aumentando a segurança jurídica".

Importante destacar, ainda, que não se confunde reserva de plano com reserva de lei. No entender de Pinto (2005, p. 222), "a reserva de lei não garante qualquer coerência técnica entre as diversas limitações instituídas", vez que uma lei pode significar "uma colcha de retalhos urbanística". Ainda segundo Pinto (2005, p. 225), "a linguagem empregada nos textos normativos nem sempre deixa clara esta reserva" de que determinadas matérias são do plano diretor ou de outros planos, como o da operação urbana consorciada, devendo ser considerada a nulidade das leis ordinárias que não observam tais questões.

Apesar de tais verificações, que dão certa força normativa ao plano frente a lei, como forma de blindar eventuais normas esparsas que prejudicariam as propostas do plano, entende-se, com base em Diez e Rodríguez (2012, p. 565) que *"el esquema normativo urbanístico tiene sú cúspide – como cualquier otro sector dele ordenamento jurídico – en la Consitituición"*. Neste sentido, são as leis que decorrem dela que *"establecen el marco para la planificación territorial y urbanística"*, sendo assim, *"los reglamentos ejecutivos de dichas leyes, aun teniendo el mismo rango jurídico que los instrumentos de planeamiento, prevalecen sobre éstos"*.

Desta forma, na concepção lei-plano, ainda que do ponto de vista do princípio da reserva do plano deva existir uma proteção do planejamento, entende-se que a lei se sobrepõe ao plano, quando em colisão. A afirmação não significa que o questionamento feito no início do tópico – lei que institui um grande projeto urbano, desacompanhada de plano, pode ir de encontro de aspectos técnicos plano diretor? – deva ser respondido de forma positiva. Neste caso, a verificação é outra.

Pelo verificado até aqui, entende-se não ter respaldo, no sistema do direito, a instituição de um instrumento jurídico de grande projeto urbano que não preveja a formulação de um plano urbanístico da centralidade a ser modificada como parte integrante do seu processo. Compreende-se que a exigência de tal documento técnico é indispensável. E, ainda, compatível com o Plano Diretor, seja como documento técnico, seja como norma, nos termos decididos pelo Supremo Tribunal Federal.

Por outro lado, quanto ao segundo questionamento – se um plano urbanístico de um grande projeto urbano vincula outras leis municipais ou regramentos administrativos? – entende-se que isso somente irá ocorrer se assim estiver previsto na Política Pública Urbanística daquele município. Ao propor um grande projeto urbano de maneira isolada, corre-se o risco de conduzi-lo a situação de uma lei municipal como outra qualquer, podendo colidir ou ser revogada com base nos critérios de subsunção.

A garantia de vinculação do plano e dos ditames da norma regulamentadora de um grande projeto urbano passam pela inclusão dele como integrante de uma política pública municipal, articulada com Lei Orgânica, Lei do Plano Diretor e que tenha correlação com os planos técnicos, tudo na forma a ser detalhada em leis e regulamentos.

Assim, confirma-se a hipótese de que a aferição da compatibilidade com sistema do direito depende da observação de como é programada a política pública municipal em específico. Entende-se ser este o caminho mais indicado para coordenar a proposta ao sistema constitucional de planejamento urbano é de uma política pública municipal estruturada, pois evita o casuísmo de ações isoladas, garantindo-se o interesse público e ação coordenada.

A decisão da competência municipal de inovar pela alternativa de um instrumento isolado, não estruturado em política pública municipal, remete a necessidade de observância dos princípios da reserva de lei, da tipicidade do plano e da reserva do plano, sendo necessário, ao menos, a aprovação de lei e de plano urbanístico específico, compatíveis com o Plano Diretor em vigor. Há uma fragilidade jurídica desta opção, pois apresenta-se em nível hierárquico idêntico de qualquer outra lei municipal, não estando apoiada em uma política pública escalonada e, por sua distinção, a programação jurídica do grande projeto urbano tende a colidir com outras normas em vigor, podendo facilmente ser questionado, revogado ou anulado, dependendo da situação em concreto. Enfrentada tal questão, passa-se a abordar o segundo ponto relevante quanto ao regime jurídico, que trata das possiblidades de cooperação público-privada na iniciativa e gestão dos grandes projetos urbanos.

5.3 A cooperação público-privada na inciativa e na gestão de grandes projetos urbanos

O tópico anterior enfrentou problemática eminentemente procedimental, ao apresentar uma proposta de regime jurídico geral atenta a articulação entre a lei e o plano do grande projeto urbano, apta a dar base para a programação de uma política pública municipal que pretenda promover intervenção urbanística por meio destas iniciativas. Concluiu-se que a decisão que coordena as ações deve ter uma previsão geral municipal, com função de ligar os demais programas, formatado em um conjunto de normas.

A programação coordenada parte da lei orgânica, que deve conter regras de hierarquização e articulação entre os planos técnicos; passa pelo plano diretor, que deve definir o regime municipal da Política Pública de Intervenção Urbanística dos grandes projetos urbanos, com diretrizes gerais, indicação de áreas prioritárias, formas de captação de recursos, de gestão democrática, etc, e que, a partir delas, elenca-se um rol de instrumentos específicos que, caso a caso, se desdobrarão em leis e planos próprios, possibilitando-se a intervenção territorial por meio de grandes projetos urbanos em centralidades específicas, garantindo-se a ação concreta. Como complemento a tais normas, decretos e outros instrumentos técnicos podem detalhar a lei e o plano, garantindo-se segurança jurídica, eficiência administrativa e interesse público na implementação da política pública.

Neste tópico pretende-se trabalhar, para além das questões procedimentais, um aspecto substantivo deste modelo de cooperação público-privada.

O problema que move o tópico é o seguinte: em que medida o sistema do direito brasileiro possibilita a participação da iniciativa privada na Política Pública de Intervenção Urbanística dos grandes projetos urbanos? A hipótese é que a participação da iniciativa privada não só é possível, mas essencial, sendo fator fundamental compreender o regime jurídico geral para definir critérios claros na programação da política pública em âmbito municipal, aptos a garantir uma proteção na recursividade do sistema.

O questionamento é pertinente, vez que, ao mesmo tempo em que há certa estabilização no que diz respeito a atividade urbanística como uma função pública, proliferam-se cada vez mais formas de cooperação público-privada como forma de garantir mobilização de recursos financeiros e implementação de infraestrutura urbana, o que traz consigo frequentes questionamentos sobre os limites desta prática.

Aqui, três conceitos já trabalhados são fundamentais: primeiro, a ideia de planejamento urbano estratégico, indicada no tópico 3.2.4, que dialoga com o urbanismo concertado, que será trabalhado a seguir, no item 5.3.1; o segundo, pois dentre as características dos grandes projetos urbanos, citadas no item 3.2.1 está o fato de que, na maioria dos casos, trata-se de "um modelo inovador de gestão, com uma aproximação e possível cooperação público-privada"; e terceiro, no item 3.2.5, o grande projeto urbano foi descrito como "organização política (sistema organizacional) que coordena, unifica, planeja e decide, com o objetivo de garantir uma intervenção urbana por meio de um projeto significativo e inovador".

A possibilidade de a iniciativa privada propor ou gerir exclusivamente uma "organização grande projeto urbano" não é uma realidade do Brasil, como ficou claro, em especial no capítulo 3, quando elencaram-se alguns exemplos concretos. Ao lado desta realidade fática, observar-se que não há leis gerais que regram a matéria em específico, deixando ampla contingência de alternativas, o que aumenta as possibilidades inovação no exercício da competência municipal acerca da matéria, que pode decidir escolhendo a alternativa de privatização da atividade.

A cooperação público-privada na iniciativa e gestão de grandes projetos urbanos é uma alternativa, cujos limites e possibilidade de inovação da competência municipal podem ficar mais claros com a definição dos contornos do regime jurídico dos grandes projetos urbanos. O tópico objetiva, de maneira específica: (1) situar os grandes projetos urbanos como um modelo de administração pública/urbanismo concertado, o que remete ao debate sobre a fuga do direito administrativo; (2) retomar as reflexões acerca do significado de serviços público, em especial, no que diz respeito a atividade urbanística; (3) observar a organização do sistema espanhol de cooperação público-privada urbanística, visto que é juridicamente mais bem estruturado que o brasileiro e para, ao final, (4) indicar possibilidades de iniciativa ou gestão privada na política pública dos grandes projetos urbanos.

5.3.1 O Urbanismo concertado e a fuga do direito administrativo

Além da ideia de planejamento estratégico, na forma trabalhada no item 3.2.4, os grandes projetos urbanos encontram-se inseridos na classificação denominada urbanismo concertado[177]. A compreensão dessa categoria é importante neste momento, pois ela fundamenta uma cooperação público-privada no desenvolvimento de atividades urbanísticas. Olbertz (2011, p. 45) explica que vincula-se a um "contexto mais amplo de conduta estatal" de uma "nova perspectiva da atividade urbanística" denominada "administração concertada". O urbanismo concertado, em específico, é descrito pela autora como uma concepção "em que há atuação conjunta de entes estatais e/ou participação de particulares no exercício da atividade urbanística, mediante a utilização de métodos e técnicas variadas".

Segundo Levin (2013, p. 63), com a utilização desse modelo, a administração pública "sem abdicar de suas funções nem renunciar aos seus poderes, pretende conseguir o concurso voluntário, a livre adesão dos particulares a partir da convicção de que somente deste modo poderão ser alcançados os objetivos fixados". Alfonsin (2006, p. 293) reforça a vinculação de tal cooperação com o alcance de objetivos públicos, ao dispor que "essa concertação, no entanto, é regida pelo interesse social, devendo atender antes o interesse público da coletividade do que os interesses do setor privado".

177 O autor Levin (2014, p. 60) ressalta que instrumentos como a operação urbana consorciada, são exemplos característico do urbanismo concertado, no entanto, por ter regras regulamentadoras em sua lei, assim como, um plano urbanístico tradicional, ainda poderá ser classificado como um urbanismo regulamentar e um urbanismo de planificação abrandados.

A identificação de qual seria o interesse público da Política Pública de Intervenção Urbanística dos grandes projetos urbanos, embora relevante neste contexto, somente será tema no tópico 5.4, disposto a seguir. Neste ponto da pesquisa, importante destacar-se que o modelo urbanismo concentrado, ao mesmo tempo que busca o privado como componente fundamental da política pública, não perde a visão finalística do interesse público nas suas concretizações.

Desta forma, o efeito da aplicação do modelo concertado de administração pública não afeta a finalidade da ação do Estado, mas sim, os meios e a forma de relação com o privado. Olbertz (2011, p. 45) explica que esse modo redunda na "diminuição da unilateralidade e da imperatividade que costumam qualificar a atividade administrativa". Assim, segundo a autora, a relação público-privada passa a dar-se com base na "mediação de interesses, da negociação, dos acordos e da consensualidade".

A possibilidade de cooperação público privada pode ser observada a partir de outro fenômeno, que é a fuga do direito administrativo. Autores destacam que os movimentos de fortalecimento do direito constitucional[178] e do direito privado, passam a enfraquecer o núcleo do direito público, fator que pode ser

[178] O tema da fuga para o direito constitucional será detalhado no item 5.4.1. Como aspectos gerais do fenômeno Hachem (2013, p. 346-355) dispõe que a relação entre direito administrativo e direito constitucional pode ser observada em três momentos distintos. O primeiro, anterior a constituição de 1988, em que o direito constitucional era visto de maneira formalista e o direito administrativo de uma maneira legalista; o segundo que envolve um período que abrange desde a promulgação até os primeiros anos da década de 2000, onde há um direito constitucional da efetividade e um direito administrativo da juridicidade; e um terceiro, posterior a este período, em que o direito constitucional da efetividade "cede espaço a um direito constitucional igualitário" e o direito administrativo oscila em dois momentos, entre o um direito administrativo neoliberal e um direito administrativo social. Também sobre o assunto Binenbojm (2014, p. 19) aponta que a evolução do Direito Administrativo tem como base "impulsos contraditórios, produto da tensão dialética entre a lógica da autoridade e a lógica da liberdade", e traz, como uma das principais características um "descolamento do direito constitucional" onde o direito administrativo passa a ser visto, tendo como base uma nova leitura, em especial, por "encontra-se em um momento de crise de paradigmas, que se caracteriza, precisamente, pelo descrédito de suas antigas premissas teóricas", assim como, "pela emergência de novas" o que afetará na compreensão do que é interesse público.

ilustrado neste modelo de concertação, que caracteriza os grandes projetos urbanos[179].

Fato é que não há contornos claros, seja na política pública seja em instrumento isolado criado para garantir a implementação do grande projeto urbano, que indique quais limites de cooperação público privada são possíveis para essa finalidade. Por exemplo, permanece a dúvida sobre o formato da organização política responsável pela gestão: poderá ser tanto um órgão integrante da administração direta ou uma pessoa jurídica da administração indireta? Ou ainda, um modelo de parceria público-privada, com controle prioritariamente privado? Tal situação irá impactar no regime jurídico, que pode ser estritamente ligado ao direito público, ou quase que totalmente afastado dos seus preceitos.

Olbertz (2011, p. 48-49) destaca que o urbanismo concertado tem como uma de suas técnicas a observação do urbanismo como negócio, sendo admitidos três casos: a entidade estatal por si; a entidade estatal e uma empresa; e a exclusividade de particulares. Levin (2013, p. 63) também destaca que, neste modelo, o poder público visa buscar a "colaboração da iniciativa privada para complementar ou substituir uma gestão pública impotente para fazer frente por si só às necessidades da sociedade".

Bucci (2006, p. 22) refere que o surgimento dessas novas formas jurídico-institucionais na relação público e privado escondem um paradoxo pelo qual passa o direito público brasileiro: por um lado, a procura de meios privados para resolver o problema da eficiência pública, com a flexibilização do regime jurídico, quando este é exercido pelo privado. Por outro, a manutenção da rigidez da legalidade quando a ação é exercida diretamente pelo Poder Público.

O tema também é trabalhado por Binenbojm (2014, p. 18-21) como "fuga para o direito privado", visto que inúmeras estruturas de direito administrativo passam a buscar fundamento legal no direito civil para serem implementadas, caracterizando-se como uma soma de prerrogativas e restrições do direito público e do direito privado, onde ocorre uma "privatização da atividade administrativa", em fenômenos como o "gerencialismo" na qual,

[179] O tema também pode ser abordado em outras perspectivas. Sunfeld (2012, p. 87-88) aponta para o conceito de um "Direito Administrativo dos Negócios" que tem como base o foco nos resultados, na escassez do tempo e de recursos, no aumento da informalidade nos procedimentos, entre outras características.

ao invés de intervenção direta do Estado na economia, há parcerias com o privado gerando uma "administração policentrica".

Reck (2018d, p. 23) também trabalha o tema, ao afirmar que, embora "o direito administrativo como legislação não foi revogado ou diminuído", observa-se um "crescimento da assunção de serviços públicos por entidades de direito privado e a criação de novas figuras regidas pelo direito privado antes tidas como públicas", o que pode significar, em parte, certo afastamento da aplicação do regime jurídico administrativo nos casos em que os serviços públicos são regidos pelos privados sem maiores justificativas.

A questão é diretamente ligada aos grandes projetos urbanos, visto que tendem a envolver e necessitar de participação privada. Assim, embora exista uma necessidade de coordenação pública para as operações urbanas consorciadas[180], fica em aberto se tal questão compõe um regime jurídico geral dos grandes projetos urbanos. As inovações propostas pelo exercício da competência municipal podem dispor de maneira distinta, possibilitando-se a gestão prioritariamente privada?

Como já indicado neste trabalho, uma possibilidade de gestão privada pode ser observada no uso integrado das operações urbanas consorciadas, com a modalidade de parceria público-privada. Isso é indicado por Abascal e Nohara (2018, p. 938-965), ao descrever o fato ocorrido na criação da concessionária Porto Novo S.A., que gerou a operação urbana de Porto Maravilha do município Rio de Janeiro. No caso, constituiu-se uma sociedade de propósito específico, que proibiu a administração pública de ser titular da maioria do capital com direito a voto. Assim, "o uso associado da operação urbana consorciada e da parceria público privada" gerou uma hipotética privatização da gestão, uma vez que o Poder Público, na sociedade de propósito específico, não tem maioria do capital com direito a voto.

São situações como essa, em que se mistura o instrumento da operação urbana consorciadas com a parceria público privada e a constituição de uma sociedade de propósito específico para dar conta da operação, que motivam "questionamentos sobre o grau de ingerência que o Poder Público Municipal

[180] Nesse sentido, Maleronka e Hobbs (2018, p. 30) destacam que as operações urbanas no Brasil podem tanto serem geridas pela administração direta, quanto por empresas públicas, o que possibilita a manutenção de um regime jurídico prioritariamente de direito público.

manterá sobre a execução" de um grande projeto urbano (ABASCAL; NOHARA, 2018, p. 977).

Com base na referência citada, ao que tudo indica, mesmo no uso de instrumento da operação urbana consorciada, onde existe um regime jurídico expresso no Estatuto da Cidade, que determina tal posição do poder público, não se garantiu a coordenação na condução do grande projeto urbano. Tal cenário torna-se ainda mais aberto em relação aos instrumentos inominados e reforça a perspectiva de que uma política pública municipal é essencial para evitar o uso indiscriminado e oportunista destes importantes mecanismos para o desenvolvimento urbano.

Para dar maior complexidade ao debate e aumentar a variação, qualificando-se a tomada de decisão, passa-se abordar os temas da atividade urbanística e do serviço público. Entende-se que o estudo de tais conceitos são fundamentais para que se possa definir os limites da participação privada no regime jurídico dos grandes projetos urbanos.

5.3.2 A atividade urbanística no contexto do serviço público

Os temas da atividade urbanística e do serviço público já foram tangenciados nesta tese, respetivamente nos tópicos 2.1 e 3.1. O primeiro conceito serviu de base para a observação sistêmica do Direito e Urbanismo e a formação de um Direito do Urbanismo, que opera a partir das unidades com identidade própria da Política Urbana, do Direito Urbanístico e do Direito à Cidade. O segundo conceito foi fundamental para a construção do sentido de Política Pública de Intervenção Urbanística, a partir da distinção de atividade econômica, nos termos propostos por Grau (2010)[181]. Ao final daquele tópico, dentre outras questões já respondidas, propôs-se a seguinte indagação: a Política Pública de Intervenção Urbanística é necessariamente um serviço público?

[181] No tópico 3.1 fora apresentado a distinção entre atividade econômica e serviço público, no qual Grau (2010) aduz, resumidamente, a seguinte classificação para as mais diversas atividades: "as que são obrigatoriamente serviços públicos" e sempre dependerão de concessão, permissão ou autorização, considerados serviços públicos privativos (a); as "que podem ser serviços públicos", que não dependem dos modelos acima citados, considerados serviços públicos não privativos (b); e as "que não podem ser serviços públicos", que seriam atividade econômica em sentido estrito (c).

O esclarecimento desse ponto é fundamental para definir em que medida pode se dar a cooperação pública-privada no âmbito de uma Política Pública de Intervenção Urbanísticas, que promova grandes projetos urbanos. Entender se tal atividade é ou não serviço público culmina na definição de contornos mais claros para o regime jurídico, indicando-se em que nível a relação público-privada pode existir e, ainda, se o poder público pode abrir mão de tal função, designando-a tão somente como atividade econômica em sentido estrito da iniciativa privada.

Ressalta-se que conceituar serviço público não é tarefa fácil. Conforme dispõe Reck (2018e, p. 146) "o tema do serviço público é palpitante na doutrina e nos tribunais", sendo seu regime jurídico "extremamente vago e variado". De acordo com o autor, "o sistema jurídico não conseguiu produzir redundâncias suficientes para produzir uma comunicação sobre serviço público, tampouco seus operadores", o que guarda relação, entre outros aspectos, com "concepções ideológicas do que é justiça e por interesses econômicos".

Reck (2018e, p. 146-147) descreve que existem pelos menos "3 correntes tradicionais de definição de serviço público e pelo menos 5 alternativas"[182] e

[182] Reck (2018e, p.147 e 148) descreve as seguintes correntes: (1) "A primeira corrente identifica o serviço público com atividade prestada pelo Estado. Porém, essa corrente – vinculada à tradição do serviço público – não consegue observar a singularidade das comunicações do Estado"; (2) "A segunda corrente buscaria um critério material, que poderia advir de uma "essência de serviço público" ou de algum texto. Como não é possível o texto constitucional listar serviços públicos, a segunda opção está excluída. A primeira opção é falha também por buscar instituições sociais identificáveis a priori"; (3) "A terceira diz que será serviço público aquilo que tiver regime jurídico de serviço público. Essa teoria é problemática porque pressupõe um regime jurídico de serviço público plenamente identificável, o que não existe"; (4) "a quarta posição: o legislador tem ampla liberdade de definição. Muito embora, de fato, seja verdade que, em tempos de democracia deliberativa, o processo democrático tem muita importância, isso não significa fazer tábula rasa do teto constitucional"; (5) "A quinta teoria seria uma variante da teoria do regime jurídico e da liberdade do legislador. Tudo aquilo que fosse delegável mediante permissão ou concessão seria serviço público. Novamente, bastaria uma palavra do legislador para que algo se tornasse ou deixasse de ser serviço público."; (6) "A sexta teoria conecta serviços públicos com direitos fundamentais. Seria serviço público aquilo que realiza direitos fundamentais. Apesar de correta, difícil visualizar alguma atividade governamental que não esteja relacionada a direitos fundamentais"; (7) "A sétima teoria desonera o Direito de definir serviço público. Tal caberia à economia ou alguma outra teoria. No caso, a teoria econômica é a mais popular. Serviço público não teria "preço", ou não daria "lucro"; as demais atividades teriam preço ou dariam lucro. Esta posição é simples demais. Não só seria um absurdo pensar que teorias econômicas determinariam as decisões

todas buscam um critério idealista ou deixam a cargo do legislador definir a classificação. Apesar do grau de variedade, dois pontos são fundamentais na abordagem do autor: (1) a ideia de que serviço público é de titularidade do Estado, que deve executá-lo na forma direta ou por meio de permissão ou concessão; (2) se algo for serviço público, haverá consequências, como "um pouco mais de direitos para usuário e maior regulação que atividade estritamente econômica"; "deveres para as organizações políticas" e, ainda, "custos, procedimentos e, provavelmente, maior tributação".

Nesse contexto, muito mais importante que conceituar o serviço público é avaliar se a atividade de intervenção urbanística tem sido operada como atribuição do Estado, em especial, no que diz respeito aos grandes projetos urbanos. Com base nesta constatação, será possível aferir consequências, entre as quais, de que forma se dá a participação privada.

Silva (2018, p. 34) destaca que atividade urbanística consiste "na intervenção do Poder Público com o objetivo de ordenar os espaços habitáveis" considerando-se função pública, pois envolve o planejamento e a intervenção na atividade privada e na economia. Assim, a atividade afeta interesses particulares, com vistas a realização do interesse público da coletividade, respeitados os limites legais.

Tratando-se especificamente de operações urbanas, Levin (2014, p.71) reforça tal entendimento de "protagonismo estatal da atividade" e afirma que "o controle da operação somente pode ser exercido pelo Poder Público". O argumento do autor é interessante e muito contribui na reflexão ao não limitar sua fundamentação no texto do artigo de lei, que trata exclusivamente

da comunidade, ou que existiria uma "natureza mesma das coisas" em âmbito econômico, mas também a própria posição é simples e dogmática demais para a própria economia. Tudo pode ter preço e tudo pode fornecer lucro, dependendo da forma como é organizada a atividade." (8) "a última teoria relaciona competência com serviços públicos. Apesar de ser a mais promissora, ainda assim imagina ser possível "retirar" comunicações do texto constitucional, e não enlaçar operações. Ainda não observa de modo complexo as relações que existe entre Constituição, tradição dogmática, aspirações democráticas, processo democrático, teorias da justiça, direitos fundamentais, etc. O positivismo não aceita o pensamento em rede. De todo modo, os serviços públicos seriam aqueles indicados na Constituição como competência para os entes federativos. Essa posição é problemática, porque certos serviços atribuídos como competência são tradicionalmente observados como atividade econômica".

das operações urbanas consorciadas, mas em questões que levam em consideração a Política Pública Urbanística como um todo.

Levin (2014, p. 71) afirma que "a organização do espaço público é função pública" e que o Poder Público deve, seja por meio de "órgãos técnicos especializados ou de entidades da administração indireta criadas para este fim", conduzir tanto a operação urbana consorciada, como "qualquer intervenção no espaço urbano". E acrescenta: "não é possível substituir o Estado pela iniciativa privada no papel de orientador da atividade urbanística". O fundamento legal para a posição advém do art. 182 da Constituição Federal, que é claro em determinar que "a política de desenvolvimento deve ser executada pelo Poder Público Municipal".

A controvérsia em classificar algo como serviço público também é verificada quando observa-se a atividade urbanística. Apparecido Junior (2017, p. 84-86) afirma que, por um lado, "as diversas atividades urbanísticas se caracterizam como espécies de utilidades públicas disponibilizada a sociedade" e, por outro, a averiguação tende a "trazer à baila a discussão entre a prestação estatal do serviço público ou da assunção do papel regulador pelo ente público". E acrescenta:

> Se a elaboração de planos e projetos pode ser classificada como serviço público em sentido amplo ou amplíssimo, a implantação da política pública de desenvolvimento urbano pode resultar em prestação de serviço público em sentido restrito ou mesmo restritíssimo.

O enquadramento ou não da Política Pública de Intervenção Urbanística por meio de grandes projetos urbanos como serviço público remete a dois cenários descritos por Apparecido Junior (2017, p. 85): o primeiro, que trata da dificuldade em identificar os limites de atuação dos agentes públicos e privados e, por consequência, a juridicidade e conveniência na ação de cada um; e o segundo, que diz respeito a necessidade de reforçar a identidade do interesse público nestas práticas, como forma de tutelar a ação estatal e garantir a participação público-privada, com respaldo no direito.

Assim, reconhecida a complexidade conceitual de serviço público, percebe-se que os grandes projetos carecem de algumas características essenciais, como a continuidade, porém, inegavelmente, trata-se de uma política pública que faz a gestão de bens públicos e intervém na propriedade, onde o governo tem papel fundamental. A cooperação público-privada é uma realidade em tais iniciativas, mas exige a observação de determinados critérios e não permite uma posição omissa do Estado no cumprimento de suas funções relacionadas a atividade urbanística, o que impede que tais projetos sejam transformados, exclusivamente, em atividade econômica em sentido estrito.

Já introduzindo-se a observação do sistema jurídico espanhol, que aponta para um rol detalhado de instrumentos que possibilitam a cooperação público-privada no exercício das atividades de intervenção urbanística dos grandes projetos urbanos, alguns deles com enfoque prioritariamente privados, cabe transcrever a posição de Baño León (2009, p. 299-300): "*cualquiera que sea el procedimiento de gestión que se utlilice, la legislación autonómica y la legislación estatal supletoria parten del caráter público de la gestión urbanística*". O autor acrescenta: "*todos los procedimentos remiten en última instancia a la voluntad de la administración pública (normalmente la municipal) que se asegura la dirección y control del proceso de urbanización*".

Desta forma, fica evidente que os processos de cooperação público-privada, essenciais na modalidade de Política Pública de Intervenção Urbanística dos grandes projetos urbanos, devem ter em conta que há uma responsabilidade do Estado, ainda que não se enquadrem ao conceito estrito de serviço público. Antes de indicar as possibilidades de iniciativa ou de gestão privada no regime jurídico dos grandes projetos urbanos, passa-se a observar a organização do sistema espanhol, como forma de qualificar as conclusões sobre o tema.

5.3.3 Cooperação público-privada e grandes projetos urbanos na Espanha

A tradição da Espanha em grandes projetos urbanos foi ressaltada no decorrer do capítulo 3, com destaque para a obra de Borja e Muxí (2009) que retrata o "*Urbanismo en el Siglo XXI*", especialmente quanto as intervenções urbanísticas nas cidades de Bilbao, Barcelona, Valencia e Madrid, entre outras, cada uma com características próprias. Aqui pretende-se destacar os instrumentos jurídicos que oportunizam tais ações e que, a partir de cooperações público-privadas, melhoram a infraestrutura e a qualidade de vida das pessoas nas cidades. A importancia dessas iniciativas pode ser observada nas palavas de Muños e Carballal (2018, p. 213), que destacam: "*en la relación con la participación privada, las formas de PPP tendrán a futuro gran aplicación para afrontar los nuevos retos de la ciudad".*

Nessa abordagem, optou-se por selecionar alguns dos principais mecanismos jurídicos espanhóis, que balizam a relação entre Estado e empreendedores, com a finalidade de implementar infraestrutura nas cidades daquele país. Como já referido ao final do item anterior, assim como no Brasil, na Espanha a atividade urbanística é pública e portanto, em maior ou menor intensidade, submete-se ao regime de direto público.

Ao observar os exemplos espanhóis não se pretende tão somente idealizar o modelo do país europeu, mas demonstrar um exemplo em que diversos instrumentos, cada um com uma finalidade, são colocados à disposição, partindo-se de um mesmo objetivo e seguindo os mesmos princípios, o que pode ser visto como um regime jurídico geral apto a balizar a programação de uma Política Pública de Intervenção Urbanística de grandes projetos urbanos em âmbito local, no sentido defendido por esta tese.

A descrição baseia-se em autores de direito urbanístico espanhol e visa abordar quatro instrumentos jurídicos usuais para cooperação público-privada em intervenções urbanísticas naquele país: a compensação; a cooperação; o agente urbanizador privado e os convênios urbanísticos. O ponto chave no entendimento do modelo espanhol é que tais mecanismos remetem a formas detalhadas de contratação.

A depender da intervenção a ser elaborada será exigido um tipo de plano urbanístico, na forma especificada no tópico 5.2. Além disso, cada formato tem procedimento próprio de concretização. Desta forma, o regime jurídico engloba tanto os aspectos legais e contratuais, quanto os técnicos do plano, o que reforça sua posição de referência neste estudo e ao avanço no regime jurídico brasileiro[183].

Inicia-se a abordagem pelo mecanismo de *compesación*. De acordo com Baño León (2009, p. 302-303), trata-se de um modelo de gestão indireta no

[183] A utilização dos instrumentos espanhóis serve para diferentes fins, entre os quais a reabilitação urbana, a reforma interior, de regeneração urbana, entre outros, como bem detalhado na obra de Pascual (2013, p. 63) que guarda atenção especial na distinção entre os termos. Segundo o autor: "*junto a la renovación urbana se han dado historicamente otras formas de transformación de la ciudad construida, que hay de distinguir de la renovación urbana contemporánea con el fin de perfilar su definición*"

procedimento de urbanização, ou seja, prioritariamente privado. Nele, o poder público delega para uma junta de compensação, formada pelos proprietários de imóveis, a responsabilidade por todo o processo de transformação urbanística. Segundo o autor, "*puede considerarse, como una concesión ex lege de gestión urbanística*". Quanto a concessão, "*porque se traslada a un ámbito particular lo que originariamente es de responsabilidad pública*"; em relação ao *ex lege*, "*porque es la ley que determina por su propio ministerio que los propietarios que representan una superficie mínima del 60 por ciento de los terrenos puedan solicitarla*".

Segundo Díez e Rodríguez (2012, p. 791) trata-se de um sistema caracterizado por "*el indiscutible protagonismo privado en el proceso de ejecución del planeamiento*" que ocorre sobre solo originariamente privado e que continuará sendo privado depois da execução da intervenção, com exceção se exigidos espaços destinados para equipamentos públicos, para além do aspecto inicial da área.

Sendo assim, é a junta formada por proprietários quem assume a responsabilidade pela execução da intervenção. Baño León (2009, p. 303-304) destaca que, embora a junta de compensação seja formada quase que exclusivamente por agentes privados (já que o poder público pode ser um dos proprietários da área), é uma entidade pública para qual delega-se a gestão urbanística com o fim de facilitar a transformação do solo.[184]

Em obra específica sobre o papel da Junta de Compensação, Suárez (2013, p. 21) destaca que "*esta entidad será la encargada, a partir de ese momento y hasta nuestros días, personificar jurídicamente la posición del conjunto de propietarios organizados y constituídos*, que pode ser considerada um "*ente encargado de llevar a cabo la urbanización*". Sua função é transformar a área a partir de um plano urbanístico[185].

A par do funcionamento da junta de compensação, ao tratar dos desafios gerais do instrumento, Baño León (2009, p. 304) destaca como aspecto positivo do instrumento, a corresponsabilidade entre os proprietários. Como negativo, duas questões: a dificuldade de pessoas que muitas vezes não tem

[184] Baño León (2009, p. 304) detalha o procedimento de compensação da seguinte forma: "*Procedimentalmente el sistema de compensación se divide en dos factores. La previa a la constitución de la Junta, en la que los propietarios promotores proponen los Estatutos y bases de actuación; y la posterior a la constitución de la Junta en que ésta presenta el proyecto de compensación, ejecuta las obras y procede a la liquidación final*".

[185] Suárez (2013, p. 22) destaca que entre os principais desafíos jurídicos na observação das juntas de compensação está a definição mais precisa de suas personalidades jurídicas e a sua possibilidade de vincular os agentes privados que não a integram.

expertise no mercado de construção serem responsáveis em concluir uma tarefa tipicamente empresarial; e a ausência de proteção de proprietários minoritários. Ainda, faz importante reflexão:

> *En realidad, desde el punto de vista jurídico lo importante no es tanto la eficacia del sistema de compensación, sino el respecto a los dos intereses prevalentes en la urbanización: de un lado, el respecto al interés público, asegurado teóricamente por el control de la Administración (todos os acuerdos de la Junta son recurribles en alzada entre el Ayuntamiento) y por la reserva a la administración de la aprobación definitiva de los Estatutos, bases de actuación y proyecto de compensación. De otro, el respeto a los propietarios minoritários* (2009, p. 304).

Outra questão importante sobre o sistema de compensação, que pode servir de base para a construção de um regime jurídico geral balizador das políticas públicas nos municípios brasileiros é a estipulação de regras distintas, quando a compensação estiver prevista ou não na norma de planejamento competente. Díez e Rodríguez (2012, p. 801-804) destacam que a inexistência de previsão torna o processo mais moroso e complexo. Caso esteja previsto no plano urbanístico municipal, sua tramitação é mais simples e célere.

Outro modelo de gestão indireta do procedimento urbanístico é *"el agente urbanizador privado"*. Em obra sobre o tema, Sánchez (2005, p. 11) destaca sua importância com um dos mais relevantes aportes na legislação urbanística espanhola como forma de *"combatir los males endémicos de nuestro urbanismo: la escasez en la oferta de suelo urbanizado, retención y especulación del suelo, falta de agilidad en la gestión*, entre outros aspectos.

Baño León (2009, p. 305) explica que o agente urbanizador envolve a *"persona física o jurídica a quien la Administración confia la promoción urbanística, incluyendo la preparación de los proyectos de urbanización y reparcelación y excusión, por si o por terceros de las obras de urbanizción"*. Neste caso, ao contrário da compensação, o agente não é necessariamente um proprietário, mas um profissional que atua com investimentos imobiliários[186].

[186] Segundo Baño León (2009, p. 306) *"el agente urbanizador es una reacción frente al predominio e inconvenientes del sistema de compensación. Se pretende que la condición de propietario no sea factor decisivo de la gestión indirecta de la urbanización"*

Diez e Rodríguez (2012, p. 879) explicam que o agente urbanizador pode se dar por gestão direta do Poder Público, ou indireta, onde é escolhida uma empresa privada, selecionada em concorrência pública. Os autores referem que "*la idea central del sistema es que, al ser la urbanización una función pública puede asumir directamente el papel activo en la misma*" ou, como opção "*gestionar esta función indirectamente, adjudicando la ejecución del planeamiento a una empresa en la que delegue esta responsabilidad, reservándose, no obstante, la dirección y la supervisión*". Neste modelo, o empresário e urbanizador torna-se o executor material de suas diretrizes.

Os problemas dos modelos prioritariamente privados são bem descritos por Baño León (2009, p. 304): o "*talón de Aquiles de la Junta es el mismo que el Agente urbanizador: la tendencia de la administración abdicar de sus potestades y aceptar acríticamente las propuestas que formula la Junta*". E isto ocorre justamente pelo apelo financeiro dos instrumentos urbanísticos, como destacado pelo próprio autor:

> *Un agente urbanizador que puede proponer el diseño del plan a su medida y una mayoría de municipios, incapaces de resistirse al encanto de fuertes ingresos en las arcas públicas, coloca al interés público general, en lugar necesariamente subordinado a la expectativa de rentabilidad. Como hemos visto, esta orientación resulta contraria a las reglas de contratación pública, en particular a la Directiva europea.*

Finalizando-se a abordagem sobre o agente urbanizador privado, destaca-se a questão técnica do plano, vez que há planos urbanísticos típicos específicos para tal ação, mais precisamente, o *Programa de Actuación Integrada, Urbanística* e de *Ejecución*. Como explicado por Diez e Rodríguez (2012, p. 880), são documentos mais simples, utilizados no processo de seleção, e que devem trazer consigo um compromisso concreto de investimento em urbanização. Com o avanço dos procedimentos, as ações concretas são balizadas em outros planos urbanísticos, também típicos, como o parcial ou o especial.

Outro mecanismo que compõe o sistema jurídico espanhol é a *cooperación*. Através dele, legitima-se a gestão direta do procedimento de urbanização. Segundo Baño León (2009, p. 300) a própria administração pública executa a urbanização necessária, com transformação física e jurídica dos terrenos, atribuindo-se os encargos do financiamento aos proprietários. De acordo com o autor, *"tal obrigación deriva tradicionalmente del deber de los proprietários de costear la urbanización"*.

Para Diez e Rodríguez (2012, p. 836) trata-se de *"gestión publica sobre suelo privado"*. Assim, tanto a responsabilidade pela redistribuição de áreas públicas/privadas, quanto a execução das obras ficam a cargo do governo local. O modelo é o que mais assemelha-se aos instrumentos brasileiros e que trabalha com a lógica de captura de *plusvalias* urbanísticas, consoante já explicado no capítulo anterior e que será aprofundado no tópico 5.5.

O último instrumento a ser trabalhado são os convênios urbanísticos, mecanismo que não possui regras de incidência em solo público ou privado, exigência ou não de participação de proprietários ou ainda, necessidade de ser uma gestão direta ou indireta. Diez e Rodríguez (2012, p. 940-941) explicam que há muitas definições sobre o instrumento, considerado desde meras manifestações concorrentes de vontades, até acordos entre outras percepções. O fato resulta na seguinte situação: *"tanto la doctrina científica como la jurisprudencial es vacilante en lo que concierne al tipo de relación que une a las partes intervinientes en un convenio urbanístico"*.

Baño León (2009, p. 155) alerta que *"los convenios de planeamiento, en definitivo, viven en una peligrosa zona de marginalidad legal"*, todavía, reconhece sua enorme importância, vez que, *"permita a la Administración obtener mayores prestaciones, aunque sea traspasado la raya de la legalidad, en nuestro criterio"*. No intuito de esclarecer os limites dos convênios urbanísticos na Espanha, cabe a transcrição dos principais aspectos jurisprudenciais, consoante indicado por Diez e Rodríguez (2012, p. 941):

> *Los convenios son complementarios de las determinaciones legales (STS de 10.02.92); Los convenios son auténticos contratos (STS de 7.11.90); Los convenios no pueden limitar las potestades de planeamiento (por todas, STS e de 15.02.94); Los convenios adquieren vigencia al incorporarse al Plan (STS de 19.02.92); Los convenios obligan a sus firmantes y su incumplimiento determina la indemnización al perjudicado (STS de 16.02.93); Los convenios permiten obtener – en caso de incumplimiento por la administración – la retrocesión de terrenos obtenidos con el compromiso de modifica el plan (STS de 7.11.90)*

As alternativas na escolha da cooperação público privada como forma de operar grandes projetos urbanos também tendem a estar relacionadas com problemas de escassez de recursos públicos na Espanha. Consoante Garcías (2018, p. 27) são os períodos de crise que fomentam debates em âmbito urbanístico, que sustentam ser "*deseable la coloaboración del sócio privado, siempre que el mismo se a un particular que tenga vinculación com el mundo inmobiliario, como construtor o promotor*", como forma de buscar apoio financeiro para intervenções urbanas.

Apresentados os diferentes instrumentos e mecanismos que possibilitam que a operação da Política Pública de Intervenção Urbanística dos grandes se dê a partir de cooperação público privada na Espanha, passa-se ao item final tópico, que objetiva, em definitivo, indicar as possibilidades atuação privada no regime jurídico dos grandes projetos urbanos no Brasil.

5.3.4 Possibilidades de atuação privada nos grandes projetos urbanos no Brasil

Os três itens anteriores foram descritos para situar tema o da cooperação público privada dos grandes projetos urbanos em importantes debates, assim como, observar de que forma tais questões são enfrentadas numa estrutura jurídica mais coesa e detalhada, como é o caso da Espanha. Como visto ao longo da pesquisa, em especial no capítulo 4, a mobilização de recursos financeiros, principalmente privados e alternativos à tributação tradicional, é um dos fatores que motivam o uso dos grandes projetos urbanos e potencializam a prática inovadora na implementação de infraestrutura urbana.

O fato de movimentar recursos financeiros, muitas vezes vultuosos, faz com que essa política pública seja observada pelo sistema da economia, que tem sua recursividade própria, com o código preço/não preço e função de possibilitar a provisão para satisfazer futuras necessidades, na forma teorizada por Luhmann (2017) e detalhada no capítulo anterior. Tal fator é o grande diferencial desta política pública, mas pode ser seu grande fracasso.

É justamente por esta aproximação com o sistema da economia que observam-se movimentos no sistema direito, tais como: a fuga do direito administrativo para o direito privado, que é motivado por ideais de concertação e as dificuldades de conceituar serviço público, pois tal sentido pode afastar determinadas atividades dos "atores baseados na lógica lucro/não lucro", como explicado por Reck (2018e, p. 146). Verificou-se, ainda, que tal preocupação também vige na Europa, em específico na Espanha, em especial pelas reflexões de Baño León (2009) acerca da perda de poder administrativo e desvirtuamento do planejamento urbano, que podem ser geradas por propostas decorrentes da compensação e do agente urbanizador privado.

É neste cenário que o direito deve responder o que é direito/não direito quando se trata de atuação privada na política pública dos grandes projetos urbanos. O instrumento da operação urbana consorciada tem uma indicação clara. Entretanto, ao que parece, a partir da doutrina trabalhada, está corrompido pela criação de um modelo jurídico complexo que integra seu regime jurídico, o da parceria público privada e da sociedade de propósito específico. Todavia, valendo-se das palavras de Lomar (2010, p. 286), quando da escolha do instrumento da operação urbana consorciada, a indicação jurídica assegura ao Poder Público Municipal uma "posição de coordenação" da gestão. Sendo pública a coordenação da gestão, torna-se possível a constituição de "formas de gestão impregnadas de maior ou menor protagonismo dos agentes privados".

Por tudo que já foi escrito nesta tese, entende-se que o regime da operação urbana consorciada não é autoaplicável aos demais instrumentos decorrentes da atividade inovadora, ou ainda, a uma política pública abrangente, que trate de grande projeto urbano como um gênero de muitas espécies. Assim, cabe esclarecer, mais precisamente, se a coordenação pública do grande projeto urbano é somente uma orientação jurídica razoável ou uma determinação do sistema do direito no Brasil.

Desta forma, este item final desdobra o problema do tópico em três questões específicas: A coordenação da gestão de um grande projeto urbano pode ser privada? A iniciativa de proposição de um grande projeto urbano pode se dar por um agente privado? E, ainda, mediante quais instrumentos podem ser formalizados os termos da cooperação público privada?

Com relação à primeira pergunta, esta já foi parcialmente respondida no item 5.3.2, a partir das reflexões de Levin (2014, p. 71), que aqui são complementadas. A coordenação pública não decorre da regra específica da operação urbana consorciada, mas de uma regra constitucional, reforçada pelo Estatuto da Cidade, que impõe ao Poder Público Municipal executar a política de desenvolvimento urbano. Neste contexto, o autor aduz que "as ações em matéria urbanística devem ser coordenadas pelo Poder Público, ainda que contem com a participação da inciativa privada".

Todavia, a atribuição pode dar-se de diversas formas: pela administração direta, indireta ou, através de processo licitatório, ser delegado ao agente privado por concessão ou permissão. O sistema jurídico brasileiro não estipula modelos jurídicos específicos de instrumentos urbanísticos, dependendo do tipo de coordenação pública. Caso pretenda-se constituir um grande projeto urbano, tem-se a vinculação jurídica de que a coordenação é pública, mas não há, como no direito espanhol, alternativas e instrumentos específicos voltados a uma coordenação direta ou indireta.

Nesse contexto, Lomar (2010, p. 284) destaca, valendo-se da regra das operações urbanas consorciadas, que "o Estatuto da Cidade, acertadamente, não impôs um modelo único, de tal modo que ela pode ser implementada, de modo direto ou indireto, por qualquer das modalidades admitidas na legislação". Levin (2014, p. 71) afirma que "o Estado pode, e muitas vezes é aconselhável que o faça, delegar a execução da função urbanística ao particular ou firmar parcerias com o setor privado para financiar determinada operação urbana". O que é indelegável, segundo esse autor, é a função pública de organizar o espaço urbano, e daí a obrigatoriedade de coordenação do processo, ainda que de forma indireta.

Verifica-se que a grande preocupação em relação a cooperação público privada é o desvirtuamento de resultados. Abordando este tema, Alfonsin (2006, p. 293) destaca que as parcerias "que possam ser tomadas como favores disfarçados aos interesses do capital imobiliário serão passíveis de questionamento judicial de acordo com a nova-ordem jurídico urbanística". Levin (2014, p. 72) também destaca que a manutenção de um controle pelo Poder Público visa justamente evitar tal possibilidade, de desvio de finalidade, vez que "o controle da atividade urbanística pelo Poder Público, ainda que não exercido diretamente, visa evitar que os instrumentos de direito urbano sejam manipulados por grupos cujo interesse não coincidam com o interesse coletivo".

A compreensão dos elementos substanciais a serem observados no regime jurídico dos grandes projetos urbanos é tema do tópico 5.4, que se inicia a seguir. A dúvida que sempre permanecerá nesses processos de cooperação-público privada é como evitar que o interesse privado se sobreponha ao público, desvirtuando o instrumento que, como já dito, necessita também atender ao interesse econômico para efetivar-se.

Feitas as ressalvas necessárias, conclui-se que, em um regime jurídico geral dos grandes projetos urbanos, a coordenação dos instrumentos deve ser pública, podendo ser operacionalizada de forma direta – órgãos da administração direta ou entidades da administração indireta – ou de maneira indireta – a partir de concorrência pública, mediante delegação. Existe, ainda, a possibilidade de concorrência pública para seleção de entidades do terceiro setor com especialidade na área, nos termos da Lei n. 13.019/2014 (Lei das Ongs), Lei n. 9.790/99 (Lei das Ocips), entre outras.

Como qualificação desta política pública, entende-se pertinente a definição de instrumentos urbanísticos específicos para a operacionalização direta ou indireta, vez que as possibilidades de controle quanto ao alcance do interesse público são distintas frente a entidades com regime jurídico de direito público e privado. Como visto no modelo espanhol, até mesmo no caso tipicamente privado, a Junta de Compensação, entidade formada prioritariamente por proprietários privados, é tida como organismo de direito público.

Nesse contexto, embora ainda em sede de teoria, são muito pertinente as reflexões de Reck (2018d, p. 27), que sugere uma reinvenção do direito administrativo, com o intuito de enfrentar a problemática da fuga para o direito privado: "a incidência das normas de Direito Administrativo sobre entidades privadas de utilidade pública", tendo como enfoque não só o tipo de pessoa jurídica, mas o tipo e qualidade da atividade exercida, onde "o direito administrativo, como direito do interesse público e das políticas públicas, pode incidir em diferentes intensidades, como diversos regimes jurídicos", preservando seus elementos centrais, como os princípios e o enfoque no interesse público.

Este modo de observação significa forte proteção jurídica para o risco de afastamento no interesse público, sempre presente nos debates das cooperações público privadas. Encerrando-se as conclusões sobre a coordenação da gestão, importante frisar que, ainda que ela se proceda de forma indireta, trata-se de ação complexa, sendo assim, necessário um acompanhamento criterioso da administração municipal. O que só é possível com organismos estruturados e qualificados, como explicado por Levin (2014, p. 71): "para tanto, é imprescindível a atuação dos órgãos técnicos especializados da Administração para orientar o processo decisório que definirá os rumos da operação".

O segundo questionamento diz respeito à participação privada na iniciativa da proposta, em outras palavras, se o agente privado pode sugerir a implementação de uma intervenção urbanística nos termos de um grande projeto urbano. Na política pública de Belo Horizonte, tal situação é possível, com base em regra do próprio Plano Diretor, para a operação urbana simplificada. O art. 66, § 1º, afirma que tal medida "deve ser motivada por interesse público expresso em políticas públicas em curso ou a serem implantadas e pode ser proposta pelo Executivo a partir de iniciativa própria ou de qualquer cidadão".

Entende-se que o regramento do município responde à questão por si só, exatamente na forma que vem sendo defendida nesta tese: o Município em questão desenvolveu uma Política Pública de Intervenção Urbanística de grande projeto urbano, com regras genéricas locais, dadas entre os arts. 62 e 65, intitulada "operação urbana", e instrumentos específicos típicos, denominados "operações urbana consorciada" e "operação urbana simplificada".

No instrumento "operação urbana simplificada" à inciativa privada assegurou-se a proposição de intervenções, desde que "motivada por interesse público expresso em políticas públicas em curso ou a serem implantadas". Ou seja, ainda que rentável ao privado, o que é necessário, a proposta deve ser ligada a uma política pública, com motivação expressa do interesse público.

O modelo respalda o que é defendido neste trabalho. Quando a cooperação público-privada é inserida nesse contexto coordenado, afasta-se de casuísmos e oportunismos e tende a objetivar o interesse público. Desta maneira, entende-se que é juridicamente possível que o privado proponha intervenções urbanísticas, desde que tal medida esteja inserida na Política Pública Urbanística daquele município, em especial, em consonância com o Plano Diretor.

Outra alternativa nesse sentido seria uma regulamentação local do Procedimento de Manifestação de Interesse, previsto no Decreto n. 8.428/2015, no qual, segundo art. 1º, deve "ser observado na apresentação de projetos, levantamentos, investigações ou estudos, por pessoa física ou jurídica de direito privado" e tem por "finalidade de subsidiar a administração pública na estruturação de desestatização de empresa e de contratos de parcerias". É pertinente que a possibilidade de utilização do instrumento seja regulamentada em lei e, em matéria urbanística, que exista um rol de possibilidades detalhadas.

A última questão levantada sobre a participação da inciativa privada na Política Pública de Intervenção Urbanística diz respeito a formalização da relação dela com o governo. Como já descrito no tópico anterior, mesmo com a existência de uma política pública abrangente, todo instrumento específico de grande projeto urbano receberá norma própria, seja uma lei, no caso mudança do no regime urbanístico geral, seja decreto, na manutenção deste regime. A espécie normativa deve trazer as regras gerais que balizam a relação público privada.

Consoante reflexão de Novis (2011, p. 131), "a legislação não oferece de forma clara e congruente como relação jurídica entre as partes será travada no seio de uma operação urbana consorciada" e complementa que "não há um arcabouço legislativo consolidado nesse sentido". O problema da ausência de padrões também alcança o instrumento inovador da concessão urbanística que, segundo a autora, ainda ressente a ausência de uma norma geral disciplinadora.

É nesse ponto que verifica-se a pertinência dos convênios urbanísticos na Espanha. Com a ressalva de estarem à margem da legalidade, entende-se que documentos como esses – com as mais variadas formas – quase um contrato inominado de direito civil – podem servir como elementos complementares no regime jurídico dos grandes projetos urbanos e, assim, compor a programação de uma Política Pública de Intervenção Urbanística nesse sentido.

Em uma coordenação de ações que parte dos objetivos fundamentais da política urbana prevista na Constituição Federal; pelas diretrizes desta política nacional, consoante o Estatuto da Cidade; estrutura-se na Lei Orgânica e no Plano Diretor do Munícipio, com indicações gerais e de instrumentos específicos uma política pública municipal para os grandes projetos urbanos; que complementa-se com lei específica, decretos e processos administrativos; entende-se que os convênios urbanísticos tem uma função importante como documento que complementam a cadeia de tomada de decisões.

Essa descrição, muito mais do que impor uma visão cartesiana, de passo a passo, para política pública – o que contrastaria com a teoria base deste trabalho – visa identificar que, mesmo em um cenário reconhecidamente complexo de interações não-lineares, pode-se partir de uma coordenação de ações e reconhecer validade para instrumentos jurídicos controversos, desde que inseridos no que Reck e Bitencourt (2016, p. 143) denominam de "tríade competência, direito fundamental e políticas públicas". Para os autores, "só há direitos fundamentais quando se tem políticas públicas e estas políticas públicas são realizadas por entes com determinadas competências". É desta forma que observa-se a cadeia acima descrita, não como algo estanque, passo a passo, mas que precisa evoluir e conectar-se em rede, como programas que se ligam e qualificam decisões.

Para que se avance na definição de elementos do regime jurídico dos grandes projetos urbanos, necessário compreender como o direito fundamental da Política Pública Urbanística influi na definição de suas finalidades, que é o tema do tópico a seguir.

Até aqui, confirmou-se a hipótese do tópico, de que a participação da iniciativa privada não só é possível, mas essencial, sendo fundamental a definição de critérios claros no regime jurídico para orientar a programação da política pública, garantindo-se a proteção da recursividade do sistema do direito frente aos ruídos causados pela observação do ambiente, em especial, por informações do sistema da economia. O poder público é o responsável pela coordenação de tal política pública, podendo fazê-lo de maneira direta ou indireta, o que possibilita a participação da iniciativa privada de diferentes formas, inclusive propondo intervenções urbanísticas de grandes projetos urbanos.

5.4 Observações quanto as finalidades jurídicas dos grandes projetos urbanos

O tópico anterior demonstrou a necessidade de aprimoramento nos mecanismos de recursividade sistema do direito no intuito de garantir que modelos de cooperação público privada, indispensáveis na Política Pública de Intervenção Urbanística dos grandes projetos urbanos, sejam direcionados para a finalidade do interesse público. Neste ponto da pesquisa pretende-se avançar na compreensão de qual seria o interesse público que baliza o regime jurídico dos grandes projetos urbanos, o qual será descrito com um sentido de finalidade.

No tópico anterior, a ideia foi avançar nos aspectos substanciais, definindo-se os limites indicados pelo sistema do direito para a cooperação público-privada. Todavia, para proteger tal aspecto, alguns procedimentos foram indicados com o intuito de dar recursividade ao sistema, facilitando-se eventual análise posterior do código direito/não direito pela jurisdição. Neste tópico a intenção é a mesma: buscar no sistema do direito elementos substantivos que apontem sentido para uma finalidade do regime jurídico, apto a programar a política pública e, paralelamente, sugerir procedimentos como recursos de sua concretização.

O problema que guia o tópico é o seguinte: Há parâmetros substanciais do sistema do direito que permitam dar um sentido para as finalidades do regime jurídico dos grandes projetos urbanos? A hipótese é que o sentido das finalidades possa ser buscado na observação da Política Pública Urbanística. O questionamento é pertinente pois a observação do instrumento operação urbana consorciada traz consigo um objetivo expresso, com três desdobramentos: (1) alcançar em uma área transformações urbanísticas estruturais; (2) promover melhorias sociais e a (3) valorização ambiental, conforme oportunamente já trabalhado nesta tese. Neste caso, com a opção por este instrumento tradicional, torna-se desnecessário observar o sistema do direito como um todo, no que diz respeito as finalidades.

A situação não é clara quando observa-se o regime jurídico aplicável aos instrumentos inominados, criados em decorrência da inovação da competência municipal. Uma política pública municipal ou um instrumento isolado criado em nível local pode ter finalidades distintas da operação urbana consorciada? Mais que isso: podem ter qualquer finalidade? Com base em quais sentidos substantivos pode-se descrever o que é interesse público neste contexto?

São estes os fatores que motivam o tópico. Para que responder as indagações, o tópico será divido nos seguintes itens, que visam esclarecer pontos específicos: a) a fuga do direito administrativo para o constitucional e seu impacto no tema; b) os programas finalísticos de interesse público na teoria sistêmica; c) os objetivos e diretrizes da Política Pública Urbanística e sua relação com os grandes projetos urbanos; d) descrever um possível sentido de finalidade para o regime jurídico dos grandes projetos urbanos, que balize uma da Política Pública de Intervenção Urbanística, que objetive implementar tais alternativas.

5.4.1 Ainda sobre a fuga do direito administrativo e Política Pública Urbanística

No tópico anterior, especificamente no item 5.3.1, descreveu-se como a fuga do direito administrativo relaciona-se com a temática da cooperação público privada dos grandes projetos urbanos, oportunidade em que foi dada ênfase neste fenômeno frente ao direito privado. Aqui, é outra fuga que interessa: aquela que decorre da ampliação das temáticas constitucionais e influencia a forma de operar a tradicional legalidade administrativa, que passa a ser observada pela lógica constitucional da juridicidade, o que impacta na forma de aferição do interesse público frente a finalidade de uma política pública.

Binenbojm (2014, p. 25) aponta o debate sobre a supremacia do interesse público sobre o interesse privado como elemento central nessa visão do direito administrativo a partir do direito constitucional. Para o autor, nesse contexto, "a definição do que é o interesse público" deixa de estar "ao arbítrio do administrador" com base em lei formal e passa respeitar "juízos de ponderação proporcional entre os direitos fundamentais e outros valores e interesses metaindividuais constitucionalmente consagrados".

Complementam tal raciocínio os autores Gabardo e Hachem (2010, p. 179) que destacam que o interesse público "na sua leitura atual, não é algo abstrato, etéreo, intangível. O seu conteúdo jurídico não pode ser encontrado em outro lugar senão no próprio direito positivo" e, assim sendo, deve espeitar a "ordem de valores, fins, objetivos e bens protegidos pela Constituição". A partir da concepção dos autores, entende-se que, ao trazer o direito administrativo para a lógica de observação do direito constitucional, diminui-se a margem de discricionariedade em definir interesse público por meio de uma lei formal específica e, ao mesmo tempo, torna-se mais complexo interpretar seu conteúdo, vez que toma como base conceitos abertos da Constituição[187].

[187] O autor espanhol Muños (2014, p. 13-14) reforça tal percepção ao referir que "*el problema se encuentra en que el interés general no es un cheque en blanco, no es una fórmula abierta que permita el ejercicio de las potestades administrativas sin más. Necesita ser demostrado en lo concreto, precisa ser puntualizado con detalle, debe ser especifico y fácil de aprehender por la ciudadanía. Do contrario, el concepto se convierte en un peligroso expediente para el autoritarismo y el ejercicio unilateral del poder que termina, en este marco, identificado con la arbitrariedad*".

Desta forma, observar o interesse público pela lógica da juridicidade tem um duplo efeito: diminui a discricionariedade da lei formal específica, que deve observar a constituição, e aumenta a discricionariedade do controle, tendo em vista o caráter conceitualmente aberto e indeterminado das proposições constitucionais em geral. No contexto dos grandes projetos urbanos, tal situação pode ocasionar diferentes desdobramentos, pois uma hipótese é de que, em decorrência da ausência de uma programação específica previstas na lei geral, os parâmetros substanciais do que é interesse público decorrem somente dos objetivos constitucionais e das diretrizes do Estatuto da Cidade. Todas, aparentemente, muito abertas, dando ampla discricionariedade nas especificidades a serem trazidas na lei municipal.

Uma das principais questões pode ser evidenciada na constatação de Maleronka e Hobbs (2018, p. 9) de que a justificativa do grande projeto urbano tem relação com uma oportunidade de "financiar a infraestrutura necessária para prover serviços básicos para uma crescente população urbana" em decorrência de "um quadro generalizado de falta de fundos para investimento" nos Municípios.

O interesse exclusivamente financeiro pode culminar em um exercício de discricionariedade da lei local, que inova ao indicar uma política pública ou um instrumento específico de grande projeto urbano com viés exclusivamente financeiro, sem observância de cargas urbanísticas sustentáveis, desconectado da implementação de infraestrutura e que demasiadamente flexibilizam os parâmetros de construção ou parcelamento no afã de garantir um sucesso arrecadatório. Ainda neste contexto, segundo Alfosin (2006, p. 294) há diversos estudos que apontam para os "efeitos perversos das operações urbanas" que, pela discricionariedade dada aos atores locais, acabam por reforçar processos de segregação espacial e exclusão territorial, afastando-se dos preceitos, *a priori*, definidos pelos sistemas do direito.

Desta forma, a ideia de juridicidade, que defende a observação dos preceitos constitucionais como certo limite da ação administrativa, ainda que exercida por lei formal, apresenta-se como um parâmetro válido para definir as finalidades de um regime jurídico de grandes projetos urbanos. A margem de discricionariedade da atividade inovadora da competência municipal vai encontrar limites na Constituição e no Estatuto da Cidade, o que reforça a importância da juridicidade.

Como exemplos que justificam o reforço da juridicidade como forma de interpretar e dar sentido ao regime jurídico dos grandes projetos urbanos, pode-se citar um dos modos de corrupção urbanística indicados por Prestes (2018, p. 160), que descreve o "ilícito que se transforma em lícito", citando situações em que "alterações jurídicas pontuais e específicas, produzidas com interesse de corporações" tornam-se leis, que não se sustentariam se observadas na perspectiva mais ampla dos objetivos e diretrizes da política urbana.

Cabe aqui reiterar os termos trabalhados no tópico 2.2, onde constatou-se distanciamento entre decisões do centro e da periferia do sistema do direito, justamente pelo fato do Poder Judiciário não observar parte da programação do sistema do direito em temas urbanísticos, em especial, as questões ligadas a unidade Direito à Cidade, do qual origina-se boa tarde do conteúdo material dos objetivos e diretrizes aqui indicadas como parâmetro de juridicidade para ao regime jurídico dos grandes projetos urbanos. A observação definitiva de tais critérios, inclusive, pelo centro do sistema, depende de sua evolução, que tende a ocorrer com a qualificação na programação da política pública em específico.

Nesse contexto, para decidir apontando-se um desvio de finalidade de um instrumento ou de uma política pública a partir da juridicidade, que motive revisão de determinada medida, seja pelo controle do centro ou da própria periferia do sistema do direito, faz-se necessário esclarecer quais são os elementos substantivos que dão sentido a finalidade neste regime jurídico. Antes de avançar nesta descrição, importa esclarecer como tais programas finalísticos de interesse público são observados sistemicamente pelo direito.

5.4.2 Observação sistêmica dos programas finalísticos de interesse público no Direito

Antes de avançar na construção de elementos substantivos que deem sentido para a finalidade do regime jurídico dos grandes projetos urbanos, se faz necessário retomar o debate sobre a utilização de programas fins e programas condição no sistema do direito, em especial, na construção de uma ideia de interesse público.

O tema já teve espaço no item 3.3.1, que tratou da necessidade de uma política pública conter programas condição e programas finalísticos para sua operação. Aqui pretende-se entender mais a fundo o papel dos programas finalísticos dentro do sistema do direito, visto que em comunicações desta categoria que são positivados os termos constitucionais da Política Pública Urbanística.

Consoante Luhmann (2016, p. 259), "para o sistema jurídico, não se pode levar em conta uma programação orientada para fins", entretanto, tais programas finalísticos estão presentes no sistema. Ainda segundo Luhmann (2016, p. 264-265), os programas servem como "operações que servem para guiar as estruturas do sistema", e o conceito de "fim" não necessariamente faça referência ao futuro "mas atraem para o presente o risco de uma paulatina separação entre o futuro presente e os presentes futuros".

Nesse contexto, Luhmann (2016, p. 265) reforça o papel dos programas finalísticos como "instrumentos de contínua correção" ou, ainda, "preferências de segurança na seleção de alternativas", muito embora reconheça o risco de que "os presentes futuros não coincidam com o que se pressupões como futuro presente". Entende-se que as funções de "continua correção" e "preferência de segurança na seleção de alternativas" sejam traduções bem claras do que espera de um programa de finalidade para política pública no sistema do direito.

Essas estipulações são comunicações, de certa forma estruturais, que operam no sentido de proceder contínuas correções, com o objetivo de reforçar alternativas consideradas mais seguras no presente, aptas a, hipoteticamente, dirimir o risco de problemas futuros. Luhmann (2016, p. 268-269) destaca que "a orientação por fins pode ser uma perspectiva politicamente sensata", todavia, "são demasiado imprecisos do ponto de vista técnico-jurídico". Assim, para o autor, "uma indicação orientada para um fim jurídico" não pode ser considerada "mais do que um guia para a determinação de condições que podem suportar a decisão entre legalidade e ilegalidade". Em outras palavras, necessitará de programas condição para cumprir sua recursividade.

Assim, consoante Luhmann (2016, p. 270-271) o fato de o sistema do direito ser fixado em programas condição não "exclui que programas finalistas de outros sistemas funcionais se remetam ao direito". E tal situação não significa "juridicizar as próprias funções ou fins", mas sim, trata-se de uma forma de oferecer garantias sociais e "permitir a outros sistemas uma gama mais ampla na seleção dos seus fins".

Dessa forma, o conteúdo de um programa finalidade pode ser considerado o sentido substantivo do que é o interesse público para um regime jurídico e assim servir de base para programar uma política pública. Entretanto, para que o sistema do direito opere o código direito/não direito em uma situação de análise concreta, se faz necessário que tal programa finalístico seja complementado por programas condição, que permitem a operação da recursividade jurídica.

Luhmann (2016, p. 307-309) apresenta um problema: ao serem incorporados ao sistema jurídico, "os programas fins legitimam a escolha de meios" e tudo que tiver relação com eles será beneficiado e, do contrário, prejudicado. Tal situação gera uma consequência na "jurisprudência constitucional", onde, quando não há observação de critérios mais rigorosos, torna-se permitido o "controle de avaliação de valores", na qual, segundo o autor, "desfaz-se a fronteira entre o sistema político e o sistema jurídico da qual depende a própria jurisdição constitucional." Como alternativa ao problema, o autor sugere a observância com base em "condicionamento adicional", nos termos dos programas condição do direito. Neste contexto, a avaliação da justiça não estaria, por exemplo, "na compatibilidade ecológica das medidas jurídicas", mas "na compatibilidade jurídica da política ambiental". Ou seja, um critério para o sistema do direito é a compatibilidade jurídica do instituto e não sua avaliação subjetivamente justa/injusta ou boa/ruim, ou a partir de outro código ou programação que não seja jurídica.

Trazendo-se a proposta para o regime jurídico dos grandes projetos urbanos, demonstra-se razoável. A avaliação não deve levar em conta se segue modelo A; B ou C de urbanismo social ou concertado; ou ainda, seus possíveis efeitos finalísticos hipoteticamente bons ou ruins. Mas sim, sua compatibilidade com o direito. Se a finalidade de uma política pública desta espécie não é compatível com os objetivos e diretrizes da política urbana, o código operacional a ser comunicado deve ser o não direito. Se for compatível, o código comunica que é o direito.

Tal proposição evitaria outro problema, descrito no tópico 2.2 e relembrado no item 5.3.1: a não observação de parte da programação do Direito do Urbanismo por parte do Poder Judiciário. Luhmann (2016, p. 642) traz importante reflexão ao destacar que em "muitos países em desenvolvimento as constituições servem, quase que exclusivamente, como instrumento da política simbólica, pois ainda não conseguiu fechar operativamente o sistema jurídico", e sendo assim, "torná-lo impermeável à influência política e outras forças sociais"[188].

Nesse contexto, Luhmann (2016, p. 645-646) afirma que cada vez mais "se perde de vista a função original da Constituição, que é a de limitar a política" e, em contrapartida, "cada vez mais se modificam as concepções sobre o sentido e a função dos direitos fundamentais na direção de um programa geral de valores" que passam a ser entendidos justamente como "diretrizes da política" e não para que o sistema do direito opere "quando na política se ultrapassem os limites".

Assim, a abordagem dos programas finalísticos, em especial quando dispostos em normas constitucionais, encontram na teoria dos sistemas um importante aparato teórico para reflexão. Na perspectiva desta pesquisa, tais programas devem ser observados como forma impedir que a política pública a ser desenvolvida em nível municipal ultrapasse limites do direito geral. Isso se observa na forma do condicionamento adicional, compatibilizando-se a política pública com normas positivadas, ainda que estas sejam programas finalísticos e necessitem de complementos em programas condição.

Compreendidos o sentido e os problemas que envolvem os programas finalísticos no sistema do direito, é essencial outro aporte teórico para avançar na pesquisa: como preencher substancialmente o sentido vazio de "interesse público" para que a finalidade do regime jurídico esteja de acordo com este preceito básico na operação do direito público?

Reck e Bitencourt (2016, p. 136) retratam que o significado de interesse é público "é abstrato, sem que ninguém possa defini-lo, senão em termos que em nada acrescentem". Para os autores, seu problema reside na "incognoscibilidade *a priori*", na qual não se nega a possibilidade de identificar-se um sentido, mas tal aferição dependerá de um procedimento prévio de identificação, sem o qual não é possível ser alcançado.

188 Neves (2016, p. 205) refere que ausência de uma diferenciação funcional entre os sistemas remete a uma corrupção sistêmica generalizada e tal fenômeno é característico na América Latina: "Na América Latina, podemos falar de formas mistas de diferenciação, nas quais a diferenciação funcional não possui o primado. Assim, a rede difusa das boas relações degenera em redes abrangentes e difusas de corrupção sistêmica, que se sobrepõe a diferenciação funcional."

Uma forma de aferir um significado para o interesse público é indicada por Reck (2018d, p. 27), que sugere a proposta de "fórmula de contingência". Por tal meio "palavras, termos, que, em si, são vagos e meramente simbólicos" podem adquirir "alguma consistência por meio de uma rede de outros conceitos". Neste contexto, "o conceito de interesse público seria formado, assim, por leis administrativas, jurisprudência, doutrina, princípios, boas práticas, etc.".

Com base em tais indicações, percebe-se que o conteúdo dos programas finalísticos, mesmo que não sirvam tipicamente para a aplicação do código operacional do direito, por seu conteúdo substantivo muito forte, podem servir como base para a definição do que é interesse público no regime jurídico dos grandes projetos urbanos.

Na ausência de uma lei geral, com a contribuição da teoria sistêmica, será construído um sentido para a finalidade do regime jurídico dos grandes projetos urbanos, com base nos programas finalísticos a ele relacionados, o que converge com a construção do conceito de interesse público, que abrange leis administrativas, jurisprudência, doutrina, princípios. De maneira objetiva, a finalidade do regime jurídico seria o interesse público, que é conceituado a partir de comunicações jurídicas, em especial, programas finalísticos decorrentes do texto constitucional. Para que se avance na definição de um possível sentido para tal regime jurídico, passa-se a observar os objetivos e diretrizes da Política Pública Urbanística e sua relação com os grandes projetos urbanos no item a seguir.

5.4.3 Os objetivos e diretrizes da Política Pública Urbanística e o regime jurídico dos grandes projetos urbanos

No tópico 5.3.4 foi trazido um conceito chave para a abordagem da política pública, que é a ideia de Reck e Bitencourt (2016, p. 143) quanto a "tríade" formada pela "competência, direito fundamental e políticas públicas". Em relação a competência, ao menos para o objetivo desta tese, entende-se que o tema já encontra-se esgotado mediante as reflexões apresentadas no capítulo 4. A questão da política pública é o enfoque central deste trabalho e segue sendo analisada.

O direito fundamental, embora já indicado e comentado em pontos do trabalho nos quais tratou-se da Política Urbana, é tema que merece certo aprofundamento neste ponto. O que motiva este item da pesquisa é a vinculação deste direito fundamental com o regime jurídico dos grandes projetos urbanos e que vai programar a política pública em específico. Em que medida tal situação se concretiza? Há como garantir tal concretização?

Ademais, para além dos objetivos fundamentais traçados no art. 182 da Constituição Federal, o dispositivo indica de diretrizes para tal política. Ao observar seu desdobramento, verifica-se que Estatuto da Cidade elege 19 (dezenove) diretrizes. Questiona-se: a observação de tais programas finalísticos permitem uma construção de sentido de interesse público para o regime jurídico dos grandes projetos urbanos? Qual deve ser sua finalidade, ao menos em nível de programação, para que exista compatibilidade jurídica?

Como já dito na abertura deste tópico 5.4, a operação urbana consorciada possui 3 (três) objetivos previstos em lei[189], sendo assim, a opção por este instrumento na implementação de um grande projeto urbano estabiliza consideravelmente a resposta para tal pergunta, que permanece em aberto quando a atividade inovadora da competência municipal opera a partir de instrumentos inominados. Pode o instrumento e/ou tal política pública serem utilizados para outro fim, diferente do previsto para as operações urbanas consorciadas?

A observação da doutrina ajuda a construir algumas respostas, que vão relacionar-se as reflexões iniciais deste item de pesquisa, que é a compatibilidade do regime jurídico dos grandes projetos urbanos no Brasil com a base jurídica da Política Pública Urbanística, que está descrita nos objetivos e diretrizes. Tal realidade decorre de um princípio jurídico tradicional do Direito do Urbanismo que é a coesão dinâmica das normas urbanísticas.

Silva (2018, p. 45) destaca que a lógica deste princípio é que as normas urbanísticas têm eficácia a partir de conjuntos normativos e não em normas isoladas[190]. Carmona (2014, p. 57) explica que trata-se de "um princípio implícito" e "peculiar" do Direito do Urbanismo, vez que reflete sua

[189] Consoante o § 1º art.32 do Estatuto da Cidade são alcançar em uma área transformações urbanísticas estruturais (1), promover melhorias sociais (2) e a valorização ambiental (3).

[190] O autor Domingos (2010, p. 55-56) complementa o entendimento ao explicar que se trata "mais de uma característica do que de um princípio" onde constata-se que "a eficácia somente (e especialmente) decorre de grupos complexos e correntes de normas e tem sentido na transformação da realidade". Sendo assim "a normas urbanística, se tomada isoladamente, não fornece nenhuma imagem de possível mudança real" sendo necessário seu "enquadramento global".

"dinamicidade". Segundo o autor, "coesão é a qualidade de um todo cujas partes estão todas interligadas, ou seja, aquilo que tem harmonia ou associação íntima", já o caráter dinâmico, reflete algo "em movimento, que se modifica continuamente", o que pode ser traduzido em uma "harmonia naquilo que está em transformação".

O princípio tem ligação direta com o conceito sistêmico de "interações lineares", indicado por Reck e Bitencourt (2016, p. 147) que aduzem que "as políticas públicas lidam com sistemas sociais altamente complexos e criativos como a sociedade" o que torna "necessário admitir que os resultados podem ser imprevisíveis", ou ainda "que há possibilidade de dois ou mais resultados possíveis". Isso é comum na Política Pública Urbanística, em especial dos grandes projetos, como por exemplo: a ausência de seleção pelo sistema da economia, inviabilizando a mobilização de recursos financeiros; a desatualização de um plano frente ao seu objeto, a partir de constatações de sua implementação; efeitos inesperados por situações na área de entorno da centralidade; ou mesmo, efeitos contrários daquilo que foi planejado. Essas são questões que podem decorrer pela natureza das medias, tornando-se indispensável o dinamismo.

Assim, a doutrina urbanística, por meio deste princípio, respalda a ideia de que é indispensável uma coesão de normas urbanísticas para que se dê conta do dinamismo da atividade urbana e, nesse sentido, ganha força a ideia de conjunto de normas, frente as normas isoladas, exatamente na forma defendida para a programação da política pública municipal dos grandes projetos urbanos, embora se faça a ressalva de ser um princípio raramente utilizado como fundamento em decisões judiciais.[191]

Para que se avance nas reflexões é essencial identificar os parâmetros dessa coesão, em outras palavras, quais fundamentos legais direcionam o regime jurídico dos grandes projetos urbanos. O ponto de partida da observação se dá por meio dos objetivos constitucionais, ainda que tenham um conteúdo vago.

[191] Em pesquisa jurisprudencial de inteiro teor, valendo-se dos vocábulos "Coesão" "Dinâmica" "Urbanístico" junto ao TJ/RS, encontrou-se três julgados, mas somente um com relação com o tema. Trata-se da Apelação Cível n. 70028564573, onde entende-se pela pertinência de lei específica mais restritiva frente ao Plano Diretor, justamente com base no citado princípio. No STF foi encontrado um julgado, sem relação com o tema. No STJ, nove julgados, todos sem relação com o princípio do direito urbanístico.

Dessa forma, a Política Pública Urbanística no Brasil deve estar atenta a duas questões chaves: "ordenar o pleno desenvolvimento das funções sociais da cidade" e "garantir o bem-estar de seus habitantes". Assim, ainda que inserida no título que trata da ordem econômica, a política urbana tem claras preocupações finalísticas sociais.[192]

Registrado o conteúdo constitucional, a construção de um sentido para o interesse público/finalidade do regime jurídico em estudo passa pela observação das diretrizes do Estatuto da Cidade, vez que decorrem do próprio texto constitucional. A questão da sua vinculação é defendida por Leal (2003, p. 105-106), ao afirmar que:

> No mesmo sentido, nenhum plano diretor vigente pode conter, a partir do Estatuto, normas que venham de encontro aos seus princípios/diretrizes ou mesmo regras jurídicas, sob pena de ilegalidade superveniente das disposições que assim versarem, haja vista a natureza pública indisponível do novo regramento urbanístico.

A ideia do autor também tem respaldo nas percepções de Alfonsin (2006, p. 293), que afirma "não há validade jurídica para a aplicação de instrumentos em sentido contrário ao preconizado pelas diretrizes da Política Urbana traçadas no Estatuto da Cidade". Por tais indicativos, tem-se claro que qualquer instrumento urbanístico – mesmo que inominado – deve seguir essas diretrizes.

A conclusão parte das reflexões de Novis (2011, p. 89-90) ao explicar que, mesmo que o Estatuto da Cidade não tenha previsto expressamente o instrumento "concessão urbanística", descrito nesta tese como um dos modelos inominados do gênero grandes projetos urbanos, a proposta encontra-se respaldada nas diretrizes de cooperação público privada, prevista no art. 2º, III da lei geral.

Além dessa vinculação, a doutrina estipula como parâmetros as seguintes diretrizes: art. 2º, IV que exige a observação da diretriz de planejamento

192 Tal visão, de vinculação dos objetivos constitucionais, já foi apontada em outra obra deste autor, onde afirma-se que "será este objetivo que orientará qualquer construção normativa ou ação governamental dessa espécie a ser desenvolvida no território nacional". (VANIN, 2015b, p. 93)

(DOMINGUES, 2010, p. 56); art. 2º, IX, justa distribuição dos benefícios e ônus de correntes do processo de urbanização (LEVIN, 2014, p. 164); e art. 2º, XI, recuperação de *plusvalias* (ALFONSIN, 2006, p. 295) e (LEVIN, 2014, p. 164).

Ou seja, em uma lógica de coesão dinâmica a partir dos programas finalísticos que compõem o sistema do direito, no que diz respeito ao sentido de finalidade do regime jurídico dos grandes projetos urbanos, o significado do seu interesse público deve ter como conteúdo, ao menos, a observância dos objetivos fundamentais descritos no art. 182 da Constituição Federal e a observância dos incisos III; IV; IX e XI do art. 2º do Estatuto da Cidade, sob pena da incompatibilidade com a recursividade do sistema do direito.

Alfonsin (2006, p. 299) esclarece a dificuldade de operar tal proposição: "no marco legal brasileiro ainda é necessária uma boa dose de hermenêutica jurídica e de controle social para garantir a aplicação correta e adequada dos instrumentos de captação de *plusvalias*". Por outro lado, a autora opina no sentido de que as operações que "não acarretam justa distribuição de ônus e benefícios do processo de urbanização são passíveis de questionamento judicial por inconstitucionalidade", vez que, segundo a autora, trata-se de uma afronta ao *caput* do art. 182 da Constituição Federal.

Muito embora exista clara inclinação doutrinária verifica-se problemas de ordem prática na operacionalização jurídica de tais orientações. Em especial, quanto ao momento de verificação. O descumprimento da diretriz de planejamento é fácil de ser verificado, vez que é percebido ainda no momento da formulação da norma jurídica que dispõe a política ou instrumento específico de um grande projeto urbano. Entretanto, a correta e adequada captura de *plusvalias* e a justa distribuição de ônus e benefícios são questões que somente poderão ser aferidas no "presente futuro", na forma explicada por Luhmann (2016).

Embora entenda-se que o item de pesquisa possibilitou avanço significativo nas pretensões do tópico, são necessárias outras reflexões para que descrever definitivamente um sentido para a finalidade do regime jurídico dos grandes projetos urbanos, incluindo-se estruturações procedimentais que permitam à recursividade do direito garantir o alcance do interesse público e a concretização das finalidades, como propõe-se no tópico a seguir.

5.4.4 Um sentido para a finalidade no regime jurídico dos grandes projetos urbanos

Segundo a construção que vem sendo desenvolvida, é a ideia de juridicidade que baliza a formação de um sentido para a finalidade do regime jurídico dos grandes projetos urbanos. Trata-se de um reconhecimento de que, pela fuga do direito administrativo para o direito constitucional – norma de acoplamento entre política e direito – programas finalísticos podem preencher o conceito de interesse público, inicialmente aberto e que pode ser considerado como finalidade jurídica de qualquer ação da administração. Ao construir-se um sentido para a finalidade, constrói-se um sentido para interesse público no caso em concreto.

A abordagem sistêmica, além de propor um procedimento para construção do significado de interesse público/sentido de finalidade, traduz com clareza as dificuldades (ou impossibilidade) de operar-se o sistema do direito a partir (e tão somente) de programas finalísticos, que são típicos de outros sistemas, como a política. As comunicações não são as mais indicadas para responder ao código direito/não direito, nem para cumprir a função de estabilizar expetativas normativas, mas parecem mais indicados para cumprir a função de emitir decisões que vinculem toda a sociedade ou outras operações funcionais.

Ocorre que, retomando algumas indicações de Reck e Bitencourt (2016, p.138), verifica-se que a política pública ganha unidade a partir de uma referência, que é seu objeto, aqui a intervenção urbanística de grandes projetos urbanos. Essa unidade deve interagir com duas finalidades: "ao mesmo tempo que mantém a expectativa normativa" ela "estabelece ações vinculantes para toda a comunidade", sendo "um cruzamento das perspectivas política e jurídica".

Assim, ao falar em política pública, em especial, a construção de uma programação a partir do seu regime jurídico, torna-se essencial observar as comunicações políticas como verdadeiros acoplamentos que acontecem no espaço reservado para tal (ou decorrentes dele), que é o campo constitucional. Não há qualquer corrupção sistêmica neste sentido, muito embora Luhmann (2016), como indicado em 5.4.2, aponte para alguns riscos, em decorrência de ausência de diferenciação funcional dos sistemas em determinadas situações.

Desta maneira, construir um significado de finalidade é avançar mais um passo na definição do regime jurídico dos grandes projetos, descrevendo-se os limites que o sistema do direito indica frente as possibilidades do exercício da atividade inovadora da competência municipal. O regime jurídico é um conjunto de operações predeterminadas e, entre elas, está a finalidade jurídica, que servirá de base para programar uma dada política pública como um programa que liga programas.

O tema é detalhado por Reck (2018a, p. 128) que retrata, como já estudado, que tais programas podem ser condicionais e finalísticos, e que os finalisticos dependem dos condicionais para sua operacionalização. Segundo o autor, "refletir sobre o regime jurídico da política pública será, portanto, construir símbolos, programas e conceitos que envolvem a política pública; envolvem ainda, modo de produção da política pública".

O item anterior desta pesquisa, a partir da observação da doutrina, indicou alguns programas que auxiliam na construção de um sentido de finalidade para o regime jurídico no caso em estudo: o art. 182 da CF; e os incisos III; IV; IX e XI, do art. 2º do Estatuto da Cidade. A visão conjunta fundamentou-se no princípio jurídico da coesão dinâmica, típico de um Direito do Urbanismo. A questão que permanece é: quanto as demais diretrizes, que são um total de 19 (dezenove), também há necessidade de observação?

Questiona-se como ficam as remanescentes diretrizes de cidade sustentável (I); gestão democrática (II); oferta de equipamentos urbanos comunitários (V); ordenação qualificada do solo (VI); integração e complementaridade urbano-rural (VII); padrões sustentáveis de consumo (VIII); adequação a política econômica, tributária e financeira (X); preservação do meio ambiente natural e artificial (XII); participação social em processos de potencial impacto negativo ao meio ambiente (XIII); regularização fundiária (XIV); simplificação da legislação de caráter social (XV); isonomia público privada na promoção da urbanização (XVI); cidades inteligentes (XVII); incentivo a mecanismos sustentáveis em edificações (XVIII) e condições de acessibilidade e conforto (XIX)?

A resposta já está expressa no item anterior de pesquisa. Tomando-se como base as reflexões de Leal (2003) e Alfonsin (2006), caso haja incompatibilidade face a qualquer das diretrizes, existe possibilidade de questionamento judicial da política pública ou do instrumento específico criado para o grande projeto urbano. Ponto chave na questão é operacionalizar todas estas exigências, definidas para a Política Pública Urbanística em geral, como um todo e não exclusivamente para programar a Política Pública de Intervenção Urbanística dos grandes projetos urbanos de um dado Município.

Importante ressaltar que os temas indicados nas diretrizes dos incisos II e XIII, que tratam da gestão democrática; e X, que trata da adequação com a política financeira, serão os temas que balizarão os tópicos a seguir, neste capítulo final. As diretrizes restantes podem ser divididas em aspectos ambientais (I; VIII; XII); de planejamento urbano (V; VI; VII; XVI); sociais (XIV; XV; XIX) e de inovação (XVII e XVIII). Ou seja: o regime jurídico dos grandes projetos urbanos deve estar atento a tais temas, sendo que sobre eles há uma redução da discricionariedade. Em tais pontos, que precisam ser observados, ficam definidos limites na atividade inovadora da competência municipal na produção da Política Pública de Intervenção Urbanística dos grandes projetos urbanos.

Organizando-se as ideias, pode-se dizer que, nesta tese, a política pública encontra fundamento no inciso III, do art. 2º do Estatuto da Cidade, que possibilita a cooperação público privada. A cooperação, no entanto, é uma atividade que deve ser coordenada pelo Poder Público, ainda que indiretamente, por força do art. 182 da Constituição. Além disso, por determinação do próprio art. 2º, II e do 182, tal cooperação deve visar "o atendimento ao interesse social", mais precisamente, ter atenção aos objetivos de "ordenar o pleno desenvolvimento das funções sociais da cidade" e "garantir o bem-estar de seus habitantes".

A formação do regime jurídico dos grandes projetos urbanos no Brasil passa, ainda, pela observação de um planejamento urbano municipal coordenado, que tem como instrumento básico o Plano Diretor (art. 182, § 1º CF/1988 c/c art. 2º, IV do Estatuto da Cidade). Este planejamento, por força do próprio inciso IV, deve "evitar e corrigir as distorções do crescimento urbano e seus efeitos negativos sobre o meio ambiente". Outras regras de planejamento urbano a serem observadas estão nos incisos V; VI; VII; XVI e aduzem para oferta de equipamentos urbanos comunitários; a ordenação qualificada do solo; a integração e complementaridade urbano-rural e a isonomia público-privada na promoção da urbanização.

A questão operacionaliza-se e concretiza-se na observância dos procedimentos e na relação técnica entre a lei e o plano apresentados no tópico 5.2.

O plano urbanístico de um grande projeto urbano, além de guardar compatibilidade com o plano diretor, deve estar atento as questões acima descritas, que não são, de forma alguma, contraditórias. As especificações são limites impostos pela influência da juridicidade na legalidade formal a ser construída pela atividade inovadora da competência municipal.

Em uma Política Pública de Intervenção Urbanística no Brasil é imprescindível a observação de uma "justa distribuição dos benefícios e ônus decorrentes do processo de urbanização" e de uma "recuperação dos investimentos do Poder Público de que tenha resultado a valorização de imóveis urbanos", com fulcro nos incisos IX e XI do art. 2º do Estatuto da Cidade. Tais indicações têm relação com a ideia de captura de *plusvalias* fundiárias, na forma apresentada no capítulo anterior. A Cooperação Público privada, como será aprofundada no tópico a seguir, justifica-se exatamente na possibilidade de utilização equitativa de recursos financeiros, assim como, da recuperação pelo Estado de valores alternativos à tributação tradicional, que são advindos dos benefícios proporcionados por um plano urbanístico diferenciado. Sendo assim, torna-se indispensável a adequação da política pública com a outras políticas setoriais, econômica, tributária e financeira, nos termos do art. 2º, X.

A gestão democrática também é um elemento central neste contexto. Na programação da operação urbana consorciada em específico, conforme inciso VII, do art. 33, é necessária a previsão de uma "forma de controle da operação, obrigatoriamente compartilhado com representação da sociedade civil". Na Política Pública de Intervenção Urbanística, a regra que prevê tal situação decorre dos incisos II e XIII do art. 2º, que envolvem uma ideia geral de participação, que deve ocorrer "por meio da participação da população e de associações representativas dos vários segmentos da comunidade" nos processos de "formulação, execução e acompanhamento de planos, programas e projetos de desenvolvimento urbano".

Além disso, existe a previsão de "audiência do Poder Público municipal e da população interessada nos processos de implantação de empreendimentos ou atividades com efeitos potencialmente negativos", o que parece remeter a participação social em uma espécie de estudo de impacto de vizinhança. O tema da gestão democrática será aprofundado no tópico 5.6 da tese.

Entende-se que essas quatro questões dão o sentido central ao regime jurídico dos grandes projetos urbanos, servindo de base para a programação da política pública: uma cooperação público-privada com vista ao interesse social; a inserção em um planejamento urbano coordenado e qualificado; a garantia de uma eficiente mobilização de recursos públicos e privados e uma gestão democrática estruturada, nos termos dos dispositivos legais acima citados. Não é por acaso que tais temas foram aprofundados em cada um dos tópicos deste capítulo.

Todavia, inegável que tal regime jurídico não pode estar alheio aos efeitos socioambientais e com temas de inovação. A inobservância de critérios ambientais[193], por força dos incisos I; VIII; XII, do art. 2º; de questões sociais, com base nos incisos XIV; XV; XIX; e desatenta a temática da inovação[194], incisos XVII e XVIII, pode redundar em incompatibilidade da proposta com o sistema do direito. É indispensável que a política pública esteja atenta a esses temas, por imposição do Estatuto da Cidade, ainda que em uma perspectiva de relação com outras política setoriais.

Um grande projeto urbano tende a ser uma intervenção de significativo impacto ambiental e, portanto, pode ficar adstrito a exigência de Estudo de Impacto de Ambiental e Relatório de Impacto ao Meio Ambiente. Em situações peculiares, menos abrangentes, ao menos o Licenciamento Ambiental pode ser exigido. Importante destacar, ainda, que a atenção a tais aspectos

193 Sobre o tema, tem relevante importância o princípio jurídico da sustentabilidade, descrito por Freitas (2011, p. 40-41): "Princípio constitucional que determina, independentemente de regulamentação legal, com eficácia direta e imediata a responsabilidade do Estado e da Sociedade pela concretização solidária do desenvolvimento material e imaterial, socialmente inclusivo, durável e equânime, ambientalmente limpo, inovador e eficiente, no intuito de assegurar, preferencialmente de modo preventivo e precavido, no presente e no futuro, o direito ao bem estar físico, psíquico e espiritual, em consonância homeostática com o bem de todos". O autor ainda dá alguns contornos sobre o tema na perspectiva urbana, ao dispor que a proposta incorpora "um novo urbanismo, o das cidades saudáveis, com o cumprimento mais efetivo do Estatuto da Cidade, torna-se ética e juridicamente vinculante, via regularização fundiária, arquitetura sustentável, contenção das encostas e remoção das pessoas de áreas de risco, devidamente mapeadas."

194 O tema da inovação está intrinsicamente ligado a perspectiva das cidades inteligentes, como apresentada por Leite (2012, p. 9) ao afirmar que se trata de temas que "podem e devem alavancar a otimização da vida urbana, seja com serviços avançados na cidade formal, seja nas novas oportunidades nos territórios informais". Na literatura da Espanha, se destacam outras duas obras: Mañas e Ojeda (2017) que trazem uma coletânea de estudos relacionando o Direto e técnica frentes as cidades inteligentes, e capítulo específico da obra de Muños e Carballal (2018, p. 42-51) em uma abordagem jurídica-urbanística sobre o tema.

não é só periférica, mas central, devendo ser observada como critério do planejamento coordenado e qualificado do grande projeto urbano, vez que, o próprio inciso IV do art. 2º, aduz para a necessidade de tal procedimento "evitar e corrigir as distorções do crescimento urbano e seus efeitos negativos sobre o meio ambiente".

Da mesma forma a questão social, ela é central. Decorre dos objetivos constitucionais e é finalidade da cooperação público privada. Uma associação público e privada sem esse fim está em desacordo com o art. 2º, III do Estatuto da Cidade, critério que é complementado pelos incisos XIV; XV; XIX, que são as questões habitacionais, de regularização fundiária e de acessibilidade, respectivamente. A questão social passa, invariavelmente, pelo problema da gentrificação[195], já visto no capítulo 3.

No que diz respeito a inovação, as inclusões recentes datam de 2013 e 2015 e visam inserir o tema da tecnologia no âmbito do planejamento urbano, muito na linha de cidades inteligentes. O tema é pertinente e tende a ser central em futuros grandes projetos urbanos, que devem valer-se de tal ferramental para qualificar o espaço, atendendo as novas necessidades, como de novos modais de transporte, estruturas de recarga elétrica, iluminação pública inteligente, dentre outros[196].

[195] O grande projeto urbano não pode resultar neste efeito. Levin (2014, p. 51-53) destaca se tratar-se da "expulsão dos usos, das atividades e da população que tradicionalmente ocupa a área objeto da intervenção". O autor ressalta que "esse processo de gentrificação é contrário aos objetivos de qualquer operação urbanística" vez que "toda ação urbana deve atribuir habitação a sua devida importância". Desta forma, "ainda que a construção de conjuntos habitacionais não seja a meta principal da operação, o direito à moradia da polução que reside no perímetro atingido deve ser preservado".

[196] O próprio conceito de grande projeto urbano, apresentado no item 3.2.1, valeu-se fortemente do termo inovador, situando este tipo de intervenção neste contexto "No item citado, grande projeto urbano é apresentado como "um modelo inovador de gestão, com uma aproximação e possível cooperação público-privada (1); a utilização de uma forma de financiamento inovadora, baseada na busca de receitas que não sejam aquelas advindas da tributação clássica, que objetiva um autofinanciamento (2); um planejamento urbano inovador, que busca regras – inclusive legais – específicas e flexíveis, que sejam diferentes daquelas tradicionais, que são propostas em um plano para a cidade como um todo (3); um grau de escala de intervenção inovador, baseado em uma centralidade, não limitado a um lote de determinado proprietário público ou privado, assim como, não abrangendo a cidade como um todo (4); a concretização de um redesenho do território, com materialização de infraestruturas, preferencialmente inovadoras, e que visem valorizar exponencialmente um determinado espaço escolhido (5)."

Assim, de maneira simplificada, o regime jurídico dos grandes projetos urbanos tem seu sentido de finalidade na promoção de uma cooperação público-privada com vista ao interesse social, que esteja inserida em um planejamento urbano coordenado e qualificado, que garanta uma eficiente mobilização de recursos públicos e privados e que possibilite uma gestão democrática estruturada, atenta aos aspectos ambientais e de inovação.

Ao tratar desses assuntos, a inovação no exercício da competência de programar a política pública municipal encontra limite no regime jurídico geral, decorrente da competência federal. Os programas condicionais devem ser formulados para garantir tais programas finalísticos. Este é o conteúdo substantivo que traduz o que é o interesse público para o regime jurídico dos grandes projetos urbanos, sendo de observação obrigatória na programação da política pública.

De forma concreta, o alcance de tais pretensões decorre do detalhamento de como será proposta a política pública. Como já dito, o espaço para definição de suas regras gerais é o Plano Diretor. Assim, qualquer proposta de transformação concreta da realidade social de uma centralidade deverá estar de acordo com tal política pública, sendo que essa terá que estar coordenada com os preceitos aqui apresentados. Assim, deve-se reiterar, no Plano Diretor, que cooperação público privada com a finalidade de implementar grandes projetos urbanos atenderá ao interesse social. As outras questões devem ser inseridas como programas vinculantes nas estipulações gerais da política pública municipal.

Quando ao planejamento urbano coordenado, entende-se que a questão está suficientemente detalhada no tópico 5.2. Aqui, no que diz respeito aos qualificadores deste plano, sugere-se a inclusão, como conteúdo mínimo do plano, de estipulações quanto a oferta de equipamentos urbanos comunitários; a ordenação qualificada do solo; a integração e complementaridade urbano-rural; a isonomia público-privada na promoção da urbanização, e ainda, os aspectos de ordem social, como indicativos do projeto habitacional de interesse social para área e/ou de proposta de regularização fundiária. As questões de acessibilidade também devem ser apontadas.

Sendo assim, na forma indicada na hipótese, o sentido das finalidades foi de fato buscado na observação da Política Pública Urbanística, onde encontraram-se parâmetros substanciais aptos avançar na definição do regime jurídico dos grandes projetos urbanos. Dito isso, passa-se para o aprofundamento dos temas da mobilização de recursos públicos e privados e da gestão democrática estruturada.

5.5 Os grandes projetos urbanos e a mobilização de recursos financeiros

A temática que envolve a arrecadação e aplicação dos recursos financeiros apresenta-se como um dos temas mais atrativos em relação aos grandes projetos urbanos. Demonstra-se demasiadamente interessante, especialmente em um período em que graves problemas orçamentários assolam os municípios do país, a possiblidade de financiar a infraestrutura urbana sem valer-se integramente de recursos advindos da tributação tradicional, mas por meio de uma recuperação de valores decorrentes da potencialização na valorização de imóveis, em decorrência de ações do poder público, que pode gerar a irritação e seleção do sistema da economia.

Neste tópico pretende-se complementar o que foi estudado até então no que se refere aos contornos do regime jurídico dos grandes projetos urbanos, assim como, abordar a continuidade do debate apresentado no tópico 4.2, quando relacionou-se os aspectos do sistema da economia com a Política Pública de Intervenção Urbanística dos grandes projetos urbanos e ficou evidente a essencial relação de ambos. O sucesso da política pública depende de uma seleção do sistema da economia, pois parte da premissa de que recursos de fontes distintas da tributação tradicional ingressarão nos cofres públicos para execução das obras, ou ainda, que particulares assumirão o encargo de executá-las, como contrapartida dos benefícios recebidos da municipalidade.

A observação do regime jurídico do instrumento operação urbana consorciada, remete a regras claras de arrecadação e aplicação dos recursos aferidos, como descrito no item 3.3.1, mais precisamente, itens (5), (7) e (8). O que motiva este tópico é identificar quais os critérios devem ser observados quando da utilização de outros instrumentos inominados para, assim, descrever um regime jurídico que servirá de base para programar a política. A pergunta que guia o presente tópico é a seguinte: Que limites e possibilidades o exercício inovador da competência municipal encontra na arrecadação e aplicação dos recursos financeiros em um grande projeto urbano? A hipótese aponta para limites na imprescindível observação dos incisos IX e XI do art. 2, nas regras que regem a utilização recursos originados do uso de instrumentos de solo criado e em possibilidades como aplicação dos recursos arrecadados para além do território próprio do grande projeto.

Para responder ao questionamento, neste o tópico propõe-se a: a) dar precisão conceitual aos princípios da justa distribuição dos ônus e benefícios e da recuperação dos investimentos do Poder Público; b) descrever os instrumentos fiscais de natureza não tributária e não fiscais, apontando peculiaridades da arrecadação e aplicação de recursos; c) fazer apontamentos finais sobre os limites e possibilidades de inovação que a competência municipal encontra na arrecadação e aplicação dos recursos financeiros para um grande projeto urbano.

5.5.1 Observação dos princípios da justa distribuição dos ônus e benefícios e da recuperação dos investimentos do poder público

O coerente enfrentamento da temática dos recursos financeiros passa por uma abordagem aprofundada dos princípios da justa distribuição dos ônus e benefícios e da recuperação dos investimentos do Poder Público. Ao abordar os princípios, Levin (2014, p. 140) explica que ambos têm fundamento no princípio da isonomia e buscam impedir que "investimentos feitos com recursos públicos beneficiem desproporcionalmente os proprietários de imóveis da área objeto da operação urbana".

A isonomia, por muitas vezes, pode ser de difícil observação, consoante Baño León (2009, p. 237), para o qual "*lo propio de la ordenación urbanística, en régimen de planificación, es la discrecionalidad. El plan dispondrá de usos y tipologías en razón de la apreciación discrecional del planificador*". Desta maneira, a proposta pode ser homogênea, como uma regra geral que alcance toda cidade, ou ainda, "*podrá concederse mayor o menor densidad edificatoria. Todas las variantes que imaginación del planificador admita caben dentro de la discrecionalidad administrativa*". Assim, Baño León (2009, p. 238) reforça que, na prática, a situação de isonomia não é simples:

> *Jurídicamente, un régimen de planificación pública suscita más anhelo por la igualdad que un régimen de libertad privada. Si el derecho a edificar algo lo*

> *otorga la ordenación legal y no forma parte del derecho de propiedad, todos los propietarios tendrán a exigir del poder público que quien reciba menos se considerará injustamente tratado.*

Os princípios surgem justamente com a finalidade de equilibrar consequências de amplas alternativas de escolha de quais serão as normas urbanísticas. Domingues (2010, p. 57) explica que, por um lado, o princípio da recuperação de investimentos visa a satisfação dos gastos públicos pelos proprietários, quando estes são diretamente beneficiados pela ação pública, por outro, a justa distribuição defende que os ônus e benefícios da urbanização seja distribuído equitativamente na sociedade.

Pinto (2005, p. 298) denomina o conjunto dos incisos IX e XI do art. 2º do Estatuto da Cidade como "princípio da equidistribuição dos benefícios e ônus do processo de urbanização" e descreve que possui "relação direta com o conceito econômico de externalidades", podendo ser considerado, neste viés, a "internalização dos custos e benefícios" onde "as transformações urbanas devem ser financiadas, na medida do possível, pelos seus beneficiários diretos e não pelo conjunto dos cidadãos ou por uns poucos prejudicados".

Diez e Rodriguez (2012, p. 455) reforçam a ideia de que um dos princípios básicos do direito urbanístico é a justa distribuição dos benefícios e cargas derivadas do planejamento, como reflexo do princípio da isonomia. Assim, explicam os autores que "*cada uno de los propietarios de suelo si participa en la promoción de la actuación de transformación urbanística tiene derecho a que la relación entre los beneficios obtenibles tras la ejecución del planeamiento*". Por outro lado, as cargas a serem suportadas também serão proporcionais, se observados os mesmos direitos e obrigações de proprietários e participantes afetados pela intervenção urbanística.

O grande projeto urbano, por meio da utilização de diferentes instrumentos urbanísticos, acaba por apresentar-se como um mecanismo apto a concretizar tais instrumentos, cuja implementação deve, obrigatoriamente, "evitar que as melhorias estruturais de uma determinada área da cidade, promovida a partir da aplicação de recursos do erário (portanto, de todos), beneficiem desproporcionalmente os proprietários dos imóveis ali situados", segundo Levin (2014, p. 139). A tendência é que o grande projeto urbano gere uma "valorização extraordinária dos bens" tudo em "decorrência das obras públicas de incremento da infraestrutura local" consoante melhorias previstas no plano urbanístico da operação.

No mesmo sentido, Alfonsin (2006, p. 294) retrata que "as cidades brasileiras tem tido uma trajetória bastante semelhante no que diz respeito à (má) distribuição dos investimentos públicos", que caracteriza-se com a "concentração de recursos em áreas nobres das cidades – as quais o mercado tem alto interesse – e um abandono de recursos das áreas das periferias urbanas". Nesse contexto, a observância de tais diretrizes, em especial no âmbito dos grandes projetos urbanos, visa a "inversão desta tendência, distribuindo de maneira mais justa e equilibrada o ônus e benefício do processo de urbanização"

Feitas tais ponderações, entende-se que evidente a extensão de tais conceitos, que serão de observação obrigatória no regime jurídico dos grandes projetos urbanos, em especial, no caso de arrecadação e aplicação de recursos. Dito isso, pretende-se descrever, no item a seguir, quais instrumentos podem auxiliar na concretização de tais preceitos, possibilitando-se que essas características materializem-se quando da implementação das grandes intervenções urbanas.

5.5.2 Instrumentos de arrecadação e a aplicação de recursos públicos nos grandes projetos urbanos

Observadas as diretrizes que orientam a lógica financeira no âmbito do regime jurídico dos grandes projetos urbanos, passa-se a observar quais os instrumentos estão disponíveis para execução dessa tarefa, assim como, as possibilidades de aplicação destes recursos. No decorrer do estudo da operação urbana consorciada, observou-se que, mediante sua utilização, busca-se, prioritariamente, a arrecadação de valores a partir da venda de potencial construtivo, por meio de leilões de certificados que registram tal direito. Com o valor da arrecadação, providencia-se a execução da infraestrutura, que fica limitada ao perímetro da operação, sob pena, inclusive, de improbidade administrativa, nos termos do Estatuto da Cidade.

A utilização de instrumentos inominados, embora esteja vinculada a questão da justa distribuição dos ônus e benefícios, assim como, a recuperação do investimento público, pode valer-se de outras formas de arrecadação e, *a priori*, não vinculadas ao critério de aplicação dos recursos arrecadados no próprio perímetro definido no plano urbanístico específico. Outra questão a ser verificada é: não existindo tal regra, qual o limite de inovação da competência municipal na utilização dos recursos originados de um grande projeto urbano? Pode existir a aplicação em outras políticas setoriais?

O ponto de partida é a já mencionada classificação proposta por Sotto (2016), ainda no item 4.2.1, que divide os diversos mecanismos com potencial arrecadatório em: fiscais de natureza tributária; fiscais de natureza não tributária e não fiscais[197]. Como tem sido reiterado neste trabalho, os grandes projetos urbanos buscam valer-se de mecanismos alternativos à tributação tradicional, como forma de mobilizar recursos. Desta forma, o enfoque da pesquisa visa abordar somente os instrumentos fiscais de natureza não tributária e não fiscais, como instrumental a ser utilizado na implantação do grande projeto urbano.

Entre os instrumentos fiscais de natureza não tributária, segundo Sotto (2016), estão a outorga onerosa do direito de construir, a própria operação urbana consorciada, bem como a cobrança de preço público (pelo uso de bem público, pela exploração publicitária de mobiliário urbano, por direitos de nomeação de patrimônio público) e as compensações urbanísticas. Tendo e vista que a operação urbana consorciada já foi exaustivamente analisada, pretende-se dar enfoque as demais questões.

A outorga onerosa do direito de construir, foi mencionada no capítulo anterior, onde explicou-se que representa um direito que o proprietário adquire mediante contraprestação ao poder público, de construir para além do coeficiente básico e nos limites do coeficiente máximo, nos forma estipulada no Plano Diretor[198].

[197] Entre os primeiros, estão a contribuição de melhoria e os tributos sobre a propriedade urbana (IPTU, ITR, taxas e licenças). Os segundos abrangem os instrumentos de solo criado, em especial, a transferência e a outorga onerosa do direito de construir e as operações urbanas. E os terceiros dizem respeito a obrigações repassadas aos particulares, com ocorre nas responsabilidades do urbanizador no parcelamento de solo urbano e nos processos de desapropriação.

[198] Em uma visão crítica e abrangente Franzoni (2014, p. 152) destaca que "a prática desses instrumentos negociais, como a outorga onerosa do direito de construir, exige o recorte oferecido pelo princípio da justa distribuição dos ônus e benefícios e da recuperação das mais-valias fundiárias. O exercício funcionalizado do solo criado só alcançará patamares de solidariedade urbanística – distribuição e compartilhamento – caso trabalhado do ponto de vista da redistribuição".

Costa (2014, p. 141) explica que o solo criado é o mecanismo da outorga onerosa e, como tal, segundo Prestes (2018, p. 171) "é patrimônio público municipal". A autora explica que trata-se de "recurso extrafiscal que precisa observar o regramento jurídico a respeito do patrimônio público" e, sendo assim, "não pode ser gerido com critérios eminentemente de conveniência e oportunidade", devendo ter seu "valor atribuído, publicizado e controlado pelo gestor público responsável". Pinto (2005, p. 298) relaciona diretamente o instrumento com a materialização dos princípios abordados no item de pesquisa anterior ao afirmar que:

> A técnica adotada no direito urbanístico para viabilizar essa internalização de custos e benefícios é a imposição de ônus urbanísticos aos proprietários, em troca da incorporação aos seus terrenos de porções quantificadas de direito de construir. Tais relações sinalagmáticas podem ser encontradas em diversos instrumentos. Alguns deles são novos, como a outorga onerosa de direito de construir e a operação urbana consorciada.

Como aduz Levin (2014, p. 48-49), uma das vantagens dos instrumentos, como a outorga onerosa, está na ausência de caráter compulsório, assim "a contrapartida é facultativa: o proprietário paga ser quiser, por exemplo, construir acima do coeficiente ordinário de aproveitamento". Por outro lado, o tributo tradicional para recuperação de *plusvalia* fundiária seria a contribuição de melhoria, este sim, quando estipulado, torna-se de caráter obrigatório.[199]

[199] Levin (2014, p. 48-49) explica que trata-se de "tributo raramente instituído pelos entes da federação, seja por questões de ordem política" visto que "qualquer exação fiscal é vista com grande antipatia" tendo como base "a carga tributária já elevada", seja por questões de cumprimento dos critérios jurídicos, altamente complexos. Os requisitos para a cobrança estão no Código Tributário Nacional e são os seguintes: "Art. 81. A contribuição de melhoria cobrada pela União, pelos Estados, pelo Distrito Federal ou pelos Municípios, no âmbito de suas respectivas atribuições, é instituída para fazer face ao custo de obras públicas de que decorra valorização imobiliária, tendo como limite total a despesa realizada e como limite individual o acréscimo de valor que da obra resultar para cada imóvel beneficiado. Art. 82. A lei relativa à contribuição de melhoria observará os seguintes requisitos mínimos: I – publicação prévia dos seguintes elementos: a) memorial descritivo do projeto; b) orçamento do custo da obra; c) determinação da parcela do custo da obra a ser financiada pela contribuição; d) delimitação da zona beneficiada; e) determinação do fator de absorção do benefício da valorização para

A outorga onerosa do direito de construir tem sua previsão legal no art. 28 do Estatuto da Cidade, onde é estipulado que caberá a programação do plano diretor "fixar áreas nas quais o direito de construir poderá ser exercido acima do coeficiente de aproveitamento básico adotado, mediante contrapartida a ser prestada pelo beneficiário". Na disposição legal do instituto há outra regra interessante, que trata da possibilidade de "alteração de uso do solo, mediante contrapartida a ser prestada pelo beneficiário".

Nesse contexto, respeitado o Plano Diretor, há duas possibilidades: construir acima do coeficiente básico, mas no limite do máximo; construir com uso distinto daquele originariamente previsto, ambos mediante contrapartida. O art. 30 exige que sejam definidos critérios de cobrança, a serem fixados em lei municipal específica, que definirá a fórmula de cálculo para a cobrança; os casos passíveis de isenção do pagamento da outorga e a contrapartida do beneficiário.

O art. 31 do Estatuto da Cidade traz informação de extrema pertinência para esta pesquisa, ao dispor que os recursos aferidos em decorrência da aplicação do instrumento devem ser aplicados em finalidades específica, consoante art. 26 do Estatuto da Cidade, que são, taxativamente: regularização fundiária; execução de programas e projetos habitacionais de interesse social; constituição de reserva fundiária; ordenamento e direcionamento da expansão urbana; implantação de equipamentos urbanos e comunitários; criação de espaços públicos de lazer e áreas verdes; criação de unidades de conservação ou proteção de outras áreas de interesse ambiental; proteção de áreas de interesse histórico, cultural ou paisagístico.[200]

toda a zona ou para cada uma das áreas diferenciadas, nela contidas; II – fixação de prazo não inferior a 30 (trinta) dias, para impugnação pelos interessados, de qualquer dos elementos referidos no inciso anterior; III – regulamentação do processo administrativo de instrução e julgamento da impugnação a que se refere o inciso anterior, sem prejuízo da sua apreciação judicial. § 1º A contribuição relativa a cada imóvel será determinada pelo rateio da parcela do custo da obra a que se refere a alínea c, do inciso I, pelos imóveis situados na zona beneficiada em função dos respectivos fatores individuais de valorização. § 2º Por ocasião do respectivo lançamento, cada contribuinte deverá ser notificado do montante da contribuição, da forma e dos prazos de seu pagamento e dos elementos que integram o respectivo cálculo."

200 Com base nesta disposição, Sotto (2016, p. 210) ressalta que o instrumento colabora com a realização dos objetivos da política urbana, nas três dimensões da sustentabilidade – econômica, ambiental e social – não só por disponibilizar recursos para investimentos públicos em regularização fundiária, habitação, equipamentos sociais – sobretudo Zonas Especiais

Por conseguinte, há clara limitação de inovação da competência municipal quanto à destinação dos recursos decorrentes da aplicação do instrumento da outorga onerosa em um grande projeto urbano, que tem como base um instrumento inominado. Embora não seja obrigatória a aplicação do recurso no perímetro de implementação da intervenção, se for originado da utilização do instrumento outorga onerosa, deverá ficar restrito aos temas da Política Pública Urbanística, mais precisamente, aqueles elencados no art. 26 do Estatuto da Cidade.

Entende-se que tal informação é relevante, vez que, em regra, o potencial arrecadatório de um grande projeto urbano está justamente na forma como são instrumentalizados o solo criado e o direito de construir, sendo a outorga onerosa o principal instrumento para aferição de recursos. Uma vantagem frente a operação urbana consorciada, do ponto de vista de uma política redistributiva, se dá com a possiblidade de parte da arrecadação decorrente da implementação do instrumento reverter em melhorias em outros pontos da cidade, em tese mais carentes de infraestrutura e serviços. Por outro lado, ficam associados aos enfoques urbanísticos do art. 26 do Estatuto da Cidade.[201]

Em recente proposta do Poder Executivo do Município de São Paulo, por meio do Projeto de Lei n. 203/2020, que visa aprovar a etapa de encerramento da operação urbana consorciada Faria Lima, evidenciou-se importante debate sobre a destinação dos recursos arrecadados em grandes projetos urbanos quando a operação urbana já possuir condições financeiras suficientes para a sua implantação: os valores excedentes podem ter outra finalidade?

No art. 1º, § 2° do Projeto de Lei n. 202/2020 o Poder Executivo de São Paulo propõe que "os recursos remanescentes da operação de que trata esta lei deverão ser empregados no combate à pandemia do coronavírus" ou, ainda, "na implementação de ações sociais, habitacionais e de infraestrutura em áreas de vulnerabilidade". Constitui-se um indicativo de possibilidade para

de Interesse Social – ZEIS – e preservação do meio ambiente natural e do histórico-cultural, como também proteger o equilíbrio do meio ambiente urbano como um todo, pelo controle de densidades construtivas e populacionais, e por facilitar, indiretamente, o aceso a terra pelos segmentos mais pobres da população por meio do controle dos preços dos imóveis urbanos"

201 Tal alternativa já se encontra presente, por exemplo, nas disposições do Plano Diretor de Belo Horizonte. Ao tratar das operações urbanas simplificadas, a capital mineira possibilita, por exemplo, com base no art. 66, § 2º, que a proposta abarque "perímetros contínuos ou descontínuos".

a aplicação em outras áreas territoriais, ou ainda, políticas setoriais, quando a operação demonstra-se encerrada.

Esclarecidas as possiblidades ligadas a comercialização do direito de construir, a segunda sugestão de Sotto (2016) diz respeito a cobrança de preços públicos, que pode ocorrer de pelo menos três formas: a) pelo uso de bem público; b) pela exploração publicitária de mobiliário urbano e c) por direitos de nomeação de patrimônio público. Segundo Sotto (2016, p. 248), o uso do bem público por particular, com a devida cobrança de preço público, visa "não apenas evitar enriquecimento ilícito às custas do Poder Público, mas também recuperar parcela do proveito econômico percebido pela exploração do bem imóvel, revertendo-o em benefício da coletividade"[202].

Uma alternativa de arrecadação de recursos públicos em um grande projeto urbano é a cobrança de "exploração publicitária do mobiliário urbano, o que, segundo Sotto (2016, p. 251), tem grande apelo em decorrência da "visibilidade proporcionada pela grande circulação de carros e pessoas". Ela pode abranger: pontos de ônibus, relógios da rua, sanitários públicos, bancas de jornal, placas indicativas de nome de rua, etc. Neste ponto, ressalta-se a indicação de que tal exploração esteja em harmonia "com a paisagem urbana sem degradá-la".

A última possibilidade de arrecadação via preço público, indicada neste trabalho, trata-se de algo usual na iniciativa privada e pouco utilizada pelos governos, mas que pode ser aplicada em estruturas públicas. Diz respeito aos "direitos de nomeação" que, consoante explica Sotto (2016, p. 252), podem alcançar "arenas esportivas, ginásios, teatros, centros esportivos, parques", tudo mediante um "pagamento de contrapartida financeira", como é comum nos Estados Unidos. Neste contexto, conclui a autora, referindo-se aos três modelos:

> Esses preços públicos são, e suma, fontes alternativas de receitas, até o momento pouco exploradas pelos Municípios, e que, funcionam,

[202] Consoante explica Sotto (2016, p. 250) "a concessão a particulares do direito de uso especial de um bem público, de uso especial ou de uso dominial, deve sempre se voltar ao atendimento de um interesse público. Ainda, a correspondente contrapartida financeira, ajustada segundo critérios de razoabilidade e proporcionalidade, só pode ser dispensada na forma prevista em lei. Posto isso, é preciso ressaltar que nem todos os preços públicos cobrados a particulares operaram como instrumentos de recuperação de mais valias urbanísticas"

> em última análise, como instrumentos de recuperação de mais-valias urbanísticas geradas pela cidade, seja pela paisagem composta por suas edificações e por seu patrimônio ambiental, seja pela especial visibilidade proporcionada pela urbe em razão da grande circulação de pessoas e veículos. Prestigiam assim, a função social da propriedade pública, inclusive por multiplicar os seus usos possíveis.

Ao lado da outorga onerosa e dos preços públicos, situa-se a possibilidades de outro instrumento tributário não fiscal: as compensações urbanísticas. Segundo Sotto (2016, p. 253) elas devem ser observadas em "analogia à compensação ambiental" e significam "o pagamento de contrapartidas *in natura* ou financeiras pelos empreendedores para reparação ou prevenção de danos urbanísticos apurados em Estudos Prévios de Impacto".

Prestes (2018, p. 176) trata a questão com o nome de "contrapartida", referindo-se que tal forma de arrecadação "não é tributo nem preço público" e, ainda, "que não diz respeito as medidas compensatórias decorrentes do licenciamento ambiental". No entendimento da autora, "a contrapartida não pode ser vil, nem extorsiva", mas sim, "proporcional, razoável" e ainda "ser certa líquida e exigível". Ao complementar o sentido, Sotto (2016, p. 255) afirma que "a capacidade econômica para arcar com as contrapartidas decorre, por sua vez, da especial valorização a ser experimentada pela propriedade imobiliária uma vez instalado o novo empreendimento".

Ao contrário da outorga onerosa e das próprias operações urbanas consorciadas que possuem um regime jurídico claro e limitado sobre a utilização dos valores arrecadados, na cobrança de preço público e na definição de contrapartidas existem possibilidades em aberto, com maior contingência de alternativas para a municipalidade decidir como arrecadar e aplicar o recurso decorrente do grande projeto, seja na política urbanística ou em outra, ou ainda no perímetro da operação ou em outra área do município.

Os instrumentos ditos não fiscais envolvem questões indiretamente relacionadas com a arrecadação de dinheiro, mas vinculadas ao recebimento de bens e direitos, como é o caso das prestações urbanísticas *in natura* e das desapropriações. Sotto (2016, p. 255) destaca que essa alternativa assemelha-se as obrigações do particular em decorrência do parcelamento do solo, nas quais obriga-se a implementação de obras e infraestrutura pública. Tal possibilidade pode ser utilizada como forma de viabilizar infraestrutura de grandes projetos urbanos como, por exemplo, no antigo instrumento da operação interligada de São Paulo, onde potencial construtivo era fornecido em troca da construção de casas populares.

Ao utilizar essas alternativas deve-se ter o cuidado de vincular a concessão dos benefícios de maneira paulatina, observando o andamento da entrega das obrigações, que são ônus do empreendedor, evitando-se que o Poder Público não tenha meios de exigir o cumprimento da obrigação nos moldes ajustados. Além disso, trata-se de questão essencial documentar o ajuste em instrumento líquido, certo e exigível, evitando-se prejuízo ao erário e a coletividade.

A solução para o problema do custeio de desapropriações, muitas vezes inviabilizadas pelo elevado preço dos imóveis, também pode dar-se na utilização de instrumentos jurídicos, que compõem a política pública dos grandes projetos urbanos como forma de aquisição de patrimônio para o Município. Em razão dos detalhes técnicos que envolvem o tema, importante observar os estudos de Custódio (2017b); e Fernandes e Alfonsin (2009); Santos (2010); e Pinheiro (2004). Para esta tese, basta a noção de que um regime jurídico de grandes projetos urbanos estruturado pode contribuir na aquisição de áreas pelo Poder Público, como alternativa para o modelo tradicional que prevê indenização prévia pelo preço de mercado. Aliás, foi tal possibilidade que motivou parte das ações de Fortaleza e Gramado a implementar grandes projetos urbanos, como descrito no capítulo anterior.

Feitas tais ponderações, cumpriu-se o objetivo de apresentar alguns instrumentos de arrecadação e as possiblidades de aplicação de recursos públicos aos grandes projetos urbanos, A seguir, propõe-se indicar em definitivo os limites e possibilidade de inovação da competência municipal ao arrecadar e aplicar recursos decorrentes dos grandes projetos urbanos.

5.5.3 O regime jurídico dos grandes projetos urbanos e a arrecadação e aplicação de recursos públicos

A análise a ser feita nesta etapa da pesquisa exige a retomada de um conceito trabalhado no Capítulo 3 da tese, que observou tanto as Operações Urbanas Consorciadas, quanto o Grande Projeto Urbano, a partir da matriz sistêmica, mais especificamente, com base no conceito de organização política. Em estudo específico sobre as operações urbanas consorciadas, já referido no item 3.2.5, Vanin e Reck (2019, p. 127) descrevem o instrumento como uma organização política que, simultaneamente dinamiza, por um lado (a) "a formação de uma unidade procedimental de tomada de decisão, sob a coordenação do poder público municipal, que teve ter presente a cooperação público e privada e a participação social" e, por outro, a (b) "materialização das decisões promovidas pela unidade procedimental em um conjunto de intervenções e medidas aptas a modificar urbanística e estruturalmente uma área delimitada, com melhorias de ordem social e ambiental".

Em proposição anterior, no item 3.3.2, confirmou-se que um grande projeto urbano em específico também poderia ser observado como sistema organizacional com a interação das duas lógicas (a) e (b), porém com um conteúdo muito mais aberto. Assim, definiu-se que cada uma dessas propostas específicas podem ser observadas como sistemas organizacionais, que coordenam, unificam, planejam e decidem, articulando plano, instrumentalidade e concretização, a partir da seguinte interação: (a) a formação de uma unidade procedimental de tomada de decisão e da (b) materialização das decisões promovidas pela unidade procedimental, modificando uma determinada centralidade do território.

Neste ponto pode-se dizer que uma das tarefas fundamentais de (a) é a arrecadação de recursos alternativos a tributação tradicional e a sua aplicação, garantindo-se a implementação de (b). A organização política (a) pode ter vários formatos, conforme enfrentado no tópico 5.3. E tal organização política pode valer-se da de vários recursos para implementação de (b), exatamente na forma descrita no item de pesquisa anterior.

A realidade é que diferencia o gênero grande projeto urbano, seja na sua espécie operação urbana consorciada, seja da sua espécie de instrumentos inominados, de qualquer outra organização da administração pública brasileira. Há uma identidade única no modelo. Uma unidade operacional própria. E é tal realidade que reforça a necessidade de uma política pública municipal específica, ainda que baseada em regime jurídico geral que decorre da programação federal do direito brasileiro.

A tipologia peculiar não pode estar restrita a um instrumento urbanístico isolado previsto na lei geral. Nem mesmo a uma permissibilidade – o que aumenta o risco – onde as possibilidades de inovação da competência municipal possibilitem a criação de mecanismos isolados, que não dialoguem com a um regime jurídico geral, em especial, no que diz respeito a arrecadação e aplicação dos recursos financeiros.

Ao tratar dos aspectos controversos da operação urbana consorciada, Olbertz (2011, p. 142-143) traz a seguinte reflexão: "configura desvio de finalidade a disciplina e a realização de operação urbana consorciada enquanto o empreendimento é voltado exclusivamente à captação de recursos". Nestes termos, segundo a autora, "perde-se o caráter urbanístico-social dos instrumentos". E tais reflexões valem para qualquer grande projeto urbano no Brasil, pelo que foi dito no tópico 5.4, quando da abordagem do sentido de finalidade.

Nesse contexto, Levin (2014, p. 177) propõe uma tese interessante: "a vedação à aplicação de recursos públicos na operação urbana consorciada". Na opinião do autor, em decorrência dos princípios descritos no primeiro item deste tópico, "a operação urbana deve ser realizada com recursos da iniciativa privada, que arca com as contrapartidas em troca de benefícios urbanísticos concedidos conforme lei municipal". Deste modo, "toda a operação consorciada deve ser planejada de maneira a possibilitar seu financiamento pela iniciativa privada", nos seguintes termos:

> A administração que pretende lançar mão do instrumento deve calcular os custos das desapropriações e das obras públicas necessárias à conclusão da intervenção urbana. Ao mesmo tempo, deve fixar o preço a ser pago por proprietários e investidores em troca dos benefícios urbanísticos concedidos. O montante total arrecadado deve ser suficiente para arcar com todos os gastos da operação. Dessa forma, ao adquirir os benefícios mediante contrapartida, a iniciativa privada acabará financiando a intervenção da área objeto da ação conjunta.

O que motiva a utilização de um instrumento altamente complexo é sua capacidade de autofinanciamento. Não há lógica que a administração pública crie todo um aparato institucional, flexibilize o planejamento urbano e se comprometa em fazer obras dentro de um prazo estipulado, se tal situação não for subsidiada por valores alheios a tributação tradicional, como aqueles descritos no tópico anterior, em especial, a outorga onerosa do direito de construir.

Olbertz (2011, p. 145) apresenta importantíssima ressalva sobre a questão do cuidado como erário público nestes processos: "os recursos dispendidos pelo poder público" para a realização de um grande projeto urbano "somente serão recuperados na hipótese de sucesso da operação", provavelmente "em longo prazo". Há clara assunção de risco, vez que o governo tende a acabar "investindo antecipadamente em melhorias que atraiam os investidores privados". No caso de tais ações, não gerarem seleções pelo sistema da economia, o resultado é mais "investimentos em áreas geralmente já beneficiadas por infraestrutura".

São por estes motivos que Levin (2014, p. 180) defende que "a razão de ser do instrumento é justamente a possibilidade de (re)urbanizar determinada área da cidade mediante uso de recursos privados" e, ao se fazer isso se impede que "a valorização extraordinária dos imóveis localizados no perímetro da operação seja decorrência exclusiva de recursos orçamentários". Na opinião do autor, "ainda que o Poder Público possa arcar, inicialmente, com os custos de desapropriações e obras constantes do plano da operação" tais valores "devem ser ressarcidos ao erário por meio das contrapartidas pagas" pelos agentes privados ao longo da operação do grande projeto.

Apesar de tal posição doutrinária, o autor reconhece que tem sido criadas operações onde são empenhados recursos públicos, sem maiores detalhamentos sobre sua recuperação integral ou não. As reflexões remetem para conclusões sobre os limites no regime jurídico dos grandes projetos urbanos, acerca da arrecadação e aplicação de recursos.

Fica claro, que não tem respaldo na operação do sistema jurídico, instrumento criado com caráter meramente arrecadatório. O instrumento vincula-se aos princípios descritos no item de abertura no tópico e devem provocar mudanças urbanísticas estruturais, em especial, se originado da aplicação do instrumento da outorga onerosa, que tende a ser a principal fonte de receita. A vinculação desta aplicação correta pode se instrumentalizada na norma ou em regulamento específico, onde o Poder Público compromete-se com a execução de determinadas obras, na medida que atinge um percentual específico de arrecadação. Tal possibilidade, inclusive, gera credibilidade e tende a alavancar o preço da venda dos certificados de potencial, pois a ampliação da infraestrutura urbana, impacta diretamente no preço do imóvel, como visto no capítulo anterior.

Pinto (2005, p. 328) retrata importante preocupação quando a formalidade na venda de potencial construtivo via leilão, vez que inexiste um modelo a ser seguido em todo o país, sendo mais um ponto em que a atividade inovadora da competência municipal observa contingência. Segundo o autor a adoção de um sistema como dos Certificados de Potencial Adicional de Construção, na forma feita em São Paulo, com regras claras, transparência dos procedimentos, contribui para a segurança jurídica vez que reforça "o compromisso do Poder Público com esse novo instrumento financeiro". Ou seja: uma Política Pública de Intervenção Urbanística de grandes projetos urbanos deve preocupar-se em estipular de forma clara os procedimentos de leilão e as formalidades dos documentos que atestem a compra de potencial.

Ademais, demonstram-se como componentes auxiliares de arrecadação importantes, a possibilidade de estipulação de preço público na exploração publicitária e na venda de nomenclatura pra estruturas públicas. Grandes projetos urbanos têm potencial de novas centralidades, e assim, interessam ao público em geral, tendendo a qualificar o espaço público, aumentando a quantidade de pessoas que transitam pelo local, demonstrando-se como um importante atrativo para investimento privado. Da mesma maneira é usual que o poder público se utilize destes instrumentos urbanísticos para viabilizar criação de novos equipamentos públicos, como estádios, museus, dentre outros.

Entende-se que tais regulamentações podem se dar em leis específicas, dando-se diversas destinações aos recursos. Todavia, a gestão desta arrecadação e aplicação deve ser feita pelo organismo criado para gerir o grande projeto urbano, vez que, o potencial de arrecadação decorre das mudanças por ele proferidas, devendo ser revertido, prioritariamente com a execução do plano, ainda que existam compromissos de melhorias definida para fora do perímetro da operação. Feitas tais ponderações passa-se para a abordagem da gestão democrática do grande projeto urbano.

5.6 Gestão democrática da cidade: o controle e a participação social no regime jurídico dos grandes projetos urbanos

No presente tópico pretende-se concluir a abordagem dos contornos gerais que compõem o regime jurídico dos grandes projetos urbanos, dando-se enfoque a questão da necessidade de uma gestão democrática estruturada. O capítulo final vem sendo desenvolvido com o intuito de esclarecer ponto a ponto tais elementos, visto que no capítulo 4 verificou-se que a competência municipal tem ampla possibilidade de inovação para promover uma política pública com esta finalidade.

Desta maneira, ao longo do capítulo demonstrou-se que o regime jurídico dos grandes projetos urbanos deve envolver um planejamento urbano coordenado e qualificado, com a articulação de lei e plano; a promoção de uma cooperação público-privada com vista ao interesse social e atenta aos aspectos ambientais e de inovação; a garantia de uma eficiente mobilização de recursos públicos e privados na sua implementação e visa agora detalhar a necessidade de uma gestão democrática estruturada como fator fundamental. Defende-se que estes são os pontos centrais que balizam o regime jurídico geral dos grandes projetos urbanos, e, desta maneira, servem de parâmetro para programar a política pública em âmbito local e para estipular, em definitivo, quais são os limites e possiblidade de inovação da competência municipal.

O tópico tem a seguinte problemática: Em que medida exercício da gestão democrática no regime jurídico dos grandes projetos urbanos tende a ser operado? A hipótese é que as imposições do sistema do direito dão margem para amplas possiblidades na sua formatação institucional e que existem diferentes meios para a participação e controle social no sistema do direito que contribuem com tal exercício. A participação tem como finalidade contribuir e qualificar a formação da decisão.

Destaca-se que o tema da gestão democrática é recorrente na doutrina e na jurisprudência de direito urbanístico, sendo sua inobservância, um dos pontos incontroversos para declaração de nulidade das normas de planejamento urbano pelo poder judiciário[203]. No Estatuto da Cidade, a premissa

[203] Em pesquisa jurisprudencial no STJ, utilizando-se os vocábulos "audiência pública" e "plano diretor", foram localizadas 10 ocorrências, onde é debatida a legalidade/ilegalidade de leis urbanísticas em decorrência da ausência de gestão democrática no processo de elaboração. O Resp n. 480.327/ES, com Relatoria da Ministra Regina Helena Costa, por exemplo, aduz que: "A supressão do princípio da democracia participativa no processo legislativo que resultou na Lei n.º 5.155/11, consiste em situação suficiente para inquiná-la de vício de inconstitucionalidade formal objetiva, posto que o DPU, e suas posteriores alterações, deve ser reflexo dos anseios e das necessidades dos munícipes, que têm o direito de externá-los por meio dos instrumentos de efetivação da democracia participativa, como é o caso da audiência pública."

da gestão democrática, além de constar como diretriz, conforme já indicado neste trabalho, aparece em diferentes momentos, inclusive como programa condição do Plano Diretor, onde é definida a obrigatoriedade de realizar-se audiência pública no processo legislativo de formulação, revisão ou emenda da norma[204].

O tema guarda capítulo próprio, onde são elencados de maneira exemplificativa alguns instrumentos, na forma do art. 43 do Estatuto da Cidade[205] e, ainda, sua relação com o processo participativo na gestão orçamentária (art. 44) e articulação com a política metropolitana (art. 45). O importante desta regulamentação, para efeito da pesquisa, trata-se da indicação, no art. 43, que a gestão democrática é dever. O Estatuto da Cidade impõe que "deverão ser utilizados" os instrumentos elencados, entre outros.

Quando da programação do instrumento específico da operação urbana consorciada, como já explicado neste trabalho, encontra-se a necessidade de definir-se a "forma de controle da operação, obrigatoriamente compartilhado com representação da sociedade civil", nos termos do art. 33, VII. Ao se tratar dos instrumentos inominados, não é este o fundamento legal que justifica a necessidade de gestão democrática, mas sim a observação articulada das diretrizes gerais da política urbana com o capítulo próprio que trata do tema.

Para além desta observação articulada, que já fundamentaria a necessidade de medidas de gestão democrática nos grandes projetos urbanos, o § 3º, do art. 4º do Estatuto da Cidade, merece especial destaque, pois afirma: "instrumentos previstos neste artigo que demandam dispêndio de recursos por parte do Poder Público municipal devem ser objeto de controle social, garantida a participação de comunidades, movimentos e entidades da sociedade civil".

[204] O autor Alochio (2010, p. 214) vê um problema de essência na audiência pública como forma de participação imposta pelo Estatuto da Cidade na formatação do Planos Diretores. Para o autor "é preciso afastar a visão paupérrima de que uma assembleia ou reunião, como pessoas levantando a mão para votar, vá mudar o rumo do planejamento. Esse estereótipo, utópico, pouco acrescentou até agora, *concessa vênia*, a não ser na visão dos seus defensores"

[205] Nestes termos: "Art. 43. Para garantir a gestão democrática da cidade, deverão ser utilizados, entre outros, os seguintes instrumentos: I – órgãos colegiados de política urbana, nos níveis nacional, estadual e municipal; II – debates, audiências e consultas públicas; III – conferências sobre assuntos de interesse urbano, nos níveis nacional, estadual e municipal; IV – iniciativa popular de projeto de lei e de planos, programas e projetos de desenvolvimento urbano;"

Como já dito, embora não expressos no Estatuto da Cidade, os instrumentos inominados que integram uma Política Pública de Intervenção Urbanística dos grandes projetos urbanos decorrem da abertura do *caput* do referido artigo 4º, o que lhes vincula a tal disposição. Como já referido, os grandes projetos urbanos, de uma forma ou outra, envolvem o dispêndio de investimento público, o que reforça o alcance do referido dispositivo.

Para abordar as possibilidades de participação e controle social, o tópico será articulado em dois itens, o primeiro trata de questões relativas ao controle social da dos grandes projetos urbanos; e o segundo que que descreve os instrumentos de participação na efetivação da gestão democrática das cidades.

5.6.1 Distinções de controle social e participação e o regime jurídico dos grandes projetos urbanos

Diversas são as formas de apresentar o tema da gestão democrática da cidade como, por exemplo, a partir de uma verificação de potencialidade dos instrumentos da audiência pública e dos conselhos de desenvolvimento urbano, observados com base nas matrizes agregativa e deliberativa. Há estudos críticos que destacam a existência de inúmeros problemas na aplicação de ambos os instrumentos, sendo necessário um constante aprimoramento que qualifique a tomada de decisão.[206]

Vanin e Reck (2019) contribuem com este panorama ao apresentar o controle social das operações urbanas consorciadas tendo como base a matriz sistêmica. O estudo serve de orientação a este item de pesquisa, transpondo-se as reflexões acerca do instrumento em específico para o gênero grandes projetos urbanos. O primeiro ponto destacado pelos autores é a observação dos conceitos de participação e de controle social como distintos. O controle

[206] Como conclusão para auxiliar na superação dos problemas dos instrumentos tradicionais não apontados: "No caso da audiência pública é necessária uma regulamentação, que garanta a participação da população sem subterfúgios e sua ocorrência antes do início do processo legislativo. Quanto aos conselhos, fator primordial é garantir o poder deliberativo, além de uma participação equilibrada da sociedade e do governo e condições estruturais e técnico-burocráticas viáveis para o seu funcionamento." (VANIN, 2012, p. 141). Também deste autor, sobre o mesmo tema: (VANIN, 2015b, p. 160-170).

social relaciona-se com o conceito de controle em si, como ato apto a substituir uma decisão por outra decisão. Vanin e Reck (2019, p. 130) destacam que embora exista uma dimensão tradicional que relaciona o controle com a possibilidade de influência, entende-se que "somente haverá controle quando existir a possibilidade de substituir decisão por outra decisão, do contrário se tratará de participação".

A ideia origina-se das reflexões Bitencourt e Reck (2018a, p. 21-23), que define que o controle "em seu sentido estrito, é a possiblidade de substituição de uma decisão por outra". Como espaço para ocorrência do controle, na perspectiva de substituição de decisão, os autores indicam o controle interno "realizado dentro da própria estrutura hierárquica do poder que fora tomada a decisão"; controle externo "em que outro poder ou mesmo outro ente federativo, mas em uma estrutura administrativa, e não jurisdicional" e, ainda, jurisdicional "realizado no Poder Judiciário".

Verifica-se que, nessa perspectiva, os instrumentos tradicionais de gestão democrática das cidades não se apresentam como de controle social, mas sim, como de participação, vez que a possibilidade de substituição de decisão não caberá a tais esferas. Elas eventualmente possuem a prerrogativa de promover comunicações que podem levar de maneira mais célere determinada questão para análise e controle do órgão competente. Ou ainda, influenciar significativamente neste aspecto; todavia, tendo como base a conceituação deste trabalho, não possuem o poder de controlar.

Uma questão que pode gerar dúvida é a possibilidade de controle social – na modalidade de substituição de decisão por outra decisão – em conselhos de caráter deliberativo. Aqui a deliberação é tomada como conceito que dá ao organismo o poder de aprovar/rejeitar matérias por ele apreciadas, para além do tradicional mero parecer opinativo[207]. Entende-se que, em tais casos,

[207] Neste contexto, cabe a posição de Gohn (2000, p.179), de que "Apesar da legislação incluir os conselhos como parte do processo de gestão descentralizada e participativa, e constituí-los como novos atores deliberativos e paritários, vários pareceres oficiais têm assinalado e reafirmado o caráter apenas consultivo dos conselhos, restringindo suas ações ao campo da opinião, da consulta e do aconselhamento, sem poder de decisão ou deliberação. A lei vinculou os ao Poder Executivo do Município, como órgãos auxiliares da gestão pública. É preciso, portanto, que se reafirme em todas as instâncias, seu caráter essencialmente deliberativo, já que a opinião apenas não basta. Nos municípios sem tradição organizativa-associativa, os conselhos têm sido apenas uma realidade jurídico-formal, e muitas vezes um instrumento

também não há controle social, mas sim, um poder de veto. A nova decisão, após o veto, emanará novamente da autoridade competente, sendo reapreciada pelo conselho, que pode rejeitá-la, mas não poderá substitui-la.

Outro ponto destacado por Vanin e Reck (2019, p. 129) é que "consiste em situar o controle para além de sua visão clássica de limitação de poder do Estado" ocorre em decorrência dos aportes conceituais de Pereira (2010), dando ao controle um elemento fundante "relacionado a legitimidade, que advém do modelo democrático", e de garantia "no sentido de vincular a ação estatal aos preceitos constitucionais, sejam eles procedimentais ou substantivos".

O elemento fundante tem relação com a indicação de organismos aptos a substituir uma decisão por outra que, como já dito, decorrem do controle interno, externo e jurisdicional. No campo do regime jurídico dos grandes projetos urbanos, o controle interno consiste no exercício da autotutela administrativa, que revisa, por mérito ou legalidade estrita, um ato em descordo com o interesse público. Por exemplo: a inclusão de um compromisso de regularização fundiária de interesse social de uma ocupação residente no âmbito da operação em uma proposta de grande projeto urbano que originariamente não previa tal ação, adequando-se a proposta a legalidade.

O controle externo pode dar-se com a sustação de um ato do Poder Executivo pelo Legislativo. Por exemplo, no caso de proposição de um grande projeto urbano, incialmente com base em Decreto, sem observância dos preceitos do Plano Diretor. Após a sustação, poderia o parlamento deflagrar processo legislativo (com a ressalva do vício de iniciativa, que teria de ser apreciado no caso em concreto) objetivando regulamentar a matéria e, assim, substituindo uma decisão ou outra.

Do ponto de vista do controle jurisdicional, da mesma maneira, com decretação de inconstitucionalidade de determinada norma, ou ainda, com uma obrigação de fazer, determinando que o recurso arrecadado pelo grande projeto urbano, originado pela utilização da outorga onerosa, seja aplicado para um fim específico, entre os definidos no art. 26 do Estatuto da Cidade, alterando assim, uma decisão por outra decisão.

a mais nas mãos dos prefeitos e das elites, falando em nome da comunidade, como seus representantes oficiais, e não atendendo minimamente aos objetivos de controle e fiscalização dos negócios públicos".

Ainda mais pertinente para este ponto da pesquisa é o elemento de garantia do controle, que diz respeito a adequação procedimental e substantiva do grande projeto urbano aos preceitos constitucionais. A situação permite observar, seja do ponto de vista procedimento ou da substância, o que motivaria a substituição de uma decisão pelos espaços acima referidos, em termos de regime jurídico dos grandes projetos urbanos. Entende-se que as reflexões definidas neste capítulo servem como fundamentos jurídicos e justificativas teóricas para que os órgãos exerçam tais controles, decidindo em casos concretos.

Com base no elemento de garantia e do ponto de vista procedimental, o grande projeto urbano demonstra-se contrário, podendo ser objeto de controle se: regulado por decreto ou por lei específica incompatíveis com a lei do plano diretor; não possuir um plano urbanístico ou que o plano urbanístico específico demostrar-se incompatível com o plano urbanístico do plano diretor; não possuir a coordenação da gestão, ainda que de forma indireta, de responsabilidade do Poder Público, ou ainda, não observar os elementos mínimos de participação social.

Há uma série de procedimentos assessórios, incluindo-se, do ponto de vista lei-plano, adequações em lei de parcelamento do solo, código de obras, código de posturas, decretos, orientações técnicas, projetos detalhados; e do ponto de vista da coordenação da gestão, a criação de um órgão ou pessoa jurídica específica, ou ainda, procedimentos licitatórios e seletivos para a delegação para iniciativa privada ou terceiro setor. A ideia da política pública como coordenação de ações e do regime jurídico como programa que liga programas facilita a observação do controle de garantia procedimental.

O controle de garantia substancial irá observar se: a cooperação público-privada cumpre a finalidade de interesse social; se a lei e o plano apresentados para um grande projeto urbano em específico diretrizes da política urbana e, ainda, se a arrecadação e aplicação dos recursos têm sido realizadas nos termos da operação. Importante deixar claro que os critérios legais que fundamentam as exigências substantivas para a Política Pública de Intervenção Urbanística, descritas neste trabalho, originam-se especialmente de disposições constitucionais, vez que os objetivos estão expressos no art. 182 e as diretrizes da política urbana, elencada no art. 2º do Estatuto da Cidade, mas que decorrem de menção do mesmo dispositivo.

Assim, compreende-se que os instrumentos de gestão democrática da cidade cumprem importante papel em influenciar o controle, muito embora não tenham poder de exercê-lo diretamente. A atuação de conselho, associações, movimentos sociais, realização de conferências, audiências públicas são elementos essenciais para influenciar na efetivação dos preceitos procedimentais e substanciais trabalhados, na forma que se passa a expor.

5.6.2 Os espaços de participação na gestão democrática dos grandes projetos urbanos

Consoante explicado na abertura do tópico, não há maiores controvérsias sobre a existência de uma imposição do sistema do direito que limita a atividade inovadora da competência municipal, ao obrigar, por força do § 3º do art. 4º do Estatuto da Cidade, que os grandes projetos urbanos, em especial, por utilizarem de recursos públicos, contem obrigatoriamente com estruturas que garantam o exercício da gestão democrática da cidade. Em alguns casos, o legislador fez exigências mínimas, como ocorre no Plano Diretor e nas próprias operações urbanas consorciadas, já em outros, a estruturação da gestão democrática apresenta-se como alternativas a serem escolhidas pela decisão da municipalidade.

A gestão democrática das cidades não se resume nas estruturas institucionais do conselho e da audiência pública, abrangendo-se, também, o trabalho de observatórios e associações formais e informais[208]. Outro ponto fundamental nesta abordagem é o avanço da chamada democracia digital, que permite formas de participação não presenciais, que também devem ser observadas.

Sendo assim, por um lado não existe um modelo/instrumento específico de gestão democrática da cidade aplicável para os grandes projetos urbanos; mas por outro, tal estruturação apresenta-se como uma obrigação legal, sendo

[208] Levy e Brelàs (2019, p. 13) fazem importante contribuição quanto a necessidade da política pública estar atenta aos espaços informais ao referir que: "O desafio, então, caminharia da instituição de espaços institucionais para a formulação de políticas públicas que estimulem atividade associativa e comunitária por meio do fortalecimento de associações de bairro e conselhos participativos locais, por meio de treinamento de lideranças e engajamento de pessoas para a solução de problemas concretos relacionados ao território"

ideia do item de pesquisa elencar instrumentos e experiências de participação, como alternativas para decisão, situando-os na perspectiva da política pública em específico.

Partindo-se da perspectiva institucional, entende-se que o conselho municipal designado para operacionalizar os temas urbanísticos tem papel central na estruturação da gestão democrática da cidade. Um conselho atuante tende a manter as problemáticas em evidência, fortalecendo a influência e criando ruído nos mecanismos de controle. Os principais desafios que envolvem um bom funcionamento dos conselhos dizem respeito a sua estruturação, pois muitas vezes não são assessorados por técnicos independentes, ou carecem de estrutura administrativa, como ausência de secretaria, falhas para registro e encaminhamento de suas demandas ou de local apto para realizar suas reuniões[209].

Entende-se que o debate acerca da produção de grandes projetos urbanos passa pela análise do conselho, tendo em vista o grau de intervenção concreta das medidas em âmbito territorial. Da mesma maneira a audiência pública, pois embora existam motivos para não crer que o modelo seja o melhor espaço para discussão de um plano urbanístico[210], a exigência em sua realização acaba por dar transparência ao processo e exige uma comunicação em linguagem compreensível para a população em geral.

Ainda que do ponto de vista do controle e qualificação técnica o modelo possa não agregar, seu acontecimento é um marco fundamental para a publicidade do processo. Nos grandes projetos urbanos entende-se, não por obrigação legal, mas por uma gestão democrática estruturada, que a audiência pública continua sendo fundamental como espaço institucional onde a comunidade em geral consegue manifestar sua opinião sobre as mudanças.

[209] O autor Silva (2008, p. 159) explica que os espaços institucionais devem contar com a participação de representantes das diferentes esferas de governo, do empresariado, da sociedade civil organizada, nela inserida, organizações não governamentais, associações de moradores, sindicatos, conselhos profissionais, assim como, do meio acadêmico, através de Universidades e centros de pesquisa.

[210] Neste sentido, Alochio (2010, p. 233) aduz que "não necessariamente uma reunião em assembleia física seria a melhor forma – ou mais democrática – para tal representação: pode haver a consulta pública por meio da rede mundial de computadores, por exemplo."

Nesse contexto, o regime jurídico dos grandes projetos urbanos não deveria ficar restrito a regra de modificação do plano diretor para a realização da audiência pública. Explica-se: muitas vezes a audiência pública será obrigatória, vez que, para implementação do grande projeto será necessária a modificação do plano diretor, onde a realização de audiência pública no trâmite do processo legislativo é exigência indispensável.

Assim, na disposição no regime jurídico dos grandes projetos urbanos – embora não seja um limite imposto pelo sistema do direito – é salutar a inclusão deste instrumento, sendo que o momento oportuno, no entender desta tese, deve ser antes da conclusão envio do projeto de lei e/ou conclusão do plano urbanístico. Por muitas vezes a audiência pública apresenta-se como único espaço no qual a população consegue opinar de maneira informal e de alguma forma a expor seus anseios e aflições frente a mudanças.[211]

Quanto a utilização dos meios digitais para promoção da participação, já há alguns estudos neste sentido, como os apresentados por Guimarães e Araujo (2018), Nabuco, Macedo e Ferreira (2009). As constatações sobre o uso das tecnologias para participação no planejamento de políticas públicas de urbanismo vão em dois sentidos: a um, que é um facilitador e aumenta a participação; a dois, que pode gerar uma exclusão social ainda maior, vez que nem toda população tem acesso a estrutura necessária, ou ainda, não possui formação para participar nos espaços digitais. Nesse contexto, o regime jurídico dos grandes projetos urbanos, embora precise estar atento aos debates sobre as cidades inteligentes, não pode impor, por exemplo, que o exercício da participação se dê somente por meio digital, excluindo parte da população de determinado processo decisório.

Outra possibilidade para a estruturação da gestão democrática é a criação de formas de observar e selecionar comunicações da sociedade, decorrentes da atuação dos mais diversos organismos que tratam da temática urbanística. Para tal abordagem, entende-se essencial a proposta formulada por Campilongo (2012, p. 9- 11) acerca dos movimentos sociais, que tem como base a teoria dos sistemas. O autor compreende os movimentos como um espaço que desafia

[211] Tal posição já foi manifestada por este autor ao referir-se sobre o debate acerca do Plano Diretor. Defende-se que o instrumento "não deve ficar restrito ao projeto de lei, mas deve acontecer inclusive – senão principalmente – na fase de construção do projeto" (VANIN, 2015b, p. 165)

as regras, "não se amoldando às balizas impostas pelos sistemas de funções", entre os quais está o Direito"[212].

Mais precisamente Campilongo (2012, p. 19) descreve-os como sistemas autopoiéticos, ou seja: "formas de protesto construídas em torno de temas que demarcam uma oposição entre os movimentos sociais e os sistemas que organizam e promovem decisões na sociedade contemporânea". Assim, em sua ação, produzem riscos ao aplicar seus processos de "seleção, inclusão e exclusão", que produzirão resultados contingentes. Neste contexto, os movimentos sociais tendem a reagir de diversas maneiras, comunicando-se com os sistemas, entre os quais está o sistema do direito.

Ponto chave para esta pesquisa é a forma como Campilongo (2012, p. 34) observa a relação dos movimentos sociais com o sistema do direito, no qual a aposta dos movimentos sociais no direito pode aflorar de três modos: "contra o direito", [...] "pelo direito" [...] e "após o direito"[213]. E partir de tais percepções,

[212] Conforme Campilongo (2012, p. 13-17) entre as vantagens da observação dos movimentos sociais perante o sistema do direito, está em definir sua autorreferência e demonstrar como ele se comunica internamente e externamente, e os efeitos que isto gera ao sistema do Direito. Para identificar as características e o contexto dos movimentos sociais nesta perspectiva sistêmica o autor elenca, de forma não exaustiva, 10 elementos frequentes na sua conceituação, entre os quais, podemos resumidamente aduzir: sua origem em conflitos que questionam a utilização de recursos sociais escassos; sua posição antagonista contra culturas ou ideologias globais; sua luta pela liberdade em decorrência das amarras impostas pelos sistemas parciais (direito, economia e política); a tentativa de valer-se ou influenciar na operação dos sistemas parciais; sua relação como produtores e produto da variabilidade da sociedade moderna; seu oportunismo em decorrência da complexidade social, que cria comunicações em um grau muito superior a "capacidade de processamento, seleção e implementação das alternativas" pelos sistemas parciais, o que é um prato cheio para protestos frente as variações não selecionadas; sua autonomia não institucionalizada, que permite criar variação e multiplicar os excedentes de complexidade; sua ação não convencional, onde somente eventualmente os canais tradicionais são utilizados; sua não uniformidade de fins e modo de ação vez que "o campo dos conflitos está nos sistemas de funções e nas externalidades por eles produzidos"; e sua observação dos fatos é crítica e não toma como base os parâmetros de observação dos sistemas parciais.

[213] "Contra o direito significa, na essência, luta pela sua revogação, substituição ou por uma nova interpretação do direito"; "Pelo Direito representa a luta pelo reconhecimento e afirmação de direitos ainda não estabelecidos"; "Após o Direito consiste na busca por eficácia: a adoção de políticas, reorientação da jurisprudência em conformidade com os avanços legislativos, mudança de comportamentos".

a atuação é classificada em dois grupos: movimentos sociais de integração/protesto e movimentos sociais de desintegração.

Consoante Campilongo (2012, p. 61-66), os movimentos de protesto/integração, denominados sistemas parasitários de integração coletiva, visam desfigurar, corromper, esvaziar os sistemas de função. Já os "movimentos de desintegração coletiva", que são sistemas parasitários de desintegração, utilizam-se dos próprios sistemas sociais para reconfigurar, alargar, restaurar, ou ainda, conferir funcionalidade aos sistemas.

Pode-se dizer que os primeiros não procuram os tribunais ou os meios institucionais para fazer valer suas expectativas, enquanto os segundos acreditam na concretização de suas pretensões via comunicações tradicionais do sistema jurídico. Relacionando-se os conceitos de Campilongo (2012) aos grandes projetos urbanos, verifica-se que ambas as atuações tendem a estar presentes.

Os movimentos sociais de protesto, segundo Vanin e Reck (2019, p. 136), exigem do sistema do direito "que ele seja não só guardião do direito, mas da sociedade como um todo e fazem isso para sobrepor direito, economia e política", com base em apelo "que força conexões transversais entre os sistemas sociais". Um exemplo se dá quando uma comunidade localizada no perímetro de um grande projeto urbano, em contraponto a uma decisão do sistema do direito, que determinou um despejo, vale-se de medidas inovadoras e alternativas de protesto, que ganham visibilidade social alheia ao sistema e, como consequência, evitam o cumprimento de uma ordem que, para o sistema do direito, cumpria os requisitos e era válida.

Já os movimentos sociais de desintegração, consoante Vanin e Reck (2019, p. 136), valem-se "do próprio sistema jurídico para confirmar suas pretensões, convertendo conflitos em procedimentos" e respeitam "os limites e as margens de escolha de cada sistema funcional". Tal método tem sido utilizado, por exemplo, na defesa de causas, que viram projetos de lei e são aprovados, ou em ações judiciais, em especial, invocando-se os preceitos do Direito à Cidade.

O regime jurídico dos grandes projetos urbanos deve conter mecanismos que atentem a esta complexidade social, existindo, na ação dos movimentos sociais, possibilidades de legitimação ou inviabilização das propostas de mudança territorial. A partir destas constatações, entende-se que a programação da política pública deve organizar a gestão democrática, vinculando suas decisões a manifestações do conselho, assim como, prevendo, no processo de elaboração de cada intervenção urbanística em específico, a realização de audiência pública e consultas digitais, no intuito de observar possíveis ruídos e selecionar modificações na proposta. Tais orientações gerais devem estar previstas nas regras gerais da política pública, no âmbito do plano diretor, sendo que as regras específicas da participação, peculiares de cada operação, deverão constar na lei específica a ser encaminhada em cada grande projeto urbano.

Em conclusão, entende-se respondido o questionamento da forma de exercício da gestão democrática no regime jurídico dos grandes projetos urbanos mediante a comprovação da hipótese de que as imposições do sistema do direito dão margem para uma contingência de muitas alternativas na sua formatação institucional e de que existem amplos meios para a participação e controle.

Partindo-se para a conclusão da pesquisa, a seguir organizam-se as ideias dos tópicos anteriores para indicar os principais pontos que caracterizam o regime jurídico dos grandes projetos urbanos, estabelecendo limites e possibilidades para a inovação do exercício da competência municipal, quando da promoção de uma Política Pública de Intervenção Urbanística com esta finalidade.

5.7 Descrições finais sobre o regime jurídico dos grandes projetos urbanos

O presente tópico objetiva organizar o conteúdo do capítulo em uma memória acessível, apta facilitar a fundamentação e justificativa e, assim, qualificar decisões políticas e jurídicas sobre o tema. Embora as descrições apresentadas decorram especialmente da observação da programação do direito, portanto mutáveis, a pesquisa valeu-se da matriz sistêmica e traçou alguns elementos operacionais de caráter estável que, mantendo-se as normas gerais de programação brasileira, tem potencial de recursividade perene. Ainda que ocorram mudanças eventuais na legislação ou da jurisprudência, poderão servir de base para estudos futuros como, por exemplo, o sentido de um Direito do

Urbanismo[214], da Política Pública Urbanística[215], da Política Pública de Intervenção Urbanística[216]; e do Grande Projeto Urbano[217].

Os conceitos operacionais embasaram a observação da programação do direito, indicando-se elementos que compõe um regime jurídico geral dos grandes projetos urbanos e que podem servir de base para a programação da política pública municipal. Por conseguinte, a partir de tais elementos podem ser definidos os limites e as possibilidade de inovação da competência municipal, assim resumidos em: existência de um sentido de finalidade específico; possibilidade de uma cooperação público-privada com vista ao interesse social; a inserção da proposta em um planejamento urbano coordenado e qualificado; a garantia de uma eficiente mobilização de recursos públicos e privados; e uma gestão democrática estruturada.

Verificam-se as questões ponto a ponto, retomando-se as reflexões desenvolvidas ao longo do capítulo.

[214] Assim, a proposta de um Direito do Urbanismo origina-se da observação que o sistema do direito faz do ambiente em temas relacionados ao Urbanismo, aceita e seleciona informação como heterorreferência e a partir de sua autopoiese, evolui sua operação e desenvolve uma recursividade peculiar para aplicação do código direito/não direito: a interação das unidades Direito Urbanístico, Política Urbana e Direito à Cidade, que possuem programações semelhantes, quando não idênticas, mas funcionalidades distintas, que devem ser observadas de maneira complementar e não linear, na produção de decisões jurídicas em temas urbanísticos.

[215] A Política Pública Urbanística é vista como uma decisão que unifica e visa organizar o Direito do Urbanismo, em especial, suas as unidades Direito Urbanístico, Política Urbana e Direito à Cidade, através de uma coordenação de ações, que deve seguir as diretrizes previstas no Estatuto da Cidade, para atingir os objetivos previstos na Constituição Federal e que tende a ser concretizada em definitivo pela atuação da organização Poder Público, em especial Municipal, estando situada em um cenário contemporâneo complexo e cuja programação tem sido observada de forma distinta na perspectiva centro-periferia do sistema do direito.

[216] A Política Pública de Intervenção Urbanística seria aquela que, a partir de toda a gama de alternativas, inclusive de intervenção na propriedade e na economia, decide, com base em uma coordenação de ações, intervir e mudar concretamente a realidade fática territorial.

[217] Os grandes projetos urbanos formam observados como sistemas organizacionais, que coordenam, unificam, planejam e decidem, articulando plano, instrumentalidade e concretização, a partir da seguinte interação: (1) a formação de uma unidade procedimental de tomada de decisão e da (2) materialização das decisões promovidas pela unidade procedimental, modificando uma determinada centralidade do território."

– **Possibilidade de tipificação via decreto**: Entendeu-se que a regulamentação ou implementação de grandes projetos urbanos por norma específica do Poder Executivo, mediante decreto, somente parece possível com a soma de três fatores: quando a lei assim autorizar; quando já existir, previsto em lei, um instrumento jurídico que respalde a implantação do grande projeto urbano; e que as normas previstas para aquele grande projeto respeitem integralmente as regras contidas no Plano Diretor daquele município. Ausente qualquer um dos três requisitos, apresenta-se como um ilícito frente a programação vigente no direito brasileiro.

– **Compatibilização com a Lei do Plano Diretor**: Registrou-se indispensável a lei específica isolada, que propõe um grande projeto urbano e tenha atenção para as diretrizes e estipulações da lei do plano diretor municipal.

Entretanto, mais prudente e pertinente do que produzir em leis esparsas instrumentos isolados para grandes projetos urbanos em específico é a criação de uma política pública municipal estruturada para tal fim. A oportunidade de utilização do grande projeto urbano como alternativa da Política Pública de Intervenção Urbanística deve estar presente no debate sobre o planejamento urbano, sendo que suas regras gerais devem estar dispostas na lei do plano diretor, com indicação de aspectos gerais, áreas prioritárias e instrumentos, para a além das operações urbanas consorciadas.

É desta maneira que a aferição da compatibilidade frente ao Plano Diretor torna-se estável do ponto de vista jurídico. Mediante a previsão, na própria norma do Plano Diretor, de regras que balizam o gênero grande projeto urbano (quc pode receber as mais variadas nomenclaturas) e indicação das espécies, que são os instrumentos (como consórcio urbanístico, operação urbana simplificada, interligada, consorciada). Regulada desta maneira, as ações deixam de ser vistas como meras flexibilizações legais aptas a beneficiar determinados agentes econômicos ou grupos de interesse e ganham proeminente interesse público, estando integradas ao plano de cidade.

– **Tipicidade, Hierarquia e Coordenação Técnica do Plano Urbanístico**: Compreende-se que a Lei Orgânica é um ambiente normativo apto a hierarquizar e criar regras de correlação entre plano diretor e os demais planos, sejam ele urbanísticos ou de outras políticas setoriais, incluindo-se uma tipicidade específica aos grandes projetos urbanos, que será utilizada como parâmetro técnico, independente do instrumento jurídico a ser escolhido, cabendo ao regulamento específico definir os critérios.

Embora insuficiente e por entender que ainda não há vinculações legal no art. 33 do Estatuto da Cidade, sugere-se que o plano previsto para a operação urbana consorciada seja um parâmetro mínimo de plano urbanístico a ser utilizável para qualquer um dos instrumentos da política pública dos de grandes projetos urbanos criados em decorrência da atividade inovadora da competência municipal.

Verifica-se que a instituição de um instrumento jurídico de grande projeto urbano desacompanhado de plano urbanístico da centralidade não tem respaldo no sistema do direito. Compreende-se que a exigência de tal documento é indispensável e que plano urbanístico deve ser compatível com o Plano Diretor, tanto do ponto de vista técnico, quanto legal.

Apesar de sua inegável importância, o plano urbanístico de um grande projeto urbano, em regra, não vincula outras leis municipais ou regramentos administrativos. Entende-se que isto somente irá acontecer se assim estiver previsto na Política Pública Urbanística daquele município. Ao propor um grande projeto urbano de maneira isolada, corre-se o risco dar a ele uma situação de lei municipal como outra qualquer, que poderá colidir ou ser revogada por outras com base nos critérios de subsunção.

A garantia de vinculação do plano e dos ditames da norma regulamentadora de um grande projeto urbano passam por sua inclusão como integrante de uma política pública, articulada com Lei Orgânica, Lei do Plano Diretor e que tenha correlação com os planos técnicos, tudo na forma a ser detalhada em leis e regulamentos.

– **Elementos Substantivos do Plano Urbanístico:** Além do planejamento urbano municipal procedimentalmente coordenado, que tem como instrumento básico o Plano Diretor, o planejamento deve, por força do art. 2º, IV do Estatuto da Cidade, "evitar e corrigir as distorções do crescimento urbano e seus efeitos negativos sobre o meio ambiente". Assim, ao analisar-se os incisos V; VI; VII; XVI do mesmo art. 2º, passam a ser elementos de observação obrigatória do Plano as previsões com enfoque na oferta de equipamentos urbanos comunitários; na ordenação qualificada do solo; na integração e complementaridade urbano-rural e na isonomia público privada na promoção da urbanização.

– **Sistema Normativo Municipal**: A programação coordenada parte da Lei Orgânica, que deve conter regras de hierarquização e articulação entre os planos técnicos, e segue pelo plano diretor, que deve definir o regime geral da Política Pública de Intervenção Urbanística dos grandes projetos urbanos, com regras gerais, indicando-se áreas prioritárias e rol de instrumentos específicos que, conforme o caso, se desdobrarão em leis e planos próprios, que possibilitam a intervenção territorial por meio de grandes projetos urbanos em centralidades em específico, garantindo-se a ação concreta. Como complemento a tais normas, os decretos e outros instrumentos técnicos podem detalhar a lei e o plano, garantindo-se segurança jurídica, eficiência administrativa e interesse público na implementação da política pública.

– **Cooperação Público-Privada e Coordenação da Gestão do Grande Projeto Urbano:** O instrumento da operação urbana consorciada tem indicação legal expressa de que cabe ao Poder Público Municipal uma "posição de coordenação" da gestão, na forma do art. 32, § 1º do Estatuto da Cidade. Sendo pública a coordenação da gestão, torna-se possível a constituição de diferentes formas de estruturação, com maior ou menor protagonismo dos agentes privados.

Nos demais instrumentos, a coordenação pública decorre de regra constitucional do art. 182, que impõe ao Poder Público Municipal o dever de executar a política de desenvolvimento urbano. Tal posição é amplamente respaldada na doutrina. A coordenação pública poderá ser operacionalizada de forma direta – órgãos da administração direta ou entidades da administração indireta – ou de maneira indireta – a partir de concorrência pública, mediante delegação. Existe, ainda, a possibilidade de concorrência pública para seleção de entidades do terceiro setor com especialidade na área, nos termos da Lei n. 13.019/2014 (Lei das Ongs), Lei n. 9.790/99 (Lei das Ocips), dentre outras normativas.

O sistema jurídico brasileiro não estipula modelos jurídicos específicos de mecanismos urbanísticos vinculados ao tipo de coordenação pública (direta ou indireta). Caso pretenda-se fazer um grande projeto urbano, tem-se a imposição jurídica de que a coordenação é pública, mas não há instrumentos jurídicos específicos que detalham os procedimentos e formas da coordenação direta e/ou indireta.

Como qualificação dessa política pública, entende-se pertinente a definição de instrumentos urbanísticos específicos e distintos, seja para a operacionalização direta, seja para a indireta, vez que as possibilidades de controle quanto ao alcance do interesse público são diferentes quando observadas entidades com regime jurídico de direito público e privado.

Também quanto a coordenação da gestão, importante frisar que, ainda que se proceda de forma indireta, trata-se de ação complexa, sendo assim, necessário um acompanhamento criterioso da administração municipal, o que só é possível com órgãos técnicos estruturados e especializados.

– **Proposição Privada de Grandes Projetos Urbanos**: Considera-se juridicamente possível que o privado proponha intervenções urbanísticas por meio de grandes projetos urbanos, desde que decorrente da Política Pública Urbanística daquele município, em especial, prevista no Plano Diretor.

Uma alternativa nesse sentido é a regulamentação do Procedimento de Manifestação de Interesse em nível local, previsto no Decreto n. 8.428/2015. É pertinente um detalhamento específico da utilização do mecanismo em matéria urbanística, por meio de lei.

– **Formalização Auxiliar da Cooperação Público-Privada**: Entende-se que os convênios, protocolos de intenções e os acordos de vontade nas mais variadas formas podem servir como complemento da Política Pública de Intervenção Urbanística de grandes projetos urbanos para formalizar a relação entre o Estado e o particular. Em uma coordenação de ações que parte dos objetivos fundamentais da política urbana prevista na Constituição Federal; pelas diretrizes desta política nacional, consoante o Estatuto da Cidade; estrutura-se no Plano Diretor do Munícipio, com indicações gerais e de instrumentos específicos; complementa-se com lei específica e processos administrativos atentos para a concorrência pública e objetivos de políticas públicas locais; entende-se que tais documentos ganham legitimidade para complementar tal cadeia, regulando pontos específicos.

– **Finalidade da Cooperação-Público Privada:** A cooperação-público privada encontra fundamento no inciso III, do art. 2º do Estatuto da Cidade. No entanto, é uma atividade que deve ser coordenada pelo Poder Público, ainda que indiretamente, por força do art. 182 da Constituição. Por determinação concomitante dos dispositivos, a cooperação deve visar "o atendimento ao interesse social", mais precisamente, ter atenção aos objetivos de "ordenar o pleno desenvolvimento das funções sociais da cidade" e "garantir o bem-estar de seus habitantes".

– **Elementos Centrais na Arrecadação e Aplicação de Recursos:** É imprescindível a observação da justa distribuição dos benefícios e ônus decorrentes do processo de urbanização e da recuperação dos investimentos do Poder Público que resultem na valorização de imóveis urbanos, com fulcro nos incisos IX e XI do art. 2º do Estatuto da Cidade.

O que motiva a utilização de um instrumento altamente complexo é sua capacidade de autofinanciamento. Não há lógica na administração pública criar todo um aparato institucional, flexibilizar o planejamento urbano e se comprometer em fazer obras dentro de um prazo estipulado, se tal situação não for subsidiada por valores alheios a tributação tradicional, em especial e fundamentalmente a outorga onerosa do direito de construir.

– **Recursos da Outorga Onerosa do Direito de Construir:** Há clara limitação imposta pelo sistema do direito na destinação dos recursos arrecadados a partir da aplicação do instrumento da outorga onerosa em um grande projeto urbano. Embora não seja obrigatório que se dê no perímetro de implementação da intervenção, como ocorre na operação urbana consorciada (art. 33, § 1º), o recurso deve ficar adstrito ao tema da Política Pública Urbanística, mais precisamente, aos elencados no art. 26 do Estatuto da Cidade.

– **Outras possibilidades de Arrecadação:** Como componentes auxiliares de arrecadação, indicou-se a possibilidade de estipulação de preço público pela utilização de espaços públicos mediante exploração publicitária e venda de nomenclatura para estruturas públicas. Grandes projetos urbanos têm potencial de novas centralidades e, assim, interessam ao público em geral, bem como tendem a qualificar o espaço público, aumentando a quantidade de pessoas que transitam pelo local, demonstrando-se como um importante atrativo para investimento privado. Da mesma maneira, usualmente o poder público utiliza desses instrumentos urbanísticos para viabilizar a criação de novos equipamentos públicos, como estádios, museus, dentre outros. Nestes casos há maior discricionariedade para o município definir se a aplicação do recurso ocorrerá no grande projeto, na política setorial urbanística ou em outra área.

Há, também, recursos não financeiros, mediante contraprestações, que podem viabilizar a execução de obras ou aquisição de áreas por agentes privados em favor do poder público. O cuidado na utilização destas alternativas é vincular a concessão dos benefícios de maneira paulatina, observando-se o andamento da entrega das obrigações, que são ônus do empreendedor, evitando-se que o Poder Público não tenha meios de exigir o cumprimento da obrigação nos moldes ajustados. Além disso, é essencial documentar os ajustes em instrumento líquido, certo e exigível, evitando-se prejuízo ao erário e a coletividade.

– **Regramentos Auxiliares na Arrecadação e Aplicação de Recursos:** O compromisso do poder público na aplicação correta dos recursos pode ser instrumentalizado na norma ou em regulamento específico, onde o governo se responsabiliza com a execução de determinadas obras, na medida que atinge um percentual específico de arrecadação. Tal possibilidade, inclusive, gera credibilidade e tende a alavancar o preço da venda dos certificados de potencial, pois a ampliação da infraestrutura urbana impacta diretamente no preço do imóvel.

Outro ponto que gera credibilidade e auxilia na mobilização de recursos é a adoção de um sistema de Certificados de Potencial Adicional de Construção, que tome como parâmetro a experiência de São Paulo, com regras claras e transparência dos procedimentos, o que contribui para a segurança jurídica. Uma Política Pública de Intervenção Urbanística de grandes projetos urbanos deve buscar estipular procedimentos de leilão e formalidades dos documentos que atestem a compra de potencial.

– **Aspectos da Gestão Democrática do Grande Projeto Urbano** – Na programação da operação urbana consorciada em específico, se faz necessária, conforme inciso VII, do art. 33 a previsão de uma "forma de controle da operação, obrigatoriamente compartilhado com representação da sociedade civil". Na Política Pública de Intervenção Urbanística, a regra que prevê essa necessidade decorre dos incisos II e XIII do art. 2º c/c 33, VII, e § 3º, do art. 4º do Estatuto da Cidade.

A gestão democrática das cidades não se resume nas estruturas institucionais do conselho e da audiência pública, mas abrange, também, o trabalho de observatórios, associações formais e informais. Outro ponto fundamental nesta abordagem é o avanço da chamada democracia digital, que permite formas de participação não presenciais, que também necessitam ser observadas.

A partir dessas constatações, entende-se que a programação da Política Pública de Intervenção Urbanística deve organizar a gestão democrática, por meio da vinculação de suas decisões a manifestações do conselho, assim como, no processo de elaboração a previsão de cada intervenção urbanística em específico, a realização de audiência pública e consultas digitais prévias a conclusão do projeto, no intuito de observar possíveis ruídos e selecionar modificações na proposta. Tais orientações gerais devem estar previstas nas regras gerais da política pública no âmbito do plano diretor, sendo que as normas especiais de participação, peculiares de cada operação, devem constar na lei específica a ser encaminhada em cada grande projeto urbano.

– **Conformidades Intersetoriais:** O Estatuto da Cidade aponta a observação obrigatória de três temas: o ambiental, o social e a inovação. A inobservância de critérios ambientais, por força dos incisos I; VIII; XII, do art. 2º; de questões sociais, com base nos incisos XIV; XV; XIX; e da temática da inovação (incisos XVII e XVIII), pode ocasionar em incompatibilidade da proposta com o sistema do direito.

Um grande projeto urbano tende a ser uma intervenção de significativo impacto ambiental e, portanto, poderá haver exigência de Estudo de Impacto de Ambiental e Relatório de Impacto ao Meio Ambiente. Em situações peculiares e menos abrangentes, ao menos o Licenciamento Ambiental poderá ser exigido. Importante destacar, ainda, que a atenção a tais aspectos não é só periférica, mas central, devendo ser observada como critério do planejamento coordenado e qualificado do grande projeto urbano, vez que o próprio inciso IV do art. 2º, aduz para a necessidade de tal procedimento para "evitar e corrigir as distorções do crescimento urbano e seus efeitos negativos sobre o meio ambiente".

A questão social, também considerada essencial, decorre dos objetivos constitucionais e da finalidade da cooperação público privada. Assim sendo, uma associação pública e privada que não tenha esse fim está em descordo com o art. 2º, III do Estatuto da Cidade. Esse critério é complementado pelos incisos XIV; XV; XIX, que são as questões habitacionais, de regularização fundiária e acessibilidade. O aspecto social passa, invariavelmente, pelo problema da gentrificação, portanto o grande projeto urbano não pode ser constituído com desatenção para este fato.

No que diz respeito à inovação, as inclusões recentes datam de 2013 e 2015 e visam inserir o tema da tecnologia no âmbito do planejamento urbano, muito em consonância ao conceito de cidades inteligentes. O tema é pertinente e tende a ser central em futuros grandes projetos urbanos, que devem valer-se de tal ferramental para qualificar o espaço, atendendo as novas necessidades, tais como novos modais de transporte, estruturas de recarga elétrica, iluminação pública inteligente, dentre outros.

Feitas tais descrições, pode-se responder ao problema proposto para o capítulo, qual seja: em que medida uma observação mais complexa da programação do sistema do direito brasileiro contribui na definição de parâmetros gerais para o regime jurídico dos grandes projetos urbanos? Assim confirmou-se a hipótese de que o sistema do direito já possui na sua programação alguns indicativos para as principais controvérsias jurídicas que envolvem a atividade inovadora municipal, que podem oferecer parâmetros aptos a qualificarem as decisões e que possibilitem a descrição de um regime jurídico para os grandes projetos urbanos no Brasil.

Em contrapartida, percebeu-se que em alguns pontos não há evolução suficiente, sendo que, inclusive, há uma ausência de programação em temas essenciais. Em razão disso, a observação do direito espanhol, por exemplo, foi fundamental para alguns esclarecimentos. Com base na investigação realizada, apresentam-se as conclusões finais da tese, com resposta ao problema central de pesquisa proposto.

6. CONCLUSÃO

A pesquisa sobre os grandes projetos urbanos em uma perspectiva jurídica foi um grande desafio. A teoria jurídico-urbanística brasileira não baliza suas reflexões no conceito de grandes projetos urbanos. Soma-se a isso o processo ainda em construção na abordagem do tema da política pública pelo Direito e a constatação de que as decisões jurídicas promovidas em temas urbanísticos no Brasil ainda carecem de maior qualificação. Muitas distinções foram necessárias e remeteram a questionamentos, inquietudes e dúvidas, constituindo-se em um cenário de tese em Direito, do qual emergem as considerações finais.

A pesquisa partiu de reflexões iniciais que trataram de observações sistêmicas entre o Direito e o Urbanismo, abordou temáticas da Política Pública Urbanística, da competência, das interações com a economia e descreveu as bases do regime jurídico dos grandes projetos urbanos no Brasil, para responder ao seguinte problema de pesquisa: Quais são os limites e as possibilidades de inovação no exercício da competência municipal, perante a competência federal, na promoção de uma Política Pública de Intervenção Urbanística no regime jurídico dos grandes projetos urbanos, com as contribuições da teoria dos sistemas?

A resposta ao problema de pesquisa está associada à confirmação ou refutação da hipótese segundo a qual a programação dada pela legislação federal elenca um rol exemplificativo de instrumentos jurídicos urbanísticos, o que permitiria inúmeras alternativas para que os municípios desenvolvam uma Política Pública de Intervenção Urbanística voltada à implementação de grandes projetos urbanos, pois existem, para além das operações urbanas consorciadas, amplas possibilidades na construção de instrumentos inovadores com este fim, tais como, a Concessão Urbanística em São Paulo e a Operação Urbana Simplificada de Belo Horizonte.

Ainda em sede de hipótese, sugeriu-se que não existe um regime jurídico claro que incida sobre um instrumento atípico a ser criado por um Município, sendo que a competência somente encontra limites nas diretrizes e nos objetivos fundamentais da Política Urbana, que são normas de conteúdo aberto e passíveis de múltiplas interpretações, possuindo um sentido em evolução, longe de ser estabilizado pelo sistema do direito.

A construção da resposta ao problema de pesquisa deu-se em um cenário de contingência de alternativas. Na perspectiva teórica sistêmica, a tese consiste em uma decisão, ou seja, trata-se da alternativa escolhida, entre diversas disponíveis. Tal decisão não se dá pela aplicação pura, simples ou mecânica da lei, ou mera descrição da doutrina e jurisprudência. A decisão – como resposta ao problema de pesquisa – foi proferida considerando-se intensa variação e criação de diferença, observando-se extensa rede de referências jurídicas e de outras áreas de conhecimento relacionadas com a matéria, para, a partir dos métodos de abordagem e procedimento propostos, confirmar ou refutar a hipótese central do trabalho.

Ao decidir, a tese apresenta uma resposta, que, com base em outras perspectivas teóricas ou elementos, poderia ser distinta. A decisão aqui apresentada se diferencia e é fundamentada em ampla pesquisa teórica e documental, o que garante o aprofundamento e o rigor científico necessário das descrições apontadas ao longo do trabalho e nestas considerações finais.

A resposta ao problema de pesquisa foi construída a partir de uma observação sistêmica do Direito e do Urbanismo, na qual se constatou que uma exclusiva interação bilateral entre os dois campos é algo parcial, incompleto e insuficiente. Para que as referências entre eles sejam prósperas e contributivas nas suas respectivas operações, não basta somente uma heterorreferência do Direito para o Urbanismo, e vice-versa, mas se necessita de uma observação mais ampla, com atenção, por exemplo, as informações do sistema da política, que é capaz de produzir decisões vinculantes para toda sociedade.

Verificou-se uma série de prestações entre os sistemas, nos quais o Urbanismo observa o Direito como forma de garantir uma segurança da expectativa; e observa a Política com o objetivo de vincular suas prescrições para toda a comunidade. Por outro lado, o Direito observa o Urbanismo como uma heterorrefência, programando-se a partir da escolha de uma ou várias escolas ou técnicas urbanísticas, que passam a ser adaptadas à recursividade do sistema do direito.

A observação do ambiente em temas urbanísticos pelo Direito provoca uma evolução interna do sistema, tanto na sua programação, quanto na sua operação. A programação do direito, em temas urbanísticos, evolui de maneira distinta nos formatos legislado e julgado, visto que seu conteúdo nem sempre é convergente nestas decisões: a recursividade do sistema não garante, pelo menos até então, que as decisões judiciais sejam influenciadas em definitivo por conceitos previstos na Constituição Federal e no Estatuto da Cidade, o que demostra um distanciamento entre o centro e a periferia do sistema do direito, quando se trata de temas urbanísticos. Tal constatação pode ser fundamentada na forma como tais temas estão programados: valendo-se muito mais de programas finalísticos, do que de programas condição, o que prejudica a operatividade do sistema do direito, consoante a teoria de Luhmann.

Confirmou-se, ainda, com auto-observação da operatividade, que nem todas as informações urbanísticas do sistema do direito podem ser classificadas como Direito Urbanístico, sendo proposta uma forma de observação denominada Direito do Urbanismo. Percebeu-se uma evolução recursiva em que é possível visualizar pelo menos três unidades com identidade e funcionalidade própria: o Direito Urbanístico, a Política Urbana e o Direito da Cidade. A Política Urbana tem função de acoplamento com a política, em especial, através da Constituição; o Direito à Cidade, opera para irritar e catalisar o sistema, em especial em temas de direitos humanos; já o Direito Urbanístico opera com a função de estabilizar expectativas normativas. Toda essa operação resulta em decisões com base no código direito e não direito. Apesar de existir uma intensa comunicação entre as unidades, fator que pode confundir seus sentidos, trata-se de espaços com identidade própria, passíveis de diferenciação.

A proposta de um Direito do Urbanismo fundamenta-se em observar com precisão toda a complexidade que envolve os temas jurídico-urbanísticos: o sistema do direito observa o ambiente, aceita e seleciona informações relacionadas ao urbanismo como heterorreferência e a partir de sua autopoiese, evolui na sua programação e operação, desenvolvendo uma recursividade peculiar para aplicação do código direito/não direito. A interação das unidades Direito Urbanístico, Política Urbana e Direito à Cidade, que possuem programações semelhantes, quando não idênticas, mas funcionalidades distintas, deve ser observada de maneira não linear, complementando-se para qualificar a produção de decisões jurídicas em temas urbanísticos.

A observação da programação e recursividade auxilia na formatação de um sentido mais concreto da Política Pública Urbanística. Em uma perspectiva sistêmica, observada juridicamente, dar sentido à política pública envolve entender sua complexidade, contingência e realidade não linear, com contribuições que sejam perenes, atentas ao caráter operativo e que não sejam afetadas em definitivo por modificações eventuais na programação sistema.

A proposta de significado para Política Pública Urbanística decorre de uma observação do ambiente a partir do sistema do direito, do acoplamento com o sistema da política e dos desdobramentos em sua operação interna. Com base nestes critérios, foi dado o seguinte sentido ao termo Política Pública Urbanística: decisão que unifica e organiza o Direito do Urbanismo, em especial, suas as unidades Direito Urbanístico, Política Urbana e Direito à Cidade, através de uma coordenação de ações, que deve seguir as diretrizes contidas no Estatuto da Cidade, para atingir os objetivos previstos na Constituição Federal e que tende a ser concretizada em definitivo pela atuação da organização Poder Público, em especial Municipal, estando situada em um cenário contemporâneo complexo e cuja programação tem sido observada de forma distinta na perspectiva centro-periferia do sistema do direito.

A parir de tal definição, aferiu-se o primeiro objetivo proposto na tese: observar sistemicamente o Direito e Urbanismo para propor um sentido à Política Pública Urbanística. A delimitação do trabalho exige um avanço em tal conceituação, vez que ele objetiva tratar de uma das alternativas para a Política Pública Urbanística, que é a Política Pública de Intervenção Urbanística.

A intervenção consiste em um desdobramento concreto, de uma materialização; mais precisamente, pode-se dizer que ao conceito de Política Pública Urbanística, que já trata da unificação e organização de instrumentos, deve-se adicionar a ideia de que tal decisão necessita alcançar o território de forma concreta. A Política Púbica de Intervenção Urbanística também servirá para alcançar os objetivos fundamentais, a partir das diretrizes do Estatuto da Cidade e, sendo assim, tornar-se uma possibilidade para resolver problemas até hoje não solucionados mediante a aplicação de diversos mecanismos de intervenção de forma coordenada e com um alcance fático e concreto do território.

Os grandes projetos urbanos são uma alternativa na contingência de opções para implementação a Política Pública de Intervenção Urbanística, que conta com as seguintes características: (1) um modelo inovador de gestão, com uma aproximação e possível cooperação público-privada; (2) a utilização de uma forma de financiamento inovadora, baseada na busca de receitas que não sejam aquelas advindas da tributação clássica, que objetiva um autofinanciamento; (3) um planejamento urbano inovador, que busca regras – inclusive legais – específicas e flexíveis, que sejam diferentes daquelas tradicionais, que são propostas em um plano para a cidade como um todo; (4) um grau de escala de intervenção inovador, baseado em uma centralidade, não limitado a um lote de determinado proprietário público ou privado, assim como, não abrangendo a cidade como um todo; (5) a concretização de um redesenho do território, com materialização de infraestruturas, preferencialmente inovadoras, e que visem valorizar exponencialmente um determinado espaço escolhido. Tais características distinguem os grandes projetos urbanos de qualquer outra iniciativa, tornando-os uma forma única de intervenção urbana.

Valendo-se dos fundamentos da teoria dos sistemas, um grande projeto urbano em específico poderá ser observado como sistema organizacional, que coordena, unifica, planeja e decide, para articular plano, instrumentalidade e concretização a partir da seguinte interação: (1) a formação de uma unidade procedimental de tomada de decisão e da (2) materialização das decisões promovidas pela unidade procedimental, modificando-se determinada centralidade do território.

Tal sistema organizacional programa-se a partir de um instrumento jurídico. Observando-se a legislação federal sobre tema percebe-se que tal instrumento pode ser uma operação urbana consorciada, que possui um regime jurídico detalhado, previsto no Estatuto da Cidade; ou outro tipo inominado, criado pela atividade inovadora da competência municipal, consoante possibilidade aberta pelo *caput* do art. 4º da referida norma.

A existência de inovação no exercício da competência municipal pode ser percebida na observação de alguns Plano Diretores Municipais como, por exemplo, Belo Horizonte, São Paulo e Porto Alegre, os quais constam títulos como "operação urbana", "projeto de intervenção urbana" ou "projeto especial de impacto urbano". Os termos têm referência geral, a qual se desdobra no elenco de diversas espécies de instrumentos jurídicos disponíveis para a promoção dos grandes projetos urbanos. A operação urbana consorciada é somente uma das alternativas na escolha da decisão, ou seja, apenas um dos tantos instrumentos jurídicos a ser utilizado. Ao contrário dessa, as demais alternativas não possuem um padrão ou regime jurídico claro e organizado na programação federal e decorrem de inovação da competência municipal, que acontece sem maiores parâmetros.

Com tais informações verificou-se o segundo objetivo específico do trabalho, vez que descreveu-se um sentido para a Política Pública de Intervenção Urbanística, apresentou-se as características gerais dos grandes projetos urbanos, e ainda, demonstrou-se como o tema é o observado no sistema do direito, que é programado mediante duas alternativas: o uso da operação urbana consorciada, que conta com um regime jurídico previsto no Estatuto da Cidade; ou a inovação no exercício da competência municipal, com a criação de instrumentos jurídicos inominados, sem um regime geral detalhado.

A partir disso foi possível confirmar a parte inicial da hipótese de pesquisa: de fato, a programação dada pela legislação federal elenca um rol exemplificativo de instrumentos jurídicos urbanísticos, o que permitiria inúmeras alternativas para que os municípios desenvolvam uma Política Pública de Intervenção Urbanística voltada à implementação de grandes projetos urbanos, pois existem, para além das operações urbanas consorciadas, amplas possibilidades na construção de instrumentos inovadores com este fim. E ainda, que não existe um regime jurídico claro que incida sobre um determinado instrumento atípico criado por Município.

Os capítulos seguintes atestaram a segunda parte da hipótese. Para confirmá-la ou refutá-la, iniciou-se pela observação da competência municipal para a Política Pública Urbanística, que é regrada constitucionalmente da seguinte forma: uma vasta possibilidade administrativa, que decorre do art. 182 *caput* c/c segunda parte do art. 30, VIII. A possibilidade limita-se pelos seguintes aspectos: (a) os objetivos fundamentais da política urbana, previstos no art. 182 *caput*; (b) a competência legislativa da União, na estipulação de diretrizes, em decorrência do próprio art. 182 *caput* c/c art. 24, I; (c) a inserção em uma região metropolitana, aglomeração urbana, ou microrregião, (art. 25, §3º da Constituição Federal de 1988 c/c art. 12, §1º, II, III, V do

Estatuto da Metrópole); (d) em decorrência da competência que rege outras políticas públicas setoriais.

É relevante a constatação de que a competência municipal, para a Política Pública Urbanística, não decorre de um interesse local genérico previsto no art. 30, I e II da Constituição, mas, sim, de uma coordenação de atribuições. Tais pertinências têm como ponto de partida o art. 182 Constituição Federal de 1988, devendo-se observar diretrizes gerais definidas por outros entes (art. 24, I), limitada no interesse comum (art. 25, § 3º) ou na interação com outras políticas setoriais, com amplas possibilidades de promoção, consoante o próprio art. 182, *caput* e art. 30, VIII segunda parte. A autonomia municipal para tal política decorre de regra específica do texto constitucional e não do regime geral do interesse local ou de delegações dos demais entes federativos.

Para efeito da Política Pública de Intervenção Urbanística que utilize a alternativa dos grandes projetos urbanos, ao lado das possibilidades e limites descritos para a promoção da Política Pública Urbanística em geral, observa-se as seguintes regras: quando decide-se pelas operações urbanas consorciadas, cumpre-se os parâmetros de limitação no regime jurídico disposto no art. 32 a 34-A do Estatuto da Cidades; quando a alternativa escolhida é a inovação da competência municipal, valendo-se instrumentos inominados, não há outras limitações claramente impostas.

Neste sentido, são evidenciadas as possibilidades de exercício da competência municipal, tanto quanto ao uso de instrumentos inominados, quanto das operações urbanas consorciadas. Ambos decorrem do texto constitucional em uma articulação, que tem como regramento chave o art. 182 *caput* e o art. 30, VIII, segunda parte.

Quanto aos limites, o cenário bifurca-se. Embora tanto a operação urbana, quanto os instrumentos inovadores, tenham sua competência municipal claramente limitada nos objetivos e diretrizes fundamentais (art. 182, *caput* c/c 24, I e art. 2º do Estatuto da Cidade), no interesse comum metropolitano (art. 25, 3º), e na interação com outras políticas setoriais, a alternativa da operação urbana consorciada remete a mais uma limitação, estipulada pelo Estatuto da Cidade, no art. 32 a 34-A. Quando escolhida a alternativa dos instrumentos inominados, uma complementação de limitações fica em aberto, sendo aparentemente ausente, o que necessita de uma observação mais qualificada.

As reflexões descritas até este ponto da investigação já possibilitaram a resposta ao problema de pesquisa, pois ficam claros os limites e as possibilidades da competência municipal frente a competência federal para inovar ao promover a Política Pública de Intervenção Urbanística no regime jurídico dos grandes projetos urbanos. As possibilidades são amplas e decorrem de regra constitucional específica, limitadas aos objetivos e diretrizes fundamentais; à possibilidade de uma política metropolitana; a outras políticas públicas setoriais, e ainda, ao regime jurídico geral das operações urbanas consorciadas, quando tal é o instrumento jurídico escolhido para o exercício da política pública.

Ainda que o problema de pesquisa tenha sido respondido, entendeu-se pertinente a realização de outras observações com o intuito de qualificar as decisões. Como primeiro ponto para além da repartição de competência municipal perante a federal, analisou-se o funcionamento do sistema da economia frente aos grandes projetos urbanos. Tal observação tem papel fundamental uma vez que a promoção de tal política pública é motivada pela possiblidade de o município financiar a implantação do grande projeto com fontes alternativas de recursos públicos, ao provocar um dinamismo no mercado.

A possibilidade de autofinanciamento de um grande projeto urbano passa por uma observação do sistema da economia, que deve selecioná-lo e decidir pagar. É dessa forma que serão alocados recursos na proposta governamental. A observação de como decide o sistema da economia remete a limites e possiblidades do exercício da competência. Assim, dependendo de como o sistema da economia observa, a política pública pode ou não lograr êxito.

Ao observar tal realidade nas ligações com o sistema da economia, constatou-se que a competência municipal para a Política Pública de Intervenção Urbanística baseada em grandes projetos urbanos, encontra possibilidades, ao prover formas de financiamento alternativas, valendo-se de recursos para além da tributação tradicional assim como limites, uma vez que é necessário que o sistema da economia selecione e decida pelo pagamento. A decisão contrária tende a ser suficiente para esvaziar a proposta governamental.

Os limites e possibilidades da competência municipal devem ser observados em rede com a decisão do sistema da economia, pois, mesmo sendo possível propor uma política pública de intervenção por meio de grandes projetos urbanos, há tendência de limitação no comportamento do mercado.

Uma observação da economia, em especial do funcionamento do mercado imobiliário, contribui na qualificação das decisões de competência municipal no sistema do direito, evitando-se pontos cegos na política pública.

Fato é que, em decorrência destas possibilidades, inúmeros exemplos concretos têm ocorrido nos municípios, tanto na alternativa das operações urbanas consorciadas, quanto dos instrumentos inominados. Verificou-se que, inclusive, quando a competência municipal é exercida com a escolha da operação urbana consorciada, poderá existir inovação, vez que a existência de uma mesma nomenclatura não significa necessariamente a observância irrestrita da programação prevista para o instrumento na legislação federal.

A atividade inovadora tem acontecido de duas maneiras distintas: (I) ampliando-se ou modificando-se o regime jurídico previsto na legislação federal, mas mantendo-se o nome de operações urbanas consorciadas, ou, (II) criando-se instrumentos com novas denominações, aptos a viabilizar grandes projetos urbanos. Entende-se que ambos se enquadram na ideia de inovação.

Em relação à primeira maneira, foram observadas duas cidades: o município de Fortaleza, considerada a cidade com o maior número de operações urbanas consorciadas no país; e o município de Gramado, por possuir uma proposta de grande projeto urbano recentemente aprovado. Os dispositivos inusitados estão presentes tanto nos grandes projetos urbanos em específico, quanto na programação dos respectivos Planos Diretores ao tratar de operações urbanas consorciadas. Há uma diferenciação frente ao regime jurídico geral contido no Estatuto da Cidades e o programado pelos Municípios.

No que diz respeito a segunda forma de inovar, por meio de outros instrumentos jurídicos, observou-se as concessões urbanísticas, mecanismo totalmente inovador desenvolvido pelo Município de São Paulo; e as operações urbanas simplificadas, programadas no Plano Diretor de Belo Horizonte. Além desses, a teoria jurídico-urbanística traz uma série de outros exemplos em vigor no país e exterior. Averiguou-se que, em âmbito nacional, mesmo na inovação por meio de instrumentos inominados, há certa influência das regras previstas para a operação urbana consorciada.

Com a conclusão do quarto capítulo, definiu-se a ampla possiblidade de exercício inovador da competência municipal para a Política Pública de Intervenção Urbanística dos grandes projetos urbanos. A possibilidade decorre de atribuição específica do texto constitucional e alcança a criação de todo instrumento que não segue estritamente a programação específica das operações urbanas consorciadas, prevista no Estatuto da Cidade. Como limites, foram identificados objetivos e diretrizes fundamentais; aspectos da competência distrital; regras específicas quando se opta pelas operações urbanas consorciadas, e ainda, questões decorrentes do exercício de outras políticas públicas setoriais. Há ainda limitações decorrentes da observação do sistema da economia, que, ao não ser prestativo, praticamente inviabiliza tais ações governamentais.

Desta forma, observou-se o terceiro objetivo específico do trabalho: detalhar as regras de competência municipal da política pública trabalhada na tese; trazer elementos da observação sistêmica do tema frente as finanças municipais e ao sistema da economia, e ainda, refletir sobre os limites e possibilidades da competência municipal no exercício concreto, com a formulação de instrumentos de formato inovador.

A constatação de que os objetivos e diretrizes fundamentais da Política Pública Urbanística figuram como limites da competência municipal, reforça a necessidade de observar o tema em outras perspectivas. A segunda parte da hipótese de pesquisa aduziu que a competência municipal, exercida com inovação, somente encontra limites nos objetivos e diretrizes fundamentais da Política Urbana. Inclusive, conferiu-se que há outros limites: um deles a competência distrital e outro, as demais políticas setoriais. Contudo, ambos não foram objeto de observação deste trabalho, que se limitou a observar a competência municipal perante a federal na Política Pública Urbanística.

Neste sentido, para confirmar ou refutar a hipótese, foi necessário observar a programação do sistema do direito de forma mais ampla, descrever contornos mais precisos para um regime jurídico que alcance todos os grandes projetos urbanos, vez que a programação prevista somente estipula regras para um instrumento jurídico específico: as operações urbanas consorciadas.

Para tanto, esclareceu-se a distinção entre: (a) a Política Pública de Intervenção Urbanística, que se vale da alternativa dos grandes projetos urbanos; (b) os seus instrumentos jurídicos isolados; e (c) um grande projeto urbano em específico. Os temas estão entrelaçados, mas não se confundem. Como exemplo, citou-se o município de São Paulo, no qual há uma política pública municipal, prevista no Plano Diretor, que elenca instrumentos jurídicos próprios, como: projeto de intervenção urbanística, concessão urbanística, e a própria operação urbana consorciada. Com base na política e nos instrumentos disponíveis, a cidade implementou grandes projetos urbanos em específico, tais como, a operação urbana Faria Lima e a concessão urbanística Nova Luz, entre outros.

Identificou-se que a competência municipal pode ser exercida somente nas formas (b) e (c), anteriormente mencionadas; ou, ainda, na formulação de (a), sem os desdobramentos em (b) ou (c). Por esse motivo, tornou-se importante traçar elementos de um regime jurídico geral a partir de uma observação mais ampla do sistema do direito, apta para qualificar toda a tomada de decisão que envolva a inovação da competência municipal na promoção de grandes projetos urbanos e que alcance qualquer programação jurídica em âmbito local. Para esclarecer se os objetivos e diretrizes fundamentais da política urbana são os únicos limites da competência federal no exercício da competência municipal ao promover tais política pública, outros temas necessitaram observação.

Nesse contexto, outras questões limitadoras foram examinadas, dentre elas: as severas restrições na tipificação de instrumentos via decreto; a necessidade de compatibilização do grande projeto urbano com a lei do Plano Diretor; hierarquia e coordenação técnica entre o plano urbanístico do grande projeto urbano e os demais planos técnicos existentes em um Município e a indicação de elementos mínimos no plano urbanístico proposto para o grande projeto urbano.

Por tratar-se tradicionalmente de cooperação público-privada outras limitações emergiram: a atividade urbanística exige que a coordenação da gestão do grande projeto urbano deva ser prioritariamente pública; a possibilidade de um agente privado ter a iniciativa na proposição de um grande projeto urbano; e ainda, parâmetros essenciais na definição das finalidades de tais parcerias.

Quanto à arrecadação e aplicação de recursos financeiros observou-se que a outorga onerosa do direito de construir tem reconhecida potencialidade, mas seu uso fica limitado a aplicações específicas. Existem outras possibilidades de arrecadação, tais como, o preço público pela utilização de espaços públicos; a exploração publicitária; a venda de nomenclatura pra estruturas públicas; contraprestações; alternativas de desapropriação, entre outros. Concluiu-se, ainda, que há exigência de gestão democrática na política pública, contudo inexiste indicação de uma estrutura institucional específica para regular a participação social.

Tendo em vista tais reflexões, refutou-se parcialmente a segunda parte da hipótese, vez que o limite do exercício inovador da competência municipal não está somente nas diretrizes e nos objetivos fundamentais da Política Urbana: existem outros elementos que orientam a promoção da Política Pública de Intervenção Urbanística por meio de grandes projetos urbanos. Eles podem ser descritos quando se observa de forma mais complexa o sistema do direito.

Nessa perspectiva, os objetivos e das diretrizes fundamentais tem um papel preponderante, pois é a partir deles que emergem boa parte das limitações, mas não os únicos parâmetros. Comprovou-se a parte da hipótese no que tange à afirmação de que o seu conteúdo é aberto, em evolução, longe de ser estabilizado, e, sendo assim, passível de múltiplas interpretações. Embora programados na Constituição e no Estatuto da Cidade, tais objetivos e diretrizes ainda não estão suficientemente instrumentalizados para promover decisões vinculantes para toda comunidade e não têm sido observados de forma redundante em decisões do sistema do direito, em especial judiciais, como forma de estabilizar expectativas normativas.

Logo, constatou-se que uma observação mais ampla da programação brasileira do sistema do direito traz outros elementos que limitam as possibilidades de inovação da competência municipal na promoção de uma Política Pública de Intervenção Urbanística no regime jurídico dos grandes projetos urbanos, para além dos objetivos e diretrizes fundamentais da Política Urbana.

Dessa forma, a partir das reflexões realizadas ao longo do trabalho, observou-se o objetivo geral da tese. Foi apontado, com as contribuições da teoria dos sistemas, limites e possiblidades no exercício inovador da competência municipal perante a federal, com a finalidade de promover uma Política Pública de Intervenção Urbanística no regime jurídico dos grandes projetos urbanos.

Com o esclarecimento dos limites e das possiblidades da competência municipal na promoção de tal política pública, a pesquisa pode servir como uma espécie de fundamento normativo para a tomada de decisão dos governos locais e contribuir com uma melhoria nas práticas administrativas das cidades, quando da implementação de grandes projetos urbanos.

Ao lado dos subsídios jurídicos-científicos, atestados na resposta ao problema de pesquisa e confirmação parcial da hipótese, entende-se que a tese também cumpre uma função social. Apresentou-se parâmetros detalhados que permitem que o poder público avance em aspectos controversos. As considerações possibilitam maior estabilidade jurídica na tomada de decisão e permitem a utilização de instrumentos inovadores, aptos a promoverem soluções e contribuírem na efetiva implementação da Política Pública Urbanística nos municípios brasileiros.

REFERÊNCIAS

ABASCAL, E. H. S.i; NOHARA, I. P. *Operações Urbanas Consorciadas:* Impactos Urbanísticos no Brasil. São Paulo: InHouse, 2018.

ABRAMO, Pedro. A Cidade com-fusa: A mão inoxidável do mercado e a produção de estrutura urbana nas grandes metrópoles latino-americanas. p. 25-54. *Revista Brasileira de Estudos Urbanos e Regionais*, vol. 9, n. 2, Rio de Janeiro: IPPUR, novembro de 2007.

ABRAMO, Pedro. Gestión Pública de Tierras: la experiencia de Brasilia. p. 214-221. In: Perspectivas Urbanas: Temas Críticos en Políticas de Suelo en América Latina. Canbridge, MAS, EUA: Liconln Institute, 2007a.

ALFONSIN, Betânia de Moraes. A ordem jurídico-urbanística nas trincheiras do Poder Judiciário. Direito & Praxis, Vol. 07, N. 14, p. 421-453, 2016.

ALFONSIN, Betânia. Operações Urbanas Consorciadas como Instrumento de Captação de Mais-Valias Urbanas: Um imperativo da nova ordem jurídico-urbanística brasileira. In: ALFONSIN, Betânia; FERNANDES, Edésio. *Direito Urbanístico:* estudos brasileiros e internacionais. Belo Horizonte: Del Rey, 2006. p. 287-300.

ALFONSIN, B.; FERNANDES, E. *Direito Urbanístico*: estudos brasileiros e internacionais. Belo Horizonte: Del Rey, 2006.

ALOCHIO, Luiz Henrique Antunes. *Plano Diretor e Estatuto da Cidade*: Medidas Cautelares e Moratórias Urbanísticas. Belo Horizonte: Fórum, 2010.

ALTSHULER, A.; LUBEROFF, D. La política cambiante de los megaproyectos. In: *Politicas de Suelo Urbano*: Perspectivas internacionales para a América Latina. Canbridge, MAS, EUA: Liconln Institute, 2013. p. 22-30.

AMADEI, Vicente de Abreu. *Urbanismo Realista*. Campinas: Millenium, 2006.

AMARO, João Julio. *Dos Perigos da Cidade aos Riscos do Urbanismo*: Como os conceitos de Complexidade, Risco e Sistema em Niklas Luhmann ajudam a discutir o futuro do urbanismo. Número Temático: Cultura Visual e Cidade. A Cor das Letras. UFES, n. 13, 2012.

APPARECIDO JUNIOR, José Antônio. *Direito Urbanístico Aplicado*. Curitiba: Juruá, 2017.

APPARECIDO JUNIOR, J. A.; CAMARGO, M. F. Possibilidades do Impacto Regulatório em Face da Legislação Urbanística no Brasil. In: LEVY, Wilson; ALMEIDA, Marcelo Magalhães de. *Direito Imobiliário e Urbanístico*: Temas Atuais. Indaiatuba: Foco, 2019. p. 17-30.

ARANTES, Otília. Uma estratégia fatal: A cultura das novas gestões urbanas. In: ARANTES, Otília; VAINER, Carlos; MARICATO, Ermínia. *A Cidade do Pensamento Único*: Desmanchando Consensos. 3ª ed. Petrópolis: Vozes, 2000. p. 11-74.

ASCHER, François. *Los Nuevos Principios del Urbanismo*. 2ª ed. Madrid: Alianza Editorial, 2007.

BAÑO LEON, José Maria. *Derecho Urbanístico Común*. Madrid: Iustel, 2009.

BARCO, C.; SMOLKA, M. Desafíos para implementar la participación en plusvalias en Colombia. In: *Perspectivas Urbanas*: Temas Críticos en Políticas de Suelo en América Latina. Canbridge, MAS, EUA: Liconln Institute, 2007. p. 222-228.

BATISTELA, Marcos. Plano Diretor e conformidade da legislação urbanística. In: VIEIRA, Bruno Soeiro (coord.). *Instrumentos urbanísticos e sua (in)efetividade*. Rio de Janeiro: Lumen Juris, 2017.

BELO HORIZONTE. *Lei n. 11.181, de 8 de agosto de 2019*. Aprova o Plano Diretor do Município de Belo Horizonte e dá outras providências. Disponível em: https://bit.ly/2m6YcKb. Acesso em: 18 abr. 2020.

BERDAGUE, Camila da Silva. *A autopoiese urbana*: degradação e revitalização da cidade. 2004. Tese (Doutorado em Ciência Florestal), Universidade Federal de Viçosa, 2004.

BINENBOJM, Gustavo. Uma Teoria do Direito Administrativo. 3ª ed. Rio de Janeiro: Renovar, 2014.

BITENCOURT, C. M.; RECK, J. R. Categoria de Análise e Gestão Complexa e Sistêmica de Políticas Públicas. In: BITENCOURT, Caroline Muller; RECK, Janriê Rodrigues. *Abordagens epistemológicas sobre democracia, políticas públicas e controle social*. Santa Cruz do Sul: Essere Nel Mondo, 2018a. p. 28-43.

BITENCOURT, C. M.; RECK, J. R. Democracia Deliberativa, Teoria da Decisão e Suas Repercussões no Controle Social das Despesas em Saúde. In: BITENCOURT, Caroline Muller; RECK, Janriê Rodrigues. *Abordagens epistemológicas sobre democracia, políticas públicas e controle social*. Santa Cruz do Sul: Essere Nel Mondo, 2018c. p. 09-27.

BITENCOURT, C. M.; RECK, J. R. Construção Pragmático-Sistêmica dos Conceitos Básicos do Direito Corruptivo: Observações sobre a possibilidade do tratamento da corrupção como um ramo autônomo do Direito. In: BITENCOURT, Caroline; RECK, Janriê. *Políticas Públicas e Matriz Pragmático-Sistêmica: Os novos caminhos científicos do Direito Administrativo no Brasil*. Santa Cruz do Sul: Essere nel Mondo, 2018b. p. 8- 19.

BORJA, J.; CASTELLS, M. *Local y global:* la gestión de las ciudades en la era de la información. Madri: Taurus, Habitat, 2000.

BORJA, J.; MUXÍ, Z. *Urbanismo en el siglo XXI*: Bilbao, Madrid, Valencia y Barcelona. Barcelona: ETSAB, 2009.

BRUNO FILHO, Fernando Guilherme. *Princípios de direito urbanístico*. Porto Alegre: Sergio Antônio Fabris Ed., 2015.

BRASIL. Código Civil. *Lei n. 10.406, de 10 de janeiro de 2002*. Disponível em: http://www.planalto.gov.br/ccivil_03/leis/2002/L10406.htm. Acesso em: 18 abr. 2020.

BRASIL. *Código Tributário Nacional*. Lei n. 5.172, de 25 de outubro de 1966. Disponível em: http://twixar.me/b5zT. Acesso em: 18 abr. 2020.

BRASIL. *Constituição Federal de 1988*. Disponível em: https://goo.gl/9AQ2kh. Acesso em: 18 abr. 2020.

BRASIL. *Decreto Federal n. 8.428, de 2 de abril de 2015.* Dispõe sobre o Procedimento de Manifestação de Interesse a ser observado na apresentação de projetos, levantamentos, investigações ou estudos, por pessoa física ou jurídica de direito privado, a serem utilizados pela administração pública. Disponível em: https://bit.ly/2lYBqEy. Acesso em: 18 abr. 2020.

BRASIL. *Lei 13.784 de 20 de setembro de 2019.* Institui a Declaração de Direitos de Liberdade Econômica. Disponível em: https://bit.ly/2J9RrzF. Acesso em: 18 abr. 2020.

BRASIL. *Lei n. 10.257 de 10 de julho de 2001.* Regulamenta os arts. 182 e 183 da Constituição Federal, estabelece diretrizes gerais da política urbana e dá outras providências. Disponível em: https://goo.gl/29Hy3o. Acesso em: 18 abr. 2020.

BRASIL. *Lei n. 11.107 de 06 de Abril de 2005.* Dispõe sobre normas gerais de contratação de consórcios públicos e dá outras providências. Disponível em: http://twixar.me/rfy1. Acesso em: 18 abr. 2020.

BRASIL. *Lei n. 13.089 de 12 de janeiro de 2015.* Institui o Estatuto da Metrópole. Disponível em: http://twixar.me/JK2n. Acesso em: 18 abr. 2020.

BRASIL. *Lei n. 8.666, de 21 de junho de 1993.* Regulamenta o art. 37, inciso XXI, da Constituição Federal, institui normas para licitações e contratos da Administração Pública e dá outras providências. Disponível em: http://twixar.me/kfy1. Acesso em: 18 abr. 2020.

BRASIL. *Lei n. 8.987, de 13 de fevereiro de 1995.* Dispõe sobre o regime de concessão e permissão da prestação de serviços públicos previsto no art. 175 da Constituição Federal, e dá outras providências. Disponível em https://bit.ly/2DhdKS4. Acesso em: 18 abr. 2020.

BRASIL. *Medida Provisória nº 881, de 30 de Abril de 2019.* Institui a Declaração de Direitos de Liberdade Econômica, estabelece garantias de livre mercado, análise de impacto regulatório, e dá outras providências. Disponível em: https://bit.ly/2H2p0T1. Acesso em: 18 abr. 2020.

BRUNO FILHO, Fernando Guilherme. O Plano dentro do Plano: Considerações acerca das Operações Urbanas Consorciadas. In: DIAS, Solange Gonçalves. *Projeto Pensando o Direito.* Brasília: Ministério da Justiça, 2007. p. 19-21.

BUCCI, Maria Paula Dallari. *Fundamentos para uma teoria jurídica de políticas públicas.* São Paulo: Saraiva, 2013.

BUCCI, Maria Paula Dallari. O conceito de política pública em direito. In: BUCCI, Maria Paula Dallari. *Políticas Públicas*: reflexões sobre o conceito jurídico. São Paulo: Saraiva, 2006.

CAMARA DOS DEPUTADOS. *Projeto de Lei n. 5.998/2019.* Altera a Lei 10.257/2001 (Estatuto da Cidade), para incluir, no conteúdo obrigatório do plano diretor, a localização dos equipamentos urbanos e comunitários necessários à execução de políticas setoriais, e dá outras providências. Disponível em: encurtador.com.br/lOU37. Acesso em: 18 abr. 2020.

CAMPILONGO, Celso Fernandes. *Interpretação do Direito e Movimentos Sociais.* Rio de Janeiro: Elsevier, 2012.

CANOTILHO, J. J. G.; MORATO LEITE, J. R. *Direito Constitucional Brasileiro.* 6ª ed. São Paulo: Saraiva, 2015.

CARMONA, Paulo Afonso Cavichioli. *Violência X Cidade*: O papel do Direito Urbanístico na Violência Urbana. São Paulo: Marcial Pons, 2014.

CARVALHO FILHO, José dos Santos. *Comentários ao Estatuto da Cidade.* 5ª ed. São Paulo: Atlas, 2013.

CARVALHO FILHO, José dos Santos. *Manual de Direito Administrativo.* 32ª ed. Revista, Atualizada e Ampliada. São Paulo: Atlas, 2018.

CASTELLS, Manuel. *A Questão Urbana.* São Paulo: Paz e Terra. 2000.

CHOAY, Françoise. *O Urbanismo.* 3ª ed. São Paulo: Perspectiva, 1992.

CORRALO, Giovani. *A Autonomia Municipal como um Direito Fundamental na Constituição Brasileira.* 2006. 306 f. Tese (Doutorado em Direito) Faculdade de Direito, Universidade Federal do Paraná, 2006.

CORREIA, Fernando Alves. *O Plano Urbanístico e o Princípio da Igualdade.* Lisboa, Almedina, 2001.

COSTA, José Maria da. *Solo Criado.* São Paulo: Migalhas, 2014.

CUENYA, Beatriz. Grandes Projetos Urbanos, mudanças na centralidade urbana e conflitos de interesses: Observações relativas à Experiência Argentina. In: CUENYA, Betriz; NOVAIS, Pedro; VAINER, Carlos. *Grandes Projetos Urbanos*: Olhares Críticos sobre a Experiência Argentina e Brasileira. Porto Alegre: Masquatro Editora, 2013b. p. 21-50.

CUENYA, Beatriz. *Grandes Proyectos y sus impactos em la centralidad urbana.* Revista digital del Programa em Gestión de la Ciudad. Ano 3. Octubre, 2011.

CUENYA, Beatriz. Introdução. In: CUENYA, Betriz; NOVAIS, Pedro; VAINER, Carlos. *Grandes Projetos Urbanos*: Olhares Críticos sobre a Experiência Argentina e Brasileira. Porto Alegre: Masquatro Editora, 2013, p. 9-21.

CUSTÓDIO, Vinicius Monte. Direito Urbanístico e Direito Do Ordenamento Territorial: Contributos para sua Distinção Conceitual na Ordem Jurídica Brasileira. *Revista do Curso de Direito da FSG.* v.12, n.21, p. 60-84, 2017a.

CUSTÓDIO, Vinícius Monte. *Um novo olhar sobre as desapropriações do Direito brasileiro.* Rio de Janeiro: Lumen Juris, 2017b.

DEWAR, M.; WERNSTEDT, K. Desafíos en la reutilización de propriedades urbanas vacantes, abandonadas y contaminadas. In: *Politicas de Suelo Urbano*: Perspectivas internacionales para a América Latina. Canbridge, MAS, EUA: Liconln Institute, 2013. p. 85- 94.

DI PIETRO, Maria Sylvia Zanella. *Direito Administrativo.* 32 ed. Revista, atualizada e ampliada. Rio de Janeiro: Forense, 2019.

DI SARNO, Daniela Campos Libório. *Elementos do Direito Urbanístico.* Barueri: Manole, 2004.

DIÁRIO DO NORDESTE. *Capital é cidade com mais Operações Urbanas Consorciadas no Brasil.* 08 de janeiro de 2018. Disponível em: https://bit.ly/2lUmyXs. Acesso em 20 abr. 2020.

DIEZ, Ricardo Santos; RODRIGUEZ, Julio Castelao. *Derecho Urbanistico*: Manual para Juristas y Técnicos. 8ª ed. Madrid: La Ley, 2012.

DOMINGUES, Rafael Augusto Silva. *Competência dos Estados Membros no Direito Urbanístico.* Belo Horizonte: Fórum, 2010.

EASTON, David. *A Framework for Political Analysis.* Englewood Cliffs: Prentice Hall. 1965.

FERNANDES, Edésio. A Nova Ordem Jurídico-Urbanista no Brasil. In: ALFONSIN, Betânia; FERNANDES, Edésio. *Direito Urbanístico*: estudos brasileiros e internacionais. Belo Horizonte: Del Rey, 2006. p. 03-23.

FERNANDES, Edésio. La construcción del "derecho a la ciudad" en Brasil. In: RENGIFO, Mauricio Rengifo; PANILLA, Juan Felipe Pinilla (coord.). *La ciudad y el derecho*: una introducción al derecho urbano contemporáneo. Bogotá: Universidad de los Andes, Facultad de Derecho – Editorial Temis, 2012. p. 494-518.

FERNANDES, E.; ALFONSIN, B. *Revistando o Instituto da Desapropriação*. Belo Horizonte: Editora Fórum, 2009.

FERREIRA, Antônio Rafael Marchezan. Os Movimentos Sociais como Fontes do Direito Urbanístico na Ordem Plural Contemporânea. In: LIBÓRIO, Daniela Campos (Coord.). *Direito Urbanístico*: Fontes do Direito Urbanístico e Direito à Cidade, 2020. p. 129-166.

FIGUEIREDO NETO, Manoel Valente. *A Propriedade Privada Imóvel no Século XXI*. Curitiba: CRV, 2016.

FIGUEIREDO, Lúcia Valle. *Disciplina Urbanística da Propriedade*. 2ª ed. São Paulo: Malheiros, 2005.

FIORILLO, C. A.P.; FERREIRA, R. M. *Estatuto da Cidade Comentado*. 6ª ed. São Paulo: Saraiva, 2014.

FORTALEZA. *Lei Complementar n. 62, de 02 de Fevereiro de 2009*. Institui o Plano Diretor Participativo do Município de Fortaleza e dá outras providências. Disponível em: https://bit.ly/2mmIWZP. Acesso em: 20 set. 2019.

FORTALEZA. *Lei Ordinária n. 9.333/2007*. Estabelece diretrizes para a realização da operação urbana consorciada jockey clube, com base no art. 32 da lei n. 10.257, de 10 de julho de 2001 (estatuto da cidade), nos arts. 10 e 11 da lei n. 7.061, de 16 de janeiro de 1992, plano diretor de desenvolvimento urbano de fortaleza (pddu-for), e no art. 11 da lei n. 7.987, de 20 de dezembro de 1996, lei de uso e ocupação do solo, prevendo mecanismos para sua implantação e dá outras providências. Disponível em: https://bit.ly/2m27siP. Acesso em: 20 set. 2019.

FRANZONI, Julia Ávila. *Política Urbana na Ordem Econômica*. Belo Horizonte: Arraes, 2014.

FREITAS, Juarez. *Sustentabilidade*: Direito ao Futuro. Belo Horizonte: Fórum, 2011.

FURQUIM, Claudia do Amaral. *Direito de Construir na Perspectiva Urbanístico-Constitucional*. Belo Horizonte: Del Rey, 2013.

FURTADO, F; BIASOTTO, R.; MALERONKA, C. *Outorga Onerosa do Direito de Construir*. Brasília: Ministério das Cidades, 2012.

GABARDO, E.; HACHEM, D. W. O suposto caráter autoritário do interesse público e das origens do Direito Administrativo: uma crítica da crítica. In: BARCELLAR FILHO, Romeu Felipe; HACHEN, Daniel Wunder (Coord.) *Direito Administrativo e Interesse Público*: Estudos em Homenagem ao Professor Celso Bandeira de Mello. Belo Horizonte: Fórum, 2010.

HABERMAS, Jurgen. *Direito e Democracia*: entre facticidade e validade. V. II. Rio de Janeiro: Tempo Brasileiro, 2003.

GADENS, L. N.; HARDT, L. P. A.; FREY, K. Das práticas de Gestão de Grandes Projetos Urbanos. *Saúde Soc*, São Paulo, v. 21, supl. 3, p. 21-32, 2012.

GARCÍAS, Juan Alemany. *La Colaboración Público-Privada Institucionalizada en el Ámbito Urbanístico Local*. Madrid: Réus, 2018.

GOHN, Maria da Glória. O papel dos Conselhos Gestores na Gestão Urbana. In: *Repensando a Experiência Urbana na América Latina:* questões, conceitos e valores ed. Buenos Aires: CLACSO, 2000.

GRAMADO. *Lei n. 3.296, de 21 de Julho de 2014.* Dispõe sobre o desenvolvimento urbano e rural do município de gramado, institui o novo plano diretor de desenvolvimento integrado (pddi), e dá outras providências. Disponível em: https://bit.ly/2kX6kN9. Acesso em: 20 set. 2019.

GRAMADO. *Lei n. 3.770 de 9 de Setembro de 2019.* Institui a Operação Urbana Consorciada Vila Suíça, e dá outras providências. Disponível em: https://bit.ly/2XqPpDv. Acesso em: 20 abr. 2020.

GRAMADO. *PLO 004/2019.* Institui a Operação Urbana Consorciada Vila Suíça, e dá outras providências. Disponível em: https://bit.ly/2HOaRe8. Acesso em: 20 set. 2019.

GRAU, Eros. *A Ordem Econômica na Constituição Federal de 1988.* 14ª ed. São Paulo: Malheiros, 2010.

GUIBENTIF, Pierre. O Direito na Obra de Niklas Luhmann: Etapas de uma evolução teórica In: SANTOS, José Manuel. *O Pensamento de Niklas Luhmann.* Covilha: Universidade da Beira Interior, 2005. p. 185-252.

GUIMARÃES, Angélica. A Ordem Jurídica Urbana e o Direito à Cidade: Uma Leitura Crítica sob o Olhar da Constituição Federal de 1988. In: LIBÓRIO, Daniela Campos (Coord.). *Direito Urbanístico:* Fontes do Direito Urbanístico e Direito à Cidade, 2020. p. 193-227.

GUIMARÃES, P. B. V.; ARAÚJO, D. S. O direito à cidade no contexto das smarts cities: o uso das tic's na promoção do planejamento urbano inclusivo no Brasil. *Revista de Direito da Cidade*, v. 10, n. 3, p. 1788-1812, ago. 2018.

HACHEM, Daniel Wunder. A maximização dos Direitos Fundamentais Econômicos e Sociais pela Via Administrativa e a Promoção do Desenvolvimento. *Revista de Direitos Fundamentais e Democracia*, Curitiba, v. 13, n. 13, p. 340-399, janeiro/junho, 2013.

HERMANY, Ricardo. *(Re) Discutindo o Espaço Local*: Uma abordagem a partir do direito social de Gurvitch. Santa Cruz do Sul: EDUNISC, 2007.

HISSA, M.; ARAUJO, C. *Operações Urbanas Consorciadas e o Caso de Fortaleza. Desenvolvimento, Crise e Resistência*: Quais os caminhos do Desenvolvimento Regional. XVII ENANPUR, São Paulo, 2017.

HUMBERT, Georoges Louis Hage. *Direito Urbanístico e Função Socioambiental da Propriedade Imóvel Urbana.* Belo Horizonte: Fórum, 2009.

LASWELL, Harold Dwight. *Politics*: Who Gets What, When, How. Cleveland, Meridian Books, 1936.

LEAL, Rogério Gesta. *A Função Social da Propriedade e da Cidade no Brasil.* Porto Alegre: Livraria do Advogado; Santa Cruz do Sul: Edunisc, 1998.

LEAL, Rogério Gesta. *Direito Urbanístico*: Condições e possibilidades da constituição do Espaço Urbano. Rio de Janeiro: Renovar, 2003.

LEAL, Rogério Gesta. *Impactos econômicos e sociais das decisões judiciais*: aspectos introdutórios. Brasília: ENFAM, 2010.

LEFEBVRE, Henri. *Du contrat de citoyenneté.* Paris: Editions Syllepse, 2007.

LEFEBVRE, Henri. *Espaço e política.* Belo Horizonte: Editora UFMG, 2008.

LEFEBVRE, Henri. *O Direito à Cidade*. São Paulo: Centauro, 2001.

LEIGH, Nancey Green. Cómo promover el redesarrollo más equitativo em zonas industriales abandonadas. In: *Politicas de Suelo Urbano*: Perspectivas internacionales para a América Latina. Canbridge, MAS, EUA: Liconln Institute, 2013. p. 80-84.

LEITE, C.; AWAD, J. C. *Cidades Sustentáveis, Cidades Inteligentes:* Desenvolvimento Sustentável num Planeta Urbano. Porto Alegre: Bookman, 2012.

LEVIN, Alexandre. Concessão urbanística – Plano Diretor Estratégico e Leis nº 14.917/09 e nº 14.918/09 do Município de São Paulo *Revista Brasileira de Infraestrutura* – RBINF, Belo Horizonte, ano 1, n. 2, jul /dez, 2012.

LEVIN, Alexandre. *Operação Urbana Consorciada: Concertação Público-Privada para a Justa Distribuição dos Benefícios Decorrentes da Atividade Urbanística*. 2014. Tese (Doutorado em Direito), Pontifícia Universidade Católica de São Paulo, 2014.

LEVY, Wilson. Fontes do Direito à Cidade, Fontes do Direito Urbanístico: O Desafio Metodológico. In: LIBÓRIO, Daniela Campos (Coord.). *Direito Urbanístico*: Fontes do Direito Urbanístico e Direito à Cidade, 2020. p. 93-112.

LEVY, W.; ALMEIDA, M. M. *Direito Imobiliário e Urbanístico*: Temas Atuais. Indaiatuba: Foco, 2019.

LEVY, W.; BRELÀS, G. Gestão Democrática das Cidades: Uma Abordagem a Luz da Ideia de Democracia como Cooperação Reflexiva de Axel Honneth. In: LEVY, Wilson; ALMEIDA, Marcelo Magalhães de. *Direito Imobiliário e Urbanístico*: Temas Atuais. Indaiatuba: Foco, 2019. p. 1-15.

LIBÓRIO, Daniela Campos (Coord.). *Direito Urbanístico*: Fontes do Direito Urbanístico e Direito à Cidade, 2020. LIBÓRIO, Daniela Campos (Coord.).

LIBÓRIO, D. C.; FROTA, H. B.; CARDOSO, P. M.; GUIMARÃES, I. M. *Direito Urbanístico em Juízo*: Estudo de Acórdãos do Tribunal de Justiça do Estado de São Paulo. São Paulo: IBDU, 2016.

LIBÓRIO, Daniela Campos. Operação Urbana Consorciada e Operação Urbana Consorciada Interfederativa: o interesse local frente ao interesse metropolitano. In: VIEIRA, Bruno Soeiro (coord.). *Instrumentos urbanísticos e sua (in)efetividade*. Rio de Janeiro: Lumen Juris, 2017.

LINDBLOM, Charles E. The Science of Muddling Through. *Public Administration Review*. n. 19: 78-88, 1959.

LIRA, Ricardo Pereira. Prefácio. In: LEAL, Rogério Gesta. *A Função Social da Propriedade e da Cidade no Brasil*. Porto Alegre: Livraria do Advogado; Santa Cruz do Sul: Edunisc, 1998.

LOMAR, Paulo José Villela. Operação Urbana Consorciada. In: DALLARI, Adilson Abreu; FERRAZ, Sérgio. *Estatuto da Cidade*: Comentários a Lei Federal 10.257/2001. 3ª ed. São Paulo: Malheiros, 2010. p. 247-288.

LUHMANN, Niklas. A Posição dos Tribunais no Sistema Jurídico. *Revista Ajuris*, Porto Alegre, n. 49, ano XVII, p. 149-168, 1990.

LUHMANN, Niklas. Communication about Law in Interaction Systems. In: KNORR-CETINA, Karin; CICOUREL, Aaron Victor (eds.). *Advances in Social Theory and Methodology*: Toward an Integration of Micro-and Macro-Sociologies, Routledge & Kegan Paul, 2015. p. 234-255.

LUHMANN, Niklas. *La Ciencia de La Sociedad*. Cidade do México: Anthropos, 1996.

LUHMANN, Niklas. *La Economía de la sociedad*. Cidade do México: Heder, 2017.

LUHMANN, Niklas. *La sociedad de la sociedad*. Cidade do México: Heder, 2006.

LUHMANN, Niklas. *O Direito da Sociedade*. São Paulo: Martins Fontes, 2016.

LUHMANN, Niklas. *Organización y Decisión*: autopoiesis, acción y entendimiento comunicativo. México DF: Universidad Iberoamericana, 1997.

LUHMANN, Niklas. *Sistema Jurídico y Dogmática Jurídica*. Madrid: Centro de Estudios Constitucionales, 1983.

LUHMANN, Niklas. The evolutionary differentiation between society and interaction. In: ALEXANDER, Jeffrey; GIESEN, Bernhard, Münch, Richard; SMELSER, Neil. (eds.) *The Micro-Macro-Link*. Berkeley, CA: University of California Press, 1987.

LUNGO, Mario. Grandes Proyectos urbanos: desafíos para las ciudades latinoamericanas. In: *Perspectivas Urbanas*: Temas Críticos en Políticas de Suelo en América Latina. Canbridge, MAS, EUA: Liconln Institute, 2007. p. 293-299.

LUNGO, Mario. Grandes proyectos urbanos: una visión general. In: Lungo, Mario (compilador). *Grandes proyectos urbanos*. San Salvador, El Salvador: UCA Editores, 2004. p. 15-68.

MALDONADO, Maria Mercedes. Recuperación de Plusvalias. In: *Perspectivas Urbanas*: Temas Críticos en Políticas de Suelo en América Latina. Canbridge, MAS, EUA: Liconln Institute, 2007. p. 197-200.

MALERONKA, Camila. Operações Urbanas em São Paulo: Rumo a uma Terceira Geração? In: Primeiro Congresso Ibero-americano de Solo Urbano. *Anais*. Buenos Aires, Argentina, 2012.

MALERONKA, C.; HOBBS, J. Operações Urbanas: *O que podemos aprender com a experiência de São Paulo*. Washington: BID, 2017.

MAÑAS, J. L. P.; OJEDA, M. *Smart Cities*: Derecho y Técnica para Una Ciudad Más Habitable. Madrid: Réus, 2017.

MARQUES NETO, Floriano de Azevedo. Outorga Onerosa do Direito de Construir (Solo Criado). In: DALLARI, Adilson Abreu; FERRAZ, Sergio (Org.). *Estatuto da Cidade: Comentários à Lei 10.257/01*. 3ª Edição. São Paulo: Malheiros, 2009.

MARTINS, Sergio. O urbanismo: esse (des) conhecido saber político. *Revista Brasileira de Estudos Urbanos e Regionais*, n. 3, p. 39, nov. 2000.

MASSONETTO, Luís Fernando. Pontos cegos da regulação urbanística: notas sobre uma articulação programática entre o Direito Econômico e o Direito Urbanístico. *Revista Fórum de Direito Financeiro e Econômico* – RFDFE, Belo Horizonte, ano 4,n. 6, p. 141-154, set./fev. 2015.

MEIRELLES, Hely Lopes. *Direito de Construir*. 9ª ed. Malheiros, 2005.

MEIRELLES, Hely Lopes. *Direito Municipal Brasileiro*. 18ª ed. São Paulo: Malheiros, 2017.

MELLO, Celso Antônio Bandeira. *Pareceres de Direito Administrativo*. São Paulo: Malheiros, 2011.

MORALES SCHECHINGER, Carlos. *Algunas reflexiones sobre el mercado del suelo urbano*. Disponível em: https://bit.ly/32g7qDN. Acesso em 03 set. 2019.

MORALES SCHECHINGER, Carlos. Curar o Vacunar, dos policas en tensión: la regularización vs. las reservas territoriales en el desarrollo urbano sostenible. In: SALAZAR, Clara Eugênia. *Irregular:* Suelo y Mercado en America Latina. Mexico-DF: Colegio De Mexico, 2012. p. 157-180.

MORALES SCHECHINGER, Carlos. Invitando al Debate para Innovar Procesos de Acceso al Suelo Urbano. *Ponencia apresentada em el 4° Seminario Internacional*: Innovando Procesos De Acceso Al Suelo Urbano. Universidad Nacional Autónoma de México (UNAM) através de la Coordinación de Humanidades (CH) y el Programa Universitario de Estudios sobre la Ciudad (PUEC) y co-patrocinado por el Lincoln Institute of Land Policy en la Ciudad de México el 6 y 7 de Julio de 2004.

MOREIRA, Mariana. A História do Estatuto da Cidade. In: DALLARI, Adilson Abreu; FERRAZ, Sérgio. Estatuto da Cidade: *Comentários a Lei Federal 10.257/2001*. 3ª ed. São Paulo: Malheiros, 2010. p. 27-43.

MOTA, M. J. P.; MOURA, E. A.; ANDRADE, E. S. P*olítica Urbana Brasileira e Instrumentos de Intervenção na Cidade*. Rio de Janeiro: Lumen Juris, 2018.

MUKAI, Toshio. *O Estatuto da Cidade*. 3ª ed. São Paulo: Saraiva, 2013.

MUÑOS, Jaime Rodríguez-Arana. *Derecho Administrativo y Administración Pública en Tiempos de Crisis*. Caracas: Editorial Jurídica Venezolana, 2014.

MUÑOS, J. R.; CARBALLAL, A. F. *La Buena Administración del Urbanismo*: Principios y Realidades Jurídicas. Valencia: Tirant lo Blanch, 2018.

NABUCO, A. L.; MACEDO, A. L.; FERREIRA, R. N. A experiência do Orçamento Participativo Digital em Belo Horizonte: o uso das Novas Tecnologias no fortalecimento da Democracia Participativa. *Revista IP – Informática Pública*, Belo Horizonte, a. 11, v. 1, p. 139-155, 2009.

NACIONES UNIDAS ASAMBLEA GENERAL. *La Nueva Agenda Urbana*. Disponível em: http://undocs.org/sp/A/71/L.23. Acesso em: 23 jun. 2019.

NAFARRATE, Javier Torres. Galáxias de Comunicação: O Legado Teórico de Luhmann. Lua Nova: *Revista de Cultura e Política*, (51), 144-161, 2000.

NEVES, F. M.; AGUILAR FILHO, H. A. O acoplamento entre sociedade e economia: a teoria dos sistemas nas contribuições de Talcott Parsons e Niklas Luhmann. Século XXI: *Revista de Ciências Sociais*, [S.l.], v. 2, n. 1, p. 138-167, set. 2012.

NEVES, Marcelo. Aumento da Complexidade nas Condições de Insuficiente diferenciação funcional: o paradoxo do desenvolvimento social da América Latina. In: SCHWARTZ, Germano. *Juridicização das esferas sociais e fragmentação do direito na sociedade contemporânea*. Porto Alegre: Livraria do Advogado, 2012.

NOHARA, Irene Patrícia. *Direito Administrativo*. 9ª ed. Revista, Atualizada e Ampliada. São Paulo: Atlas, 2019.

NOHARA, I.; OCTAVIANI, A. *Estatais*. São Paulo: Revista dos Tribunais, 2019.

NOVIS, Mariana. *O Regime Jurídico das Concessões Urbanísticas*. Belo Horizonte: Fórum, 2011.

OLBERTZ, Karlin. *Operação Urbana Consorciada*. Belo Horizonte: Fórum, 2011.

OLIVEIRA, Fabrício Leal de. Sustentabilidade e Competitividade: A Agenda Hegemônica para as Cidades no Século XXI. In: ACSELRAD, Henri. *A Duração das Cidades*: sustentabilidade e risco das políticas urbanas. 2 ed. Rio de Janeiro: Lamparina, 2009. p. 193-218.

OLIVEIRA, F. L.; NOVAIS, P. Grandes Projetos Urbanos: Panorama da Experiência Brasileira. In: CUENYA, Betriz; NOVAIS, Pedro; VAINER, Carlos. *Grandes Projetos Urbanos:* Olhares Críticos sobre a Experiência Argentina e Brasileira. Porto Alegre: Masquatro Editora, 2013. p. 167-190.

OSORIO, Leticia Marques. Direito a Cidade como Direito Humano Coletivo. In: ALFONSIN, Betânia; FERNANDES, Edésio. *Direito Urbanístico*: estudos brasileiros e internacionais. Belo Horizonte: Del Rey, 2006. p. 193-215.

PASCUAL, Guillem Cervera. *La Renovación Urbana y Su Régime Jurídico*. Madrid: Réus, 2013.

PEREIRA, Rodolfo Vianna. *Direito Constitucional Democrático:* controle de participação como elementos fundantes e garantidores de constitucionalidade. 2ª ed. Rio de Janeiro: Lúmen Juris, 2010.

PERRY, David; WIEWEL, Wim; MENÉNDEZ, Carrie. El rol de la universidad en el desarrollo urbano: De enclave a institución ancla. In: *Politicas de Suelo Urbano*: Perspectivas internacionales para a América Latina. Canbridge, MAS, EUA: Liconln Institute, 2013. p. 95-103.

PILATI, José Isaac. *Propriedade e Função Social na Pós-Modernidade.* 3ª ed. Rio de Janeiro: Lumen Juris, 2017.

PINHEIRO, Renta Peixoto. *Desapropriação para Fins Urbanísticos em Favor de Particular*. Belo Horizonte: Fórum, 2004.

PINTO, Victor Carvalho. *Direito Urbanístico*: Plano Direito e Direito de Propriedade. São Paulo: Revista dos Tribunais, 2005.

PINTO, Victor Carvalho. O Princípio da Tipicidade dos Planos Urbanísticos e a Institucionalização do Urbanismo no Brasil. In: *Planejamento e Urbanismo na Atualidade Brasileira*: objeto, teoria e prática. Rio de Janeiro, Livre Expressão, 2013. p. 4181-4578.

PIRES, Lilian Regina Gabriel Moreira. Direito Urbanístico e Direito à Cidade: Divergências e Convergências. In: LIBÓRIO, Daniela Campos (Coord.). *Direito Urbanístico*: Fontes do Direito Urbanístico e Direito à Cidade, 2020. p. 181-191.

PORTO ALEGRE. *Lei Complementar n. 434, de 1º de dezembro de 1999.* Dispõe sobre o Desenvolvimento Urbano no Município de Porto Alegre, institui o Plano Diretor de Desenvolvimento Urbano Ambiental de Porto Alegre e dá outras providências. Disponível em: http://twixar.me/5fl1. Acesso em 03 ago. 2019.

PREFEITURA DE BELO HORIZONTE. *Operações Urbanas Simplificadas.* Disponível em: https://bit.ly/2krJ21J. Acessso em 20 set. 2019.

PRESTES, Vanêsca Buzelato. *Corrupção Urbanística.* Belo Horizonte: Fórum, 2018.

REALI, Darcí. *Os Municípios e a Tributação Ambiental.* Caxias do Sul: EDUCS, 2006.

RECH, A. U.; RECH, A. *Cidade Sustentável*: Direito Urbanístico e Ambiental – Instrumentos de Planejamento. Caxias do Sul: Educs, 2016.

RECH, A. U.; RECH, A. *Direito Urbanístico*: Fundamentos para a Construção de um Plano Diretor Sustentável na Área Urbana e Rural. Caxias do Sul: Educs, 2010.

RECK, Janriê Rodrigues. Noções Introdutórias ao Conceito Discursivo de Gestão Pública Compartida. In: LEAL, Rogério Gesta. *O diálogo das fontes*: direitos sociais e políticas públicas na Europa e no Brasil. Santa Cruz do Sul, 2011. p. 53-59.

RECK, Janriê Rodrigues. Observação Pragmático-Sistêmica da Competência como Decisão Coordenadora de Ações p. 22-51 In: BITENCOURT, Caroline Muller; RECK, Janriê Rodrigues. *Políticas Públicas e Matriz Pragmático-sistêmica*: os novos caminhos científicos do Direito Administrativo no Brasil. Santa Cruz do Sul: Essere Nel Mondo, 2018c.

RECK, Janriê Rodrigues. Observação Pragmático-Sistêmica da Personalização dos Entes Federativos e Suas Competências em Políticas Públicas. In: BITENCOURT, Caroline

Muller; RECK, Janriê Rodrigues. *Políticas Públicas e Matriz Pragmático-sistêmica*: os novos caminhos científicos do Direito Administrativo no Brasil. Santa Cruz do Sul: Essere Nel Mondo, 2018b. p. 52-69.

RECK, Janriê Rodrigues. Observação Pragmático-Sistêmica das Políticas Públicas e Sua Relação com os serviços Públicos. In: BITENCOURT, Caroline Muller; RECK, Janriê Rodrigues. *Políticas Públicas e Matriz Pragmático-sistêmica*: os novos caminhos científicos do Direito Administrativo no Brasil. Santa Cruz do Sul: Essere Nel Mondo, 2018a. p. 114-131.

RECK, Janriê Rodrigues. *Observação Pragmático-Sistêmica do Conceito de Serviço Público.* 2009. Tese (Doutorado em Direito), Programa de Pós-Graduação em Direito – Mestrado e Doutorado. Universidade do Vale dos Sinos, 2009.

RECK, Janriê Rodrigues. Observação Pragmático-Sistêmica do Silogismo Jurídico e Sua Incapacidade em Resolver o Problema da Definição do Serviço Público. In: BITENCOURT, Caroline Muller; RECK, Janriê Rodrigues. *Abordagens epistemológicas sobre democracia, políticas públicas e controle social.* Santa Cruz do Sul: Essere Nel Mondo, 2018e. p. 135-150.

RECK, Janriê Rodrigues. Resgate do Direito Administrativo: Extensão das Obrigações de Moralidade Administrativa ao Direito Privado In: BITENCOURT, Caroline Muller; RECK, Janriê Rodrigues. *Políticas Públicas e Matriz Pragmático-sistêmica*: os novos caminhos científicos do Direito Administrativo no Brasil. Santa Cruz do Sul: Essere Nel Mondo, 2018d. p. 21-31.

RECK, J.R.; BITENCOURT, C. Categorias de Análise de Políticas Públicas e Gestão Complexa e Sistêmica de Políticas Públicas. *A&C – Revista de Direito Administrativo e Constitucional.* Belo Horizonte, ano 16, n. 66, p. 131-151, out./dez, 2016.

ROBLES, Fernando. *Hablo contigo si tú hablas conmigo*: Metódica y análisis de los sistemas de interacción. Concepción, Chile: Ediciones Escaparate, 2006.

ROBLES, Fernando. Sistemas de Interacción, Doble Contingencia y Autpoiesis Indexical. In: OSORIO. Francisco (editor). *Ensayos sobre Socioautpoiésis y Epistemología Constructivista.* Santiago, 2002.

SÁNCHEZ, Alejandro Javier Criado. El Agente Urbanizador en el Derecho Urbanístico Español. Madrid: Réus, 2005.

SANCHÉZ, Ivan Ortiz. Introdución al Derecho Urbanístico. Lima: Fondo Editorial, 2017.

SANDRONI, Paulo. Los Certificados de Potencial Adicional e Construción (Cepacs) como Instrumento para el financiamento del Desarollo Urbano. In: FURTADO, Fernanda; SMOLKA, Martim. Instrumentos *Notables de Politicas de Suelo em America Latina.* Ecuador: Ministerio das Cidades; Lincoln Institute of Land Policy; Banco del Estato Ecuador, 2013.

SANTOS, Calcida Lopes. *Desapropriação e Política Urbana*: uma perspectiva interdisciplinar. Belo Horizonte: Fórum, 2010.

SÃO PAULO. *Decreto n. 56.901, de 29 de março de 2016.* Dispõe sobre a Elaboração de Projeto de Intervenção Urbana, nos termos do disposto no art. 134 DA Lei nº 16.050, de 31 de Julho de 2014 – Plano Diretor Estratégico. Disponível em: encurtador.com.br/muWZ3. Acesso em: 10 jan. 2020.

SÃO PAULO. Lei Municipal n. 14.917/2009. Dispõe sobre a Concessão Urbanística no Município De São Paulo, Disponível em: https://bit.ly/2knVSxY. Acesso em: 20 set. 2019.

SÃO PAULO. Lei n. 16.050, de 31 de Julho de 2014. Aprova a Política de Desenvolvimento Urbano e o Plano Diretor Estratégico do Município de São Paulo e revoga a Lei nº 13.430/2002. Disponível em: http://twixar.me/Rfl1. Acesso em: 03 ago. 2019.

SÃO PAULO. *Projeto de Lei n. 202/2020.* Aprova a Etapa de Encerramento da Lei Nº 13.769, de 26 de janeiro de 2004 – Operação Urbana Consorciada Faria Lima. Disponível em: encurtador.com.br/bhlA9. Acesso em: 18 abr. 2020.

SAULE JUNIOR, Nelson. Direitos Urbanístico: Vias Jurídicas das Políticas Urbanas. Porto Alegre: Sérgio Fabris, 2007.

SAULE JUNIOR, Nelson. Retratos sobre a atuação da sociedade civil pelo direito à cidade: diálogo entre Brasil e França. São Paulo: Instituto Polis, 2006.

SCHMIDT, João Pedro. Para entender as políticas públicas: aspectos conceituais e metodológicos. p. 2307-2333. In: REIS, Jorge Renato; LEAL, Rogério Gesta. Direitos Sociais e Políticas Públicas: desafios contemporâneos. Tomo 8. Santa Cruz do Sul: EDUNISC, 2008.

SENADO FEDERAL. *Projeto de Lei do Senado n. 667/2015.* Altera a Lei 10.257/2001 (Estatuto da Cidade), para incluir, no conteúdo obrigatório do plano diretor, a localização dos equipamentos urbanos e comunitários necessários à execução de políticas setoriais, e dá outras providências. Disponível em: encurtador.com.br/DFNO5. Acesso em: 18 abr. 2020.

SENADO FEDERAL. *Proposta de Emenda à Constituição n. 80/2019.* Altera os Artigos 182 e 186 da Constituição Federal para dispor sobre a função social urbana e rural da propriedade. Disponível em: http://twixar.me/1JMn. Acesso em: 15 jun. 2019.

SILVA, Carlos Henrique Dantas da. *Plano Diretor*: Teoria e Prática. São Paulo: Saraiva, 2008.

SILVA, José Afonso da. *Curso de Direito Constitucional Positivo.* 40ª ed. São Paulo: Malheiros, 2017.

SILVA, José Afonso da. *Direito Urbanístico.* 8ª ed. São Paulo: Malheiros, 2018.

SILVA, Mário Tavares. *A Nulidade do Plano Urbanísitico*: Contributo para a Compreensão das Relações de Compatibilidade conforme à luz de um novo princípio da legalidade. Coimbra: Almeidina, 2013.

SIMIONI, Rafael. O que a decisão jurídica observa? Contribuições da teoria dos sistemas de Niklas Luhmann às teorias pós-positivistas da decisão jurídica. In: SCHWARTZ, Germano. *Juridicização das Esferas Sociais e Fragmentação do Direito na Sociedade Contemporânea.* Porto Alegre: Livraria do Advogado, 2012. p. 85-108.

SIMON, Herbert. *Comportamento Administrativo.* Rio de Janeiro: USAID, 1957.

SMOLKA, M.; LUNGO, M. Suelo y grandes proyectos urbanos: la experiência latinoamericana. In: *Perspectivas Urbanas*: Temas Críticos en Políticas de Suelo en América Latina. Canbridge, MAS, EUA: Liconln Institute, 2007. p. 300-307.

SMOLKA. Martim O. *Implementación de la Recuperación de Plusvalia en América Latina*. Cambridge, MAS, EUA: Lincoln Institute, 2013.

SOTTO, Debora. A participação Popular e a aderência ao Plano Diretor como condição de validade das normas urbanísticas municipais: breves reflexões sobre a teoria das fontes do direito aplicada ao direito Urbanístico. In: LIBÓRIO, Daniela Campos (Coord.). *Direito Urbanístico*: Fontes do Direito Urbanístico e Direito à Cidade, 2020. p. 19-34.

SOTTO, Débora. *Mais-Valia Urbanística e Desenvolvimento Urbano Sustentável*: uma análise jurídica. Rio de Janeiro: Lumen Juris, 2016.

SOUZA, Celina. Políticas Públicas: uma revisão da literatura. *Revista Sociologias*. Porto Alegre, p.20-45, ano 8, n. 16, jul/dez, 2006.

SUÁREZ, Juan José Rastatrollo. *Poder Público y Propiedad Privada en el Urbanismo*: La Junta de Compensación. Madrid: Réus, 2013.

SUBIRATS, J.; KNOEPFEL, P.; LARRUE, C.; VARONE, F. *Análisis y gestión de políticas pública*. Barcelona: Editora Ariel, 2012.

SUDJIC, Devan. *El Lenguaje de las Ciudades*. Bogotá: Editorial Planeta, 2017.

SUNFELD, Carlos Ari. *Direito Administrativo para céticos*. São Paulo: Malheiros, 2012.

SUNFELD, Carlos Ari. O Estatuto da Cidade e suas Diretrizes Gerais. In: DALLARI, Adilson Abreu; FERRAZ, Sérgio. *Estatuto da Cidade*: Comentários a Lei Federal 10.257/2001. 3ª ed. São Paulo: Malheiros, 2010. p. 44-60.

SUPERIOR TRIBUNAL DE JUSTIÇA. *Recurso Especial REsp n. 1.273.010-RS*. Rel. Ministro Benedito Gonçalves, julgada em 11/09/2012.DJ. 17/09/2012.

SUPREMO TRIBUNAL FEDERAL. *Agravo em Recurso Extraordinário ARE n. 791.237*. Rel. Ministro Gilmar Mendes, julgada em 09/04/2014.DJ. 26/09/2014.

SUPREMO TRIBUNAL FEDERAL. *Agravo Regimental em Agravo de Instrumento AI n. 769.177 AgR*. Rel. Ministro Dias Toffoli, julgada em 18/02/2014.DJ. 13/03/2014.

SUPREMO TRIBUNAL FEDERAL. *Agravo Regimental em Recurso Extraordinário ARE n. 780.070*. Rel. Rosa Weber, julgada em 18/03/2016. DJ. 18/04/2016.

SUPREMO TRIBUNAL FEDERAL. *Agravo Regimental em Recurso Extraordinário RE n. 927.439*. Rel. Carmen Lucia, julgada em 22/04/2016. DJ. 25/04/2016.

SUPREMO TRIBUNAL FEDERAL. *Recurso Extraordinário n. 422.349*. Rel. Ministro Dias Toffoli, julgada em 29/04/2015.DJ. 05/08/2015.

SUPREMO TRIBUNAL FEDERAL. *Recurso Extraordinário RE n. 226.942-7-SC*. Rel. Ministro Menezes Direito, julgada em 21/10/2008.DJ. 14/05/2009.

SUPREMO TRIBUNAL FEDERAL. *Recurso Extraordinário RE n. 387.047-5- SC*. Rel. Ministro Eros Grau, julgada em 06/03/2008.DJ. 30/04/2008.

SUPREMO TRIBUNAL FEDERAL. *Recurso Extraordinário RE n. 607.940/DF*. Rel. Ministro Dias Toffoli, julgada em 29/04/2015.DJ. 26/02/2016.

SUPERIOR TRIBUNAL DE JUSTIÇA. *Agravo Recurso Especial n. 480.327/ES*. Rel. Ministra Regina Helena Costa, julgada em 30/06/2015.DJ. 04/08/2015.

TEUBNER, Gunther. *O Direito como Sistema Autopioético*. Lisboa: Fundação Calouste Gulbenkian, 1993.

TRIBUNAL DE JUSTIÇA DO ESTADO DE SÃO PAULO. *Ação Direta de Inconstitucionalidade*. Processo n. n. 0001252-24.2012.8.26.0000. Relator Des. Antônio Vilenilson, julgada em 09/10/2013. DJ. 04/11/2013.

TRIBUNAL DE JUSTIÇA DO RIO GRANDE DO SUL. *Apelação Cível n. 70028564573*. Relator Des. Nelson José Gonzaga, julgada em 03/03/2011. DJ. 16/03/2011.

ULTRAMARI, Clóvis. Significado do Urbanismo. *Revista Pós*. v.16, n.25, São Paulo, junho 2009.

ULTRAMARI, Clovis; REZENDE, Denis Alcides. Grandes Projetos Urbanos: conceitos e referenciais. *Ambiente Construído,* Porto Alegre, v. 7, n.2, p. 7-14, abr./jun., 2007.

VAINER, Carlos. Grandes Projetos Urbanos: Significado e Formas de Avaliação. In: CUENYA, Betriz; NOVAIS, Pedro; VAINER, Carlos. *Grandes Projetos Urbanos*: Olhares Críticos sobre a Experiência Argentina e Brasileira. Porto Alegre: Masquatro Editora, 2013. p. 135-166.

VANIN, Fábio Scopel. A Região Metropolitana da Serra Gaúcha e o Estatuto da Metrópole: Possíveis Interlocuções. *Juris Plenum Direito Administrativo,* v. 1, p. 11-34, 2015a.

VANIN, Fábio Scopel. Aplicações Concretas da Subsidiariedade e o Direito Urbanístico. In: HERMANY Ricardo; ETGES Filipe Madsen; GIACOBBO Guilherme Estima; JURUENA Cynthia Gruendling. (Org.). *Os grandes temas do municipalismo*: o princípio da subsidiariedade, Volume IV. 1ed. Porto Alegre: Assembleia Legislativa, 2017. p. 84-94.

VANIN, Fábio Scopel. *Direito e Política Urbana*: Gestão Municipal para a Sustentabilidade. Caxias do Sul: EDUCS, 2015b.

VANIN, Fábio Scopel. O Estatuto da Metrópole: Reflexões Gerais acerca da Normatização. In: BUHRING, Marcia Andrea; MALINVERNI, Clovis Eduardo da Silveira. (Org.). *Egressos*: Trajetórias de Pesquisa do Mestrado em Direito Ambiental na UCS. 1ed. Caxias do Sul – RS: EDUCS, 2018. p. 64-83.

VANIN, Fábio Scopel. Os desafios da gestão democrática da cidade na garantia de um município ambientalmente sustentável: apontamentos sobre a audiência pública e os conselhos de desenvolvimento urbano. *Revista Direitos Fundamentais & Democracia* (UniBrasil), v. 12, p. 125-142, 2012.

VANIN, F. S.; RECK, J. R. Observações sistêmicas da participação e do controle social nas operações urbanas consorciadas. *Direito e Desenvolvimento,* v. 10, n. 2, p. 122-140, 19 dez. 2019.

VICHI, Bruno. *Política Urbana:* Sentido Jurídico, competências e responsabilidades. Belo Horizonte: Fórum, 2007.